本书获得中国社会科学院创新工程出版资助,谨以致谢!

郭象《庄子注》对庄子思想的诠释和建构

刘国民 著

中国社会科学出版社

图书在版编目（CIP）数据

郭象《庄子注》对庄子思想的诠释和建构／刘国民著. —北京：中国社会科学出版社，2021.5
ISBN 978-7-5203-8565-7

Ⅰ.①郭… Ⅱ.①刘… Ⅲ.①道家②《庄子》—注释 Ⅳ.①B223.52

中国版本图书馆 CIP 数据核字（2021）第 110034 号

出 版 人	赵剑英
责任编辑	刘 芳
责任校对	郭若男
责任印制	李寡寡

出　　版	中国社会科学出版社
社　　址	北京鼓楼西大街甲 158 号
邮　　编	100720
网　　址	http://www.csspw.cn
发 行 部	010-84083685
门 市 部	010-84029450
经　　销	新华书店及其他书店
印　　刷	北京君升印刷有限公司
装　　订	廊坊市广阳区广增装订厂
版　　次	2021 年 5 月第 1 版
印　　次	2021 年 5 月第 1 次印刷
开　　本	710×1000　1/16
印　　张	34
插　　页	2
字　　数	508 千字
定　　价	136.00 元

凡购买中国社会科学出版社图书，如有质量问题请与本社营销中心联系调换
电话：010-84083683
版权所有　侵权必究

自　　序

　　2001年4月，我正从赵敏俐师攻读文学博士的学位。赵老师开设一门"《庄子》导读"的课程，要我主讲《齐物论》。我当时费了不少的时间和精力作准备，讲解时因少知者少畏而侃侃畅谈，颇受到赵老师的好评。后来，我博士论文选题时，曾考虑到《庄子》，但自以为是文学专业，研究《庄子》须重点讨论"寓言"，便索然寡味了。时光迁逝，2013年9月，我因为给研究生开设"《庄子》导读"的课程，而重温往日的旧梦。我想到当初赵老师的期许，也为自己由来已久之欲求所驱动，便决定把自己后面的学术生涯奉献于庄子。我读《庄子》，给研究生讲解《庄子》，主要依据郭象《庄子注》。《庄子注》是从哲学上解读《庄子》，新见迭出，美言络绎；有许多重要的观念、命题，有系统的思想体系；这颇契合我的研究旨趣。我一向信奉闻一多先生的话："并且文学是要和哲学不分彼此，才庄严，才伟大。哲学的起点便是文学的核心。只有浅薄的、庸琐的、渺小的文学，才专门注意花叶的美茂，而忘掉了那最原始、最宝贵的类似哲学的仁子。"[1] 我从此走上了研究郭象《庄子注》的征途。我自然没有"行到水穷处，坐看云起时"[2]的自由心境，一路走来，受到了一些外在名利的牵累，一方面不能完全地

---

[1] 闻一多：《闻一多全集》（二），生活·读书·新知三联书店1982年版，第282—283页。

[2] 王维：《终南别业》。

沉浸其中，游于其中；另一方面也因受到拘限而形神交瘁。但我终于完成了此书，且认为是我学术生涯中写得最好的一本书。

我国古代哲学的发展与经典注释或诠释有相当密切的关系。诠释者往往以经典注释的形式，展开思想体系的建构。汉代的公羊学是建立在《春秋》《公羊传》之诠释的基础上，魏晋玄学是建立在王弼《老子注》《周易注》与向秀、郭象《庄子注》的基础上。郭象《庄子注》是以较为完整的经典注释形式，建构其哲学体系，学人或谓"庄子注郭象""六经注我"，又或谓"过度诠释""强制阐释"等。郭象《庄子注》不以揭示经典的本义为目的，而以阐发自我的思想为目的；不是顺着庄文方向的"顺向的诠释"，而是与庄文方向相异的"异向的诠释"、与庄文方向相反的"逆向的诠释"；这种诠释基本上否定了原作的精神。[①] 因此，郭象的诠释破坏了视域融合的平衡，严重地突破了文本客观性的限度，而肆意地发挥其主观思想，这是郭象"创造性诠释"的基本含义。《庄子注》之诠释目的是"内圣外王之道"，即把方外之书《庄子》转化为"外内相冥"之书，把方外之道转化为"游外冥内之道"，圣人养心养神即治国平天下。这是以道家思想为主而以儒家思想为辅的统一。郭象为了实现其诠释目的，运用了"寄言以出意"的诠释方法，一是以庄文为寄言，未必真信，二是夸大寄言与出意之间的重大间距性，从而忘言以得意。这一方面有利于郭象摆脱庄文的限制，而较为自由地驰骋其主观思想，以填补意义间距的空间；另一方面，也有利于郭象弥缝庄文之义与他所阐释的"庄子之意"之间的裂痕，以确证其解释的有效性、合理性。从我国古代的经典诠释的实践来看，"郭象注庄子"的作品是主流，而"庄子注郭象"的作品甚少，且大多数在历史洪流中澄汰下去。但郭象《庄子注》独能传承于后世，且对庄学的发展产生了巨大而深远的影响，以至后人在谈论庄子的思想时往往以郭象所阐释的"庄子之意"为依归，而不能明辨二者的异

[①] 刘笑敢：《诠释与定向——中国哲学研究方法之探究》，商务印书馆2009年版，第136页。

同。本书将致力于郭象《庄子注》之诠释的特征、目的和方法等研究，以建构其诠释学的理论体系。

郭象的哲学思想存在较大的诠释空间，一是郭象的哲学思想因为采用注释的形式而被分散于各篇的注文中，有待于归纳和概括；二是郭象运用的基本观念与庄子多名同而实异，有待于细致的辨析，例如郭象以圣人为理想人格的名号，但圣人的内涵已发生实质性的转变；三是郭象往往把照着庄文讲与接着庄文讲相结合，"似之而非"，存在诸多矛盾，有待于进一步的厘清。这些构成了理解和解释的障碍，也具有某种积极的建设性因素，有利于解释者展开创新性的阐释。本书运用专题的形式，以重要命题、基本观念及其相互关系为中心，集中而深入地论述了郭象的哲学思想。不同专题的论述，基本上依据思想的逻辑展开，各专题所涉及的基本思想有内在的融贯性，最终形成一个较为完整的思想体系。专题的形式，有利于集中而深入地讨论某问题，但因为各专题之间有时会涉及同样的一些问题，为了专题论述的完整性，而不能不涉及，这便造成了在思想阐述与材料运用上的一定重复。本书尽可能采用"互见法"，既详略得当，又各有侧重。

郭象与庄子的哲学思想呈现出丰富复杂的形态，你中有我，我中有你。本书以比较和发展的观点，论述了郭象对庄子哲学思想的继承、发展、转化和创造，不仅展现了从庄子到郭象之哲学思想的演变轨迹，也深入地辨析了庄子与郭象哲学思想的异同，揭示出二者之间的冲突和融合。我们立足于具体丰富的基本材料而立论，从众多的注文中发掘、归纳、概括基本观念、命题的意义。本书一定存在不少错误或不合理处，庄生所谓"众人辩之，以相示也。故曰辩也者，有不见也"[1]，还望大方之家正之。

我前后大约用了七八年的时间完成此书，其中的自得、辛苦和委屈自知。郭象说，人人各有性分，性分具有部分性、分别性、独特性，万物万情，趣舍不同，故彼此难以相知相惜。刘勰《文心雕龙·

---

[1] 《庄子·齐物论》。

知音》一开篇就无限感慨地说："知音其难哉！音实难知，知实难逢。逢其知音，千载其一乎！"文章的知音，千古难逢；人生的知音，百年难求。这不能不使我怅然。郭象又说，众人的性分不同，但皆能任性逍遥。这又使我爽然。

我谨以此书献给我的母亲。母亲生于 1940 年 5 月 17 日，卒于 2013 年 5 月 9 日，享年 74 岁。母亲是安庆怀宁人，十多岁时全家迁居安庆市。她二十岁时遇到我的父亲，然后跟从我的父亲远嫁到安徽省肥西县袁店乡利和村孔圩生产队。她从一个城市人，成为一个地地道道的乡下农民，开始了她艰辛劳作而苦多乐少的生涯。她养育了四个儿女，两男两女，我是长子。父亲中年时患上了肺结核病，不能干重活，又急又气，脾气不太好。外面重的农活全由母亲承担，家里又要操劳家务，还要忍气吞声。我常常想到两件事。一是母亲在盛夏中午割稻时热得发痧的情景，母亲仰面躺在床上，嘴角流沫，粗声喘息，昏迷不醒。我们兄妹四个畏怯地挤在床边，哭喊着母亲。一是我在读初中时的一个冬天，学校组织学生到西大圩参加劳动，路过我们生产队干活的地方，看到母亲与大妹抬着一大筐土艰难地攀爬高达十余丈圩堤的情景。大妹年少，只能起到搭肩的作用，重筐偏向母亲的一边，母亲弯曲着背，几乎是爬行。当时的我已懂事，默然地咽着眼泪。在那苦难的年代，父亲的肺病只能加重，经常咯血；家中人口又多，母亲费尽千辛万苦拉扯我们长大。等到我们纷纷离家之后，母亲又一人照顾我的父亲，父亲晚年一直卧病在床。我因为在外奔走谋生，与父母离多聚少。每次离开家时，母亲总是送我到村外的冈陵上，跟在后面反复地叮咛吩咐，我一面应答，一面向前走，不忍回头。近来，我时常夜晚梦见当初母亲送我远别的情景，我看着母亲的身影，拼命地呼喊，但叫不出声音来。梦醒后，万籁俱寂，只有洁白的月光透过窗棂，温柔地洒在我的床前。父亲、母亲先后离开了我们，我也无家可归了。故乡的老屋早已荒废，在凄风苦雨中逐渐地破败下去。老屋的各处角落和件件家具，结满了层层的蛛丝，积上了厚厚的灰尘；它们贮藏着我对父亲、母亲的亲切回忆。父母坟头的荒草在春风秋雨中青了又黄，黄了又青，青了又黄，在默默诉说着岁月的流逝和思念的绵长。母亲一生所历经的千难万苦，为家庭所付出的巨大牺牲，对儿女们的一片呕响深情，心中的无限寂寞悲愁，都不是我们儿女们所能真正懂得的。现代诗人穆旦《诗》曰：

  多少人的痛苦都随身而没，从未开花、结实、变为诗歌。

  我年少时，母亲经常抚摸着我的头对人说，国民是读书人，将来是要到城里工作的。我似乎并没有辜负母亲的期望，谨以此书献给母亲，聊以表达自己的寸草之心。愿母亲在地下能遗忘人间世的一切而获得安宁！

2021 年 2 月 9 日

目 录

第一章　郭象《庄子注》对《庄子》的诠释 …………… (1)
  第一节　《庄子注》的诠释特征 ………………………… (2)
  第二节　《庄子注》诠释目的："内圣外王之道" ……… (30)
  第三节　《庄子注》的创造性诠释 ……………………… (43)
  第四节　《庄子注》的融贯性诠释 ……………………… (60)
  第五节　郭象"庄子之意"的真理性 …………………… (68)

第二章　从庄子到郭象的"言意之辨" ………………… (85)
  第一节　"言意之辨" ……………………………………… (85)
  第二节　庄子"得意而忘言" …………………………… (91)
  第三节　郭象"寄言以出意" …………………………… (104)

第三章　郭象的"迹本论" ……………………………… (125)
  第一节　学人对"迹本论"的讨论 ……………………… (125)
  第二节　"无迹""所以迹""有迹" ……………………… (128)
  第三节　圣人之迹 ………………………………………… (145)
  第四节　"迹本论"的意义 ……………………………… (154)

第四章　郭象的本性观 …………………………………… (156)
  第一节　本性内容与性质的特征 ………………………… (157)
  第二节　"用气为性，性成命定" ……………………… (163)
  第三节　性与心的关系 …………………………………… (165)

第四节　本性的作用 …………………………………………（170）

第五章　从儒道到郭象"人性与仁义之辨" ………………（178）
　　第一节　儒家"人性与仁义之辨" ……………………………（180）
　　第二节　老庄"人性与仁义之辨" ……………………………（185）
　　第三节　郭象"人性与仁义之辨" ……………………………（190）

第六章　郭象的自生、独化说 ………………………………（203）
　　第一节　老庄之道：原初的存在形态 ………………………（203）
　　第二节　学人对自生、独化说的讨论 ………………………（209）
　　第三节　万物禀气而自生 ……………………………………（214）
　　第四节　任其本性而独化 ……………………………………（219）
　　第五节　自生、独化于玄冥之境 ……………………………（221）

第七章　从老庄到郭象的自由之思 …………………………（229）
　　第一节　老子的"消极自由" …………………………………（230）
　　第二节　庄子的"超越自由" …………………………………（238）
　　第三节　郭象的足性逍遥 ……………………………………（254）
　　第四节　从庄子到郭象的命运论 ……………………………（267）

第八章　从庄子到郭象的齐物论 ……………………………（287）
　　第一节　庄子的齐物论 ………………………………………（288）
　　第二节　郭象的齐物论 ………………………………………（315）
　　第三节　郭象的玄冥论 ………………………………………（338）

第九章　从庄子到郭象的理想人格 …………………………（354）
　　第一节　庄子的方外之人 ……………………………………（355）
　　第二节　庄子的理想人格 ……………………………………（358）
　　第三节　郭象的理想人格 ……………………………………（366）
　　第四节　《庄子》中的孔子形象 ………………………………（370）

第五节　郭象对孔子形象的再塑造 ………………………（380）
　　第六节　郭象再塑孔子形象的方法 …………………………（390）

第十章　从庄子到郭象的"忘境" ……………………………（397）
　　第一节　充足舒适而忘 ………………………………………（397）
　　第二节　适合融合而忘 ………………………………………（402）
　　第三节　庄子之神人的"忘境" ………………………………（407）
　　第四节　郭象之圣人的"忘境" ………………………………（412）
　　第五节　郭象之"无心""有心" ………………………………（418）

第十一章　从庄子到郭象的时间意识 …………………………（437）
　　第一节　时间意识 ……………………………………………（437）
　　第二节　魏晋文人的时间意识 ………………………………（439）
　　第三节　庄子的时间意识 ……………………………………（445）
　　第四节　郭象的时间意识 ……………………………………（450）
　　第五节　时间意识的诗意展现 ………………………………（461）

第十二章　从庄子到郭象的知与言 ……………………………（471）
　　第一节　学人对庄子之知的讨论 ……………………………（471）
　　第二节　庄子的知与言 ………………………………………（475）
　　第三节　郭象的知与言 ………………………………………（490）

第十三章　从庄子"超越性"到郭象"内在性" ………………（502）
　　第一节　超越性与内在性 ……………………………………（503）
　　第二节　理想世界与现实世界 ………………………………（506）
　　第三节　修养的功夫与境界 …………………………………（513）
　　第四节　从核心观念辩示超越性与内在性 …………………（520）

参考文献 ………………………………………………………（528）

第一章 郭象《庄子注》对《庄子》的诠释

我国古代哲学的发展与经典文本的诠释具有密切的关系,解释者往往以经典诠释的方式来展开哲学体系的建构。魏晋玄学主要是建立在王弼《老子注》《周易注》与向秀、郭象《庄子注》的基础上。刘笑敢把中国古代哲学的诠释作品分为两类:一类是"哲学性的诠释著作",即对文本进行哲学性的诠释,如《公羊传》之诠释《春秋》、韩非子《解老》《喻老》之诠释《老子》等;另一类是"诠释性的哲学著作",即通过文本的诠释而建构哲学体系,如《易传》之诠释《易经》、董仲舒《春秋繁露》之诠释《春秋》《公羊传》等。① 郭象《庄子注》是"诠释性的哲学著作"的典范作品,通过对《庄子》的诠释而建构一套新的道家思想体系,且对后世产生了深远巨大的影响,以至于后人在谈论庄子的思想时,往往以郭象所阐释的"庄子之意"为依归,而不能明辨二者的异同。

刘笑敢说:

> 郭象《庄子注》可能是逆向创构最成功、最有代表性的作品,也是相当少见的特例。若仅就一般程度的"六经注我"的角度来说,古代或现代的"郭象"应该不少。但是,就郭象思想体系之完整彻底、理论倾向之独特新奇来说,就其与庄子理论之相

---

① 刘笑敢:《诠释与定向——中国哲学研究方法之探究》,商务印书馆2009年版,第32页。

反相异的程度来说，无论古今，鲜有能与之相匹敌者。可以说，郭象是研究中国诠释传统的一个难得的实例。对其创作活动的内在机理进行剖析，不仅有利于深化我们对郭象之诠释和创构本身的理解，有利于深化我们对中国哲学中的诠释传统之特点的理解，而且会有利于提高中国哲学在现代社会进行理论创造和建构的方法论之自觉性，也会有利于建设中国自身的哲学方法论和中国式的诠释学理论。[1]

郭象《庄子注》是经典诠释的"异类"，对此诠释学理论的概括和建构，应有十分重要的意义。我国有悠久的经典诠释的传统，但先哲不太重视归纳和建构系统的诠释学理论。郭象之诠释学，与经典注释的传统有密切的关系，也与西方的诠释学相联系。西方的诠释学有方法论诠释学与哲学诠释学。方法论诠释学与我国经典注释的传统有相似性。哲学诠释学揭示了解释过程中客观存在的一般特征，有普遍的意义，郭象之诠释《庄子》概莫能外。因此，我们将结合传统的经典诠释理论与西方的诠释学来讨论郭象的诠释学。

第一节 《庄子注》的诠释特征

今传世《庄子》分为"内篇"七、"外篇"十五、"杂篇"十一，共三十三篇，这是由郭象整理和编定而成的。郭象《庄子注》是对《庄子》三十三篇的注释。庄学是魏晋玄学的基本内容之一，庄学的兴盛主要建立在《庄子》文本的注释上。换言之，魏晋玄学家是通过注释《庄子》文本以建构庄子的思想体系。

《世说新语·文学》：

> 初，注《庄子》者数十家，莫能究其旨要。向秀于旧注外为

---

[1] 刘笑敢：《诠释与定向——中国哲学研究方法之探究》，商务印书馆2009年版，第207页。

第一章 郭象《庄子注》对《庄子》的诠释

解义，妙析奇致，大畅玄风。唯《秋水》、《至乐》二篇未竟而秀卒。秀子幼，义遂零落，然犹有别本。郭象者，为人薄行，有俊才。见秀义不传于世，遂窃以为己注。乃自注《秋水》、《至乐》二篇，又易《马蹄》一篇，其余众篇，或定点文句而已。后秀义别本出，故今有向、郭二《庄》，其义一也。①

向秀之前，注《庄子》者有数十家，以字词句训释为主，未能发挥庄子的隐旨。

陆德明《经典释文·序录》：

> 《汉书·艺文志》"庄子五十二篇"即司马彪、孟氏所注是也。言多诡诞，或似《山海经》，或类《占梦书》，故注者以意去取。其《内篇》众家并同，自余或有《外》而无《杂》。惟子玄所注，特会庄生之旨，故为世所贵。徐仙民、李弘范作《音》，皆依郭本。今以郭为主。崔譔《注》十卷，二十七篇。向秀《注》二十卷，二十六篇。司马彪《注》二十一卷，五十二篇。郭象《注》三十三卷，三十三篇。李颐《集解》三十卷，三十篇。孟氏《注》十八卷，五十二篇。王叔之《义疏》三卷。李轨《音》一卷。徐邈《音》三卷。②

魏晋的注家有崔譔《注》二十七篇、司马彪《注》五十二篇、孟氏《注》五十二篇等。崔譔《注》不全，司马彪《注》、孟氏《注》本于《庄子》五十二篇。秀《注》二十六篇，亦不全。其训诂最佳者，当推司马彪《注》，《经典释文·庄子音义》征引颇多。

向秀的生卒年不详。王晓毅认为，向秀约生于三国魏黄初四年（223），约卒于西晋咸宁元年（275），主要活动于曹魏后期与西晋前期③。向秀《庄子注》积数年之功，或形成于西晋前期。④ 能总持大

---

① 余嘉锡：《世说新语笺疏》，中华书局1983年版，第206页。
② （清）郭庆藩撰，王孝鱼点校：《庄子集释》，中华书局2013年版，第5—6页。
③ 王晓毅：《郭象评传》（下），南京大学出版版2011年版，第372—379页。
④ 参见王晓毅《郭象评传》（上），南京大学出版社2011年版，第81页。

义，独得玄珠。刘孝标注引《秀别传》曰："秀与嵇康、吕安为友，趣舍不同。嵇康傲世不羁，安放逸迈俗，而秀雅好读书。二子颇以此嗤之。后秀将注《庄子》，先以告康、安，康、安咸曰：'此书讵复须注？徒弃人作乐事耳！'及成，以示二子。康曰：'尔故复胜否？'安乃惊曰：'庄周不死矣！'"[1] 嵇康、吕安以体证庄子之超越的精神境界为主，而向秀雅好读书，以沉潜反思庄子之玄理为主。刘孝标注又引《竹林七贤论》："秀为此义，读之者无不超然，若已出尘埃而窥绝冥，始了视听之表。有神德玄哲，能遗天下，外万物。虽复使动竞之人顾观所徇，皆怅然自有振拔之情矣。"[2] 读向秀《庄子注》，无不超然有远举之志。

《世说新语》认为，向秀未完成此书而卒，郭象窃以为己注，且自注《秋水》《至乐》两篇，又改易《马蹄》一篇，其余众篇，不过是点校文句而已。《晋书·郭象传》完全采纳《世说新语》的说法。《晋书·向秀传》："向秀字子期，河内怀人也。清悟有远识，少为山涛所知，雅好老庄之学。庄周著内外数十篇，历世才士虽有观者，莫适论其旨统也，秀乃为之隐解，发明奇趣，振起玄风，读之者超然心悟，莫不自足一时也。惠帝之世，郭象又述而广之，儒墨之迹见鄙，道家之言遂盛焉。"[3] 所谓"述而广之"，即郭象是在向秀《注》的基础上发展和完善而成《庄子注》。因此，《晋书》二传的说法存在一定的矛盾。余嘉锡说："向秀《庄子注》今已不传，无以考见向、郭异同。《四库总目》一百四十六《庄子提要》尝就《列子》张湛注、陆氏《释文》所引秀义，以校郭《注》。有向有郭无者，有绝不相同者，有互相出入者，有郭与向全同者，有郭增减字句大同小异者。知郭点定文句，殆非无证。"[4] 郭点校文句，殆非无证；述而广之，亦有证。王叔岷说："今据庄子释文、列子注及他书所引，详加纂辑，得向有注郭无注者四十八条，向郭注全异者三十条，向郭注相近者三

---

[1] 余嘉锡：《世说新语笺疏》，中华书局1983年版，第206页。
[2] 余嘉锡：《世说新语笺疏》，中华书局1983年版，第206页。
[3] （唐）房玄龄等：《晋书》，中华书局1974年版，第1374页。
[4] 余嘉锡：《世说新语笺疏》，中华书局1983年版，第207页。

十二条，向郭注相同者二十八条，列此明证，然后知郭注之与向注，异者多而同者少，盖郭虽有所采于向，实能推而广之，以自成其说者也，岂仅自注秋水至乐两篇，及易马蹄一篇而已哉?"①

要之，向秀《庄子注》发明庄子的隐旨而大畅玄风，郭象《庄子注》是在向秀《注》的基础上发展、创新和完善而成，其思想自成体系。刘孝标注引《文士传》："象字子玄，河南人。少有才理，慕道好学，托志老、庄。时人咸以为王弼之亚""象作《庄子注》，最有清辞遁旨"②。王晓毅认为，郭象约生于西晋泰始元年（265），约卒于西晋永嘉五年（311），主要活动于西晋中后期。③《晋书·郭象传》："永嘉末病卒，著碑论十二篇。"④ 郭象在大量采用向秀《庄子注》的基础上，完成了一部更高水平、更完善的《庄子注》。向秀《庄子注》在隋朝以前已亡佚，独郭象《庄子注》流传于世。今言向秀、郭象《庄子注》，是不没其源也。

一　注释形式的特征

就注释的形式而言，郭象《庄子注》有以下特征。

其一，根据庄文的顺序作注，即随文作注，从首篇《逍遥游》到末篇《天下》，有较为完整的经典注释形式。

其二，随文作注，颇多省略，即有庄文而无注文。从一篇来看，郭象只在会意处予以注释，其他多不注。《逍遥游》的最后部分有"大瓠""大樗"两则寓言，叙述庄子与惠子关于"有用无用"问题的论辩，庄文甚多，郭只有三注。从全书来看，"内篇"之注较为详备，"杂篇"之《说剑》无注，《让王》三注，《盗跖》三注，《渔父》只在结尾处出一注以归结全篇的大意。对此四篇，郭象较为轻视，或许怀疑它们非庄子学派所作。

其三，注文在会意处多有忘言之辩，文本量大，陶渊明所谓"好

---

① 王叔岷：《庄学管窥》，中华书局2007年版，第114页。
② 余嘉锡：《世说新语笺疏》，中华书局1983年版，第206页。
③ 王晓毅：《郭象评传》（下），南京大学出版社2011年版，第380—392页。
④ （唐）房玄龄等：《晋书》，中华书局1974年版，第1397页。

读书，不求甚解；① 每有会意，便欣然忘食"（《五柳先生传》），但大多注文精要。汤用彤说："二者（郭象《庄子注》与张湛《列子注》）均谓之'通'，原在总论大义。至若随文作注，亦多择其证成己意处会通其旨略。"②

《逍遥游》"小知不及大知，小年不及大年"只有十二字，字面义简约明白，但注文雄辩滔滔，洋洋洒洒，近于两百言，不仅文本量大，且思想内容丰富深刻。《齐物论》"夫吹万不同，而使其自己也"，注文有二百四十余字，首次阐发"自生"的思想。郭象往往在首次阐发某一观念或思想时骋辞尽意，后文再出时简要述之，既详略得当，又往复循环。

《徐无鬼》：

> 庄子送葬，过惠子之墓，顾谓从者曰："郢人垩漫其鼻端若蝇翼，使匠石斫之。匠石运斤成风，听而斫之，尽垩而鼻不伤，郢人立不失容。宋元君闻之，召匠石曰：'尝试为寡人为之。'匠石曰：'臣则尝能斫之，虽然，臣之质死久矣！'自夫子之死也，吾无以为质矣，吾无与言之矣！"③

庄子对从者叙述匠石之事，其寓意是匠石之运斤成风与郢人之立不失容相对而相成，而隐喻自我以惠子为辩论的对手从而成就精妙的言论。郭象注"听而斫之"曰："瞑目恣手。"④ 注文精要，意义丰赡，是对庄文之义的拓展，即匠石不仅心手合一（所谓"得心应手"），且与对象融合为一，故能运斤成风，这与《养生主》中庖丁解牛之"由技入道"一样。结尾有一注："非夫不动之质，忘言之对，则虽

---

① "不求甚解"，即不追求齐备的理解。甚，齐备，例如"甚设"。
② 汤用彤：《魏晋玄学论稿》，上海人民出版社2015年增订版，第24—25页。
③ （晋）郭象注，（唐）成玄英疏：《庄子注疏》，中华书局2011年版，第442—443页。本书征引《庄子》的文字据此。以下凡引该书，只注篇名，不注页码。
④ （晋）郭象注，（唐）成玄英疏：《庄子注疏》，中华书局2011年版，第442页。本书征引《庄子注》的文字据此。以下凡引该书，只注篇名，不注页码。

第一章 郭象《庄子注》对《庄子》的诠释

至言妙斫,而无所用之。"这准确地揭示了庄文的核心主旨。

《应帝王》结尾有一则著名的"浑沌之德"寓言:

> 南海之帝为儵,北海之帝为忽,中央之帝为浑沌。儵与忽时相与遇于浑沌之地,浑沌待之甚善。儵与忽谋报浑沌之德,曰:"人皆有七窍以视听食息,此独无有,尝试凿之。"日凿一窍,七日而浑沌死。[①]

郭象明白这是庄子的谬悠之说、荒唐之言,故不考证儵与忽其人其事,也不在语文层面上训释疑难词句。他只在最后出一注:"为者败之。"

"浑沌之德"的寓言有多重寓意:或是批评有为而主张无为;或是批评有分而主张无知无识的混沌无分;或是批评以自我为标准而塑造他者;等等。"为者败之",似与庄子之无为思想相同,但实有分别。郭象之无为,不是无所作为,而是顺应事物本性而为。混沌有其本性,即浑然不分,任之逍遥;南海之帝、北海之帝为之凿七窍,是违背其本性的作为,即有为,从而使混沌失其本性而死。因此,"为者败之"的内涵深刻,与郭象之任性、足性逍遥的思想是一致的。元人刘埙云:"郭象注庄子,议论高简,殊有意味。凡庄生千百言不能了者,象以一言了之。余尝爱其注混沌凿七窍一段,惟以一语断之曰'为者败之',止用四字,辞简意足,一段章旨无复遗论,盖其妙若此。世谓庄子注郭象,亦是一说。"[②] 要之,注文之辞简意足,实要会通"庄子之意"(即郭象所阐发的庄子之意,与庄文之义、庄子本意有分),才能深入地理解。

其四,"内篇"七,皆有题注,以辩示题意;"外篇""杂篇"无题注。"内篇"是有题的文章,其题目与一篇的内容有较为紧密的联

[①] 陈鼓应:《庄子今注今译》(上),中华书局2009年版,第249页。
[②] 参见刘笑敢《诠释与定向——中国哲学研究方法之探究》,商务印书馆2009年版,第69页。

系，故郭象有题注；"外篇""杂篇"取文章之首二字或三字为题，实是无题，故郭象没有题注。[①] 例如《应帝王》题注曰："夫无心而任乎自化者，应为帝王也。"这是解释"应帝王"的题意。如何才能成为帝王呢？无心而顺任天地万物及其变化。题注精要，意义丰赡，这是会通"庄子之意"而成。

二 注释内容的特征

从注释的内容来看，《庄子注》有以下特征。

其一，语言文字的训释甚少，物类、事类的考证和说明基本阙如，这与汉代的经典注释传统不同。

《逍遥游》注，开宗明义地概述其注释的特征：

> 鹏鲲之实，吾所未详也。夫庄子之大意，在乎逍遥游放，无为而自得。故极小大之致，以明性分之适。达观之士，宜要其会归，而遗其所寄，不足事事曲与生说。自不害其弘旨，皆可略之耳。

鹏鲲等物类不过是寄言，而以托意，故"遗其所寄"，即对庄文的言辞少作或不作训释，对庄文之物类、事类不作考证和说明，以免曲折而生硬地解说，且破碎大义。钟泰曰："《庄子》之文，已固参差而难齐，深闳而难竟，而况注家又缴绕之以玄言，错乱之以训诂，则宜乎究其趣旨者之不易得也。"[②] "宜要其会归"，即会通地把握庄子之大意。郭象对鹏鲲不作注释，但成玄英疏征引《十洲记》《玄中记》等予以说明，北冥之鱼有依据，可以征信。王中江说："很明显，郭

---

① 学人多认为，班固《艺文志》"《庄子》五十二篇"，已有内外篇之分，内篇有题，是庄子自著，而外篇无题，是庄子的后学所作。钟泰曰："据此，则《艺文志》五十二篇，即已有内篇、外篇之分矣。七篇篇名，各有其义，与外、杂篇取篇首二三字为名者迥殊，是岂郭子玄辈所能臆造？即此一端，七篇之别于外、杂篇而自为一类，彰彰显甚。故窃以为外、杂篇有可疑，而内七篇则无可疑；外、杂篇有非庄子自作，而内七篇则非庄子莫能为。"钟泰：《庄子发微》，上海古籍出版社2002年版，第2页。

② 钟泰：《庄子发微》，上海古籍出版社2002年版，第3页。

象的注释，不是以文字、历史和文献的实证式方式展开的，他从不注释也不考证《庄子》中的具体文字、人物、典故和史实，这反而是成玄英'庄疏'的特点。郭象注重的是'义理'，注重的是言语的'意旨'，甚至是'言外之意'，这不仅是郭象具体的注释行为，它也正是郭象所提倡的一般的'注释方法'。"①

物类、事类，一是指人名、物名、地名等，二是指寓言等叙事，《庄子注》皆不注。例如《逍遥游》注，对物名鹏鲲、斥鷃、姑射之山、大樗等不注；对人名尧、许由、肩吾、连叔、惠子等不注；有些人名是虚造的，如连叔等，有些人名如惠子、许由等在历史上虽有其人，但真假难分。事类多荒诞不经，难以求真求信，故不必考证其真伪，《天下》谓"以谬悠之说，荒唐之言，无端崖之辞"，不过是托意而已，皆不注。

郭象的注文中，训释字词的内容甚少。

《逍遥游》注云"泠然，轻妙之貌"，这是字词的注释，颇为准确。

《逍遥游》最后有两则寓言，共有三注。

> 其药能令手不拘坼，故常漂絮于水中也。（注文一）
> 蓬生非直达者也。此章言物各有宜，苟得其宜，安往而不逍遥也。（注文二）
> 夫小大之物，苟失其极，则利害之理均；用得其所，则物皆逍遥也。（注文三）

注文一释庄文"不龟手之药""以洴澼絖为事"，这是疑难词句的训释。注文二前部分释"夫子犹有蓬之心"，即曲折不畅，亦是疑难词句的训释；后部分是阐释大瓠之寓言的主旨。注文三是阐释大樗之寓言的主旨：小大之物安于性分，则逍遥自由。

汤用彤说：

---

① 王中江：《道家学说的观念史研究》，中华书局2015年版，第402页。

> 汉代经学依于文句，故朴实说理，而不免拘泥。魏世以后，学尚玄远，虽颇乖于圣道，而因主得意，思想言论乃较为自由。汉人所习曰章句，魏晋所尚者曰"通"。章句多随文饰说，通者会通其义而不以辞害意。①

从经籍的解释来看，汉人注经，重视语义的训释，言事烦琐，说理浅显；魏晋注经，重视名或观念、义理的阐释，而简略经文的注释。随文注释，重视会通大意；大意具有颇高的抽象性和普遍性，最高的抽象本体即本原之道。

其二，辨名析理。魏晋玄学是名理之学。名，即观念、概念，有特定的内涵，与文字的常义不同。辨名，即确定名或观念的特定内涵。析理，是在辨名的基础上阐发义理。这是哲学思辨的基本方法。《庄子》一书的表达方式主要是通过卮言、重言、寓言，所谓"以谬悠之说，荒唐之言，无端崖之辞"，暗示、烘托其哲学思想；这是描述的讲法，而少有概念的辨析、义理的阐述、观点的论证，故"混沌"难明。牟宗三认为，"全部《庄子》是一大浑沌，亦是一大玄智，亦整个是一大诡辞"②。郭象之注释《庄子》，是通过分解的讲法，以揭示名言观念的内涵，辨析名言观念之间的差异和联系，阐发和论证各种义理，以结构其思想体系。因此，辨名析理是郭象解释的基本方法，也是《庄子注》的基本内容。

郭象注"若夫乘天地之正，而御六气之辩，以游无穷者，彼且恶乎待哉"曰：

> 天地者，万物之总名也。天地以万物为体，而万物必以自然为正。自然者，不为而自然者也。故大鹏之能高，斥鴳之能下，椿木之能长，朝菌之能短，凡此皆自然之所能，非为之所能也。不为而自能，所以为正也。故乘天地之正者，即是顺万物之性

---

① 汤用彤：《魏晋玄学论稿》，上海人民出版社2015年增订版，第24页。
② 牟宗三：《才性与玄理》，吉林出版集团有限责任公司2010年版，第156页。

第一章　郭象《庄子注》对《庄子》的诠释　　11

也；御六气之辩者，即是游变化之途也。如斯以往，则何往而有穷哉！所遇斯乘，又将恶乎待哉！此乃至德之人玄同彼我者之逍遥也。苟有待焉，则虽列子之轻妙，犹不能以无风而行，故必得其所待然后逍遥耳，而况大鹏乎！夫唯与物冥而循大变者，为能无待而常通，岂独自通而已哉！又顺有待者，使不失其所待，所待不失，则同于大通矣。故有待无待，吾所不能齐也。至于各安其性，天机自张，受而不知，则吾所不能殊也。夫无待犹不足以殊有待，况有待者之巨细乎！

这段注文有三百余字，主要是辨名析理。字与名有分别。名皆字，但字不都是名，不即名。字，有固定的常义，这可从字典、词典书中查明。董仲舒《春秋繁露·深察名号》"鸣而施命谓之名。名之为言，鸣与命也"[①]。字有形声，可鸣可形；而要成为名，则必须命其意义。有的字可成为名，名即观念或概念，有特定的内涵，与字之常义有分别。"天地"的字面义，人人清楚明白，但郭象之"天地"从字到名，而有特定的意义，"天地者，万物之总名也"，即天地是万物的总称，这非通常意义上的天地。"自然"一词的词义略有两种，一是自己而然，一是天然。郭象赋予"自然"观念的意义是"自然者，不为而自然者也"，即事物顺应其本性而为。"大鹏之能高，斥鷃之能下，椿木之能长，朝菌之能短"，皆顺其性分的要求，而非出于它们的意志和作为。"无待"的字面义，即没有凭借、依靠。郭象之无待是名，是观念，而有特定的内涵，即无所不凭借、无所不融合而游于无方。天地是万物的总称，天地以自然为正，故乘天地之正者，即顺万物之性也；这是在辨名的基础上阐发义理。无待者顺有待者，故有待者能任性自得，无待者也能任性自得，"则同于大通矣"，这是在辨名的基础上析理。

庄文有"至人无己，神人无功，圣人无名"三句，郭象通过辨名析理，迂回曲折地赋予它们特定的内涵。

[①] （清）苏舆：《春秋繁露义证》，中华书局2015年版，第278页。

庄文"至人无己",即至人之心中止思虑活动而虚静虚无,从而木然于天下万物,故能养心养神。郭象注曰:"无己故顺物,顺物而至矣。"至人无己,即没有成心而涵融天下之心,从而顺应天下万物以游于无穷。至人不仅养心养神,也治天下。至人即无待之人,冥天下万物而游于无穷,故曰"至"。这是郭象赋予"至人"之名的特定内涵,即辨名。

庄文"神人无功",即神人不追求治天下的功业或事业。郭象注曰:"夫物未尝有谢生于自然者,而必欣赖于针石(针灸所用的石针,喻解除弊病的工具),故至则迹灭矣。今顺而不助,与至理为一,故无功。"神人冥物,即顺应万物的自然本性(性即理),故万物皆能任性逍遥,但神人无心为之,即"神人无功"。实际上,神人冥物,而助成万物之任性逍遥,这是治天下的功业。

庄文"圣人无名",即圣人不追求名。郭象注曰:"圣人者,物得性之名耳,未足以名其所以得也。"众人得性逍遥而以为圣人有心有为而成,故名曰"圣人"。但实际上,众人浅知,不能知圣人之实即神人之实。因此,圣人之名不符合神人之实,神人之实即无心而冥物、顺物,故不可以命名,即无名。《逍遥游》注:"尧舜者,世事之名耳。为名者,非名也。故夫尧舜者,岂直尧舜而已哉?必有神人之实焉。今所称尧舜者,徒名其尘垢秕糠耳!"圣人之实即神人之实,这不可名;万物得性逍遥,以为尧舜有心有为而成,名之曰"圣""尧""舜",但不合神人之实,故谓之尘垢秕糠。

要之,郭注在辨名析理中,重新赋予庄文"至人无己,神人无功,圣人无名"的特定意义,这不合庄文的本义。换言之,郭注往往把庄文的字词转变为名或观念,从而赋予其特定的意义。郭象之辨名析理颇为迂回曲折,辗转引申。

《逍遥游》有一则寓言,尧自以为小知,而欲让天下于许由,许由曰"子治天下,天下既已治也"。庄文之义是尧治天下,而使天下安定而有秩序(治乱之治)。尧有为而治,不符合郭象之理想人格的无为而治。他展开了辨名析理:"夫能令天下治,不治天下者也。故尧以不治治之,非治之而治者也。今许由方明既治,则无所代之。而治实由尧,故有子治之言。"郭象认为,尧以不治治之;许由"子治天下",不是说尧治理天下,而是说尧使天下治(治乱之治);尧以不治无为而让天下安定有序。郭象的辨名析理,辗转曲折,把动词之"治"改变为状词之"治"(即治乱之治)。

《齐物论》:

> 虽然,请尝言之:有始也者,有未始有始也者,有未始有夫未始有始也者;有有也者,有无也者,有未始有无也者,有未始有夫未始有无也者。

读者一般认为,庄文是不断地向前追寻天地万物的开始。哲学追寻本原,文学在对天地万物之本原的追问中会产生不可名状的神秘感、历史感。苏轼《水调歌头》:"明月几时有?把酒问青天。不知天上宫阙,今夕是何年?"张若虚《春江花月夜》:"江畔何人初见月?江月何年初照人?"庄文"有始也者,有未始有始也者,有未始有夫未始有始也者",只是字面义,恐没有特定的意义。王博释曰:"如果说道是个开始的话,这个开始还有没有一个开始呢,开始的开始还有没有一个开始呢?"[①] 从有物追寻到无物,再追寻到无无,"有有也者,有无也者,有未始有无也者,有未始有夫未始有无也者",恐也没有实在的意义。

郭象之注,从认知之境的角度赋予"有始""有未始有始"等特定的内涵,这是辨名析理。认知之境有从低向高的层级之分。

"有始也者"注:"有始则有终。"有分别。

"有未始有始也者"注:"谓无始终而一死生。"混而为一,即齐物。

"有未始有夫未始有始也者"注:"夫一之者,未若不一而自齐,斯又忘其一也。"忘一而忘知。

"有有也者"注:"有有则美恶是非具也。"有善恶美丑之分。

---

① 王博:《庄子哲学》,北京大学出版社2004年版,第80页。

"有无也者"注:"有无而未知无无也,则是非好恶,犹未离怀。"齐善恶美丑。

"有未始有无也者"注:"知无无矣,而犹未能无知。"忘善恶美丑,即忘知。

"有未始有夫未始有无也者"注:"此都忘其知也,尔乃俄然始了无耳。了无,则天地万物,彼我是非,豁然确斯也。"无知,不知。

理,有平常之理,为众人所能认知。有玄理,往往与平常之理相反,老子所谓"正言若反"。郭象是魏晋玄学的集大成者,其说理不仅意义丰赡,且精妙绝伦,颇有独思卓见。《世说新语·赏誉》:"郭子玄有俊才,能言《老》、《庄》。庾敳尝称之,每曰:'郭子玄何必减庾子嵩!'""王太尉(衍)云:'郭子玄语议如悬河泻水,注而不竭。'"[1]

要之,郭象之辨名析理,往往是辗转引申,郢书燕说,而服从于他所会通的庄子之意;他所会通的庄子之意与庄文之义、庄子本意有根本的不同,故以辨名析理的方法而创造性地阐释。

其三,揭示寓言的寓意。寓言(广义)包括譬喻与寓言故事(狭义)。以寓言说理,生动形象,有感染力。庄文用一连串的寓言说理,寓言之中套寓言,多重比喻。寓言的想象迷离荒诞,有诡奇多变的神话色彩。其哲思融化在诸多寓言中,超出以寓言为例证的意义。以概念性的文字说理,清楚明白。用寓言说理,若不对寓言的寓意加以点醒,则寓意丰富隐微而难以索解。所谓"形象大于思想",即形象思维的特征在于,同一个形象可寓含多种寓意,同一种寓意也可用多个形象来隐喻。因此,庄子的哲思有高深莫测的神秘色彩,固然与其思想的精深有关,也与其以寓言说理的方式有关。这造成了解释者理解文本的障碍,但也有积极的建设性的因素,即有利于解释者发挥自己的主观思想。

郭象善于用精要的注文,阐发寓言的寓意,但他阐发的寓言之意,多与庄文的本义不同,这服从于他所会通的庄子之意。

---

[1] 余嘉锡:《世说新语笺疏》,中华书局1983年版,第435、438页。

第一章 郭象《庄子注》对《庄子》的诠释

《列御寇》有则寓言，宋人曹商为宋王出使秦国。其往也，得车数乘（宋王赏赐）。游说秦王，秦王悦之，赏赐百乘。他回来后向庄子夸耀。庄子曰："秦王有病召医。破痈溃痤者得车一乘，舐痔者得车五乘，所治愈下，得车愈多。子岂治其痔邪？何得车之多也？子行矣！"庄子嘲讽曹商因卑下无耻地侍奉君王而获得富贵，故鄙视之。

郭象注曰：

> 夫事下然后功高，功高然后禄重，故高远恬淡者，遗荣也。

郭象认为，曹商能做事，故功高，因而赏赐多而禄重，但不能高远恬淡而忘记荣耀，故自矜自伐。这与庄文的寓意显然不同。"所治愈下"的本义，是臣子卑下地侍奉君主，郭象曲解为曹商能做世俗之事，即"下事"。因此，郭象没有讽刺曹商行为卑下而追逐富贵之意，只有批评曹商自夸荣耀之见。郭象之意服从于其义理思想，各人的身份和地位不同，安于本分，则任性自由：富贵者安于本分，任性自由；穷困者安于本分，也任性自由。

《则阳》有一则寓言，惠子引戴晋人见魏王（君），戴晋人与魏王有一段对话：

> 惠子闻之，而见戴晋人（使戴晋人见魏王）。戴晋人曰："有所谓蜗者，君知之乎？"曰："然。""有国于蜗之左角者曰触氏，有国于蜗之右角者曰蛮氏，时相与争地而战，伏尸数万，逐北旬有五日而后反。"君曰："噫，其虚言与！"

庄子以生动形象的寓言，富有感染力地描绘了战国时代的君主为了蜗角之利而相互争夺、杀伐的血腥场景。孟子痛斥曰："争地以战，杀人盈野；争城以战，杀人盈城。此所谓率土地而食人肉，罪不容于

死。"(《孟子·离娄》上)①

郭象注曰:

> 诚知所争者若此之细也,则天下无争矣。

郭象的注文简要,富有一定的哲理,但没有庄子之深广的忧患意识与激烈的批判精神。

《秋水》有一则寓言:

> 庄子钓于濮水。楚王使大夫二人往先焉,曰:"愿以境内累矣!"庄子持竿不顾,曰:"吾闻楚有神龟,死已三千岁矣。王巾笥而藏之庙堂之上。此龟者,宁其死为留骨而贵乎?宁其生而曳尾于涂中乎?"二大夫曰:"宁生而曳尾涂中。"庄子曰:"往矣!吾将曳尾于涂中。"

这则寓言表现了庄子鄙视富贵权势而追求生命自由的高远情怀。神龟置于庙堂之上,能享受尊贵之名,但精神不自由。"宁生而曳尾途中",龟虽谋生艰难,但精神自由。

郭象只在末尾出一注:

> 性各有所安也。

郭注精要,即各人性情不同,而各有追求,但皆能安性、任性逍遥。这种释义符合常情常理,但失去庄子之超越的精神。

《秋水》还有一寓言:

> 惠子相梁,庄子往见之。或谓惠子曰:"庄子来,欲代子相。"于是惠子恐,搜于国中三日三夜。庄子往见之,曰:"南方

---

① (宋)朱熹:《四书章句集注》,中华书局2011年版,第264页。

有鸟，其名为鹓鶵，子知之乎？夫鹓鶵发于南海而飞于北海，非梧桐不止，非练实不食，非醴泉不饮。于是鸱得腐鼠，鹓鶵过之，仰而视之曰：'吓！'今子欲以子之梁国而吓我耶？"

这则寓言形象生动，寓意显明，即庄子鄙视世俗的富贵权势，而追求高远明洁的精神生活。郭象只在结尾有一注：

> 言物嗜好不同，愿各有极。

注文简要：物各有性，性各有极，任性逍遥；惠子有惠子之性，庄子有庄子之性，相互不可跂尚，任性逍遥。显然，庄文没有此义，郭象的解释牵强附会，郢书燕说。

要之，庄文"寓言十九"，故郭象之解释寓言的寓意，成为《庄子注》的重要内容；他所揭示的寓意，与庄子本意有根本的不同，而服从于其会通的庄子之意。

其四，会通庄子之大意。

郭象会通的庄子之意，即庄子的思想世界，具有整体性、融贯性、系统性。"会通""要其会归"，即会合、贯通，以建构庄子之完整的思想体系。

庄子的思想有多方面的内容，所谓会通庄子之大意，即把握庄子思想的核心观点、一以贯之之道，而统一众多的思想内容。庄子之大意，即庄子思想的总原理、总原则，即宗统，即本体。这种解释方法来自王弼以来所倡导的本体论，即由用以见体、由体以及用之反复循环所构成的无限整体。王弼《论语释疑》解释"吾道一以贯之"：

> 贯，犹统也。夫事有归，理有会。故得其归，事虽殷大，可以一名举；总其会，理虽博，可以至约穷也。譬犹以君御民，执

一统众之道也。①

王弼在《周易略例·明象》中说："物无妄然，必由其理。统之有宗，会之有元，故繁而不乱，众而不惑。……故自统而寻之，物虽众，则知可以执一御也；由本以观之，义虽博，则知可以一名举也。"② 这是王弼解释《周易》的基本原则。郭象之会通庄子之意，即庄子思想之原理，一是简约、精微，二是以原理贯通众理。

如何理解郭象之会通庄子之意呢？

第一，从庄文之义中会通庄子之意，庄文之义是从一句一段一章一篇中呈现出来的，庄子之意是综合全书的庄文之义概括而成的，整体与部分有间距，有时相一致，有时相分别，有时相背反，断章取义是一偏之见，整体之义才是融会贯通的大义。

第二，从《庄子》一书中会通庄子之意。《庄子》文本，有庄子本人的作品，也有庄子后学的作品，也混入了其他学派的作品，其思想内容呈现出"异质性"的特征。郭象综合全书，融贯各篇，而整体地把握庄子的思想世界。例如《庄子》"内篇"中没有出现"性"之名，而其天然的状态、自然的状态实有本性的意义；"外篇""杂篇"较多出现性之名，且以顺应为基本要求。郭象从《庄子》全书中抽象出"性"，并发展成为核心观念，提出任性逍遥的思想，从而建立系统的理论；以之解释《庄子》各篇，包括未出现性之名的"内篇"，这是一种融贯性、贯通性的理解和解释。

第三，郭象是在他的时代背景、思想氛围和个人经验中来会通庄子之意。哲学解释学提出"视域融合"的理论，即诠释者视域与文本视域从冲突走向融合的过程，一方面是诠释者的思想向文本的渗透，另一方面是文本影响了诠释者的思想，二者互动的、双向回流的诠释活动创造了新的文本意义。

郭象会通庄子之意的注释，往往与具体的庄文之义发生冲突和矛

---

① （梁）皇侃：《论语义疏》，中华书局2013年版，第90页。
② （魏）王弼撰，楼宇烈校释：《周易注》，中华书局2011年版，第395页。

盾。究其原因，一是郭象所阐释的庄子之意，是他对庄子思想的继承、发展、转化和创造，本来就与庄文之义、庄子之本意存在严重的冲突；二是庄子文本的异质性特征，不能保证庄文之义、庄子之本意的贯通性；三是整体与部分存有间距，即庄文之义与庄子之本意有间距；四是庄文主要以寓言说理，又少有点醒之言，寓意暗昧不明，或有多种理解，因为形象往往大于思想，故庄文之义与庄子之本意存有较大的间距。因此，郭象以会通的庄子之意来解释具体的庄文，在许多情形下表现出曲折附会、郢书燕说的特征。

郭象的核心思想之一是万物各有性分，任其性分即可逍遥自由。《逍遥游》题注："夫小大虽殊，而放于自得之场，则物任其性，事称其能，各得其分，逍遥一也，岂容胜负于其间哉！"小大之物任性逍遥的思想在后面注文中回环往复，贯通于整个《庄子注》中；但在具体的注释中，往往与庄文之义、庄子之本意产生冲突。

《逍遥游》有一则故事，叙述庄子与惠子辩论有用和无用的问题。惠子认为，大樗是不材之木，大而无用。庄子认为，大樗虽大而无用，即不能为他人他物用，但能保全自己，以尽天年，这对于自己是大用；狸狌有用，却中于机辟，死于网罟。"不夭斤斧，物无害者。无所可用，安所困苦哉！"庄子的思想非常深刻。郭象注曰："夫小大之物，苟失其极，则利害之理均；用得其所，则物皆逍遥也。"郭象以小大之物任性逍遥的思想予以解释，基本上背离庄子之本意。

《养生主》有一寓言：

> 泽雉十步一啄，百步一饮，不蕲畜乎樊中。神虽王，不善也。

水泽边上的野鸡，十步一啄，百步一饮，谋生艰辛，也不求在樊笼中为人供养；因为在樊笼中供养虽地位尊贵而好吃好喝，但不能自由而精神萎靡不乐。

郭象注曰：

> 夫俯仰乎天地之间，逍遥乎自得之场，固养生之妙处也，又何求于入笼而服养哉！

泽雉在水边谋生，是自得之场、养生之妙处，因为泽雉能任其本性而逍遥。入笼而服养，不能使泽雉的本性得以实现。郭象注"神虽王，不善也"曰："夫始乎适而未尝不适者，忘适也。雉心神长王，志气盈豫，而自放于清旷之地，忽然不觉善之为善也。"庄文之义是笼中之雉虽有王者的尊贵，但不自由而不快乐。郭象认为，"神虽王，不善也"是指泽雉，即泽雉任性逍遥，始终舒适，从而忘适之适（没有不舒适之感，也没有舒适之感）。

显然，郭象是以万物任性逍遥的思想来解释这则寓言，众物各有性分，各有相应的自得之场，置于自得之场中能得性逍遥，离开自得之场则失其性分而陷入困境。郭象所阐释的庄子之意（即郭象之意）与庄子之本意有冲突。庄子之本意是，生活固然艰难，但自由更为紧要，自由是不受他物限制的自由。郭象之意是，泽雉谋生于水边是任其性分的自由，自由乃是自我与特定语境（即自得之场）相融合而游于其中，这是安于性分的自由。

《骈拇》"骈拇枝指出乎性哉，而侈于德；附赘悬疣出乎形哉，而侈于性"，庄文之义是，骈拇枝指、附赘悬疣皆超出于形体、本性，故是无用之物，必须予以割弃。"出乎"之义，即"超出"；"侈"，即"多于"。

郭象注曰：

> 夫长者不为有余，短者不为不足，此则骈赘皆出于形性，非假物也。然骈与不骈，其性各足，而此独骈枝，则于众以为多，故曰侈耳。而惑者或云非性，因欲割而弃之，是道有所不存，德有所不载，而人有弃才，物有弃用也，岂是至治之意哉！夫物有小大，能有少多。所大即骈，所多即赘，骈赘之分，物皆有之。若莫之任，是弃万物之性也。

郭象把"出乎"释为"出自""出于",即骈拇枝指出自本性,与庄文之义完全相反。"侈于性"明明是说"于性为多",如何自圆其说呢?郭象的解释是,骈拇枝指合于性,但众人是惑者,以为骈拇枝指多于性。郭象会通的庄子之意是,事物皆有存在的意义和功用,道无处不在,德无物不载,故要顺应万物的本性而尽其功用,不能有所废弃。这是主张万物任性逍遥的平等思想,的确是至治之意,但与庄文之义显然是不同的。

要之,郭象所会通的庄子之意,与庄文之义、庄子之本意有根本的不同;因此,郭象的解释表现出穿凿附会、似之而非的特征。

三 字词训释的特征

《庄子注》重在会通庄子之大意,而轻于字词的训释。注文中字词的训释虽然较少,但我们有必要讨论,因为其训释有一显著的特征,即屈从于义理思想的制约。有的注释准确,有的注释歪曲其义,故读者在征引《庄子注》之字词释义时要审慎。字词的释义,一般是根据字词的字典义与其上下文的语境而获得,这是较为客观的;但郭象之注释字词,有时是故意曲解,以屈从于他所会通的庄子之意(即郭象的思想)。学者徐复观说:"钱先生在《自序》中(钱宾四《宋明理学概述》)提到阳明对朱元晦的《大学》古本之争,及朱、王两家对训释'格物致知'之辩,认为这都是考据训诂范围以内的之事,以作由考据以通义理之证。不错,上述两事都牵涉到文献上的问题,但这只是居于附带而不足轻重的地位。此两问题的发生,主要是来自两家思想上的不同。先有思想上的不同,才发生对文献解释上的歧异,决非由文献上的歧异,才发生思想上的不同。"[1] 这可推之于郭象《庄子注》。郭象对字词的注释,有时并不依从其字典义、上下文的语境义,而是屈从于义理思想,即先有义理思想,后才有文献的解释。由此可知,义理思想在文字训诂上有重要的指导意义;尤其是古代的文本,因在流传中存有不少讹误,且多使用假借而难以确知

---

[1] 徐复观:《中国思想史论集》,上海书店出版社2004年版,第72页。

其本字，故在解释中首先要会通作者的大意，然后衡定文本中字词的意义。

《逍遥游》注云"泠然，轻妙之貌"，这是字词的注释，准确。

《逍遥游》"六月息"注："夫大鸟一去半岁，至天池而息。"

息，是止息还是气息（风）呢？根据上下文来看，"六月息"之释为"六月风"最为合理。释德清、宣颖、郭嵩焘、陈鼓应皆注云"六月风"，与下文"生物之以息相吹也"之息相应，息即风。① 郭象应不至于误解。他之所以释为"止息"，是屈从于其小大之物皆能任性逍遥的思想：大鹏一去半年，到天池而息，小鸟一飞半朝，枪榆枋而止；它们的飞行时间和空间有小大之差，但皆能足性逍遥。

《逍遥游》："蜩与学鸠笑之曰：'我决起而飞，枪榆枋，时则不至，而控于地而已矣，奚以之九万里而南为？'适莽苍者，三餐而反，腹犹果然；适百里者，宿舂粮；适千里者，三月聚粮。之二虫，又何知！"②

根据上下文，"之二虫，又何知"，是庄文批评蜩与学鸠二虫不能知大鹏之高飞，即小不知大，这如同《秋水》之河伯因眼界的狭小而不知北海若。郭象注曰："二虫，谓鹏蜩也。对大于小，所以均异趣也。夫趣之所以异，岂知异而异哉？皆不知所以然而自然耳。自然耳，不为也，此逍遥之大意。""二虫"指鹏蜩，显然与庄文不合；"不知"不是根本不知，而是出于本性而自然而然地知，与庄文不合。郭象之曲解庄文，是屈从于鹏蜩虽小大有分而皆能任性逍遥的思想，且它们任性逍遥出于本能，是潜意识、不知不觉的。

《齐物论》："夫大块噫气，其名为风，是唯无作，作则万窍怒号。"

"大块"，即大地。③ 郭象注曰："大块者，无物也。夫噫气者，岂有物哉，气块然而自噫耳！物之生也，莫不块然而自生，则块然之体大矣，故遂以大块为名。"这解构了大地的实体性，正如他解构天

---

① 陈鼓应：《庄子今注今译》（上），中华书局2009年版，第7—8页。
② 陈鼓应：《庄子今注今译》（上），中华书局2009年版，第10页。
③ 陈鼓应：《庄子今注今译》（上），中华书局2009年版，第42—43页。

的实体性一样("天地者,万物之总名也")。"大块"之名词释为描述性的词汇"块然",即木然,无意识。这种训释屈从于他万物自生、独化的思想,即万物是气之偶然结聚而生成,既没有原因,也没有目的。

《齐物论》:"人之生也,固若是芒乎?其我独芒,而人亦有不芒者乎?""芒"即"茫",其字面义是愚昧无知。这是悲悯众人、自我的愚昧无知。郭象注曰:"凡此上事,皆不知所以然而然,故曰芒也。今夫知者皆不知所以知而自知矣,生者皆不知所以生而自生矣。万物虽异,至于生不由知,则未有不同者也,故天下莫不芒也。"郭象认为,此上的众人之数事皆是出自本性的要求,是自发、无意识的,即任性而知。因此,庄子之悲悯众人的愚昧无知,变成郭象之肯定众人的任性而知。郭象之字词的注释,不是依据其本义及上下文的语境,而是屈从于他会通的义理思想。

《齐物论》:"是故滑(gǔ)疑之耀,圣人之所图也。为是不用而寓诸庸,此之谓'以明'。"滑,即乱;疑,即疑惑。庄文之义是,三子好知之辩说,令人纷乱疑惑,故圣人要抛弃他们的无用之说。学人或认为,图即革除(曹楚基),图即摒去(陈鼓应),图即啚即省啚(蒋锡昌),图即鄙(闻一多),图即否(马叙伦),图即希图(释德清)等。①图借为啚、借为否,这是假借。图即鄙,是鄙讹误为图。古代文本的字词难以训释,主要在于其假借、讹误等。其本字究竟为何,一般难以确定,这就要求依据义理思想而定。庄子主张止息百家的滑疑之辩,则"图"应该释为摒弃或鄙视。钟泰曰:"'圣人之所图也',犹言圣人之所鄙。'图'得为鄙者,《书·大诰》'反鄙我周邦',即反图我周邦也。彼以鄙为图,此以图为鄙,一也。"②

郭象注曰:

夫圣人,无我者也。故滑疑之耀,则图而域之;恢恑憰怪,

---

① 陈鼓应:《庄子今注今译》(上),中华书局2009年版,第78—79页。
② 钟泰:《庄子发微》,上海古籍出版社2002年版,第45—46页。

则通而一之。使群异各安其所安,众人不失其所是,则己不用于物,而万物之用用矣。物皆自用,则孰是孰非哉!故虽放荡之变、屈奇之异,曲而从之,寄之自用,则用虽万殊,历然自明。

郭象谓"图而域之"即"通而一之",即三子之说恢恑憰怪,这是不齐;但各有其功用,任情自得,这是齐一。因此,万物各有所用,性分不同,但皆自得其性,没有胜负之分,圣人顺之。郭象把"图"训释为"通""齐",是屈从于义理的要求,而非真正求得本字及意义。郭象之训释字词,往往按庄文的字词释义,基本上不考虑字词之假借、讹误等,这也是一种"望文生义",但其"生义"屈从于义理思想,因而不免于曲解。

《齐物论》"大勇不忮(zhì)"。

陈鼓应曰:"大勇是不伤害的。忮,害(《释文》)。"① 郭庆藩《庄子集释》引"李云:'健也'"②。

郭象注曰:

无往而不顺,故能无险而不往。
忮逆之勇,天下共疾之,无敢举足之地也。

忮,逆也。郭象之注不符合庄文之义。郭注是屈从于义理思想,即圣人大勇而顺物,从而能游于无穷。

《齐物论》云"大廉不嗛",颇为费解。陈鼓应注曰:"大廉是不逊让的。"这令人困惑,寻其依据,应出自成玄英疏:"夫玄悟之人,鉴达空有,知万境虚幻,无一可贪;物我俱空,何所逊让!"马其昶说,嗛即崖,廉者不自显崖岸。李勉说,嗛即廉,大廉者口不自言其廉而邀誉也。③ 郭象注曰:"夫至足者,物之去来,非我也,故无所

---

① 陈鼓应:《庄子今注今译》(上),中华书局2009年版,第86页。
② (清)郭庆藩撰,王孝鱼点校:《庄子集释》,中华书局2013年版,第83页。
③ 陈鼓应:《庄子今注今译》(上),中华书局2009年版,第86页。

容其嗛盈。"嗛，读为慊，即满足、快意。大廉之至人，是至足者，故没有满足之感，因为有满足感即有不满足感，只有自始至终常足、至足才没有满足感。《养神主》注："夫始乎适而未尝不适者，忘适也。"始乎足而未尝不足者（至足），忘足也。郭象之训释屈从于义理思想。

《齐物论》云"五者园而几向方矣"。陈鼓应根据奚侗之说，改为"五者无弃而几向方矣"。"园"是讹误，本字词为"无弃"。句意是，不忘其五者，则庶几乎向于道矣。[1] 钟泰曰："'园'，崔譔音刓（wán），是也，盖即刓之别体，谓残缺也。'方'者，道之一隅也。"[2] 句意是，五者磨损而退为一偏之术。

郭象注曰：

> 此五者，皆以有为伤当者也。不能止乎本性，而求外无已。夫外不可求而求之，譬犹以圆学方、以鱼慕鸟耳。虽希翼鸾凤，拟规日月，此愈近彼愈远，实学弥得而性弥失，故齐物而偏尚之累去矣。

庄文之"方"指方术，"园"据上下文难以理解。郭象认为，园即圆，与方相对，即圆的事物不要企慕方的事物，否则失其性分。郭象是望文生义，而屈从于任何事物皆能足性自得的思想。钟泰曰："（郭象注）至后云：'外不可求而求之，譬犹以圆学方，以鱼慕鸟耳。'则别自起义，初不关乎本文，不得据此注而定其认园作圆也。以园为圆，盖自司马彪始。"[3]

《养生主》："指穷于为薪，火传也，不知其尽也。"

指，脂。古人以薪裹动物脂肪而燃之，谓之烛。[4] 以脂为烛薪，薪尽火传，烛薪之形体有生灭，但其火光一直传承下去而永恒。这就

---

[1] 陈鼓应：《庄子今注今译》（上），中华书局2009年版，第86—87页。
[2] 钟泰：《庄子发微》，上海古籍出版社2002年版，第51页。
[3] 钟泰：《庄子发微》，上海古籍出版社2002年版，第51页。
[4] 陈鼓应：《庄子今注今译》（上），中华书局2009年版，第115—116页。

同于个体的生理生命有生死，但其生命所展现的精神财富代代相传，"丘原无起日，江汉有东流"（陈师道诗）。

郭象注曰："为薪，犹前薪也。前薪以指，指尽前薪之理，故火传而不灭；心得纳养之中，故命续而不绝。明夫养生乃生之所以生也。""指"为手指，用手指执薪而向前伸，前薪尽，后薪接，薪火相传，无穷无尽。郭象之意是，火之所以不灭是前后薪相继，生命之所以能养是随变任化，与物俱迁，这属从于郭象之冥物任化的思想。《人间世》注："神人者，无心而顺物者也。"《知北游》注："无心而任化，乃群圣之所游处。"

《德充符》"游于羿之彀中"。郭象注："羿，古之善射者也，弓矢所及为彀中。"此注释准确。

《大宗师》："何谓真人？古之真人，不逆寡，不雄成，不谟士。"

"不逆寡"，颇为难解。庄文中的真人，是遗世独立之人，与众人截然不同，是逆，是寡。陈鼓应释曰"不拒绝微少"[1]，似不通。郭象注曰："凡寡皆不逆，则所顺者众也。"这颇为迂曲，屈从于真人冥物、顺物的思想。"不谟士"，学人多认为是"不谋事"，士即事也。[2] 郭象注曰："纵心直前，而群士自合，非谋谟以致之也。"真人纵心直往，无心无意，而与群士自然而然地冥合。这种解释颇为迂曲，不辨"士"之假借，而屈从于真人冥合众人的思想。

《大宗师》"若然者，其心志，其容寂，其颡（sǎng）頯（kuí）"，这是描述真人的情态。郭象注"其心志"曰："所居而安为志。"真人安于所遇，志，即专一。这种解释牵强附会，屈从于义理思想而不合庄文之义。学人多认为，"志"是"忘"之形误而成，即"其心忘"[3]，即真人心斋、坐忘。

《大宗师》"古之真人，其状義而不朋"。

郭象注曰："与物同宜而非朋党。"義，宜；朋，朋党。郭象的训

---

[1] 陈鼓应：《庄子今注今译》（上），中华书局2009年版，第194页。
[2] 陈鼓应：《庄子今注今译》（上），中华书局2009年版，第188页。
[3] 陈鼓应：《庄子今注今译》（上），中华书局2009年版，第189页。

释是望文生义，屈从于真人冥物、顺物的思想。俞樾说："郭注训'義'为'宜'，'朋'为'党'，望文生训，殊为失之。此言其状，岂言其德乎？'義'当读为'峨'，'峨'与'義'并从'我'声，故得通用。……'朋'读为'崩'……言其状峨然高大，而不崩坏也。"陈启天说，"'其状義而不朋'，犹言真人之精神态度，高而无比也"。陈鼓应："真人巍峨而不畏缩。"① 笔者认为，陈启天之说较为合理，郭象不辨假借而望文生义，屈从于义理思想。

《大宗师》"与乎其觚（gū）而不坚也"，这是描述真人的精神状态。

郭象注曰："常游于独，而非固守。"

觚，孤，独。真人游于独而不固守，表面上颇为费解，但深层上来看，这符合郭象之真人冥物的思想。《齐物论》"参万岁而一成纯"注："唯大圣无执，故茫然直往而与变化为一，一变化而常游于独者也。"《大宗师》"朝彻而后能见独"注："当所遇而安之，忘先后之所接，斯见独者也。"《大宗师》"见独而后能无古今"注："与独俱往。"由此，真人游于独，即真人遗忘前后之境，与当下之境完全地融合，从而游于其中，游于无方。俞樾说："郭注曰，常游于独而非固守，是读觚为孤，然与不坚之义殊不相应。《释文》引崔云，觚，棱，亦与不坚之义不应。殆皆非也。"② 他认为，"觚"即《养神主》"而况大軱乎"之"軱"，即骨之盘结，是至坚者，真人軱而不坚。陈鼓应注："'觚'，音孤，特立不群。"③ 独之字面义，是孤独无依、特立不群；但郭象之独乃是名、观念，而有特定的意义，与字面义有分。要之，郭象之训释字词，有时不是训释字面义，而是把字当作名、观念，而赋予特定的意义。

《大宗师》"厉乎其似世也"。

郭象注曰："至人无厉，与世同行，故若厉也。"成玄英疏曰：

---

① 陈鼓应：《庄子今注今译》（上），中华书局 2009 年版，第 191 页。
② （清）郭庆藩撰，王孝鱼点校：《庄子集释》，中华书局 2013 年版，第 215 页。
③ 陈鼓应：《庄子今注今译》（上），中华书局 2009 年版，第 191 页。

"厉,危也。"危即高峻。厉,或是严肃、严厉之义。《论语·子张》"子夏曰:'君子有三变:望之俨然,即之也温,听其言也厉。'"郭象之意是,真人冥世,与世同行,故无厉;若高峻或严肃,则与众人不冥。这种解释屈从于其义理思想,而牵强附会。学人多认为,"厉"是"廣",因形近而误,真人精神之广如世界之广。①

《大宗师》"悗(měn)乎忘其言也"。

"悗乎",心斋而忘言,即心虚静虚空而忘言,这是真人的境界。

郭象注曰:"不识不知而天机自发,故悗然也。"任其本性的要求而作为,即不知不识,不知不觉,自然而然,这屈从于郭象之万物任性逍遥的思想。陈鼓应注曰:"形容无心而忘言。"② 这未能分辨"无心"的存有义和作用义。无心的存有义,一是根本没有心,一是心存有而中止思虑,即心根本不发生作用。无心的作用义,即心之发生作用的状态是自然而然、不知不觉的。郭象是从作用义上解释"悗然",而学人是从存有义上解释"悗然"。

《大宗师》"阴阳之气有沴(lì)"。郭象注曰:"沴,陵乱也。"此注释准确。

《应帝王》"予方将与造物者为人,厌则又乘夫莽眇之鸟,以出六极之外,而游无何有之乡,以处圹埌之野"。这是道家人物无名人自述与造物者为一体,乘莽眇之鸟,而游于六极之外。这是真人、仙人的行为,对于世人而言颇为荒诞不经。郭象注曰:"莽眇,群碎之谓耳。乘群碎,驰万物,故能出处常通,而无狭滞之地。"莽眇,本义是轻虚之状。陈鼓应注:"喻以清虚之气为鸟,游于太空。"③ 这即《逍遥游》中神人"乘云气,御飞龙"。郭象训释为群碎万物,这是曲解,屈从于基本思想,即圣人乘万物而游于无穷。

《骈拇》:"今世之仁人,蒿目而忧世之患;不仁之人,决性命之情而饕贵富。"庄文之"蒿目"的意义是,仁人举目远望,而忧患天

---

① 陈鼓应:《庄子今注今译》(上),中华书局2009年版,第192页。
② 陈鼓应:《庄子今注今译》(上),中华书局2009年版,第193页。
③ 陈鼓应:《庄子今注今译》(上),中华书局2009年版,第236页。

第一章　郭象《庄子注》对《庄子》的诠释　　29

下。俞樾以"蒿"为"睢"（huī）的假字，仰目视貌。① 陈鼓应云"'蒿'，借为'眊'"，眊，即目少精而昏乱。② 笔者认为，俞樾之解切合庄文之义。郭象注曰："兼爱之迹可尚，则天下之目乱矣。"仁人标举仁义，诱引天下人逐之而失其性分之情，故天下人目光迷乱，而非仁人忧患昏昧。这与庄文之义不合，而屈从于其义理思想。陆德明《经典释文·庄子音义》引司马彪释"蒿"为"乱"。

《天道》注："俞俞然，从容自得之貌。"此注释准确。

《天运》："仁义，先王之蘧庐也，止可以一宿而不可久处。"郭象注曰："蘧庐，犹传舍也。"此注释准确。

《秋水》："无以人灭天，无以故灭命，无以得殉名。谨守而勿失，是谓反其真。"刘师培认为，"故"应是巧故之故。③ 徐复观说："'故'是后起的生活习惯。"④

郭象注曰："穿落之可也，若乃走作过分，驱步失节，则天理灭矣。不因其自为而故为之者，命其安在乎！""故"是故意、有意。这种释义显然有误，屈从于义理思想。郭象认为，落马首、穿牛鼻应顺其性分，而不要故意突破其性分（即理即命）。

《知北游》："君子之人，若儒墨者师，故以是非相䪠（jī）也，而况今之人乎！"

䪠，碎也。《大宗师》"䪠万物而不为义，泽及万世而不为仁"。成玄英疏："䪠，碎也。"《列御寇》曰："今宋国之深，非直九重之渊也；宋王之猛，非直骊龙也。子能得车者，必遭其睡也；使宋王而寤，子为䪠粉夫。"䪠粉，即碎粉。庄文的本义是儒墨更相是非而相互摩擦、对立，何况众人呢？以己为是，以彼为非，纷然冲突。陈鼓应说："相䪠，互相攻击的意思。郭注：'䪠，和也。'误。"⑤ 崔大华说：

---

① （清）郭庆藩撰，王孝鱼点校：《庄子集释》，中华书局2013年版，第290页。
② 陈鼓应：《庄子今注今译》（中），中华书局2009年版，第259页。
③ 陈鼓应：《庄子今注今译》（中），中华书局2009年版，第461页。
④ 徐复观：《中国人性论史》，上海三联书店2001年版，第335页。
⑤ 陈鼓应：《庄子今注今译》（中），中华书局2009年版，第629页。

"謷，伤也。句谓古之君子如儒墨亦有是非之争，何况今人能无相争？"①

郭象注曰：

> 謷，和也。夫儒墨之师，天下之难和者，而无心者犹能和之，而况其凡乎！

郭象注"謷，和也"，且解释颇为迂曲。他不说儒墨难以和解，而说圣人能和解儒墨，即圣人无是无非而任儒墨之是非；圣人连儒墨皆能和之，则更能和众人。这与郭象之圣人无心而冥物的思想是一致的。这曲解文义，而屈从于其义理思想。

《天下》："（墨子）其生也勤，其死也薄，其道大觳（què 刻薄）。"郭象注曰："觳，无润也。"此注释准确。

《天下》谓庄子"不以觭（jī）见之也"。郭象注曰："不急欲使物见其意。"觭训急，释义似不通。成玄英疏云"觭，不偶也"，庄子和光同尘，顺应世俗，未尝觭介（对立，不偶）。钟泰曰："《尔雅》：'角一俯一仰，觭。'一俯一仰，所谓偏倚也。"②学人或认为，觭即畸，是奇之借字，句意是庄子所见不主一端，而与上句"时恣纵而不傥"相照应。③郭象多不在字词的训释上用力，有时不得其解。

综之，郭象轻视疑难字词的训释，其训释不辨假借、讹误而求其本字本义，多望文生义，穿凿附会，而屈从于其义理思想。

第二节 《庄子注》诠释目的：
"内圣外王之道"

解释者之诠释目的，制约着文本意义的基本解释。郭象《庄子

---

① 崔大华：《庄子歧解》，中华书局 2012 年版，第 600 页。
② 钟泰：《庄子发微》，上海古籍出版社 2002 年版，第 791 页。
③ 陈鼓应：《庄子今注今译》（下），中华书局 2009 年版，第 940 页。

注》之诠释《庄子》，有一个基本目的，即把庄子的养心养神之思转化为养心即治天下之学，所谓"内圣外王之道"。

一　庄子"内圣外王之道"

一谈论"内圣外王"，就想到儒家的内圣外王之道：内圣，即以仁义之道修身；外王，即治国平天下。《大学》："大学之道，在明明德，在亲民，在止于至善。"

实际上，"内圣外王之道"的观念首出于《庄子·天下》：

> 天下大乱，贤圣不明，道德不一。天下多得一察焉以自好。譬如耳目鼻口，皆有所明，不能相通。犹百家众技也，皆有所长，时有所用。虽然，不该不遍，一曲之士也。判天地之美，析万物之理，察古人之全。寡能备于天地之美，称神明之容。是故内圣外王之道，暗而不明，郁而不发，天下之人各为其所欲焉以自为方。悲夫！百家往而不反，必不合矣！后世之学者，不幸不见天地之纯、古人之大体。道术将为天下裂。

古之理想的道术，即内圣外王之道：一是内圣之精神充足圆满、纯一而全；二是外王之天下太平大同、纯一而全；三是内圣与外王合而为一。天下大乱，纯一而全的古之道术分裂为百家，皆是一偏之道，各有所长，不能相通。百家各以其道修身，则精神偏于一端而不能充足圆满；各以其道治世，则天下有利有弊、有得有失而不能纯一而全；而且内圣与外王不能合一；这是"内圣外王之道，暗而不明，郁而不发"。儒家重于仁义之道，以之修身，即把仁义之道内化到自己的生命和生活中而成为人格修养，这会突出精神的道德性内容而忽视精神的其他因素；以之治天下，能兴德教之化，而较轻视法治，故政有得有失；且内圣与外王不能合一，仁者能否建立外王的功业，则有待于得君行道，孔子、孟子皆周游于诸侯而不遇。董仲舒《天人三策》："道者万世无弊，弊者道之失也。先王之道必有偏而不起之处，故政有眊而不行，举其偏者而补其弊而已矣。"(《汉书·董仲舒传》)① 古之道术，即万世无弊之道，纯一而全；先王之道是一偏之道，举偏而补弊，救溢扶衰。余敦康说，《天下》篇所谓的内圣，是指对天道的深刻理解，"不离于宗，谓之天人；不离于精，谓之神人；不离于真，谓之至人。以天为宗，以德为本，以道为门，兆于变化，谓之圣人"；其所谓外王，是指由天道以及于人道，包括仁义礼乐，法度名分，百官分职，以衣食为主的经济政策等；这是一门无所不包的整体性的学问，"圣有所生，王有所成，皆原于一"②。

要之，《天下》所谓"内圣外王之道"，乃是纯一而全的理想之道，包括内在精神的纯一而全与外在功业的纯一而全。

余敦康说："事实上，《天下》篇是庄子或庄子后学所写的一篇客观公允的带有哲学史性质的论文，其中内圣外王之道这个词是用来概括从古之道术到儒墨道法各家思想的总体特征的，至于庄子本人的思想既然与各家一样由古之道术发展而来，当然不会例外，也是在讲内圣外王之道，不能脱离这个总体特征。"③ 司马谈《论六家要指》："《易大传》：'天下一致而百虑，同归而殊途。'夫阴阳、儒、墨、名、法、道德，此务为治者也，直所从言之异路，有省不省耳。"(《史记·太史公自序》)④ 六家道术各不相同，殊途同归，其基本特征是"务为治者也"，即治身与治天下统一。实际上，各家所讲的内圣外王之道，并非纯一而全的古之道术，而是一偏之道。各家以道修身所达到的内圣，只能侧重于精神生活的某种特定方面，再也没有古之道术的内圣充足圆满；各家以道治天下所实现的外王，只能偏重于社会政治生活的某种特定方面，再也没有古之道术治天下的整体和谐；且内圣与外王相分而不能统一，诸子百家以一偏之道相互辩论，再也难以成就治天下的功业。因此，内圣外王之道是诸家思想的基本特征，但这是偏于一端的内圣外王之道，而不复是古之道术纯一而全

---

① （汉）班固撰，（唐）颜师古注：《汉书》，中华书局1962年版，第2518页。
② 余敦康：《魏晋玄学史》，北京大学出版社2016年版，第203页。
③ 余敦康：《魏晋玄学史》，北京大学出版社2016年版，第413页。
④ （汉）司马迁：《史记》，中华书局1982年版，第3288—3289页。

的内圣外王之道。

老子的思想有明显的内圣外王之道的特征。老子是一位史官，一方面记录和整理历史资料，另一方面也对历史事件（尤其是政治事件）进行反思而探求成败兴亡之理，故老子的社会政治思想丰富而深刻。《老子》第五十七章："故圣人云，我无为而民自化，我好静而民自正，我无事而民自富，我无欲而民自朴。"①《老子》第六十章："治大国若烹小鲜。"这是谈论执政者如何治天下的问题。老子之书主要以君主、贵族为对象，即为他们谈论内圣外王之道，而不是写给普通民众看的。我无为、好静、无事、无欲，是执政者内圣的品格，民众自化、自正、自富、自朴，是执政者治天下的外王事业。

庄子是否谈论内圣外王之道呢？从两汉对老庄思想的接受来看，汉初，黄老思想特受统治者的重视，而成为治国之术。司马迁说："太史公曰：孝惠皇帝、高后之时，黎民得离战国之苦，君臣俱欲休息乎无为，故惠帝垂拱，高后女主称制，政不出房户，天下晏然。刑罚罕用，罪人是希。民务稼穑，衣食滋殖。"（《史记·吕太后本纪》）这是实行黄老的无为而治之术。庄子的思想在两汉一直不受重视，其主要原因是两汉士大夫强调经世致用，而认为庄子的思想只重视内圣，不谈外王，故不能用之治国平天下。东汉后期，隐逸之风盛行，庄子的思想为隐士或失意的士大夫所接受，以追求精神的自由。张衡《归田赋》发挥庄子的隐逸思想："谅天道之微昧，追渔父以同嬉，超埃尘以遐逝，与世事乎长辞。……于是仲春令月，时和气清，原隰郁茂，百草滋荣。王雎鼓翼，鸧鹒哀鸣，交颈颉颃，关关嘤嘤。于焉逍遥，聊以娱情。……苟纵心于物外，安知荣辱之所如。"②

从庄子思想的本身看，庄子重视精神世界的修养，即自我通过心斋、坐忘的功夫，而达到虚静虚无的心境，从而木然于世事的迁变，养心养神。以庄子之道修身的人物追求精神的逍遥自由。他们或隐居

---

① （魏）王弼注，楼宇烈校释：《老子道德经注校释》，中华书局2008年版，第150页。以下凡引该书，只注章名。

② 刘盼遂、郭预衡：《中国历代散文选》（上），北京出版社1980年版，第388页。

于山林江湖，隔绝人间世；或身在人间世，而心在山林江湖，不务世事；或神化为真人、仙人游于四海之外，精神永葆，而长生不老。王孝鱼说："其中'其神凝'三字，大概就是庄子故意在此提出，以见他的思想不过在凝神二字上用功，其所以为主观唯心主义，即在于此。""后一截越说越张狂，似乎尧舜不值一钱，而神人则不只用不着天下，也用不着任何的物！这种鄙视外物，不顾天下而专重个人主观唯心的毛病，在内篇中已然萌芽。"① 因此，庄子思想的基本特征是"内圣"。或认为，庄子虚静无为，而任从万物之自为，故万物能按其本来的面目存在和发展，也是治天下的"外王"。这只能理解为消极的"外王"，一方面不是出于其动机和目的，另一方面也没有助成万物的任何作为。钟泰说："此一篇（《天下》）之提纲，庄子著书之意已略见于此。'内圣外王之道，暗而不明，郁而不发'，三语最要。由此可知庄子之学，实为'内圣外王'之学。其所以著书，即为发明此'内圣外王'之道也。"② 钟泰有一坚定的意见，即庄子之学源自孔子，而尤于孔门的颜子之学为独契，故认为庄子执守内圣外王之道。③

魏晋玄学崇尚老子、庄子之学，尤其是庄子的思想得到普遍的重视。竹林之士阮籍、嵇康等"越名教而任自然"，追求庄子的精神自由，而批评儒家的名教观念，这是把内圣与外王对立起来，重内圣而轻外王。魏晋的名士标举庄子之玄学，一是宅心玄远，高谈玄理，其玄理精妙高绝，而不周世用；二是追求自我的精神充足和自由，而力求摆脱名教的束缚，不参与人间世的各种俗务。因此，庄子之道乃是方外之道。《世说新语·文学》刘孝标注："秀本传或言，秀游托数贤，萧屑卒岁，都无注述。唯好《庄子》，聊应崔譔所注，以备遗忘云。"④ 向秀因为不满崔譔之注而另辟蹊径。《经典释文·庄子音义》收录崔譔注二百八十余条，其思想与向秀、郭象有一显著的差别，即

---

① 王孝鱼：《庄子内篇新解》，中华书局2014年版，第15、17页。
② 钟泰：《庄子发微》，上海古籍出版社2002年版，第755—756页。
③ 钟泰：《庄子发微》，上海古籍出版社2002年版，第2—3页。
④ 余嘉锡：《世说新语笺疏》，中华书局1983年版，第206页。

将《庄子》视为"方外之书"，以传统的元气说、神仙说来解释《庄子》。① 这与正始文人阮籍的《达庄论》《大人先生传》相似，把《庄子》看作养心养性的方外之书。

《晋书·郭象传》："先是注《庄子》者数十家，莫能究其旨统。向秀于旧注外而为解义，妙演奇致，大畅玄风，惟《秋水》、《至乐》两篇未竟而秀卒。"② 向秀注《庄子》有了根本性的转变，即把方外之道与方内之道结合，一是宅心玄远也可实用，二是精神自足亦可游于人间世，把自然与名教统一起来。《世说新语·言语》载，嵇康被诛，向子期举郡计入洛阳。文王问曰："闻君有箕山之志，何以在此？"向秀对曰："巢、许狷介之士，不足多慕。"③ 向秀的行为与思想是一致的，郭象《庄子注》"述而广之"。

综之，《庄子》本是方外之书，主要谈论内圣之道，即神人养心养神而游于四海之外。

二　郭象"内圣外王之道"

学人多认为《庄子序》为郭象所作，其中所云"然庄生虽未体之，言则至矣。通天地之统，序万物之性，达死生之变，而明内圣外王之道"④，即表明，郭象以庄子之道为内圣外王之道。这是郭象注《庄子》之基本目的，是阐明"庄子之意"的基本理念。那么，郭象的内圣外王之道有何确定的内涵呢？

《逍遥游》是《庄子》的第一篇，其中有一则寓言叙述了尧让天下于许由之事。庄文贬尧为方内之人，崇许由为方外之人；以为尧的智慧远不如许由伟大，因为尧以有为治天下而损伤形神，许由无为以游于山林而养心养神。因此，庄子之无为与治天下无涉。

郭象注曰：

---

① 王晓毅：《郭象评传》（上），南京大学出版社2011年版，第80页。
② （唐）房玄龄等：《晋书》，中华书局1974年版，第1397页。
③ 余嘉锡：《世说新语笺疏》，中华书局1983年版，第79页。
④ （清）郭庆藩撰，王孝鱼点校：《庄子集释》，中华书局2013年版，第3页。

> 若谓拱默乎山林之中而后得称无为者，此庄老之谈所以见弃于当途，当途者自必于有为之域而不反者，斯之由也。

郭象认为，如果庄老无为是指拱默于山林之中而不参与人间世之事，即方外之道，则会被世人所抛弃，世人也不会从有为之域返回到无为之域。郭象对庄老之无为思想进行了改造：无为，是顺应天下万物的本性而为，不是无所作为，也不是以自己的意志强加于万物之上的胡作非为；因为顺应天下万物的本性而为，即以天下之为为为，故不会劳形伤神，这是养心养神；因为顺应天下万物的本性而为，故可助成天下万物的任性逍遥，这是治天下。显然，郭象对庄老之无为思想作出了"内圣外王之道"的解释。

《应帝王》有一则寓言：

> 天根游于殷阳，至蓼水之上，适遭无名人而问焉，曰："请问为天下。"无名人曰："去！汝鄙人也，何问之不豫也！予方将与造物者为人，厌则又乘夫莽眇之鸟，以出六极之外，而游无何有之乡，以处圹埌之野。汝又何帠以治天下感予之心为？"

无名人是道家人物，不谈治天下之事，即无为。他乘莽眇之鸟，游于无何有之乡而逍遥。郭象注"予方将与造物者为人"曰："任人之自为。"这略有两种意义，一是对众人不管不问之无所作为，二是顺众人之性而助成之。庄文是前一种意义，郭象是后一种意义。郭象注"乘夫莽眇之鸟"曰："莽眇，群碎之谓耳。乘群碎，驰万物，故能出处常通，而无狭滞之地。"庄文之义是无名人弃万物，乘云气而游于无穷。郭象把"莽眇"曲解为群碎万物，即无名人与万物相融合而游于无穷。郭象注"汝又何帠以治天下感予之心为"曰："言皆放之自得之场，则不治而自治也。"庄文之义是，无名人对天下万物无为，故放任其生灭。郭象之意是，无名人置万物于自得之场，故万物皆能任性逍遥，这是无为而治。因此，郭象认为，无名人之无为，一方面能游于无何有之乡而获得精神的自由，另一方面又能助成万物之任性逍遥而治天下；这正是内圣外王之道。

《大宗师》注有一段文字集中地阐述了"内圣外王之道"的含义：

> 夫理有至极，外内相冥。未有极游外之致而不冥于内者也，未有能冥于内而不游于外者也。故圣人常游外以冥内，无心以顺有。故虽终日见形而神气无变，俯仰万机而淡然自若。夫见形而不及神者，天下之常累也。是故睹其与群物并行，则莫能谓之遗物而离人矣；睹其体化而应务，则莫能谓之坐忘而自得矣。岂直谓圣人不然哉，乃必谓至理之无此。是故庄子将明流统之所宗，以释天下之可悟，若直就称仲尼之如此，或者将据所见以排之，故超圣人之内迹，而寄方外于数子。宜忘其所寄以寻述作之大意，则夫游外冥内之道坦然自明，而庄子之书，故是涉俗盖世之谈矣。

内圣外王之道主要体现在理想人格上，郭象以孔子为理想人格。郭象认为，"外内相冥"是至理，不同于一般的常理——内外相分：方内与方外相分，养心养神与治天下相分。圣人能表现至理，外内相冥，游外以冥内，冥内而游外，这是内圣外王之道。首先，圣人既能游于方外即山林江湖，又能游于方内即人间世，故是无待之人；许由等道家人物、子贡等儒家人物皆是有待之人。其次，圣人"无心以顺有"，无心虚静，能养心养神，又顺应万物而助成万物本性的实现，能治国平天下，故圣人养心养神即治国平天下，"故虽终日见形而神气无变，俯仰万机而淡然自若"。由此，《庄子》一书，并非方外之书，而是冥合方内与方外之书，即"涉俗盖世之谈矣"，而为统治者及其臣民提供修身治国的方术。

《天下》注末有一段注文：

> 昔吾未览《庄子》，尝闻论者争夫尺棰连环之意，而皆云庄生之言，遂以庄生为辩者之流。案此篇较评诸子，至于此章，则曰其道舛驳，其言不中，乃知道听途说之伤实也。吾意亦谓无经

国体致，真所谓无用之谈也。然膏粱之子，均之戏豫，或倦于典言，而能辨名析理，以宣其气，以系其思，流于后世，使性不邪淫，不犹贤于博弈者乎！故存而不论，以贻好事者矣。

郭象认为，庄子不是他人所谓的"辩者"，庄子之言有经国体致之用，而并非虚言不中，这可以从庄子批评惠施的言论中得知。庄子批评惠施是辩者，其道杂而不纯，其言不切实用；悲惜惠施之才高而言说玄远，与万物之用背道而驰；然也肯定惠施之辩名析理贤于博弈者，他的学说也可传于后世。这段注文可看作郭象总结性的说明，庄子之道也能经国体致，即内圣外王之道。

汤用彤说：

> 郭序曰，《庄子》之书"明内圣外王之道"。……由此言之，则《庄子》养性之学，即治天下之术也。……内圣外王之义，乃向、郭解《庄》之整个看法，至为重要。且孔子贵名教，老、庄崇自然。名教所以治天下，自然所以养性命。《庄子注》之理想人格，合养性命、治天下为一事，以《逍遥游》、《齐物论》与《应帝王》为一贯。于是自然名教乃相通而不相违。①

内圣，即养性之学；外王，即治国平天下之术。自然即养性命，名教即治天下。内圣外王之道，是合养心与治天下为一，合自然与名教为一。康中乾说："这，才是真正的'名教'，也才是真正的'自然'，更是真正的'名教'与'自然'的统一。这乃郭象的'内圣外王之道'也。"② 余嘉锡说："庄生曳尾途中，终身不仕，故称许由，而毁尧舜。郭象注《庄》，号为特会庄生之旨。乃于开卷便调停尧、许之间，不以山林独往者为然，与漆园宗旨大相乖谬，殊为可异。"③ 所

---

① 汤用彤：《魏晋玄学论稿》，上海人民出版社 2015 年增订版，第 85—86 页。
② 康中乾：《从庄子到郭象——〈庄子〉与〈庄子注〉比较研究》，人民出版社 2013 年版，第 134 页。
③ 余嘉锡：《世说新语笺疏》，中华书局 1983 年版，第 80 页。

谓"调停尧、许之间",即以内圣外王之道注《庄子》。

就内圣与外王的关系来说,内圣是外王的基础,外王是内圣的结果,内圣更为根本。郭象以庄子的养心养神为内圣,以儒家的治国平天下为外王,即以养心养神为主而以治天下为辅的统一,即以自然为主而以名教为辅的统一,即以道家思想为主而以儒家思想为辅的统一。《晋书·向秀传》叙述向秀注《庄子》,振起玄风,郭象述而广之,"儒墨之迹见鄙,道家之言遂盛焉"。汤用彤说:"向秀、郭象继承王、何之旨,发明外王内圣之论。内圣亦外王,而名教乃合于自然。外王必内圣,而老、庄乃为本,儒家为末矣。"①

综之,《庄子注》之解释目的,是把方外之书《庄子》转化为"外内相冥"之书,把方外之道转化为"游外冥内之道",圣人养心养神即治国平天下,这是以道为主而以儒为辅的统一。向、郭的大畅玄风,主要是把《庄子》的内圣之道发展、转化为"内圣外王之道",即把内圣之养心养神与外王之治天下统一起来。内圣之养心养神,即脱离人间世而游于山林江湖,这是方外之道;外王之治天下,即置身人间世而坚守各种世俗的观念、处理各种世俗的事务,这是方内之道。因此,内圣外王之道,即方外之道与方内之道的统一,所谓冥内外之道。儒家主要谈论方内之道,故是方内之书。庄子主要谈论方外之道,故是方外之书。郭象认为庄子之书是方外之书与方内之书的统一。儒家谈论的方内之道是名教,庄子谈论的方外之道是任性自然,内圣外王之道是自然与名教的统一。

郭象内圣外王之道的理念贯通于他整个的思想体系中。逍遥观念,是庄子思想的核心内容。庄子之逍遥是隔绝现实世界、抛弃现实世界一切观念及事务的自由,这显然是超越的方外之道,不具有治天下的意义。郭象对庄子之逍遥思想予以转化和改造。首先,逍遥的内涵是指主体与对象相融合而游于其中,这把超越性的游转化为内在性的游。其次,任何事物皆能任性逍遥,事物各有性分,性分得到自由而充分的实现即逍遥。要之,郭象的逍遥思想,能为现实世界的众人

---

① 汤用彤:《魏晋玄学论稿》,上海人民出版社2015年增订版,第89页。

所认知和践行，成为治天下的方术。庄子之齐物论，包括齐物与齐论。齐物，即泯除万物的分别；齐论，即泯除是非观念及其而来辩论的分别。芸芸众人生活于人间世中，有知有识，分辨万物，分辨善恶、是非等，各有成心而有是非之论。齐的思想与人间世相隔绝，而具有超越性，是方外之道。郭象之齐物论的思想，是把庄子超越性的齐转化和改造为内在性的齐，即把方外之道转化为"合外内之道"。首先，万物各有分别，其本性各不相同，这是不齐；万物性分不同但皆任性逍遥，故万物有平等的价值，这是齐。其次，众人的是非、善恶之论各不相同，这是不齐，但皆任其性分而无是无非，这是齐。郭象是在承认物、论之事实上不齐而肯定其价值上一齐；不是要求众人从万物之分与是非之别中摆脱出来，而是置于其中，游于其中；这是内在性的齐，而成为治国平天下的方略。

郭象"内圣外王之道"之解释目的或理念，突出地表现在他对理想人格的建构上，即他融通儒家与庄子的理想人格，而重新建立新的理想人格。

《逍遥游》叙及尧与神人之事。尧是方内的君主，是儒家最高的理想人格；神人是方外的真人，是庄子最高的理想人格。郭象如何以内圣外王之道建构其理想人格呢？

庄文叙述了尧让天下于许由之事，贬尧为方内之人，崇许由为方外之人。郭象以尧为其理想人格，且以内圣外王之道释之。尧是"无心玄应（万物），唯感之从（万物）"；"无心"，则心灵虚静而能养心养神；"玄应"，则顺应万物的本性而助成之，以治天下，故"无行而不与百姓共者，亦无往而不为天下之君矣"（《逍遥游》注）。因此，庄文中的尧或儒家之尧与注文中的尧，名同而实异，郭象正是以内圣外王之道重新建构了尧的理想人格。

《逍遥游》"是其尘垢秕糠将犹陶铸尧舜者也"注：

> 尧舜者，世事之名耳。为名者，非名也。故夫尧舜者，岂直尧舜而已哉？必有神人之实焉。今所称尧舜者，徒名其尘垢秕糠耳。

庄文认为神人的尘垢秕糠也能陶铸尧舜。郭象认为尧舜是内圣外王的理想人格。郭象如何解释呢？世俗之所谓尧舜，是因为众人见识浅薄，只看到尧舜行世事的表面，从而名之，"尧舜者，世事之名耳"；看不到尧舜行世事的所以然（里面），即无心而冥物，所谓"神人之实"——以山林之无心而行人间世之事，是养心养神与治天下的统一。因此，庄文中的尧舜由方内之人转化为合外内之道的圣人。从解释的角度来看，郭象正是基于内圣外王之道的理念，而对庄文的尧舜作出创造性的阐释。

《逍遥游》"尧治天下之民，平海内之政，往见四子藐姑射之山汾水之阳，窅然丧其天下焉"注：

> 夫尧之无用天下为，亦犹越人之无所用章甫耳。然遗天下者，固天下之所宗。天下虽宗尧，而尧未尝有天下也，故窅然丧之。而常游心于绝冥之境，虽寄坐万物之上，而未始不逍遥也。四子者，盖寄言以明尧之不一于尧耳。夫尧实冥矣，其迹则尧也。自迹观冥，外内异域，未足怪也。世徒见尧之为尧，岂识其冥哉！故将求四子于海外，而据尧于所见，因谓与物同波者，失其所以逍遥也。然未知至远之所顺者更近，而至高之所会者反下也。若乃厉然以独高为至而不夷乎俗累，斯山谷之士，非无待者也，奚足以语至极而游无穷哉！

庄文之义是，尧治天下后，到藐姑射山见四子，受方外之道的感召，抛弃方内之道，遗忘天下之事，而追求山林之志。庄文以此寄明方外之道的高妙。郭象以内圣外王之道重新建构尧的人格：尧一方面游心于绝冥之境（山林江湖）而逍遥自由，即能养心养神，另一方面又能与人间世相融合而行世俗之事；所谓"窅然丧其天下"，不是尧心中没有天下，而是心与天下融合而忘天下，即心存有天下而不知。世人浅知，只看到尧游于山林的表面，而不知尧与天下相融合的里面（冥）。因此，尧是无所不待、无所不乘、无所不合、无所不游的无待者，而不是只能游于山林而不周于人间的山谷之士，即有待者。

综之，庄文中的尧是方内之人，受到贬斥；郭象以内圣外王之道，对尧的理想人格展开了重新建构，尧成为养心养神即治国平天下的圣人。

《逍遥游》中最高的理想人格是神人。神人彻底地隔绝现实世界，彻底地抛弃现实世界的各种观念和事务，无所凭借，无所限制，从而获得了绝对的自由。显然，庄子之神人是超越之人，是绝对的方外之人，是养心养神之内圣的典范。郭象是如何建构神人的人格呢？他认为，神人不是隔绝现实世界而游于四海外的超越之人，而是游于天下的无待之人，即游于方内与方外的任何地方；因此，神人融合方内与方外为一，即内圣外王。

庄文描绘了藐姑射山神人的形象，这是超越之人，是养心养神养形的真人、仙人。郭象以内圣外王之道来改造之。郭象首先说"夫神人即今所谓圣人也"，神人不是超越之人，而是圣人。圣人不是儒家之圣人，即以有为治天下而伤形劳神的方内君主，而是以山林之心处理人间之事的圣人，"夫圣人虽在庙堂之上，然其心无异于山林之中"，这是把方内与方外统一起来，把山林之无心与人世之有为统一起来。因此，圣人虽治天下，但精神永葆，心灵自由，社会人事不会"缨绋其心矣""憔悴其神矣"。要之，神人是内圣与外王的合一。

《养生主》有一则寓言，老聃死，秦佚吊之，三号而出，弟子以为老师淡漠无情而怀疑他们是朋友。秦佚答曰，他们是方外之友。然后，秦佚通过批评众人吊唁老聃而老少痛哭的事情，谈论一番方外之理，"适来，夫子时也；适去，夫子顺也。安时而处顺，哀乐不能入也，古者谓是帝之悬解"。生死是命，故要不悲不喜地顺之。郭象对秦佚的方外之道及其行为展开了重新诠释。首先，秦佚吊老聃，三号而出，是行世俗之礼，"人吊亦吊，人号亦号"；弟子所谓"非夫子之友邪"，不是质疑秦佚淡漠无情，而是"怪其不倚户观化，乃至三号也"，即不行方外之道。其次，秦佚是以无情行世俗之礼，即无心而冥物，"至人无情，与众号耳，故若斯可也"。再次，众人痛哭老聃而爱惜之，似乎表明老聃施情于众人，但实非如此，老聃是至人，无心而冥物，"今玄通合变之士，无时而不安，无处而不顺，冥然与造化为一，则无往而非我矣！将何得何失、孰死孰生哉！故任其所受，而哀乐无所措其间矣"。要之，郭象把执持方外之道的老聃、秦佚，转化为内圣外王之道的至人，无心无情而行世俗之礼、为世俗之事，既养心养神又治天下。

《大宗师》有一则寓言，颜回问孔子说，鲁国有一位孟孙才，其母死，哭泣无涕，中心不戚，居丧不哀，但鲁国以为他善处丧，这如何理解呢？颜回执守方内之道，不能明白方外之人孟孙才的行为。孔子以方外之道解释孟孙才的行为，即齐生死而顺应生死之变。但孟孙才行为的特异之处，不是像其他方外之人面对死亡，或编曲，或弹琴，相和而歌，而是随众人哭泣，又心不哀戚，"且彼有骇形而无损心，有旦宅而无情死"。郭象以内圣外王之道重新解释孟孙才的行为："夫常觉者，无往而有逆也。故人哭亦哭，正自是其所宜也。""靡所不吾也，故玄同外内，弥贯古今，与化日新，岂知吾之所在也！"孟孙才是无心而冥物的圣人。

要之，郭象正是以"内圣外王之道"建构其理想人格，其理想人格的核心内容是"无心而冥物"，无心故能养心养神，冥物故能治国平天下。

第三节 《庄子注》的创造性诠释

一 创造性诠释的含义

伽达默尔说："理解就不只是一种复制的行为，而始终是一种创造性的行为。"[①] 文本没有一元性的原义，文本的意义是开放的。解释者总是结合他的时代背景、思想倾向和个人经验而对文本展开诠释。文本的意义是解释者与文本互动而"视域融合"所产生的结果。因此，解释者在解释过程中充分地发挥了自己的主观能动性，且解释

---

① 参见洪汉鼎《诠释学——它的过去与当代发展》，人民出版社2001年版，第219页。

的意义表现出解释者的主观性、历史性。但解释的意义决不是"什么都行"而陷入相对主义的泥潭,文本的客观性始终对解释者的主观性构成约束,解释可基于文本而引申、发展、发挥、创造,但不能突破一定的限度,即与文本的意义异向或反向而行。我们从不认为任何解释是一样的好,而是认为某种解释更为合理、可靠。哲学诠释学之谓创造性诠释的含义即在于此。

文本解释是学术研究的重要工作,学术研究有客观性、科学性、严肃性,哲学解释学不是为任意解释提供理论的辩护。有些解释者缺乏对文本的基本尊重,而肆意地发挥自己的主观性、时代性的解释。刘笑敢说:"对此学界应该思考的是,现实应用的阅读取向有没有需要注意的、基本的、可靠的底线,为了现实应用是否就可以完全不管古代文献的语言、文字以及历史的基本知识?"① 意大利思想家艾柯认为,诠释文本大略有两种方式,一种是"诠释文本",一种是"使用文本";"使用文本"是指诠释者出于某种目的对文本较自由地使用,而很少受到限制,故常是"过度诠释"(over interpretation)。②"过度诠释"是从解释的效果上指出解释的意义越出文本客观性的基本限度。学人或有"强制阐释"的观念,即解释者主观强制性地发挥文本的意义,这是从解释的主体上指出解释者突破主观性的基本限度。学人或有"误读"的观念,即对文本作出错误的解释,从而与文本产生严重的冲突和矛盾。我们认为,郭象《庄子注》破坏了视域融合的平衡,严重地突破了文本客观性的限度,而肆意地发挥自己的主观思想,即"过度诠释""强制阐释""误读"。郭象《庄子注》之创造性诠释的含义即在于此。郭象的解释方式与他的哲学思想是相悖的。他主张任性逍遥,即顺应本性的要求而自然地知与为,以否定主观意志和目的作用,但他注释《庄子》,自觉地发挥其主观思想而未能与文本相融而自然而然。

---

① 刘笑敢:《诠释与定向——中国哲学研究方法之探究》,商务印书馆2009年版,第91—92页。
② [意]艾柯等:《诠释与过度诠释》,王宇根译,生活·读书·新知三联书店1997年版,第83页。

第一章 郭象《庄子注》对《庄子》的诠释

我国传统经典注释的方式，有陆九渊所谓"六经注我""我注六经"两种。此著名的论断或源于宋代的无著妙总禅师谓"曾见郭象注庄子，识者云却是庄子注郭象"①。学人认为郭象《庄子注》是"庄子注郭象"或"六经注我"的典范作品。汤一介说，"郭象的注，显然是借注《庄子》来发挥他自己的思想""用'寄言出意'的方法撇开庄子的原意"②。刘笑敢认为，我国经典诠释有两种定向，一是历史的、文本的定向，包括训诂、考据之学与以文本的思想为基础的探索、建构（模拟性重构）；二是当下的、自我表达的定向，即借助经典注释的形式以建构自己的思想体系（创造性建构），包括基于文本思想上的现代引申、发展、转折、批判、应用、创造等。③ 郭象的解释不是以揭示文本意义为目的之历史的、文本的定向，而是以阐发自我思想为目的之当下的、自我表达的定向；不是顺庄文方向的"顺向的诠释"，而是与庄文方向相异的"异向的诠释"、与庄文方向相反的"逆向的诠释"；这种诠释违背了原作精神或基本否定原作精神，而以自己的精神和理论表达为定向，也可称为自我表现式诠释。④ 从我国古代的解释实践来看，"郭象注庄子"的作品是主流，而"庄子注郭象"的作品甚少，且大多在历史之流中澄汰下去，但郭象《庄子注》独能传承于世，且对后世产生了巨大而深远的影响。

我们须要分辨庄文之义、庄子之意、"庄子之意"三个观念。庄文之义，即《庄子》各篇文章所呈现的意义，这是直接的、表层的、显明的、零碎的。庄子之意，即隐藏于庄文背后的庄子的思想世界，这是间接的、深层的、隐蔽的、统系的。庄子之意虽通过庄文之义来表现，但二者存有一定的间距。"庄子之意"，即郭象对《庄子》进

---

① （宋）普济：《五灯会元》卷20，中华书局1984年版，第1348页。
② 汤一介：《郭象与魏晋玄学》，北京大学出版社2009年版，第257页。
③ 刘笑敢：《诠释与定向——中国哲学研究方法之探究》，商务印书馆2009年版，第78—79页。
④ 刘笑敢：《诠释与定向——中国哲学研究方法之探究》，商务印书馆2009年版，第136页。

行创造性的诠释而建构的庄子思想体系，即郭象的哲学思想，与庄子之意又有重要的分别。因此，从庄文之义到"庄子之意"实有重大的间距性。

郭象在注文中标举庄子之大意、庄子之意、庄子之旨、庄生之旨等，即表明他注《庄子》主要是阐发庄子的思想，而庄子的思想又不是庄子的本意，而是他所创构的庄子思想，即"庄子之意"。《逍遥游》注说"夫庄子之大意，在乎逍遥游放，无为而自得"，《秋水》注曰"岂达庄生之旨哉"，《至乐》注云"此庄子之旨也"，最后一篇《天下》注附记曰"岂所求庄子之意哉"。郭象在注文中反复地表白，他是庄子的真正"知音"，他正确地阐释了庄子之意，而"旧说""惑者"误解了庄子之意。

郭象为何一再标举庄子之意呢？一般而言，经典解释是阐发经典之义，而经典之义是圣人寄寓其中的大义，也代表圣人之意，故经典之义与圣人之意是一致的。魏晋玄学的命题之一是言意之辨，一方面指出言是工具而意是目的，另一方面也指出言不尽意，而突出言与意的间距性；这两方面要求解释者突破言的限制而把握意，即忘言以得意。郭象据此提出"寄言以出意"的解释理论，即重意而轻言。郭象标举庄子之意还有一个重要原因。他所面对的《庄子》文本相当复杂，是庄子的作品、庄子后学的作品与其他学派作品的混合体，不能构成一个整体统一性的文本。而且，《庄子》文本主要以寓言的方式说理，形象大于思想。因此，庄文之义是丰富复杂的，难以形成一个整体统一性的思想体系。郭象标举庄子之意，即可突破庄文之义的限制，而建构一个整体统一性的思想体系。郭象之标举庄子之意，再有一个重要原因，即通过《庄子》文本的解释，而创造一个新的道家思想体系。庄子的思想是先秦时代的产物，在时代的变迁中有些思想已经不符合时代的要求，且许多重要的思想也不符合郭象的旨趣；因此，他要重新建立新道家哲学，所以只有标举庄子之意，才能突破庄文之义的限制。

郭象是魏晋玄学的集大成者，以其哲学思想了解庄子，虽在某些方面因未能达到庄子的境界而有所障蔽，但基本上能把握庄子思想。

牟宗三说:"而《齐物论》虽亦芒忽恣纵,'犹河汉而无极',而义理丰富,不似《逍遥游》之单纯,各段俱具有其本身之义理,亦有其理论之发展,此为庄子书中最丰富、最具理论性之一篇,此非向、郭之学力所能及。"① 郭象深知他所阐释的"庄子之意"与庄子本意有重要的差别,他是有意地创构"庄子之意"。他在注文中一再申明他是以阐发庄子之意为目的,一是因为他心中有一个基本的理念,即文本解释主要是阐释文本的本义、作者的原意,解释者的主观思想须控制在一定的限度内;二是他明白只有标举庄子之意,才能获得合法性、权威性,从而为世人所承认和接受。

综之,郭象是魏晋玄学的代表人物,是一位著名的思想家,与何休、郑玄等以注经成名的经学家不同。他所阐发的"庄子之意",与庄子本意、庄文之义有根本的不同,是对庄子思想的继承、发展、转化、创造,从而建构一个完整的哲学思想体系,这是打破了"视域融合"的创造性诠释。

二 "庄子之意"与庄文之义的冲突性

郭象在注文中一再批评他人对庄子之意的误解,而自以为独得庄子之意;相对于他人之旧说,他所阐释的"庄子之意"是新意;此"新"也是对庄文之义的创造性解释,而与庄文之义有重要的不同。

《逍遥游》有一则寓言,叙述尧让天下于许由之事。

郭象注曰:

> 夫能令天下治,不治天下者也。故尧以不治治之,非治之而治者也。今许由方明既治,则无所代之。而治实由尧,故有子治之言。宜忘言以寻其所况。而或者遂云:治之而治者,尧也;不治而尧得以治者,许由也。斯失之远矣。夫治之由乎不治,为之出乎无为也。取于尧而足,岂借之许由哉!

---

① 牟宗三:《才性与玄理》,吉林出版集团有限责任公司 2010 年版,第 172 页。

"或者",即"惑者",即误解庄子之意的读者。惑者认为,尧以有为而治天下,不如许由以无为而治天下。郭象批评惑者之见,而认为尧是以不治而治天下的圣人。惑者是从庄文之义中推出庄子之意,而郭象之新意与庄文之义正相反。为了说明其解释的有效性、合理性,郭象提出"宜忘言以寻其所况"的解释方法,即遗忘庄文之义而曲折地追寻庄子之意。这不是正常的解释方法,言或能尽意,或不能尽意,即使言不能尽意,也是通向意的桥梁,而不能走向与意相反的道路。郭象通过辨名析理等诡辩、寄言出意等方法,而有意地歪曲庄文之义。他所独得的"庄子之意",不仅与其他读者不同,也与庄文之义、庄子本意基本上悖反。

《逍遥游》有一段文字,叙述藐姑射山的神人之事。神人隔绝世俗世界而寄居于藐远的世外山林中,容颜不老,不食五谷,吸风饮露,乘风云,而游于四海之外。神人同于仙人、真人,是超越之人;神人之游,是游于无何有之乡的超越之游。

郭象注曰:

> 此皆寄言耳。夫神人即今所谓圣人也。夫圣人虽在庙堂之上,然其心无异于山林之中,世岂识之哉!

"世岂识之哉",指出世人不识庄子之神人,即世人把神人当作不参与人间之事的仙人、真人。郭象认为,庄子之神人即圣人,是以无心无为的山林之心而治理天下之事。世人的理解是从庄文中直接推出,但郭象的"庄子之意"与庄文之义、庄子之意有显著的分别。为了说明其解释的合理性、有效性,他以庄文为寄言,忘言而得意。

《齐物论》谈到"天籁",郭象注曰:

> 而或者(惑者)谓天籁役物使从己也,夫天且不能自有,况能有物哉!故天也者,万物之总名也。莫适为天,谁主役物乎?故物各自生而无所出焉,此天道也。

惑者认为，庄子之天是造物者而支配万物。郭象批评惑者之见而认为，庄子之天，不是与地相对应的苍苍之天，而是万物之总名；因此，天不是造物者，万物皆自生而独化。郭象"庄子之意"，与庄文之义、庄子本意有根本的不同。

《齐物论》有一则"罔两问景"的著名寓言，通过罔两与景的对话，说明万物有待，层层追寻所待，最终追究到本原的大道，即万物是由道所创生的。

郭象注曰：

> 世或谓罔两待景，景待形，形待造物者。请问夫造物者有邪？无邪？无也则胡能造物哉！有也则不足以物众形。故明众形之自物，而后始可与言造物耳！是以涉有物之域，虽复罔两，未有不独化于玄冥者也。故造物者无主，而物各自造。物各自造而无所待焉，此天地之正也。

世人认为，罔两待景，景待形，形待造物者。这是庄文之义，亦是读者的一般看法。郭象批评世人之说——本原之道创生万物，然后独标新意即"庄子之意"——万物自生、独化于玄冥之境。这否定了造物者，否定了本原之道，与庄子思想是相反的。

旧说，或是出自注《庄子》者的观点，或是出自魏晋时人的一般看法。旧说、惑者之见主要是从庄文之义中直接推出的，而郭象所阐释"庄子之意"与读者之见、庄文之义基本上是相反的。

《马蹄》是从世人以伯乐善治马之事，批评圣人标举仁义而残生伤性之过；庄文之义是无为（根本不作为）而任天下万物的本性。

马的真性，是马蹄践霜雪，马毛御风寒，饥则龁草，渴则饮水，到处飘游浪荡，其知素朴，"喜则交颈相靡，怒则分背相踶"。伯乐治马，铁烧之，剪其毛，削其蹄，络其首，绊其足，编入马槽，马之死者十分之二三；又饿之渴之，驰之骤之，前有橛饰之患，后有鞭策之威，马之死者十分之五。世人认为，伯乐善治马，一是把浪荡于野外的马变成人能乘骑的马；二是把普通的马训练成千里马。庄子一反世人的常见而认为，伯乐治马，乃是人为，违背了马的真性，结果造成马的残生伤性而死者过半。

郭象的"庄子之意"主要有两方面的内容。

第一，马有可骑乘的天性，伯乐把野马变成骑乘的马，是顺马之天性。《马蹄》注："马之真性，非辞鞍而恶乘，但无羡于荣华。"这批评世人迷惑而误解庄生之旨，即把庄子之无为理解为无所作为，而不知庄子之无为是顺马之真性而为。《马蹄》注："而惑者闻任马之性乃谓放而不乘，闻无为之风遂云行不如卧，何其生而不返哉！斯失乎庄生之旨远矣。"郭象肯定伯乐之顺马性而为。

第二，伯乐之过失，不是把野马训练成可骑乘的马，而是治马时不识众马各有性分（分域和极限），或性驽劣，或性优良，性分不能跋尚，从而有意治之，即突破马的性分，把普通的马训练成千里马，结果造成一半的马失性而死的后果。《马蹄》注："夫善御者，将以尽其能也。尽能在于自任，而乃走作驰步，求其过能之用，故有不堪而多死焉。若乃任驽骥之力，适迟疾之分，虽则足迹接乎八荒之表，而众马之性全矣。"善于治马，是据其性分的要求而尽其所能，则众马皆足性逍遥；"性全"，即性足。因此，郭象否定伯乐之越出于性分之外的有意作为。

要之，郭象所阐释的"庄子之意"，与庄文之义、庄子本意有丰富复杂的关系，是对庄子思想的发展、转化和创造；它们虽有相同的方面，但在根本上是不同的。"庄子之意"更为丰富。一是庄子、郭象皆重视天性，顺应天性是他们共同的思想；庄子从共同性上讨论人与物的本性，而郭象从分别性、独特性上讨论之。二是庄子完全否定伯乐治马的人为，而郭象肯定伯乐合于性分之内的人为，否定越于性分之外的有意作为，注文云"有意治之则不治矣，治之为善，斯不善也"。三是庄子与郭象对无为的含义有不同认定：庄子之无为即无所作为，而放任马之天性；然郭象之无为，是顺应马之本性而为，但又不是纵性而为，即不可以突破性分的范围和极限。

《秋水》：

曰:"何谓天?何谓人?"北海若曰:"牛马四足,是谓天;落马首,穿牛鼻,是谓人。故曰:'无以人灭天,无以故灭命,无以得殉名。谨守而勿失,是谓反其真。'"

庄文认为,牛马四足自由地奔驰,是天性自然;"落马首,穿牛鼻",是违背牛马天性的人为。庄子反对"以人灭天"。郭象注曰:"人之生也,可不服牛乘马乎?服牛乘马,可不穿落之乎?牛马不辞穿落者,天命之固当也。苟当乎天命,则虽寄之人事而本在乎天也。穿落之可也,若乃走作过分,驱步失节,则天理灭矣。"郭象认为,马有可乘的天性,故人之穿鼻落首是顺应马之天性的作为;但必须安于性分之内,否则牛马会失其本性而陷入困境。性即自然之理即天理。郭象的"庄子之意"比庄文之义更丰富,是对庄文之义的曲折引申,与庄文之义有根本的不同。

《马蹄》认为,在至德之世中,万物混而为一,"同乎无知,其德不离;同乎无欲,是谓素朴。素朴而民性得矣";但圣人标举仁义,"蹩躠为仁,踶跂为义,而天下始疑矣。澶漫为乐,摘僻为礼,而天下始分矣",仁义礼乐损害了众人的质朴之性,也使天下人迷惑纷乱。究竟是圣人之标举仁义而造成大道的崩坏,还是大道崩坏而圣人标举仁义来救治呢?若是第一种,则不合老子所谓"大道废,有仁义"。若是第二种,则圣人标举仁义,以救乱世,但仁义不合人性,故愈救愈乱。庄文的思想兼含这两种。"道德不废,安取仁义!性情不离,安用礼乐",即大道崩坏,众人失性,圣人以仁义礼乐救治,但不能使众人回归本性。因此,庄文认为,仁义礼乐不是人性的内容,故圣人标举仁义礼乐是矫饰众人之性的人为,因而残生伤性,天下纷乱;"毁道德以为仁义,圣人之过也"。"及至圣人,屈折礼乐以匡天下之形,悬跂仁义以慰天下之心,而民乃始踶跂好知,争归于利,不可止也。此亦圣人之过也。"

郭象所阐释的"庄子之意"与庄文之义有错综复杂的关系。

首先,郭象认为,众人皆有仁义之性(与庄子截然相反),若圣人标举的仁义礼乐合于人性的要求,则予以肯定;反之,则予以否定。《骈拇》注:"夫仁义自是人之情性,但当任之耳。"

其次,庄子与郭象激烈地批判仁义礼乐之诈伪失真的弊端;追其原因,庄子认为圣人标举仁义而乱众人的真性,而郭象认为众人追逐圣人的仁义之迹而越出于性分之外。

再次,庄子指责圣人之过,而郭象回护圣人。郭象认为,圣人留下仁义之迹,但其所以迹是足性逍遥;众人不知圣人之所以迹,而驰骋追逐圣人的仁义之迹,越出于性分之外,不仅使自己失性,也使仁义诈伪不真。因此,圣人不任其过。《马蹄》注:"夫圣迹既彰,则仁义不真,而礼乐离性,徒得形表而已矣。有圣人即有斯弊,吾若是何哉!"郭象也承认有圣人即有斯弊的必然之理。

要之,就《马蹄》而言,庄文的主旨是崇尚无知、无欲、素朴的天性,任性自得,一概反对人为,包括仁义礼乐对天性的戕害。郭象不再执守庄子之原初的天性,而以发展的观点看待人性的复杂性,把仁义礼乐也看作人性的内容,且肯定顺其本性的人为。关于现实世界的纷乱失序,庄子归结为有为的结果,而郭象归结为违背本性之乱为、妄为的结果。

《胠箧》是庄子及其后学的作品,雄辩滔滔,文辞激昂有力。文章主要讨论知的问题。知分为俗知和圣知。世人尚知,尤其是圣知。庄子一反常见,否定俗知,抨击圣知。

俗知,防小盗,而为大盗所窃取以成其窃物之术。圣知,即仁义之法,为大盗所盗取以成其窃国之术,"所盗者岂独其国邪?并与其圣知之法而盗之"。

> 彼窃钩者诛,窃国者为诸侯,诸侯之门而仁义存焉,则是非窃仁义圣知邪?

这段话的意义深刻:仁义圣知本是普遍性的价值观念,是天下的公器,不仅绳尺小民,也绳尺君主;但在运行的过程中,君主凭借其政治威权,窃仁义圣知为私有,以之窃国而驰骋其私欲,且以之缘饰其盗窃的合理性,即统治者的盗国也是合于仁义圣知的。这暴露出仁义圣知的虚伪性、工具性。"国之利器不可以示人",即防备仁义圣知为大盗窃取而与其私利相绾结,从而丧失其普遍性、公正性。

因此,俗知、圣知不足恃。圣知是仁义之法,人人能用,善人用之行善,盗贼用之盗窃;天下之善人少而恶人多,则圣知之利天下也少而害天下也多。"圣人生而大盗起",即把大盗起的原因归结为圣人生而标举圣知,故"掊击圣人,纵舍盗贼,而天下始治矣""绝圣弃知,大盗乃止""圣人不死,大盗不止"。这些批评圣人圣知的言论甚为偏激僻违,虽能惊动人心,但道理并不充足。

俗知、圣知,扰乱人之质朴、虚静的天性,从而造成社会政治的纷乱。至德之世是原初的理想世界,民无知素朴,"当是时也,民结绳而用之。甘其食,美其服,乐其俗,安其居,邻国相望,鸡狗之音相闻,民至老死不相往来"。但圣人标举仁义圣知,天下纷纷追逐之,民众皆失其天性,"故天下每每大乱,罪在于好知""上诚好知而无道,则天下大乱矣";因此,抛弃仁义圣知,绝去众人尚知之心,而回到质朴、虚静的天性。"擢乱六律,铄绝竽瑟,塞瞽旷之耳,而天下始人含其聪矣;灭文章,散五采,胶离朱之目,而天下始人含其明矣",六律、竽瑟能奏出美好的音乐,瞽旷能欣赏美好的音乐,若弃绝之,则众人之听回归质朴的天性。灭红紫之彩色,胶离朱之目,则众人之见回归质朴的天性。"削曾史之行,钳杨墨之口,攘弃仁义,而天下之德始玄同矣",仁义忠孝、好知善辩,皆扰乱人之质朴、虚静的天性,故予以抛弃。"彼曾、史、杨、墨、师旷、工倕、离朱,皆外立其德而以爘乱天下者也",彼所立之德,皆外在于人性即违背人性,故造成天下混乱的结果。

郭象的"庄子之意"比庄文之义丰富,而与之有显著的相异、相反的内容。

第一,庄子反对一切知,包括俗知和圣知。郭象认为,知是性分的内容之一,而予以肯定;若知不能止于性分而越出于性分之外,即好知,而予以否定。《胠箧》注:

若夫法之所用者,视不过于所见,故众目无不明;听不过于所闻，故众耳无不聪；事不过于所能，故众技无不巧知；知不过于所知故群性无不适；德不过于所得，故群德无不当。安用立所不逮于性分之表，使天下奔驰而不能自反哉！

"知不过于所知"，即知不超过性分之知。《胠箧》注："不求所知而求所不知，此乃舍己效人而不止其分也。"知止其分，即安于自己的性分之知，而不追慕他人之知以奔走于竞争、企慕之途。

第二，郭象肯定圣人圣知的一定作用，不同于庄文彻底地否定之。《胠箧》"天下之善人少而不善人多，则圣人之利天下也少而害天下也多"注：

> 信哉斯言！斯言虽信，而犹不可亡圣者，犹天下之知未能都亡，故须圣道以镇之也。群知不亡而独亡圣知，则天下之害又多于有圣矣。然则有圣之害虽多，犹愈于亡圣之无治也。虽愈于亡圣，故未若都亡之无害也。甚矣！天下莫不求利，而不能一亡其知，何其迷而失致哉！

天下不能无知，则圣人圣知有镇众人俗知的作用。圣人之圣知，是圣人留下的足迹，众人效法、追逐之而失性以陷于困境，故圣人不任其过，而众人承担其过失。《胠箧》注："夫圣人虽不立尚于物，而亦不能使物不尚也。故人无贵贱，事无真伪，苟效圣法，则天下吞声而暗服之，斯乃桀跖之所至赖而以成其大盗者也。"

第三，郭象进一步认为，圣人之绝圣弃智，不是圣人彻底地抛弃知识，而是圣人没有独知而涵融天下之知以为一，即以天下之知为知，而顺应天下之知，则天下之知皆可实现。《胠箧》注："夫圣人者，诚能绝圣弃知而反冥物极，物极各冥，则其迹利物之迹也。"圣人绝圣弃智，不是无知，而是没有独知，故涵融天下之知以为一。"反冥物极"，即冥合和顺应天下之知，则天下之知得以实现，天下以为圣人之利物的功迹。《胠箧》注"故治天下者，唯不任知，任知则无妙也"，圣人之"任知"，一是放纵其独知，二是标举知，从而招引众人追逐分外之知，失其本性，混乱天下。《胠箧》注："夫吉凶悔吝，生于动者也。而知之所动，诚能摇荡天地，运御群生，故君人者胡可以不忘其知哉！"君人者忘其知，一是无独知而涵融群生之知以为一，二是不尚知以免于诱引众人追逐知。

综之，郭象所阐释的"庄子之意"与庄文之义、庄子之意有重要的不同，但其关系相当复杂，你中有我，我中有你，而表现出他对庄子思想的发展、转化和创造。

三 "似之而非"之术

郭象是如何从庄文之义到达"庄子之意"的呢？这要讨论郭象解释的方法。"寄言以出意""迹与所以迹"是郭象解释的基本理论，有方法论和本体论的意义。① 刘笑敢说：

> 论者多谓郭象的注释方法、诠释方法或哲学方法是"寄言出意"、"辩名析理"等。此说或有不惬之处。郭象原文说："夫庄子推平于天下，故每寄言以出意，乃毁仲尼，贱老聃，上掊击乎三皇，下痛病其一身也。"这里"寄言以出意"显然是在解释庄子原文为什么有批评孔、老、三皇，乃至自己的言论。郭象还多次说到"寄言"二字，也是这种用法，是对《庄子》原文风格的一种定义或描述，是为了弥缝自己的"注释"与《庄子》原文明显不合的一种托词。与其说"寄言出意"是郭象的方法，不如说是郭象自觉本人思想与庄子原文不一致时的托词或辩解之方。②

从意义生成的角度而言，寄言出意是郭象的解释方法，因突出庄文之义与"庄子之意"的重大间距性，从而突破庄文的限制而较为自由地发挥庄子的思想；从意义效果的角度而言，寄言出意是弥缝庄文之

---

① 本书的第二、第三章专门讨论，此处从略。
② 刘笑敢：《诠释与定向——中国哲学研究方法之探究》，商务印书馆2009年版，第199页。

义与"庄子之意"之间的裂痕,而证成其解释的有效性与合理性的托词。

《庄子注》的解释有一个显著的特征,即注文之义("庄子之意")与庄文之义是"似之而非",表面上似同,而实质上不同。表面上似同,以建立注文之义与庄文之义之间的联系;实质上不同,以昭示郭象创构的"庄子之意"。庄文有两处明确地提到"似之而非"。《山木》有一则寓言,庄子及其弟子行于山中,看到山木以不材而免于砍伐;舍于山下的故人之家,见到一雁以无用而被杀。弟子问庄子将何处。庄子笑曰:"周将处夫材与不材之间。材与不材之间,似之而非也,故未免乎累。"① 这是庄子不得已而处人间世的智慧,但行于人间世而不免乎牵累,除非彻底地离开人间世而游于无何有之乡。郭象的注文深谙"似之而非"之道,也不免乎牵累,读者颇认为注文之义穿凿而曲解庄文之义。笔者认为,这也是注文的妙处,"假作真时真亦假,无为有处有还无"(《红楼梦》第 1 回)。

"似之而非",是郭象把照着庄文讲与接着庄文讲相结合的重要特征;一方面照着庄文讲以揭示庄文之义,这是顺着庄文之义的方向而讲;另一方面接着庄文讲以创构"庄子之意",这是对庄文之义的重要转折,而与庄文之义的方向相异或者相反。

《齐物论》"未成乎心而有是非,是今日适越而昔至也",庄文之义明白,即人先有成心(私心、偏心、一己之心)而后有是非之论。庄文之表述是运用奇妙的比喻而生动有趣,以见出庄子的艺术之思。郭象只是一位哲学家,注曰:"今日适越,昨日何由至哉?未成乎心,是非何由生哉?明夫是非者,群品之所不能无,故至人两顺之。"注文的前两句是照着庄文讲,符合庄文之义;但后一部分突然转向(异向),接着庄文讲,而阐明"庄子之意",即众人的是非之论是本性使然,不可改变,故至人"任天下之是非"(《齐物论》注),即两顺之,所谓"两行"。至人顺应众人的是非之论,众人任性逍遥,圣人也任性逍遥。因此,郭象所阐明的"庄子之意"比庄文之义更为丰

---

① 《寓言》:"予,蜩甲也,蛇蜕也,似之而非也。"郭象注曰:"影似形而非形。"

富，而且明显违背庄子本意。庄子本意是，众人有成心而有是非之论，故是非之论有相对性而樊然淆乱，从而泯除众人是非之论的分别，以止息是非之论；郭象所阐明的"庄子之意"是，顺应天下人的是非之论。

《人间世》："山木，自寇也；膏火，自煎也。桂可食，故伐之；漆可用，故割之。人皆知有用之用而莫知无用之用也。"山木因自己有材而为人盗伐，故是自寇；膏火因给他人烛照黑暗而烧干，故是自煎。当众人皆拼命地追求自己有用时，庄子却以有用会给自己带来伤害而标举无用之用。《逍遥游》："不夭斤斧，物无害者。无所可用，安所困苦哉！"庄子的思想无疑是深刻的，也是显明的。郭象注曰："有用则与彼为功，无用则自全其生。夫割肌肤以为天下者，天下之所知也；使百姓不失其自全而彼我俱适者，怳然不觉妙之在身也。"注文的前一部分，是照着庄文讲，大致符合庄文之义。后一部分，是接着庄文讲，阐明"庄子之意"，即圣人对天下无心无为无用，而与天下相冥合，则百姓任性逍遥（使百姓不失其自全，全即足性），且圣人无心而冥物，也任性逍遥。圣人既对百姓有用，也对自己有用，且对百姓有用而百姓不知。庄子把有用与无用对立起来，而郭象把有用与无用统一起来。因此，郭象的"庄子之意"更为复杂，与庄文之义、庄子本意似之而非。

"似之而非"之术的另一种表现是，注文虽沿用庄文的相关观念，但其观念的内涵有重要的改变。

《养生主》有一段寓言："泽雉十步一啄，百步一饮，不蕲畜乎樊中。神虽王，不善也。"野鸡生活在水泽边上，十步一啄，百步一饮，谋生辛劳，但不求在笼中被人供养；因为在笼中供养，虽吃喝丰饶，但不能自由，故精神不乐。这表现出庄子对精神自由的热切追求。郭象注曰："夫俯仰乎天地之间，逍遥乎自得之场，固养生之妙处也，又何求于入笼而服养哉！夫始乎适而未尝不适者，忘适也。雉心神长王，志气盈豫，而自放于清旷之地，忽然不觉善之为善也。"注文与庄文之义似之而非。郭象把野鸡生活于水边而艰难谋生，作为"养生之妙处"，即"自得之场"，野鸡可任性逍遥。庄文之义是，与生活艰难相比，精神自由更为重要，这没有把野鸡生活于水边而艰难谋生看作自得之场。郭象"庄子之意"是，万物皆有本性，皆有任其本性的自得之场，故要安于此妙处，游于其中。因此，郭象之游于其中的自由，与庄子之挣脱束缚的自由是根本不同的。郭象在表面上使用庄子自由的观念，而实质上已转换了自由观念的内涵。郭象把泽雉的存在之境作为自得之场、养生之妙处，违背了庄子的本意。

我们征引《骈拇》的一段文字，欣赏郭象运用"似之而非"之术的解释技巧和智慧，一方面见其解释的用心之深、用知之丰、用力之大，另一方面也见其释义之忘言得意、穿凿附会。孟子曰："天下之言性也，则故而已矣。故者，以利为本。所恶于智者，为其凿也。如智者若禹之行水也，则无恶于智矣。禹之行水也，行其所无事也。如智者亦行其所无事，则智亦大矣。天之高也，星辰之远也，苟求其故，千岁之日至，可坐而致也。"（《孟子·离娄》下）郭象运用其知，不是顺之，而是逆之以穿凿，即"所恶于智者，为其凿也"。

《骈拇》：

> 噫！仁义其非人情乎？彼仁义何其多忧也。且夫骈于拇者，决之则泣；枝于手者，龁之则啼。二者或有余于数，或不足于数，其于忧一也。今世之仁人，蒿目而忧世之患；不仁之人，决性命之情而饕贵富。故意仁义其非人情乎？自三代以下者，天下何其嚣嚣也。①

郭象注曰：

> 夫仁义自是人之情性，但当任之耳。恐仁义非人情而忧之者，真可谓多忧也。谓之不足，故泣而决之，以为有余故啼而龁之，夫如此，虽群品万殊，无释忧之地矣。唯各安其天性，不决骈而龁枝，则曲成而无伤，又何忧哉！兼爱之迹可尚，则天下之

---

① 龁（hé）：咬。蒿目：举目遥望。饕（tāo）：贪求。

目乱矣。以可尚之迹,蒿令有患而遂忧之,此为陷人于难而后拯之也。然今世正谓此为仁也。夫贵富所以可饕,由有蒿之者也。若乃无可尚之迹,则人安其分,将量力受任,岂有决己效彼,以饕窃非望哉!夫仁义自是人情也,而三代以下,横共嚣嚣,弃情逐迹,如将不及,不亦多忧乎!

庄文之义是,儒家所提倡的仁义不是人情人性的内容,像骈于拇者、枝于手者,故抱持仁义的仁人举目遥望天下而忧患深广,范仲淹谓"居庙堂之高,则忧其民;处江湖之远,则忧其君:是进亦忧,退亦忧"(《岳阳楼记》)。郭象阐明的"庄子之意"是,仁义是人性的内容之一,顺应人性中的仁义则任性逍遥,如果追逐性分之外的仁义,则失其性分而多忧且陷入困境,骈于拇者、枝于手者皆是人性的内容,任之逍遥,决之、龁之而痛苦悲啼。显然,庄文之义与郭象之意有本质的分别,有待于郭象"似之而非"的注释技巧和智慧。

庄文:"噫!仁义其非人情乎?彼仁义何其多忧也。"前一句是疑问句,后一句以仁义使人多忧表明仁义不是人情。郭注:"夫仁义自是人之情性,但当任之耳。恐仁义非人情而忧之者,真可谓多忧也。"郭象把庄文的疑问句看作反问句,即仁义难道不是人情吗?第二句的释义完全违背庄文之义,其解释是曲折回环。这是郭象解释的技巧,即从庄文为起点出发,弯了又弯再弯,曲曲折折,而最终达到"庄子之意",表面上与庄文一致,但实质上有重大的转向。庄文认为,骈于拇者、枝于手者,就像仁义于人情是多余的,多余的东西则使人忧患。郭象从庄文"决之则泣""龁之则啼"而认为,骈于拇者、枝于手者,就像仁义之于人性,是人性的内容;人安于性情则无忧,决之、龁之则失其本性而痛苦。庄文认为,今世之仁人心怀仁义,举目眺望而忧患天下。郭象认为,仁人标举仁义,而使天下人目乱,故追逐仁人的仁义之迹而越出于性分之外,从而失其本性而陷入困境;但仁人仍以仁义拯救之,而愈救愈乱。庄文最后总结说,仁义不是人情人性,故三代之下,圣人标举仁义,而天下嚣嚣。郭象认为,仁义自是人情，三代之下嚣嚣，是因为众人追逐仁义之迹而越出于情性之外，从而失性作伪，故天下多忧多患。要之，注文一方面顺着庄文讲，而沿用庄文的言辞、观念，另一方面又接着庄文讲，赋予庄文言辞、观念之新的内容，二者"似之而非"。

第四节 《庄子注》的融贯性诠释

一 融贯性诠释的含义

德国哲学家伽达默尔（Gadamer, 1900—2002）提出了"完全性的前把握"的概念。前把握，即理解的前结构，这是理解得以成立的前提。完全性的前把握，即理解的前结构具有整体的统一性。解释者是带着一种整体统一性的前见，在与文本互动中不断地调整、修正、补充，从而达到对文本整体统一性的解释。传统诠释学重视解释的循环，即从文本之部分到整体再从整体到部分的循环，从而构成一个有整体统一性意义的文本。伽达默尔认为，解释的循环不仅是文本客体内部的循环，也是诠释主体与文本客体之间的往复循环。他说："作为一切理解基础的这种循环的意义，还有一个进一层的诠释学结论，这个结论我想称之为'完全性的前把握或前概念'。显然，这也是支配一切理解的一种形式的前提条件。它说的是，只有那种实际上表现某种意义完全统一性的东西才是可理解的。所以，当我们阅读一段文本时，我们总是遵循这个完全性的前提条件，并且只有当这个前提条件被证明为不充分时，即文本是不可理解时，我们才对传承物发生怀疑，并试图发现以什么方式才能进行补救。"[1] 因此，在传统诠释学中，解释的循环是作为一种方法论的意义，而强调解释者通过这种方法以整体性地把握文本。在哲学诠释学中，解释的循环是在本体论意义上被描述成主体与客体联系在一起的共同性运动。

伽达默尔在本体论上把握理解的循环是有重要意义的，这确实揭示了我们理解文本的一个重要特征，即我们总是持有一种完全性的前

---

[1] 参见洪汉鼎《诠释学——它的历史和当代发展》，人民出版社2001年版，第229页。

见以理解文本,尽管这种文本可能并不具有内在的统一性,但伽达默尔轻视了理解循环的方法论意义。面对某一文本,当解释者完全性的前见在与文本的互动中一再受挫时,则或者放弃理解,或者以一种强制性的完全性前见以解释文本;后者显然表现出解释者强烈的主体性而有方法论的意义。这种强制性的完全性理解不是建立在视域融合的基础上,而是主体一意孤行的产物,这会造成完全性的理解与文本发生紧张冲突。《逍遥游》《齐物论》是《庄子》的首两篇作品,集中地表现出庄子的基本思想,但这两篇文章呈现出显明的矛盾冲突。《逍遥游》讨论"小大之辩"的问题,其基本观点是小大有分,小不知大,且崇大抑小;《齐物论》主要讨论齐物与齐论的问题,其基本观点是小大齐一,包括事实上的齐小大与价值上的齐小大。学人多认为这不是庄子思想的内部矛盾,而是我们的理解出现了问题;为了持守完全性的理解,我们会提出各种理由以消解其矛盾。

尚永亮先生说:

> 如何理解上述《逍遥游》与《齐物论》在"小"、"大"问题上的矛盾?笔者认为:这种矛盾是由庄子之理论与实践存在的矛盾决定的,换言之,现实的庄子和理想的庄子并不统一;而由于这种矛盾和不统一,遂导致庄子对外物的评价产生悖论。在理论上,庄子力主同是非、等贵贱、齐小大,从天性自然的角度,认为无论小大,只要能安其位、适其性,皆可自得自乐。而在实践中,庄子又是承认小大之别并崇大抑小的。从活动的地域、眼界的大小、胸怀的阔狭、离大道的远近等方面来看,小皆不及大。[①]

尚先生认为,《逍遥游》之崇大抑小是实践的问题,《齐物论》之齐小大是理论的问题,理论与实践本来就存在着冲突。刘笑敢说:"从

---

① 尚永亮:《矛盾的庄子与庄子的悖论——〈逍遥游〉的"小大之辩"及其它》,《苏州大学学报》(哲学社会科学版)2001年第1期。

形式上看,《逍遥游》中的大小之辩的主张与《齐物论》中大小为一的主张似乎是有冲突的……《逍遥游》中所讲的大小之辩是对逍遥游境界的推崇,是庄子哲学追求的最高目标,而《齐物论》中所讲的大小为一是对现实世界观察的角度和方法,正是为了实现无小大、无是非、无生死的无差别境界。二者在庄子思想体系中分属于两个不同的层面,一个是最高的境界,一个是通向最高境界的方法论。二者不但没有矛盾,反而是一个不可分割的有机体。"[1]《齐物论》之齐是通向《逍遥游》之无待逍遥之境的方法。钟泰说:"然则'小知不及大知,小年不及大年',犹是拘方之论。《消摇游》先教人舍小而取大,《齐物论》则教人大与小并遣。盖泥大则虽大亦小,惟绝大小,而后始成其为真大也。"[2] 这是从《逍遥游》之崇大抑小归向《齐物论》之齐小大,两篇文章的思想是前后发展的关系。我们不必讨论他们理解的合理性与否,但其理解过程中所一致表现"完全性的前把握"的基本特征是确定的。因此,"完全性的前把握",即理解的融贯性原则,确实是理解过程中的一般特征。

意大利法学史家和哲学家贝蒂(Emilio Betti,1890—1968)强烈地批判了伽达默尔的哲学诠释学,力求使传统的解释学重新成为一种有效的人文科学的一般方法论。他在《作为精神科学一般方法论的诠释学》中提出解释的方法论原则:一是属于解释对象的两条原则,A1 诠释学对象的自主性原则,A2 诠释学评价的整体性和融贯性原则;二是属于解释主体的两条原则,B1 理解的现实性原则,B2 理解的意义正确性原则或诠释学意义的符合原则。[3] 贝蒂要求文本具有自主性的意义,且其意义具有内在的整体性,否则,文本之解释难以发生。但在实际的解释活动中,的确存在一些特殊的文本,其意义并不具有自主性和整体性,而我们要去解释它。因此,对文本的融贯性诠释,不仅是文本的问题,也是解释者的问题,这既不是主观的,又不

---

[1] 刘笑敢:《庄子哲学及其演变》,中国人民大学出版社 2010 年版,第 342 页。
[2] 钟泰:《庄子发微》,上海古籍出版社 2002 年版,第 48 页。
[3] 参见洪汉鼎《诠释学——它的历史和当代发展》,人民出版社 2001 年版,第 263 页。

是客观的,而是解释者与文本之间的一种共同运动。贝蒂主要从解释对象讨论文本思想的整体统一性,也是较为片面的。

刘笑敢在讨论解释的融贯性原则时特提及郭象《庄子注》。他说:"一般说来,文本的异质性越突出,作融贯性诠释似乎就越困难。但事实完全不是这样。郭象注释内容复杂、丰富的《庄子》时,却创建了自己的融贯一体的新的哲学体系……事实上,诠释对象越歧异复杂,诠释者自由发挥的空间越大;因为诠释者可以在文本的多样性中选择、想象的空间就越大。不过,可以肯定的是,诠释对象的文本异质性越突出,融贯性诠释的结果与对象文本的差距就可能越大。……因此,对异质性文本的融贯性诠释的结果不可能忠于文本各自的独特性,也不可能反映出文本的歧异性。"[①] 他认为,郭象所面对的《庄子》文本复杂矛盾,其文本的异质性突出,故其思想不能构成一个统一性的体系;这给解释带来很大困难,但也有积极性的因素,即有利于解释者发挥自己的主观能动性以建构统一的思想体系,且融贯性的解释结果多与《庄子》文本的本义产生冲突。笔者认为,《庄子》以寓言表现思想的方式与"以谬悠之说,荒唐之言,无端崖之辞"的文章风格,也给融贯性的理解造成相当大的困难。

综之,所谓融贯性的诠释原则,即解释者要以一种具有整体统一性的思想体系,来贯通全书各篇之解释的始终;这种融贯性的解释,一方面是解释者"完全性的前把握"与文本对象之互动的结果,另一方面又是解释者发挥其主观能动性而建构一种新的思想体系的产物;因此,融贯性诠释原则具有本体论和方法论的意义。

二 郭象之融贯性诠释

郭象之注《庄子》,须面对的是解释之融贯性原则的重大挑战。

相对于《老子》文本基本上是老子的作品而有较为统一的思想而言,《庄子》是一部庄子的作品、庄子后学的作品与其他学派的作品

[①] 刘笑敢:《诠释与定向——中国哲学研究方法之探究》,商务印书馆2009年版,第226页。

之混合体，其思想内容丰富复杂。

陆德明《经典释文·序录》：

> 然庄生弘才命世，辞趣华深，正言若反，故莫能畅其弘致；后人增足，渐失其真。故郭子玄云："一曲之才，妄窜奇说，若《阏弈》、《意修》之首，《危言》、《游凫》、《子胥》之篇，凡诸巧杂，十分有三。"《汉书·艺文志》"《庄子》五十二篇"，即司马彪、孟氏所注是也。言多诡诞，或似《山海经》，或类《占梦书》，故注者以意去取。其《内篇》众家并同，自余或有《外》而无《杂》。惟子玄所注，特会庄生之旨，故为世所贵。①

陆氏认为，《庄子》五十二篇多有后人增足的内容，"言多诡诞"，失庄子之意；魏晋注家对《庄子》的文章，以意取舍而注释的篇数不等，但"内篇"基本相同；郭象注《庄》，特能会通庄子之旨，故为世人所贵，而传承于后世。

《序录》中"郭子玄云"的一段话，本于日本高山寺《旧抄卷子本》在《天下》篇末附录的一段文字：

> 夫学者尚以成性易知为德，不以能政（攻）异端为贵也。然庄子闳才命世，诚多英文伟词，正言若反。故一曲之士，不能畅其弘旨，而妄窜奇说。若《阏亦（弈）》、《意循（修）》之首，《尾（危）言》、《游易（凫）》、《子胥》之篇，凡诸巧杂，若此之类十分有三。或牵之令近，或迂之令诞，或似《山海经》，或似《（占）梦书》，或出《淮南》，或辩形名，而参之高韵，龙蛇并御，且辞气鄙背，竟无深澳（奥），而徒难知，以因（困）后蒙，令沈滞失乎（平）流，岂所求庄子之意哉？故皆略而不存。令（今）唯裁取其长，达致全乎大体者，为卅三篇者（焉）。②

---

① （清）郭庆藩撰，王孝鱼点校：《庄子集释》，中华书局2013年版，第5—6页。
② 参见余敦康《魏晋玄学史》，北京大学出版社2016年版，第443页。

学人一般认为这是郭象的注文。王叔岷《郭象庄子注校记》说，这段文字"措辞草率，不似一完整之序，当是郭象注《庄子》毕，偶记于篇末者。至其注《庄》大旨，则篇首之序，已尽之矣"①。崔大华说："这段文词，清雅幽古，且与陆德明《经典释文·序录》所引……相符，故可断定为郭象所作。"② 杨立华说："因为郭象在注释《庄子》之前，首先要对自己的注本有一个规划。而篇目的选定自然应该是这一规划的第一步。文本删述既定，方有可能进一步展开具体的注释工作。从这篇二百二字的文章的内容看，此篇文字应该是冠于《庄子注》的全篇之首的。"③ 郭象"后序"的主要观点有二：一是庄子之意"弘大而辟，深闳而肆"，而不易理解，且庄子又采用"正言若反"的表现方式更使人难得其解；二是后人妄窜奇说，混入庄文中的内容十分有三，不仅言辞鄙陋，且意义浅薄，这更增加了理解庄子之意的困难。

因此，郭象要做的基本工作有二。

第一是全面地整理《庄子》，去伪存真，裁取其长，删除那些不合庄子之意的作品或文字，把原来的五十二篇删定为三十三篇。删除的篇数约有十九篇，这并非完全地删除，可能把一些篇中某章某段文字并入三十三篇中，且删定的三十三篇中也可能有删削和补充的文字，还可能有改写的文字，与《庄子》的原貌应有较大的不同。郭象删定的主要依据是"庄子之意"。他整理的《庄子》分为"内篇""外篇""杂篇"三部分，其分类的标准或内篇是庄子所作，外篇是庄子后学所作而近庄子之意，杂篇是其他人的作品而较近庄子之意。其内、外、杂篇之名，应是承《庄子》五十二篇之旧，即刘向、刘歆在整理庄书时而作出的分类之名，而并非郭象的自创。内七篇是确定的，外杂篇的篇数，郭象予以厘定。他力求通过整理以形成一个较为统一性的《庄子》文本。李耀南说："郭象在庄学史上最早辨别

---

① 参见杨立华《郭象〈庄子注〉研究》，北京大学出版社2010年版，第41页。
② 崔大华：《庄学研究》，人民出版社1992年版，第46—47页。
③ 杨立华：《郭象〈庄子注〉研究》，北京大学出版社2010年版，第42页。

《庄子》中的伪作,删定《庄子》文本。郭象删定《庄子》的依据在于'庄子之意'。"① 笔者认为,"庄子之意",是郭象所理解的庄子之意,与庄子本意有较大的差别,这难以保证郭象所删除的文字即一定不是庄子及其后学的作品,也难以保证三十三篇即一定是庄子及其后学的作品。

第二是会通庄子之意,即形成一个统一性的庄子思想体系,而一以贯之于《庄子》各篇的注释或解释中。

郭象的注释匆匆完毕,在最后一篇《天下》末附注一段简略文字。按照通常的做法,他要认真地写一篇后记,详细地叙述注释《庄子》的缘由、目的、过程、方法等,当然也要简述其人生的历程。但后记简单,他或忙于官场的周旋或病于军中,而无心无力无空来完成,也许有愧于抄袭向秀的注文而不愿夸谈,等等。这一切皆在历史的尘烟中飘渺难寻。唐人崔颢诗曰:"绿窗明月在,青史古人空。"

郭象整理的《庄子》三十三篇仍然丰富复杂,难以构成一个具有整体统一性的文本。这不仅在语言形式上有差异,且在思想内容上存在着不少矛盾。刘笑敢认为,《庄子》之内篇是庄子所著,外杂篇是庄子后学所著,庄子后学分为三派:述庄派、无君派、黄老派,各派思想多有差异和不同。② 崔大华说:"《庄子》一书各篇章,既有庄子本人的创作,也有其后学的述作,《庄子》是战国到秦汉之际庄子学派著述汇集……《庄子》一书的各章节,有的是庄子学派固有的思想观点,有的却是庄子后学在其它学派影响下形成的发生了某种变异的思想言论。所以《庄子》又是战国到秦汉之际道家观点的汇集。"③ 例如《庄子》中孔子的形象大略分为三类:一是儒家的代表人物,二是从儒入道而兼通儒道的人物,三是道家人物。孔子的形象之所以如此复杂,主要是《庄子》文本的复杂性和异质性所致,抑或庄书之寓言性使然。内篇没有性的观念,外篇之《骈拇》《马蹄》《在宥》

---

① 李耀南:《郭象删定〈庄子〉文本及其诠释学问题试析》,《现代哲学》2019年第1期。
② 刘笑敢:《庄子哲学及其演变》,中国人民大学出版社2010年版,第240页。
③ 崔大华:《庄学研究》,人民出版社1992年版,第71页。

等阔论性命之情。这些不同方面甚至相反方面的内容构成了异质性的《庄子》文本。

如果文本是一个统一性的文本,且能确定真正的作者,则文本之义有整体性,且能较为准确地表现作者之意,例如王弼注释的《老子》、何晏注释的《论语》等。如果文本是一个复杂矛盾的文本,不具有统一性,且作者较多,不能确定,则文本之义具有复杂矛盾性,有些意义互不相干,有些意义甚至有明显的冲突。如果解释者标举文本的意义,就会造成解释意义的冲突,不能构成一个统一的整体,从而怀疑文本的真实性。面对这种复杂的文本对象,解释者只有标举作者之意,方可突破文本之义的限制,从而构建一个具有统一性的思想整体。但这种统一性的思想整体往往与文本之义产生冲突和矛盾,不仅使人质疑作者之意的合理性,也使人质疑文本的真实性、可靠性;这就要求解释者运用各种托词消解二者的冲突性,以确证其解释的合理性、有效性。

郭象明白,他所整理的《庄子》文本,仍是一个意义丰富复杂的文本,如果他标举庄文之义,则不能构成一个意义的整体;如果他标举庄子之意,则会突破庄文之义而建构一个完整的思想体系。因此,《庄子注》在解释《庄子》时特标举庄子之意。汉人经典注释的传统,尤其是古文经学,侧重于字词句的训释、名物故事的说明、表层意义的疏解,而轻视文本思想之系统性的把握。魏晋时代,新的学术风气已蔚然形成,"夫玄远者,谓玄远之学。学贵玄远,则略于具体事物而究心抽象原理"[①],这运用到经籍解释中,即以言象为工具,而以意为目的。"得意忘言",即重视会通经籍之大意,而轻视言象的解释。郭象在《逍遥游》注中开宗明义地说:"鹏鲲之实,吾所未详也。夫庄子之大意,在乎逍遥游放,无为而自得。故极小大之致,以明性分之适。达观之士,宜要其会归,而遗其所寄,不足事事曲与生说。自不害其弘旨,皆可略之耳。"郭象会通庄子之大意,大意即统一的主旨,"而遗其所寄,不足事事曲与生说",即对字词句的训

---

① 汤用彤:《魏晋玄学论稿》,上海人民出版社2015年增订版,第21页。

释、名物故事的说明等从略。要之，郭象面对《庄子》这样复杂的文本，而标举会通的"庄子之意"，以贯通性地解释。

郭象建构了一套系统的思想体系，即"庄子之意"，然后以之贯彻到全部的注文中，其融贯性的解释非常彻底；不仅"庄子之意"在各篇注文中一以贯之，且遍布于注文中，循环往复，有力地强化了"庄子之意"的普遍性和稳定性。郭象在首次提到某思想观念时，往往有一大段长长的注文予以详细而深入的阐述，此后简略之而往复回环于注文中。例如自生、独化的思想首出于《齐物论》注中，郭象有两大段文字予以集中的论述，以后不断地出现在注文中以强化之。由于《庄子》的多数篇章皆不是完整性的文章，而是片段的组合，每篇没有统一性的主题，故郭象的每篇注文也没有统一性的主题。他所会通的"庄子之意"有整体的统一性，但散到各篇的注文中就杂乱无章，其注释内容是随机的、偶然的、反复的、杂乱的。

郭象所阐释的"庄子之意"，与庄文之义、庄子本意有根本的不同，学人所谓"庄子注郭象"。郭象要以"庄子之意"贯通地解释庄文，则遭遇更多更大的困难。因此，郭象采取各种注释的方法和技艺，以冲破重重阻碍，而最终会归于"庄子之意"，充分地体现出郭象之卓越性的注释策略和智慧。这不仅确证"庄子之意"的合理性、有效性，也确证庄子文本的真实性、可靠性。读者一方面敬佩注者的奇巧技艺和玄思玄智，另一方面又觉得注者巧言令说、郢书燕说。因此，由于《庄文》文本的异质性，与会通的"庄子之意"根本上不合庄文之义，故郭象之融贯性的诠释充分地彰显出主体性。

第五节　郭象"庄子之意"的真理性

德国施莱尔马赫（Schleiermacher，1768—1834）倡导的普通诠释学，重视心理学解释。他认为，解释者要深入到文本背后的作者那里，体验作者的生命经验，把握作者的生命历程及其所处的具体境遇，从而重构文本的意义。文本的意义是作者在某一境遇中个体生命的体现，从而使诠释学与生命哲学相联系。由于解释者能从作者的整个生命历程中理解他的某部著作,而作者因为处在自己的生活中而缺少这种概观,故解释者能比作者更好地理解其作品。伽达默尔认为,理解是把握文本的真理性内容,而不是从心理学上重构文本的过去思想。文本可以是个体心理状态、个体生活和具体历史情况的表达,但文本还有"更多"的东西,即要说出某种真理性的内容。理解某个陌生文本,就是理解它所提出的某种可能的真理要求,而这种真理要求必须被接受。伽达默尔说:"可是,凡是在我们致力于理解——例如对《圣经》或古典文学进行理解——的地方,我们总是要间接地涉及到隐藏在原文里的真理问题,并且要把这种真理揭示出来。事实上,应当被理解的东西并不是作为某种生命环节的思想,而是作为真理的思想。正是因为这种理由,诠释学才具有一种实际的应用,保留了研讨事物的实际意义。"① 因此,解释的任务不是重构或复制原来的思想,而是阐明真理性的思想。汤用彤论及汉学与玄学分别时说,汉学复杂,玄学简单;汉学具体,玄学抽象;"汉学非合理化,玄学合理化"②。郭象是魏晋玄学的集大成者,其所阐发的"庄子之意"具有真理性。

一 "庄子之意"的合理性

"庄子之意"真理性的表现之一,是把《庄子》中荒诞性的内容合理化、理性化。

《庄子》一书多用寓言说理,其寓言迷离荒诞,具有诡奇多变的神话色彩。其人名、物名、地名多荒诞不经,即使是历史上的人物如孔子、颜回等,也是亦真亦假。其叙述的故事或是完全虚构,或是根据一定的史实而虚构。《天下》:"以谬悠之说,荒唐之言,无端崖之辞,时恣纵而不傥,不以觭见之也。以天下为沉浊,不可与庄语。以卮言为曼衍,以重言为真,以寓言为广。"郭象以庄文为寄言而出意,故对各种诡奇多变的寓言故事,往往不予考证真伪,而重在阐明其寓

---

① 参见洪汉鼎《诠释学——它的历史和当代发展》,人民出版社2001年版,第217页。
② 汤用彤:《魏晋玄学论稿》,上海人民出版社2015年增订版,第154页。

意。在具体的注释时,对于荒唐怪诞的内容,则或者略而不释,或者予以合理化、理性化解说;这是《庄子注》追求真理性的重要内容之一。杨立华说:"在郭象看来,《庄子》显然不是那种好奇志怪之书。……郭象以一种彻底的理性态度来对待《庄子》中各种至少在表面上看起来荒唐怪诞的描述。"①

《逍遥游》描述了藐姑射之山的神人,"肌肤若冰雪,绰约若处子。不食五谷,吸风饮露。乘云气,御飞龙,而游乎四海之外""之人也,物莫之伤,大浸稽天而不溺,大旱金石流土山焦而不热"。庄文之神人即仙人,颇为神奇怪诞。郭象注曰"此皆寄言耳。夫神人即今圣人也",庄文是寄言以托意,寄言之神人即托意之圣人。郭象认为,"肌肤若冰雪,绰约若处子"是说圣人精神充足而不憔悴,并非青春永驻而长生不老。郭象注曰"俱食五谷而独为神人,明神人者非五谷所为,而特禀自然之妙气",消解了神人不食五谷的荒诞性,指出神人禀自然之妙气而与众人有分别,但决非截然两分而有天上人间之隔绝。郭象不注"乘云气,御飞龙"。郭象注"物莫之伤"曰:"夫安于所伤,则伤不能伤。伤不能伤,而物亦不伤之也。"神人并非神奇到万物不能伤之,而是神人安于所伤,则伤不能伤之。郭象认为神人并非溺不死、热不死的超人,而是"无往而不安,则所在皆适。死生无变于己,况溺热之间哉"。要之,郭象把庄子之超越人间世的真人、仙人转变成尧舜、孔子等圣人,把庄文之神人的神性转变为圣人的理性。

《齐物论》:"至人神矣!大泽焚而不能热,河汉冱而不能寒,疾雷破山、飘风振海而不能惊。若然者,乘云气,骑日月,而游乎四海之外,死生无变于己,而况利害之端乎!"这段文字描述了至人的神妙,绝然不同于世人,具有荒诞性、诡奇性。

"至人神矣"注:"无心而不顺。"郭象认为,至人之神不是下文所谓"大泽焚而不能热"等,而是无心而顺物。这消解了至人的神性,而归结为圣人无心无为而顺应万物的本性及其变化,故万物皆能

---

① 杨立华:《郭象〈庄子注〉研究》,北京大学出版社2010年版,第79页。

任性逍遥，至人也能任性逍遥。"大泽焚"等数句注："夫神全形具而体与物冥者，虽涉至变而未始非我，故荡然无虿（chài）介于胸中也。"至人精神至足而形具，即涵融天下万物万理以为一，从而能与任何事物及其变化相冥合，包括顺应大泽焚等极端的变化，不惊不喜。"乘云气"注："寄物而行，非我动也。"顺应任何事物而行，非自我之独知独行。"云气"代指物，乘，即凭借而融合。"骑日月"注："有昼夜而无死生也。"齐生死而顺应生死之变。"而游乎四海之外"注："夫唯无其知而任天下之自为，故驰万物而不穷也。"至人无知而顺天下之自为，从而能与天下万物相融合，以游于万物中。要之，郭象之注释，把庄子之神奇的至人合理化、理性化为人间世的圣人；圣人的基本品格是"无心而冥物"，且以之消解至人之各种神奇的行为；庄文之谬悠荒唐言也具有合理性。

《大宗师》有数段文字描述真人的形象。真人即仙人，超越于现实世界之上，与众人有云泥之隔。"古之真人，不逆寡，不雄成，不谟士。若然者，过而弗悔，当而不自得也。若然者，登高不栗，入水不濡，入火不热。是知之能登假于道者也若此。"

"登高不栗，入水不濡，入火不热"注：

> 故真人陆行而非避濡也，远火而非逃热也，无过而非措当也。故虽不以热为热，而未尝赴火；不以濡为濡，而未尝蹈水；不以死为死，而未尝丧生。故夫生者，岂生之而生哉！成者，岂成之而成哉！故任之而无不至者，真人也，岂有概意于所遇哉！

真人不是登高不栗、入水不濡、入火不热的超人，而是安于登高、入水、入火的境遇，即安于、顺于任何境遇。一切境遇皆是自然之理、必然之理，非自我所能预知和抗拒，故无心无为而顺之、任之。因此，郭象之解释，主要是从具体之事发明抽象之理，而抽象之理具有合理性、真理性的内容。

《应帝王》有一则寓言，天根游于殷阳，至蓼水之上，适遇无名人而问曰"请问为天下"。无名人回答曰："去！汝鄙人也，何问之不豫也！予方将与造物者为人，厌则又乘夫莽眇之鸟，以出六极之外，而游无何有之乡，以处圹埌之野。汝又何帠以治天下感予之心为？"这段文字颇为诡奇。与造物者为人，即与造物者为一体，非常玄妙。乘莽眇之鸟而游于六极之外，则是仙人。郭象之注释予以合理化、理性化。"问为天下，则非起于大初，止于玄冥也"，即天根是问无名人治天下之理，而不是追问太初（本原）与"玄冥"（归宿）的玄妙之理。"予方将与造物者为人"注曰："任人之自为。"这否定了造物者的存在。郭象注曰："莽眇，群碎之谓耳。乘群碎，驰万物，故能出处常通，而无狭滞之地。""莽眇"并不是神鸟，而是指万物。圣人乘万物即顺应万物，从而能游于无穷；这完全地消解了神人的神妙神奇性，而归结为神人之无心而冥物的理性品格。

二 "庄子之意"的应用性

"庄子之意"真理性的表现之二，是把庄文之义的玄远性转化为切中事情的实用性。

郭象《庄子注》有十余处，批评"或者（惑者）"之说。"惑者"之说，即非合理性、真理性的内容。庄文之义在历史的发展中会出现许多不合理的内容。郭象认为，作为《庄子》的解释者，不是单纯地揭示庄文之义、庄子之意，而是阐发其真理性的内容，从而具有普遍的意义；且真理性的内容能担当时代的使命，而具有现实的实践意义。生活世界的实践视域指明了诠释活动的出发点和目的地，从而鲜明地表现出诠释经验的卓越实践能力。王中江说："郭象以维护庄子本义的姿态出现，批评'迷惑者'的误解，正是要确立他的哲学理论及权威性。实际上，为了在这三个根本问题上证明他的学说的真理性，郭象通过不同的方式，声称他是庄子的'知音'。"[1]

《秋水》开篇描写河伯欣然自喜于水流之大，"以天下之美为尽在己"，顺流东行，至于北海，东西而视，不见水端，方知自己的渺小，不胜感慨地说："今我睹子之难穷也，吾非至于子之门则殆矣，

---

[1] 王中江：《道家学说的观念史研究》，中华书局2015年版，第397页。

第一章 郭象《庄子注》对《庄子》的诠释

吾长见笑于大方之家。"北海若曰:"井蛙不可以语于海者,拘于墟也;夏虫不可以语于冰者,笃于时也;曲士不可以语于道者,束于教也。今尔出于涯涘,观于大海,乃知尔丑,尔将可与语大理矣。"小者受时间、空间、教育的限制而不能知大。庄文之崇大抑小的意义甚为显明。

郭象注曰:

> 穷百川之量而悬于河,河悬于海,海悬于天地,则各有量也。此发辞气者,有似乎观大可以明小,寻其意则不然。……若如惑者之说,转以小大相倾,则相倾者无穷矣。若夫睹大而不安其小,视少而自以为多,将奔驰于胜负之境而助天民之矜夸,岂达乎庄生之旨哉!

郭象批评"惑者"不能通达庄生之旨。惑者以庄子之意为崇大抑小,正是本于庄文之义,郭象也承认庄文"此发辞气者,有似乎观大可以明小"。但郭象认为,"庄子之意"实是齐小大,而与庄文之义、惑者之说相悖反。

郭象所阐述的"庄子之意",是对庄子之意的发展、转化和创造。庄子之意是齐小大之物,以泯除其分别,从而消除彼此的纷争、追逐。郭象之齐小大与庄子有根本的不同。郭象首先承认小大之物的分别,这归结为性分的不同,性分各有范围和极限,不可相互企慕,这是不齐;其次认为小大之物皆能得性逍遥,不分胜负,价值平等,这是一齐。因此,小大之物皆要安于性分的要求,从而止息小大相倾的奔竞之风。庄子之齐小大,具有超越性,不能为人间世的众人所认知和践行。郭象之齐小大具有内在性,易于实行,也是对现实世界的提升和突破,而有一定的理想性。现实世界中的众人相倾相胜是常态,能从得性逍遥上坚持价值的平等,也需要一定的修养功夫。俗语云"三十六行,行行出状元",是肯定三十六行虽然不同,但有平等的价值。不同职业的人、不同的事物相互并存,有平等的价值。要之,"庄子之意",相对于庄子之意的玄远,而更有合理性、实用性。

郭象《庄子注》批评"旧说",而标举"新见",一方面说明其解释的创新性,另一方面又说明旧说的不合理性,而新见具有真理性。

《至乐》有一则寓言,庄子之楚,见路旁草丛中有一具空髑髅,夜半与髑髅对话。髑髅自述死之快乐,庄子不信,偏要使髑髅复生。髑髅深矉蹙额曰:"吾安能弃南面王乐而复为人间之劳乎!"旧说据庄文之义,而得出庄子之意是乐死恶生。

郭象注曰:

> 旧说云庄子乐死恶生,斯说谬矣!若然,何谓齐乎?所谓齐者,生时安生,死时安死,生死之情既齐,则无为当生而忧死耳!此庄子之旨也。

郭象批评旧说,而认为庄子是齐生死。

郭象之新意,虽表面上不合这段庄文之义,但综观全书来看,庄子主张齐生死,而并非乐死恶生。因此,理解庄子之意要突破庄文之义的限制。首先,庄文为了破除众人乐生恶死的常见而有时采用乐死恶生的偏激方式,即董仲舒谓"矫者不过其正,弗能直"(《春秋繁露·玉杯》)[①],实是齐生死而不悲不喜地顺应生死之变。其次,解释者不能拘于一段一章一篇之义,而要会通一书,以把握庄子之意,否则断章取义。这则寓言有乐死恶生的意义,但从《至乐》一篇来看,庄文还叙述了庄子在妻老死时"鼓盆而歌"的事情。"鼓盆而歌"表面上是以死为乐,实际上是破除众人恶死的偏执。"今又变而之死。是相与为春夏秋冬四时行也。人且偃然寝于巨室,而我噭噭然随而哭之,自以为不通乎命,故止也",生死是命,像四时的运行一样,人只能安然地顺应生死之变。再从《庄子》全书来看,尤其是《大宗师》等,庄子的思想,明显是不悲不喜地顺应生死之变。《大宗师》曰:"且夫得者,时也;失者,顺也。安时而处顺,哀乐不能入也,

---

① (清)苏舆:《春秋繁露义证》,中华书局2015年版,第42页。

此古之所谓悬解也,而不能自解者,物有结之。"齐得失,齐死生,则哀乐不入于胸次。精通庄子之学的东晋大诗人陶渊明说:"纵浪大化中,不喜亦不惧。应尽便须尽,无复独多虑。"(《神释》)[1]

郭象之齐生死,对庄子之齐生死有继承、转化和创造。庄子抹杀生死的截然分别,否定生乐死苦的情况,而主张众人不悲不喜地顺应生死之变,这是超越的玄思玄知。王羲之《兰亭集序》云:"固知一死生为虚诞,齐彭殇为妄作。"庄子之齐生死的思想很难为众人所认同和践行。郭象从实际情况出发,首先承认生与死有别;其次认为生与死皆能任性自得,"生死之情既齐";再次认为众人要生时安生,死时安死,即生时完全沉浸于生中而享受生,死时完全沉浸于死中而安于死,从而能不悲不喜地顺应生死之变。如果当生而忧死,即生时忧虑死,不能忘死,也不能安于生,则失性而陷入困境。郭象的生死智慧是世俗之人的活法。俗人忙忙碌碌,很少想到死,故能安于生。只有那些文人"向死而生",即死先行到生中,时时想到死亡的到来,从而产生一种畏惧和焦虑的情绪。

要之,郭象的"庄子之意"是把超越的庄子思想,转变、改造为现实人生的智慧,从而认知和践行。对待生死之变,众人不能像庄子否认生与死的截然分别;他们能做的,是生时安于生,忘记死,从而完全沉浸于生中。安于生,一方面把生之事处理好,不因为向死而生而忧虑死,不能好好地生;另一方面也能更好地顺应死亡的到来。常识是,众人只有在患上绝症时才想到死,而畏惧、抗拒死,但生命指日可数,其忧死也是短暂的时间,而一生中几乎所有的时间乃是安于生。郭象之齐生死的思想为芸芸众生所践行,而有真实性、实用性。

《让王》叙述让王之事,舜以天下让其友北人无择,北人无择以为羞辱,自投清泠之渊而死;汤让天下于卞随,卞随不受,而以为羞辱,投稠水而死;汤又让天下于务光,务光不受,且以为羞辱,乃负石自沉于庐水。庄文之义是,北人无择、卞随、务光不受天下,品行

---

[1] 袁行霈:《陶渊明集笺注》,中华书局2011年版,第47页。

高洁。郭象注曰："夫志尚清遐,高风邈世,与夫贪利没命者,故有天地之降也。"这颇契合庄文之义。郭象总结让王之事而注曰:

> 旧说曰:如卞随务光者,其视天下也,若六合之外,人所不能察也。斯则谬矣。夫轻天下者,不得有所重也。苟无所重,则无死地矣。以天下为六合之外,故当付之尧舜汤武耳。淡然无系,故泛然从众,得失无概于怀,何自投之为哉!若二子者,可以为殉名慕高矣,未可谓外天下也。

旧说认为,卞随、务光不受天下,投水而死,是轻天下。郭象以之为谬说,而标举新义:卞随、务光投水而死,说明他们有矜重,即重高名,而不能忘天下。新义虽不能从庄文中直接推出,但的确是庄文所隐含的深义。让王之人卞随等,不受天下,虽不贪利,但求高名,故未能忘天下;如果他们真能忘天下,则对利与名皆木然无动于衷,故不可能作出投水而死的激烈举动。要之,他们不能忘天下,虽不接受权势富贵,但追求高名。

郭象首先批评旧说——卞随、务光轻天下,这是庄文之义;接着突破庄文之义而认为卞随、务光是重天下,这与庄文之义相反;他最后指出,卞随、务光投水而死,是矜重高名而不能忘天下。因此,"庄子之意"与庄文之义、旧说存有冲突。郭象之"庄子之意"更符合真理。要之,郭象是一位富有理性且重视实际的哲学家,"庄子之意"剔除了庄文之义、庄子之意非理性的玄想成分,也澄明了庄文之义、庄子之意的嫌疑之处。

三 "庄子之意"的时代性

"庄子之意"真理性的表现之三,是时代性。伽达默尔认为,任何传承的文本在每一新的时代都要面临新的问题和具有新的意义,故我们必须重新解释;传承的文本始终是通过不断更新的意义表现自己,这种意义就是对新问题的新回答;而新问题之所以产生,是因为

第一章 郭象《庄子注》对《庄子》的诠释　　　　　　　　77

在历史的过程中新的视域融合形成，我们的解释从属于这一视域融合。① 理解在任何时候都包含着一种旨在过去和现在进行沟通的具体应用，"历史精神的本质并不在于对过去东西的修复，而是在于与现实生命的思维性沟通"②。伽达默尔强调了理解和应用的统一，理解文本总是知道如何把这种文本的意义应用于我们现实的具体境域和问题中；但应用决不是理解之后才开始的过程，决不是那种先理解、然后再把理解的东西应用于现实的所谓的应用，而是应用从一开始就整个地规定了理解的活动。③ 因此，解释在任何时候都包含着一种旨在对过去和现在进行沟通的具体应用，所谓"通古今之变"，这表现出解释学与时俱进的品格。

庄子的思想，是庄子其人及时代政治、社会的产物，也是当时学术思想的产物，其中固然有普遍性的常道，但也有特殊性内容。这些特殊性的内容因具有历史性而能承担当时时代的使命。但随着时代的发展，这些历史性的内容已失去合理性、真理性。郭象是在魏晋时代的政治和学术的背景中来阐释"庄子之意"，必然表现出时代性的内容。换言之，思想的创造不仅来自思想本身的演变，而且来自时代政治、社会、人生的要求。

我们认为，郭象"庄子之意"的时代性已打破"视域融合"的平衡，即过分强调时代性而抹杀思想演变的绵延性。郭象的历史观，是激进的发展观，即轻视事物的相对静止而夸大事物的绝对运动，因而否认历史事物之间的相互联系，突出历史与现代、将来的断绝，即"断裂的历史观"；这种历史观使他在解释《庄子》时重视发挥思想的时代性内容，而轻视庄子思想的历史性及其古与今交通的连绵性。王中江说："也就是说，郭象的《庄子注》所表达的基本上是他自己在他的时代氛围下所欲表达的东西，它与《庄子》本身所欲表达的

---

① 参见洪汉鼎《诠释学——它的历史和当代发展》，人民出版社2001年版，第219页。
② 参见洪汉鼎《诠释学——它的历史和当代发展》，人民出版社2001年版，第82页。
③ 参见洪汉鼎《诠释学——它的历史和当代发展》，人民出版社2001年版，第238—240页。

东西在很多方面都是不同的。"[1]

《大宗师》注:

> 夫无力之力,莫大于变化者也。故乃揭天地以趋新,负山岳以舍故。故不暂停,忽已涉新,则天地万物无时而不移也。世皆新矣,而自以为故;舟日易矣,而视之若旧;山日更矣,而视之若前。今交一臂而失之,皆在冥中去矣。故向者之我非复今我也,我与今俱往,岂常守故哉!而世莫之觉,横谓今之所遇,可系而在,岂不昧哉!

变化是绝对的,但有质变、量变之分。郭象突出天地万物处于无穷的迁变中,故不暂停,忽已涉新,且夸大变化的急剧性、断裂性。"故向者之我非复今我也",我之变化是迅速的质变,触目惊心,故我与今我有截然的分别,从而失去其相通性。郭象要求我们彻底地忘却过去,而完全沉浸于当下,以顺应新的变化。这看不到过去传统对现代发展的绵延意义,并非合理的历史观。合理的历史观是常与变的对立统一,一面坚持常,一面主张变,在常中坚持历史的绵延性,在变中把握历史的变化性。在动乱的时代中,我们往往感到历史的变易性,而忽视历史的相通性。在稳定的时代中,我们往往重视历史的绵延性,而轻视历史的变异性。向秀、郭象皆置身于"易代"的变局中,而对时代的变异性有特别敏锐的感受,故突出历史的断裂性,因而重视时代性,以顺应各种变化,即司马谈引录道家之言说"圣人不朽,时变是守"(《史记·太史公自序》)。《齐物论》注:"唯大圣无执,故苊然直往而与变化为一,一变化而常游于独者也。故虽参揉亿载,千殊万异,道行之而成,则古今一成也;物谓之而然,则万物一然也。无物不然,无时不成,斯可谓纯也。"大圣无所执着,而顺应各种变化;大圣不守故拒新,而顺应亿载之变。

足性逍遥,是郭象哲学思想的核心内容。《庄子》内篇中没有

---

[1] 王中江:《道家学说的观念史研究》,中华书局2015年版,第334页。

"性"字，外篇、杂篇中的人性是质朴之性，其观点是不要以后天的人为戕害先天的质朴之性。向秀、郭象之足性逍遥的思想，正是面对魏晋时人任性自由的风气。魏晋是个体自觉的时代，个体的自觉即认为自己与他人不同而有独特的个性，且予以突出和标榜。阮籍《乐论》云，"夫乐者，天地之体，万物之性也。合其体，得其性，则和；离其体，失其性，则乖。昔者圣人之作乐也，将以顺天地之体，成万物之性也"①。乐者，乐也，任性而乐。嵇康《与山巨源绝交书》突出地表现任性自由的思想，"性有所不堪，真不可强""故君子百行，殊途而同致，循性而动，各附所安，故有处朝廷而不出，入山林而不反之论""又人伦有礼，朝廷有法，自惟至熟，有必不堪者七，甚不可者二""夫人之相知，贵识其天性，因而济之"②。竹林七贤是越名教而任自然的典型人物。足性逍遥的时代风尚规定了向秀、郭象之诠释的内容。

郭象的本性观特强调本性的独特性、差异性，因而人与人之间难以相知相通，这也是基于魏晋时人自觉所带来的相互阻隔问题，因而具有重要的社会意义。曹丕在《典论·论文》中说："文人相轻，自古而然。傅毅之于班固，伯仲之间耳，而固小之，与弟超书曰：'武仲以能属文为兰台令史，下笔不能自休。'夫人善于自见，而文非一体，鲜能备善，是以各以所长，相轻所短。里语曰：'家有敝帚，享之千金。'斯不自见之患也。"③"文人相轻"的重要原因，是各人因性分不同而知与言有差异，不能相知相通，只知自己的长处，而不知自己的短处；只知他人的短处，而不知他人的长处。刘勰在《文心雕龙·知音》中开篇无限感慨地说："知音其难哉！音实难知，知实难逢。逢其知音，千载其一乎！"④文章的知音，千古难逢；人生的知音，百年难求。钟嵘《诗品序》："观王公缙绅之士，每博论之余，

---

① （三国魏）阮籍撰，陈伯君校注：《阮籍集校注》，中华书局2014年版，第65页。
② （三国魏）嵇康撰，戴明扬校注：《嵇康集校注》，中华书局2015年版，第177、178、179、180页。
③ 郭绍虞等：《中国历代文论选》（一），上海古籍出版社2001年版，第158页。
④ 郭绍虞等：《中国历代文论选》（一），上海古籍出版社2001年版，第299页。

何尝不以诗为口实,随其嗜欲,商榷不同。淄渑并泛,朱紫相夺,喧议竞起,准的无依。"① 世人之论诗,任其好恶而是非纷纭,没有共同的标准。

《列子·汤问》:

> 伯牙善鼓琴,钟子期善听。伯牙鼓琴,志在登("登"疑衍)高山。钟子期曰:"善哉!峨峨兮若泰山!"志在流水。钟子期曰:"善哉!洋洋兮若江河!"伯牙所念,钟子期必得之。伯牙游于泰山之阴,卒逢暴雨,止于岩下;心悲,乃援琴而鼓之。初为霖雨之操,更造崩山之音。曲每奏,钟子期辄穷其趣。伯牙乃舍琴而叹曰:"善哉,善哉,子之听夫!志想象犹吾心也。吾于何逃声哉?"②

《列子》一书真伪难辨,但经过东晋人张湛的整理和注释,而表现出魏晋时人的典型思想。"高山流水觅知音"的佳话,代代传颂,人人能详,皆不禁悲从中来,此生没有遇到知音,没有相知相惜之人。郭象基于魏晋时人、文人作品的思想情感,展开玄学的反思:从性分的差异和分域上论证众人不能相知相通的命定性和合理性,从而要求众人之知与言安于性分,任性自由,而不必企慕他人的理解。

郭象的理想人格是圣人,无心而冥物,既能养心养神又能治国平天下。圣人之无心,即涵融天下之心以为一而空灵不昧,从而与天下相融合,顺应天下的要求,这与庄子之神人隔绝现实世界的虚静无为是不同的。现实的问题是如何处理皇帝与门阀大族之间关系。郭象一方面认为,天下不能没有君主,另一方面又要求君主无心而冥物以任从门阀大族享受的特权。唐长孺说:"魏晋玄学家抬出道家来有两种意义:一是重新发挥老子无为而治的主张,指导怎样作一个最高统治者,这种政治主张随着门阀的发展与巩固,实质上是要削弱君权,放

---
① 郭绍虞等:《中国历代文论选》(一),上海古籍出版社2001年版,第309页。
② 杨伯峻:《列子集释》,中华书局2013年版,第187页。

任世家大族享受其特权；其二是一些不得意的士人，以愤世嫉俗的心情提出'自然'来反抗当局所提倡的名教。"①

名教与自然之辨，是魏晋玄学的基本问题之一。王弼等以自然为本、名教为末，指出自然与名教的本末之分。阮籍、嵇康越名教而任自然，突出二者的对立性。郭象力求调和自然与名教的关系。这显然是针对当时的学术和政治背景而作出的解释，从而表现解释学与时俱进的应用品格。

《骈拇》：

> 是故骈于明者，乱五色，淫文章，青黄黼黻之煌煌非乎？而离朱是已！多于聪者，乱五声，淫六律，金石丝竹黄钟大吕之声非乎？而师旷是已！枝于仁者，擢德塞性以收名声，使天下簧鼓以奉不及之法非乎？而曾史是已！骈于辩者，累瓦结绳窜句，游心于坚白同异之间，而敝跬誉无用之言非乎？而杨墨是已！故此皆多骈旁枝之道，非天下之至正也。彼正正者，不失其性命之情。

庄文之义是尚质朴、虚静的本性。在上古时代，人性质朴、虚静。在战国时代，世人追求五色文章而乱质朴之明，追求五声六律而乱质朴之听，追求仁义礼乐而伤质朴之情，追求好辩善辩而乱无知之性。因此，这皆是多骈旁枝之道，悖逆人性，非天下之至正。

郭象所阐发的"庄子之意"，首先肯定世人对五色、五声、辩知等追求，认为是合于人性的要求；这是与时俱变的观念。其次指出世人的追求要安于本性的分域和极限，而不要有非分之想之为；这是面对现代的问题而提出解决的方法，即今人追求声色，贪得无厌，突破性分而陷入困境。

郭象注曰：

---

① 唐长孺：《魏晋南北朝史论丛》，生活·读书·新知三联书店1955年版，第323页。

> 夫有耳目者，未尝以慕聋盲自困也，所困常在于希离慕旷，则离旷虽性聪明，乃是乱耳目之主也。

众人不安于自己的耳目之性，而追求离朱、师旷之明聪，故越出性分以自困。

> 夫曾史性长于仁耳，而性不长者，横复慕之，慕之而仁，仁已伪矣。天下未尝慕桀跖而必慕曾史，则曾史之簧鼓天下，使失其真性，甚于桀跖也。

众人不安于自己的仁义之性，而追求曾史的仁义之多，故突破性分的要求而失真作伪。

> 此数子皆师其天性，直自多骈旁枝，各自是一家之正耳。然以一正万，则万不正矣。故至正者，不以已正天下，使天下各得其正而已。
>
> 物各任性，乃正正也。

郭象认为，数子之追求只要符合本性，皆能足性逍遥，各是一家之正；而正天下人的君主，要顺应天下人的要求，让天下人皆能任性逍遥，这是正天下的至正。

要之，从郭象所阐释的"庄子之意"中可得出两点结论，一是天下人要各安于本性；二是君主要顺应天下人的性分。

《让王》最后一段是叙述伯夷、叔齐之事，"二子北至于首阳之山，遂饿而死焉。若伯夷叔齐者，其于富贵也，苟可得已，则必不赖高节戾行，独乐其志，不事于世。此二士之节也"。庄文称赞伯夷、叔齐不求富贵，避于乱世，独乐其志。

郭象有一段长长的注文：

> 《论语》曰：伯夷叔齐，饿于首阳之下。不言其死也。而此

第一章 郭象《庄子注》对《庄子》的诠释

云死焉,亦欲明其守饿以终,未必饿死也。此篇大意,以起高让远退之风,故被其风者,虽贪冒之人,乘天衢,入紫庭,犹时慨然中路而叹,况其凡乎!故夷许之徒,足以当稷契、对伊吕矣。夫居山谷而弘天下者,虽不俱为圣佐,不犹高于蒙埃尘者乎!其事虽难为,然其风少弊,故可贵也。曰:"夷许之弊安在?"曰:"许由之弊,使人饰让以求进,遂至乎之哈也;伯夷之风,使暴虐之君得肆其毒而莫之敢抗也;伊吕之弊,使天下贪冒之雄敢行篡逆;唯圣人无迹,故无弊也。"若以伊吕为圣人之迹,则伯夷叔齐亦圣人之迹也;若以伯夷叔齐非圣人之迹耶,则伊吕之事亦非圣矣。夫圣人因物之自行,故无迹。然则所谓圣者,我本无迹,故物得其迹,迹得而强名圣,则圣者乃无迹之名也。

郭象先征引孔子之言说明伯夷、叔齐守饿以终,并非饿死,即《让王》"遂饿而死焉",以批评惑者饿死之论。郭象之解释更具有合理性。伯夷、叔齐隐居首阳山,采薇而食,食不果腹,经常挨饿,但并非活活饿死。郭注不考证伯夷、叔齐之事的真实与否,而是从中抽象出"庄子之意"。若根据具体的事实而说理,则其理不过是标举高让远退之风。但郭象所阐释的"庄子之意"由此不断地辗转推扩,说出一番丰富深刻的大道理。首先,他归纳此篇大旨是兴高让远退之风,而对贪利没命之人颇有警醒的作用,说明隐士有圣佐稷契、伊吕的治世之功。这是继承庄文之义。其次,伯夷、许由之退让留下了足迹,从而产生了弊端,世人效法而践行,多有名无实,虚伪狡诈,"饰让以求进"。这是辗转引申之义,是郭象结合魏晋时代的政治而论,魏晋之际有两次禅让,一次是汉禅让于魏,一次是魏禅让于晋。禅让者,是被逼无奈,而非心甘情愿;被禅让者表面上一再推让,实际上是以退为进,终而攫取天下。禅让之事表现出强烈的伪诈性。最后,郭象指出圣人因事物而行,不留下任何足迹,即无迹,故不会产生任何弊端。要之,"庄子之意"突破了庄文之义与庄子本意的限制,而有鲜明的时代性。

综全章而论,郭象《庄子注》是在《庄子》文本的诠释中建构他自己的思想体系。就注释的形式言，他采用较为完整的经典注释形式。从注释的内容看，语言文字的训释甚少，物类与事类的考证和说明基本阙如，而重在辨名析理，阐发寓意，会通庄子之大意。他诠释之基本目的，是"内圣外王之道"，即把庄子的养心养神之思，转化为养心即治国平天下之学。他所阐发的"庄子之意"，与庄子本意、庄文之义有根本上的不同，是对庄子思想的继承、发展、转化、创造，从而建构一个完整的哲学体系，这是打破"视域融合"的创造性诠释。他之诠释按照融贯性的原则，以具有整体统一性的思想体系，来贯通全书各篇之解释的始终。郭象"庄子之意"澄汰了庄子思想的非理性、虚幻性，而彰显其合理性、真理性。郭象是一位思想家，其思想的创造不仅来自思想本身的发展，且来自时代政治、社会、人生的要求。"庄子之意"有与时俱进的时代意义。

第二章 从庄子到郭象的"言意之辨"

"言意之辨",实是魏晋玄学的基本命题。庄子云"得意而忘言",王弼云"得意在忘象,得象在忘言",郭象云"寄言以出意";从庄子到王弼再到郭象,有其发展和转折。言意之辨,即言(文本之义)与意(文本之意、作者之意)的分别和联系。本章将阐述庄子与郭象言意之辨的思想及其异同。

第一节 "言意之辨"

汤用彤《言意之辨》一文说:

> 新学术之兴起,虽因于时风环境,然无新眼光新方法,则亦只有支离片断之言论,而不能有组织完备之新学。……依言意之辨,普遍推之,而使之为一切论理之准量,则实为玄学家所发现之新眼光新方法。王弼首倡得意忘言,虽以解《易》,然实则无论天道人事之任何方面,悉以之为权衡,故能建树有系统之玄学。……由此言之,则玄学统系之建立,有赖于言意之辨。[①]

汤先生认为,魏晋玄学家运用"言意之辨"的新眼光新方法而创立了玄学;言意之辨有四个方面的意义:一是用于经籍的解释,二是忘

---

① 汤用彤:《魏晋玄学论稿》,上海人民出版社2015年增订版,第21—22页。

言忘象契合玄学的宗旨，三是忘言得意以会通儒道之学，四是用于名士的立身行事。

王弼首倡"得意忘言"以解《易》、注《老子》，向秀、郭象标举"寄言以出意"以注释《庄子》。魏晋玄学的兴盛是建立在经典文本的注释或阐释上，而阐释的基本理论和方法即"得意而忘言"。

"言意之辨"有其传统思想的依据。

《周易·系辞》上：

> 子曰："书不尽言，言不尽意。"然则圣人之意，其不可见乎？①

言意之辨的问题是圣人孔子提出来的。孔子认为，书不尽言，言不尽意。《易传》接着讨论圣人之言与圣人之意的问题。书记录圣人之言，但圣人之言有遗失而不全，故书不尽言，即书与言有间距性；圣人之言表现圣人之意，但言不尽意，即言与意有间距性；书与意又隔了一层言，故书与意的间距性更大。这构成了读者理解圣人之意的障碍。德国哲学家施莱尔马赫说："哪里有误解，哪里就有诠释学。"因此，圣人之意需要读者不断地阐释。

班固《汉书·艺文志》开篇即说：

> 昔仲尼没而微言绝，七十子丧而大义乖。②

圣人有"微言大义"。"微言"，即孔子的隐微之言；③"大义"，即孔子寄寓其中的礼义之大宗，孟子所谓"其义则丘窃取之矣"（《孟子·离娄》下），故"大义"即孔子之意。仲尼作《春秋》，有"微言大义"，但孔子没、七十子丧，其"微言大义"不可得而闻也。这也是讨论言意之辨的问题，且认为圣人孔子之意难知。

---

① 李学勤主编：《周易正义》，北京大学出版社1999年版，第291页。
② （汉）班固撰，（唐）颜师古注：《汉书》，中华书局1962年版，第1701页。
③ 李奇曰："隐微不显之言也。"师古曰："精微要眇之言耳。"

第二章 从庄子到郭象的"言意之辨"

《孟子·万章》上：

> 故说诗者，不以文害辞，不以辞害志。以意逆志，是为得之。如以辞而已矣，《云汉》之诗曰："周余黎民，靡有孑遗。"信斯言也，是周无遗民也。①

孟子也重视言意之辨。说诗者不可以一字害一句之义，不可以一句害作者之志，当以己意迎作者之志。这表明，诗句之义与作者之志有间距性、冲突性；作者之志即作者之意，是根本的；说诗者要突破诗句之义，而以自己的心志会通作者之意。

《庄子·外物》：

> 筌者所以在鱼，得鱼而忘筌；蹄者所以在兔，得兔而忘蹄；言者所以在意，得意而忘言。吾安得夫忘言之人而与之言哉！②

庄子首次提出"得意而忘言"之说，且推重忘言之人。众人执着于言辞，固难以得意；庄子矫枉过正，标举忘言，恐也难以得意。众人之执着于言与庄子之忘言各偏于一端，皆非中庸之道。

《天下》"以谬悠之说，荒唐之言，无端崖之辞，时恣纵而不傥，不以觭见之也。以天下为沉浊，不可与庄语。以卮言为曼衍，以重言为真，以寓言为广"，结合《庄子》一书来看，庄子之轻言重意的思想相当明显，而与众人之重言轻意相反。庄子从不自是其言，虽有言而不自以为是。《寓言》云："言无言，终身言，未尝言；终身不言，未尝不言。"终身言说，不能得意，等于无言。《齐物论》云："夫言非吹也，言者有言。其所言者，特未定也。果有言邪？其未尝有言邪？"言相对不定，不可执。《齐物论》："今且有言于此，不知其与是类乎？其与是不类乎？类与不类，相与为类，则与彼无以异矣。虽

---

① （宋）朱熹：《四书章句集注》，中华书局2011年版，第286页。
② （晋）郭象注，（唐）成玄英疏：《庄子注疏》，中华书局2011年版，第492—493页。

然，请尝（试）言之。"庄子认为，不言不足以明道显意，而言则离道背意。

庄子标举"忘言""不言"，《齐物论》"大道不称""大辩不言""圣人怀之，众人辩之，以相示也"；但实际上，庄子不断地尝试言之，以传达大意；因此，言说者有两难（不言不足以显意，言则蔽意），解释者也有两难（不由言无法得意，拘于言也不能得意）。要之，庄子的得意忘言之说复杂矛盾，其名为"吊诡"（《齐物论》），即"可乎可，不可乎不可"，模棱两可。

王弼综合儒道，首倡"得意而忘言"的解经方法。

《周易略例·明象》：

> 夫象者，出意者也。言者，明象者也。尽意莫若象，尽象莫若言。言生于象，故可寻言以观象；象生于意，故可寻象以观意。意以象尽，象以言著。故言者所以明象，得象而忘言；象者所以存意，得意而忘象。犹蹄者所以在兔，得兔而忘蹄；筌者所以在鱼，得鱼而忘筌也。然则，言者，象之蹄也；象者，意之筌也。是故，存言者，非得象者也；存象者，非得意者也。象生于意而存象焉，则所存者乃非其象也；言生于象而存言焉，则所存者乃非其言也。然则，忘象者乃得意者也；忘言者，乃得象者也。得意在忘象，得象在忘言。故立象以尽意，而象可忘也；重画以尽情，而画可忘也。[①]

这段文字的要义有三：第一，言与意是工具与目的之关系，也是本末之关系；第二，言是通向意的桥梁，"寻言以观象""寻象以观意"，言象轻于意，但重意而不废言象；第三，"忘言""忘象"，即不滞于言象，而突破具体言象的外在限制以把握抽象的内在之意。王弼的言意之说，条理清晰，意义清楚透彻。

郭象《庄子注》提出"寄言以出意"，言是暂时所寄，有外在工

---

① （魏）王弼撰，楼宇烈校释：《周易注》，中华书局2011年版，第414—415页。

具性，其内在目的是出意。这是承庄子、王弼而来的言意之辨，而又有新的发展。

上文简要叙述了各家言意之辨的思想，下文将讨论两个问题：言、意的含义如何呢？言与意的关系如何呢？

言，言义，即字面义；字有常义，可通过字典等工具书查明，可根据上下文的语境而断定，这是客观的意义。言有字与名之分。有的字成为名，名即观念、概念，而有特定的意义，与字之常义有分别。例如"无为"的字义，即无所作为，什么事也不作；无为成为郭象《庄子注》之名即观念，其意义是顺应事物的本性而作为，与字义不同，这是由作者郭象所确定的。要之，字之常义即言义，字成为名或观念的意义即意；言与意有分；意是作者赋予名或观念的内涵，不能由言义而获得。文本的言辞或说理，因字会意，文从理顺，这是具体之理，属于言义的范围；具体之理普遍化、抽象化而成为原理（玄理），是属于意的范围。文本的言辞或叙述具体的事情，从事情中直接推出的事理，是属于言义的范围；从事中辗转曲折地抽象出的道理，是属于意的范围。

要之，言意之辨的言，即指字之常义或因字会意说理或因字叙事寓理，这是表层义，清楚明白，有较强的客观性。言意之辨的意，即指名（观念）的内涵或抽象原理或委曲之理，这是深层义，隐晦难知，有较强的主观性。因此，言意有较大的间距性。

文本的背后是主体之意，这是更为根本的。从意义生成的次序来说，先有主体之意，再有文本之意，后有文本之义。主体之意或怀之而不言，或言之而有文本之意、文本之义。主体之意决定文本之意，而通过文本之义表现。因此，言意之辨，即文本之义、文本之意、主体之意的分别和联系；意有文本之意、主体之意两种。

意，即心志。主体之意有两方面的内容。一是主体的思想世界——观念、义理所构成的思想体系，这是可以言说的，除了终极之理，例如老子之道，《老子》二十五章"吾不知其名，强字之曰'道'"[1]；再如

---

[1] 陈鼓应：《老子注译及评介》，中华书局1984年版，第163页。

王弼的抽象本体，本体是全体大用，无名，故以"无"字代替，而其内涵不可言说。郭象哲学思想的基本特征是崇有，没有本原或本体，故其观念、义理皆可言说。因此，主体之意与文本之意大略能取得一致，与文本之义有较大的间距性。二是主体的精神世界，这是主客融合之意，主体不可言说，只能体会、体证；但主体事后偏要言说，则不可能说出真正之意。因为当主体言说时，即置于主客分离的状态，再也不能体证当初的浑然之感。主体之意（主客融合）与文本之意（主客分离）存有较大的间距性。读者也不能从文本之义、文本之意到达主体之意，因为文本之义、文本之意是客观的知识，而主体之意是知行合一、主客融合的智慧或精神境界。

汤用彤说："夫具体之迹象，可道者也，有言有名者也。抽象之本体，无名绝言而以意会者也。"[①] 名言指向具体的事象，可以言说，意指向抽象的本体，只可意会而不可言诠，故有言意之辨。抽象的本体即大道，即最高的抽象之理，而贯通所有道理，是全体大用。名言有特定的内涵和外延而不足以言之，只要说了就偏了。"意会"，即直觉观照而透视本体的大道，这是主客融合之境。笔者认为，意指抽象之理，有不同的层级，即抽象性、概括性、普遍性层层上达，其言说愈来愈难（但可以言说），最高的抽象之理即本体或大道，是纯一而全，任何言说不足以概括其内涵，故只能以"字"代之。我们能不能"意会"本体或终极之理呢？众人或有时"意会"，即突然"豁然开朗"，这是瞬间的，很快随风而去；圣人不断地穷理尽性，终而"意会""豁然开朗"，这是永恒的人生境界。

朱子在《大学章句》中补"格物致知"之义曰：

> 盖人心之灵莫不有知，而天下之物莫不有理，惟于理有未穷，故其知有不尽也。是以《大学》始教，必使学者即凡天下之物，莫不因其已知之理而益穷之，以求至乎其极。至于用力之久，而一旦豁然贯通焉，则众物之表里精粗无不到，而吾心之全

[①] 汤用彤：《魏晋玄学论稿》，上海人民出版社2015年增订版，第21页。

体大用无不明矣。此谓物格，此谓知之至也。①

综上所述，文本的言意之辨，即言（文本之义）与意（文本之意、主体之意）的分别和联系。文本之义，即指言辞（字）之常义或因字会意说理或因字叙事寓理；文本之意，即指名（观念）的内涵或抽象原理或寄事寓含的曲折之理；主体之意，即主体的思想世界和精神世界；这三者构成一个既有联系也有分别的意义系统。

第二节　庄子"得意而忘言"

一　主客融合之意

我们来具体讨论庄子的言意之辨。庄子提出忘言而得意的吊诡之说，似违背常情常理，其中有没有合理性呢？

《秋水》：

> 可以言论者，物之粗也；可以意致者，物之精也；言之所不能论，意之所不能致者，不期精粗焉。

物之粗，即物之具体的事象，可认知，可用言辞表述；物之精，即物之理，可认知，可用名词即概念（意）表达；超越精粗之上的是本原的大道，不可知，不可名，不可言。

《天道》：

> 世之所贵道者，书也。书不过语，语有贵也。语之所贵者，意也，意有所随。意之所随者，不可以言传也，而世因贵言传书。世虽贵之，我犹不足贵也，为其贵非其贵也。……则知者不言，言者不知，而世岂识之哉！

---

① （宋）朱熹：《四书章句集注》，中华书局2011年版，第8页。

世人贵书贵言，庄子所贵者是意；意不可言传；得意之人不能言，言者非得意之人。庄子之谓意主要是指什么呢？是主体的思想世界还是精神世界呢？

《天道》有一则寓言：

> 桓公读书于堂上，轮扁斫轮于堂下，释椎凿而上，问桓公曰："敢问公之所读者，何言邪？"公曰："圣人之言也。"曰："圣人在乎？"公曰："已死矣！"曰："然则君之所读者，古人之糟粕已夫！"桓公曰："寡人读书，轮人安得议乎？有说则可，无说则死！"轮扁曰："臣也以臣之事观之，斫轮徐则甘而不固，疾则苦而不入，不徐不疾，得之于手而应之于心，口不能言，有数存焉于其间。臣不能以喻臣之子，臣之子亦不能受之于臣，是以行年七十而老斫轮。古之人与其不可传也死矣，然则君之所读者，古人之糟粕已夫！"

桓公在堂上读圣人之书，轮扁以之为糟粕；这颠覆了世人的常识，桓公勃然大怒。轮扁通过斫轮之事说明意不可言传，进而推之，圣人之意不可言传，则圣人之书之言是糟粕。

圣人之意，是指什么呢？是圣人的思想世界，还是圣人的精神境界呢？若是前一种，虽言不尽意，但大致可以言说，众人也可大略接受；若是后一种，则圣人根本不能言说，众人也根本不能接受。

轮扁之意，存在于轮扁的斫轮实践中。斫轮的最高境界，是知行合一，主客融合，故能创造出精美的作品。第一，主体要有纯熟的斫轮技术，这是从斫轮的实践中不断地训练出来的；第二，主体要与技术融合为一，即"得心应手"；第三，主体要与对象融合为一，从而能充分自由地发挥其技术。这三方面有先后的次序关系，其统一而构成了"有数存焉于其间"。因此，道术即主客融合之意，存在于反躬实践、知行合一的精神境界中。所谓"斫轮徐则甘而不固，疾则苦而不入，不徐不疾"，是轮扁置于主客分离之境时言说之义，是知识性的思想观念；此时的轮扁已离开主客融合之境，不能再体证主客融合之意，也无从达之；他人闻听只是知识性内容的获得，根本不能达到知行合一、主客融合的境界。因此，轮扁的道术不可言传。依此，圣人之意，是圣人在知行合一、主客融合之境中所体验、证成的意，是圣人的精神世界。圣人之言说，即置于主客分离的状态，不能再体证主客融合之意，而只是传达其思想的观念，故圣人之意不可言传。因此，桓公所读的圣人之书是糟粕。

《养生主》描述了庖丁解牛的故事：

> 庖丁释刀对曰："臣之所好者道也，进乎技矣。始臣之解牛之时，所见无非牛者，三年之后，未尝见全牛也；方今之时，臣以神遇而不以目视，官知止而神欲行。依乎天理，批大郤，导大窾，因其固然。技经肯綮之未尝，而况大軱乎？良庖岁更刀，割也；族庖月更刀，折也；今臣之刀十九年矣，所解数千牛矣，而刀刃若新发于硎。彼节者有间而刀刃者无厚，以无厚入有间，恢恢乎其于游刃必有余地矣。是以十九年而刀刃若新发于硎。虽然，每至于族，吾见其难为，怵然为戒，视为止，行为迟，动刀甚微，謋然已解，如土委地。提刀而立，为之四顾，为之踌躇满志，善刀而藏之。"

庖丁之解牛，不仅技术高超，且获得精神的享受，"莫不中音，合于桑林之舞，乃中经首之会"。庖丁所好之道是什么呢？庖丁向文惠君具体地叙述解牛之事，若从中得出知识性的解牛之理，则不难，文惠君曰"善哉！吾闻庖丁之言，得养生焉"；但若要求文惠君根据解牛之理而解牛，则决不可能。

庖丁之道是知行合一、主客融合之意。解牛要有技术，技术通过不断地训练而得到。所见无非全牛，一是对牛的骨骼筋脉没有认识清楚，二是主客相对立。未尝见全牛，即对牛的骨骼筋脉认识清楚，且主客对立性减小。臣以神遇而不以目视，即技术纯熟，且主客的对立性解消。首先，技术深入到心的层面，形与心融合为一，"得心应手"。其次，主体完全沉浸于对象中，主体与客体相融合。庖丁之道即存于主客融合的境界中。庖丁言说，即停止解牛之事，离开主客融合之境，而置于主客分离的状态中，不能再得意，更不能描述之；文惠君听闻庖丁之言，只是对知识性道理的了解，不能知行合一而证成主客融合之意。

要之，《庄子》之轮扁斫轮、庖丁解牛、梓庆削木为鐻等，不仅能创造出"见者惊犹鬼神"（《达生》）的精美作品，且能获得精神的愉悦；这是知行合一、主客融合的精神世界。

《秋水》：

> 庄子与惠子游于濠梁之上。庄子曰："鲦鱼出游从容，是鱼之乐也。"惠子曰："子非鱼，安知鱼之乐？"庄子曰："子非我，安知我不知鱼之乐？"惠子曰："我非子，固不知子矣；子固非鱼也，子之不知鱼之乐，全矣！"庄子曰："请循其本，子曰'汝安知鱼乐'云者，既已知吾知之而问我。我知之濠上也。"

庄子在濠梁上体证鱼之乐，这是主客融合、物我合一的精神境界。当庄子言说时，即置于主客分离的状态，不能再体证鱼之乐，而只是知识性的描述；由此，他与惠子展开了辩论。惠子认为，人不是鱼，安知鱼之乐，这是物我两分。庄子顺着惠子说，子非我，安知我不知鱼之乐，这也是物我两分，正好为惠子之论提供了坚强的证据。但庄子最终回归物我合一之意，以"我知之濠上也"结束辩论。因此，惠子所主张的是主客分离之意，可以言传，故辩论不休；庄子所标举的是主客融合之意，不可言传，故大辩不言。

陶渊明最能体证庄子之"得意而忘言"。《饮酒》："结庐在人境，而无车马喧。问君何能尔？心远地自偏。采菊东篱下，悠然见南山。山气日夕佳，飞鸟相与还。此中有真意，欲辩已忘言。"诗人与风景融合为一，即迷失于风景中，忘记自我的存在，忘记自我的知言；此中有真意，即主客融合之意，即精神的愉悦和享受。诗人若要辩说此中的真意，即从主客融合之境跌回到主客分离之境，则主体清醒了，找回了自己，找回了知言，再也不能体证真意了，如何奢望表达真意呢？回忆是支离破碎的，突出了一些，遗失了一些，再也不能有当初完整、融贯的感受了。俞平伯《桨声灯影里的秦淮河》有一段文字，颇能证成我们的观点：

> 犹未下弦，一丸鹅蛋似的月，被纤柔的云丝们簇拥上了一碧的遥天。冉冉地行来，冷冷地照着秦淮。我们已打桨而徐归了，归途的感念，这一个黄昏里，心和境的交萦互染，其繁密殊超我们的言说。主心主物的哲思，依我外行人看，实在把事情说得太嫌简单，太嫌容易，太嫌分明了。实有的只是浑然之感。就论这一次秦淮夜泛罢，从来处来，到去处去，分析其间的成因自然亦是可能；不过求得圆满足尽的解析，使片段的因子们合拢来代替刹那间所体验的实有，这个我觉得有点不可能，至少于现在的我们是如此的。凡上所叙，请读者们只看作我归来后，回忆中所偶然留下的千百分之一二，微薄的残影。若所谓"当时之感"，我决不敢望诸君能在此中窥得，即我自己虽正在这儿执笔构思，实在也无从重新体验出那时的情景。说老实话，我所有的只是忆。我告诸君的只是忆中的秦淮夜泛。至于说到那"当时之感"，这应当去请教当时的我。而他久飞升了，无所存在。①

要之，真正之意即主客融合之意，不可言传；"忘言"有两义：一是自我得意，物我合一，忘我忘知忘言；二是只有忘我忘知忘言而与对象完全地融合，才能得意。

闻一多《庄子》："庄子是从哲学又跨进了一步，到了文学的封域。他那婴儿哭着要捉月亮似的天真，那神秘的怅惘，圣睿的憧憬，无边际的企慕，无涯岸的艳羡，便使他成为最真实的诗人。"② 庄子既是哲学家又是文学家。哲学是思维的训练，是主体对客体之思想观念的阐述，这能言说。文学所表现的是主体与客体的融合之意、"浑

---

① 朱自清、俞平伯等：《桨声灯影里的秦淮河》，人民文学出版社2008年版，第15—16页。

② 闻一多：《闻一多全集》（二），生活·读书·新知三联书店1982年版，第281页。

然之感",这难以言说。

要之,庄子的言意之辨略有两种意义。第一,意是主体的思想世界,即观念、义理所构成的思想体系,主体之意与文本之意大略取得一致,而与文本之义相间距,即言与意存有间距,但意可言说(除非是本原之道),也可接受;忘言,即突破言的常义而把握名即观念的特定意义,或把握层层向上的抽象之理;这是从哲学上讨论言意之辨。第二,意是主体的精神世界,存在于知行合一、主客融合的境界中。主体之意不能到达文本之意、文本之义,意不可言传。忘言有两义,一是主体融化于对象中而体证主客融合之意,无我无知无言;二是主体忘我忘言才能进入主客融合之境,体证真正之意。主体言说,即置于主客分离的状态,主体恢复了意识,再也不能体证主客融合之意,这是从文学上讨论言意之辨。庄子的言意之辨兼含两种,而侧重于后者。庄子之道的境界,即精神境界,即主客融合的境界,即审美的境界,这是不可以言传的。"由此我们可以看出,庄子学派说'道'不可以言传,那实质即是说一种自己的精神境界即美的境界是不可以言传的。事实告诉我们,从现实生活或艺术作品所获得的审美感受,的确是很难用语言加以明确规定的。……可以说,在科学的认识里,'言'是能够尽'意'的(只要这'言'是准确的),而在审美的感受里,'言'是不尽'意'的。"[①]

二 文学性叙事以烘托精神世界

《庄子》所谓"寓言十九",即以叙事为主、说理为辅;叙事富有浪漫诡奇的色彩,其所描写的山林之事、真人神人之事等,不食人间烟火而远离现实的世界,这与孔孟叙述现实生活之事不同。学人多认为,《庄子》之谬悠荒唐的叙事目的,是阐明庄子的哲学思想,其寓言不过是托意的工具而已。[②] 这主要是把《庄子》作为哲学文本,

---

[①] 李泽厚、刘纲纪:《中国美学史》,安徽文艺出版社1999年版,第260页。
[②] 学人也承认《庄子》的文学价值,一是以大量的寓言说理;二是情感浓郁;三是结构曲折跳跃,但形散而神不散;四是语言汪洋恣肆,如行云流水等。

无疑贬损其叙事本身的价值。

庄子之意，若是主体的思想世界，则大致可用空言（概念性的文字）来言说；若是主体的精神世界，则用文学性的叙事以暗示、烘托。庄子的理想人格是真人、至人，这是体道的精神境界，是主客融合之境。庄子通常用文学形象烘托真人的境界。庄子本人的精神境界也是通过文学形象以暗示。文学性叙事的最高境界，就作者而言，是无我之境，即作者消融于文学形象中，这是主客融合之境；就读者而言，是忘我之境，即读者忘记自我而沉浸于文学形象中，这也是主客融合之境。因此，文学性叙事或文学形象与主体的精神境界皆有主客融合的特征。庄子正是通过文学形象表现自我的精神境界、真人体道的精神境界、其他人物的精神境界。《庄子》首两篇，基本代表其风格，《逍遥游》是偏重于文学性叙事而兼含空言的文章，《齐物论》是偏重于空言而兼含文学性叙事的文章。牟宗三说："《逍遥游》比较具体，借具体故事以烘托，如大鹏、斥鷃、列子、许由、藐姑射之山，直至篇尾，俱是具体的烘托……而《齐物论》虽亦芒忽恣纵……此为庄子书中最丰富、最具理论性之一篇。"[①]

闻一多说："古来谈哲学以老庄并称，谈文学以庄屈并称。南华的文辞是千真万真的文学，人人都承认。可是《庄子》的文学价值还不只在文辞上。实在连他的哲学都不像寻常那一种矜严的，峻刻的，料峭的一味皱着眉头，绞脑子的东西；他的思想的本身便是一首绝妙的诗。"[②] 庄子首先是一位文学家，其次是一位哲学家，其哲学思想融化于文学形象之中。牟宗三认为，《老子》《庄子》的表达方法有异，"《老子》采取分解的讲法，《庄子》采取描述的讲法""全部《庄子》是一大混沌，亦是一大玄智，亦整个是一大诡辞"；老子与庄子的义理形态有异，"《老子》之道有客观性、实体性、及现实性，至少亦有此姿态。而《庄子》则对此三性一起消化而泯之，纯

---

① 牟宗三：《才性与玄理》，吉林出版集团有限责任公司2010年版，第171—172页。
② 闻一多：《闻一多全集》（二），生活·读书·新知三联书店1982年版，第280页。

成为主观之境界"①。主观之境界,即境界形态,即主客融合的精神境界。老子之道重于形而上学的意义,庄子之道重于主客融合的境界义。徐复观说:"当庄子从观念上去描绘他之所谓道,而我们也只从观念上去加以把握时,这道便是思辨的形而上的性格。但当庄子把它当作人生的体验而加以陈述,我们应对于这种人生体验而得到了悟时,这便是彻头彻尾的艺术精神。"② 庄子之道有形而上学的意义,这是哲学的性格;又有体道的境界义,这是主客融合之意,而表现出最高的艺术精神。庄子之道重于主客融合的境界义。宋真宗善解《庄子》。张端义《贵耳集》记载了一件轶事:"(真宗)宴近臣,语及《庄子》,忽命秋水,至则翠鬟绿衣,一小女童,诵《秋水》一篇。"清人程庭鹭说"向秀、郭象应逊此女童全具南华神理"③。读庄子是证悟其生命境界、精神境界,即"神理",这不可言传;向秀、郭象之注《庄子》主要是阐述义理思想,而失其浪漫飘忽的诗之韵味。

《庄子》通过具体、生动、形象的叙事来暗示、烘托、渲染精神境界或生命境界,这是主客融合之意。从《庄子》的首篇《逍遥游》来看,其叙事是主要的,具有独立的意义。开篇的鲲鹏形象,想象神奇,境界雄阔。北冥之鱼,其名为鲲,其大不知几千里也,化而为鹏,其大不知几千里也,怒而飞,展翅于九万里高空,绝云气,负青天,飞向南冥。这是烘托神人之精神世界的辽阔、高远、自由。中间的藐姑射山神人形象,暗示、烘托、渲染了神人长生不老、游于天地之间的精神气象。结篇云"今子有大树,患其无用,何不树之于无何有之乡,广莫之野,彷徨乎无为其侧,逍遥乎寝卧其下?不夭斤斧,物无害者。无所可用,安所困苦哉",在诗意的描述中展示了庄子游于无何有之乡中的逍遥自由。读者要从《庄子》的文学叙事中体会、证成其精神境界。郭象《庄子注》是从哲学上阐述庄子的抽象玄思:"夫小大虽殊,而放于自得之场,则物任其性,事称其能,各得其分,

---

① 牟宗三:《才性与玄理》,吉林出版集团有限责任公司2010年版,第155、156页。
② 徐复观:《中国艺术精神》,华东师范大学出版社2001年版,第30页。
③ 参见《闻一多全集》(二),生活·读书·新知三联书店1982年版,第287页。

逍遥一也，岂容胜负于其间哉！"

《齐物论》是一篇说理内容较多的文章，但仍有简要、传神的叙事。开篇即描写了南郭子綦之体道的境界，"南郭子綦隐几而坐，仰天而嘘，嗒焉似丧其耦"，这是形若槁木、心若死灰的精神状态。结篇叙述了庄周梦蝶的故事，"昔者庄周梦为蝴蝶，栩栩然蝴蝶也，自喻适志与！不知周也。俄然觉，则蘧蘧然周也"，这是忘我的精神境界。庄文叙事之后虽有议论说理的文字，且清楚明白，但不如叙事之烘托精神境界的浑然之感。读者阅读庄文，最受感染的是子綦的体道境界，与庄周梦蝶之栩栩然的形象，对于"吾丧我""周与蝴蝶则必有分矣，此之谓物化"等道理领会不深。《应帝王》有一寓言，叙述了郑国的神巫季咸经列子引见而为壶子看相的故事。庄文主要是暗示、烘托、渲染壶子的精神境界，即壶子的心境是涵融天下万物万理以为一而虚灵不昧，感而后应，能呈现任何物理，变化无方。要之，庄子深知，精神境界是主客融合之意，概念性的文字基于主客分离之境而不足以彰明，而要以生动的形象暗示、烘托、渲染。

闻一多认为，《庄子》中有不少涉及庄子的叙事，"得其神似"，例如《齐物论》讲述庄周梦蝶的故事，反映出一个潇洒的庄子；《至乐》叙述庄子在妻死时鼓盆而歌之事，《列御寇》记载庄子临终的一段言论，映射着一个放达的庄子，"其余的故事，或滑稽，或激烈，或高超，或毒辣，不胜枚举，每一事象征着庄子人格的一方面，综合的看去，何尝不俨然是一个活现的人物"[①]。因此，叙事烘托、渲染了庄子的精神人格。

庄文寓言中的人物众多，各具个性。庄文重视表现人物的精神气象，这本不可捉摸，难以言说，只有通过叙事而烘托，追求神似。例如《德充符》中描写的支离疏等形骸极丑的人物，却具有美善的精神气质。陈少明说："解读《庄子》中关于道心、关于物我、关于是非的观点，固然是哲学的专业。但品味庄书中各色人物的故事，可能

[①] 闻一多：《闻一多全集》（二），生活·读书·新知三联书店1982年版，第278页。

是更加饶有兴趣的工作。"①

　　人格是精神世界，是神似而非形似，是有血有肉的活生生的人物，是感性、理性和审美的统一，富有强烈的感召力量。孔子曰："君子之德风，小人之德草。草上之风，必偃。"（《颜渊》）君子之德（身教，即典范的人格），对小人有强烈的感染力量，像风吹草偃一样。孟子曰："君子所性，仁义礼智根于心。其生色也，睟然见于面，盎于背，施于四体，四体不言而喻。"（《尽心》上）君子内有仁义之心，外有仁义之行，仁义的精神气象洋溢于面部、眼睛和四体。孔孟重视人格的塑造及其典范的感召作用。《阳货》叙述一个故事。孔子来到子游治下的武城，闻弦歌之声。夫子莞尔而笑，曰："割鸡焉用牛刀？"子游不满，对曰："昔者偃也闻诸夫子曰：'君子学道则爱人，小人学道则易使也。'"夫子曰："二三子！偃之言是也。前言戏之耳。"叙事颇有情趣，虽含有"治小邑，何必用大道"的道理，也表现孔子有时戏谑的神情；这是孔子在无意中流露出来的真实的一面，而反映其真实人性的复杂性。《论语》的主角是孔子，一方面通过孔子的言论阐述其思想，另一方面通过形象的叙事烘托其精神气象。《述而》："子曰：'饭疏食饮水，曲肱而枕之，乐亦在其中矣。不义而富且贵，于我如浮云。'"叙事生动、形象而传神，孔子枕着弯曲的臂膊，躺在柔软碧绿的草地上，安然地仰望着天上浮云自由自在的卷舒；这烘托了孔子乐于道的精神气象，其中韵味决非一句"安贫乐道"所能表现。《先进》有一章叙述孔子及其弟子之间的谈话。孔子请弟子各言其志向。曾皙曰："暮春者，春服既成。冠者五六人，童子六七人，浴乎沂，风乎舞雩，咏而归。"孔子喟然而叹："吾与点也！"这段叙事主要是烘托、渲染孔门师徒的精神气象。朱熹注曰："曾点之学，盖有以见夫人欲尽处，天理流行，随处充满，无少欠阙。故其动静之际，从容如此。而其言志，则又不过即其所居之位，乐其日用之常，初无舍己为人之意。而其胸次悠然，直与天地万物上下同流，各得其所之妙，隐然自见于言外。视三子之规规于事为之末者，

---

① 陈少明：《经典世界中的人、事、物》，上海三联书店2008年版，第29页。

其气象不倬矣,故夫子叹息而深许之。"①

相较于孔孟,庄子更重视运用具体、生动、形象的叙事来暗示、烘托、渲染精神的境界或人格。如果阅读《庄子》,只以叙事为寓言或寄言,而揭示其义理或寓意,则会忽视叙事本身所具有的感性、理性和审美相结合的意义,忽视其精神气象的展现,故不能真正地读懂《庄子》。陈少明说:"在中国思想传统中,正是这些不同类型的道德形象以史书记载或其他体裁的故事得到广泛传播,成为培养社会精英的精神资源。形象比观念有更强烈的感染力。但具体形象的力量与导向则是多种要素的结合,它包含角色(位与份)、性格(智与勇)、品德(仁与义)、才能(学、政与商),以及阅历等诸方面的内容。它们的不同组合构成了丰富多彩的人格世界。"②

魏晋玄学家向秀、郭象等对《庄子》的注释发生了一个根本性的转向,即把《庄子》当作纯粹的哲学文本,把庄子当作一个哲学家,主要阐发庄子的哲学思想,故把庄文之寓言看成暂时寄托之言,其目的是出意而已。魏晋士人对庄子的接受,一是像阮籍、嵇康等主要体证庄子之浪漫自由的精神境界,一是像向秀、郭象等主要会通庄子的哲学思想。

《山木》:"君其涉于江而浮于海,望之而不见其崖,愈往而不知其所穷。送君者,皆自崖而返。君自此远矣!"叙事生动形象,且蕴含深情。送君者与君在海边分别。君乘一叶小舟远去。送君者站在海岸边的山崖上,远眺君的背影,直到其消失在海天茫茫的天际。送君者自山崖而反,君自此远矣!这不仅表现出深切的离别之情,也描绘了君之乘船远离现实世界而游于江湖中的形象,这正是庄子所追慕的理想人格。我们从形象的感染中颇能体悟出遗世独立之意,即"令人寂寥有遗世之意"(宋祁等语)③,郭象注曰"超然独立于万物之上也"(《山木》注)。

---

① (宋)朱熹:《四书章句集注》,中华书局2011年版,第124页。
② 陈少明:《经典世界中的人、事、物》,上海三联书店2008年版,第31页。
③ 参见闻一多《闻一多全集》(二),生活·读书·新知三联书店1982年版,第286页。

《则阳》:"旧国旧都,望之畅然。虽使丘陵草木之缗,入之者十九,犹之畅然,况见见闻闻者也!"旧国旧都,即自己的故乡,是自己出生、长大的地方,是游子魂牵梦绕的父母之邦。即使草木遮蔽故乡十分之九,也望之畅然。这段叙事文字以诗的形象烘托对旧国旧都之深挚的眷念、哀婉之情。明人吴世尚说:"《易》之妙妙在象,《诗》之妙妙在情,《老》之妙得于《易》,《庄》之妙得于《诗》。"① 郭象注曰:"得旧犹畅然,况得性乎!"郭象以得性为畅然,消解了庄子对旧国旧都的深情,这是从哲学上曲解庄子之意。

有的叙事营造了一种氛围,表现了一种趣味。氛围、趣味等,只能从形象中烘托,而难以言说。《外物》叙述了儒者以《诗》《礼》发冢的事情,在大儒与小儒的对话中,表现出一种滑稽、反讽的兴味,而《诗》《礼》的虚伪性融化在叙事与对话的场景中。

《外物》:

> 儒以《诗》《礼》发冢,大儒胪传曰:"东方作矣,事之何若?"小儒曰:"未解裙襦,口中有珠。""《诗》固有之曰:'青青之麦,生于陵陂。生不布施,死何含珠为?'接其鬓,压其顪,而以金椎控其颐,徐别其颊,无伤口中珠。"②

儒者用《诗》《礼》盗掘坟墓。大儒传话:"天将要亮了,事情怎么样了?"小儒说:"锦绣的衣服还没有脱下,口中还含有圆润的珍珠。"大儒说:"《诗》曰:'青青的麦子,生长于山坡之上;生不施舍人,死了何必要含珠呢!'抓住他的鬓发,按着他的面颊,用铁锥敲开他的嘴巴,慢慢地别出口中的珠子。嘴巴、面颊烂了没有事,但不要损伤了我的珠子。"郭象注曰:"《诗》《礼》者,先王之陈迹也。苟非其人,道不虚行。故夫儒者乃有用之为奸,则迹不足恃也。"这是从哲学上曲解庄子之意。

---

① 参见闻一多《闻一多全集》(二),生活·读书·新知三联书店1982年版,第286页。
② 陈鼓应:《庄子今注今译》(下),中华书局2009年版,第755页。

《外物》：

> 庄周家贫，故往贷粟于监河侯。监河侯曰："诺。我将得邑金，将贷子三百金，可乎？"庄周忿然作色曰："周昨来，有中道而呼者，周顾视车辙，中有鲋鱼焉。周问之曰：'鲋鱼来，子何为者耶？'对曰：'我，东海之波臣也。君岂有斗升之水而活我哉！'周曰：'诺，我将南游吴越之王，激西江之水而迎子，可乎？'鲋鱼忿然作色曰：'吾失我常与，我无所处。吾得斗升之水然活耳。君乃言此，曾不如早索我于枯鱼之肆。'"

我们有时穷极无奈，求他人立即帮助。他人不愿帮助，而又许下海口在将来帮助，以聊胜于无。这则故事叙事生动，形象，传神，且想象神奇，具有强烈的艺术感染力。庄子与车辙中鲋鱼相互对话，鲋鱼具有人的情思。郭象注曰："此言当理无小，苟其不当，虽大何益！"说理精要，但失其味道。

哲学之思是知识，主体要立足于主客分离之境而用概念性的文字予以表达；文学之思是主客融合的精神境界，主体要以具体生动的形象来烘托、渲染。读者阅读哲学文本，要立足于主客分离的状态而获得知识。读者阅读文学文本，必须置身其中或设身处地，与文学形象融合才能体证精神境界。因此，阅读文学文本似乎更为神秘，且融会证悟更为困难。文学文本，主要是表达作者的生命情感，也含有哲思，但哲思融化于文学的形象中，而难以把握。学人多认为，庄子是以寓言表现其哲学思想，即把寓言看成托意的工具。这显然贬损了庄子之寓言的叙事意义。笔者认为，庄子之寓言既是哲学的，又是文学的；若只讨论其寓意，则往往忽视其诗意的描述。

综之，庄子以文学性的叙事，暗示、烘托、渲染人生境界或生命境界，这具有独立性的意义，而不仅仅是阐述其哲学思想的工具；庄子不仅有精深的哲学之思，且有高远的精神境界，这恐不是向秀、郭象所能望其项背的。

第三节 郭象"寄言以出意"

一 从哲学上讨论言意之辨

魏晋玄学家的言意之辨，主要是从哲学上予以讨论。王弼、向秀、郭象等玄学家多是空谈玄理，少有知行合一的证成（某些思想观念或来自自我的体证）。

从《周易注》《老子道德经注》来看，王弼的言意之辨是从哲学上予以讨论。王弼是一位玄学家，颇为自信，要突破圣人之言，以把握圣人之意，圣人之意即圣人的思想世界。《老子》第一章："道可道，非常道；名可名，非常名。"王弼注："可道之道，可名之名，指事造形，非其常也。故不可道，不可名也。"[①] 可以言说的，是有形有象的具体事物。常道以无形无名始成万物，无形无名即无，故不可言说。因此，常道是玄之又玄的抽象本体，是终极的玄理，而不是体道的人生境界。

郭象的言意之辨也是从哲学上予以讨论。《外物》"吾安得夫忘言之人而与之言哉"注："至于两圣无意，乃都无所言也。"无意则无言，有意即能言，这异于庄子之有意而无言、得意而忘言。《天道》"臣不能以喻臣之子，臣之子亦不能受之于臣"注："此言物各有性，教学之无益也。"轮扁与其子不能通意，是因为彼此的性分不同而所得之意不同，意不同则不能相通，教学不能变易彼此的性分，故无益于通意。意与性分紧密联系，本性不同，则所得之意不同；本性有分，则意不可相通。因此，郭象肯定自我可言说己意，而否定彼此通意。这与庄子的主客融合之意不可言传根本上不同。《天道》"古之人与其不可传也死矣，然则君之所读者，古人之糟粕已夫"注："当古之事，已灭于古矣。虽或传之，岂能使古在今哉！古不在今，今事已变，故绝学任性，与时变化，而后至焉。"庄文认为，先王之言不能传先王之意，故是糟粕。郭象认为，先王之意可以言传，

[①] （魏）王弼注，楼宇烈校释：《老子道德经注校释》，中华书局2008年版，第1页。

但因时代和人性有变,先王之言之意不符合新时代的要求,故是糟粕。要之,庄子之意因是主客融合之意而不可言传,具有感觉性和神秘性;郭象消解了意的感觉性和神秘性,而予之理性化的解释。意是主体的思想世界,人人可言说己意,但意不能相通,因为彼此性分不同而所知之意各有确定的分域和极限。《达生》注"知止其分",《徐无鬼》注"言止其分",个体的知与言止于其性分之内。《齐物论》注曰:"鱼游于水,水物所同,咸谓之知。然自鸟观之,则向所谓知者,复为不知矣。所谓不知者,直是不同耳,亦自一家之知。"鱼与鸟彼此不能通意,是因为本性不同而各自有一家之知,非言不能达意。

《秋水》有一则寓言,惠子与庄子游于濠梁之上。庄子自谓知鱼之乐。惠子曰:"子非鱼,安知鱼之乐?"徐复观认为,庄子之知是审美之知,是物我融合之知;而惠子之知是理性认知,物我分离。[①]

郭象注曰:

> 夫物之所生而安者,天地不能易其处,阴阳不能回其业。故以陆生之所安,知水生之所乐,未足称妙耳。

郭象认为,人不能知鱼之乐,因为二者有不同的境域、不同的本性,故不能相知相通。这根本上否认物我融合之意。

综之,关于言意之辨,庄子是从文学、哲学上予以讨论,而重于主客融合之意,意不可言传和接受。郭象的言意之辨是从哲学上予以讨论,意可言传而彼此不能通意。庄子之意多有感觉性、神秘性,郭象之意更具有哲理性。他们皆深刻地揭示出人类命运的悲剧性,而庄子之意的不可言传和接受尤有存在的悲感。"知音其难哉!音实难知,知实难逢。逢其知音,千载其一乎!"(刘勰《文心雕龙·知音》)文章的知音,千年难遇;人生的知音,百年难求。

[①] 徐复观:《中国艺术精神》,华东师范大学出版社2001年版,第59页。

二 "寄言以出意"

《庄子》没有"寄言"一词，而有"寓言"。《庄子》有《寓言》一篇文章。《寓言》是无题文章，"寓言"名取自篇首"寓言十九"，其句意是，庄文的十分之九是寓言，非寓言者十分之一。庄文曰："寓言十九，藉外论之。亲父不为其子媒。亲父誉之，不若非其父者也。"寓言，即借他人他事来说理，寓言即寄言、假言、借言。自我所说事理，众人未必能信；借他人他事言说，众人多能相信。郭象注曰："寄之他人，则十言而九见信。言出于己，俗多不受，故借外耳。肩吾连叔之类，皆所借者也。"郭象之"寓言"的释义与常义相同，但"十九"的释义与通常理解的意义不同。我们一般所说的寓言（广义），包括寓言故事（狭义）和譬喻。庄文主要以寓言说理，形象生动，富有感染力，但因为形象大于思想且庄文往往不对寓意加以点醒，故寓意隐晦莫测。庄文之寓言，有许多历史寓言，叙述历史人物的事件，往往亦真亦假而真假难分，例如庄文中叙述孔子及其弟子的事件多出于虚构。庄文中还有一些寓言基本上出于诡奇的想象，子虚乌有。

王弼有《论语释疑》一书，惜已亡佚，但部分保存于梁人皇侃《论语义疏》中。例如子贡曰："回也闻一以知十，赐也闻一以知二。"注家多拘泥于文义，曲说数字一、二、十的意义而未安。王弼注曰："假数以明优劣之分，言己与颜渊十裁（才）及二，明相去悬远也。"[①] 假数，即假借数字之言以明颜渊与己优劣之意。再例如孔子曰："君子而不仁者有矣夫，未有小人而仁者也。"孔安国注："虽曰君子，犹未能备也。"君子犹有不仁，这颇为费解。王弼注曰："假君子以甚小人之辞，君子无不仁也。"[②] 假辞，即假言，借以彰明君子与小人的分别之意，君子无时不仁。王弼以"假辞""假言"释义，是因为《论语》文本的意义有嫌疑。这或对郭象的"寄言"说

[①] （梁）皇侃：《论语义疏》，中华书局2013年版，第106页。
[②] （梁）皇侃：《论语义疏》，中华书局2013年版，第354页。

产生影响。

如何理解郭象之"寄言"的观念呢？《逍遥游》是《庄子》首篇，郭象《逍遥游》注有三处点出"寄言"，一处点出"忘言"。

《逍遥游》注开宗明义地说：

> 鹏鲲之实，吾所未详也。夫庄子之大意，在乎逍遥游放，无为而自得。故极小大之致，以明性分之适。达观之士，宜要其会归，而遗其所寄，不足事事曲与生说。自不害其弘旨，皆可略之耳。

庄文叙述的鹏鲲之事，即寄，即寄言。鹏鲲之事，是想象诡奇的寓言故事，虚无缥缈。郭象认为，达观之士不必考证故事的真伪，而要会归寄寓其中的庄子大意，即小大之物皆能任性逍遥。"遗其所寄"，一是对鹏鲲之事略而不注，二是摆脱寄言的束缚。寄言不仅指寓言故事，也指广义的庄文。从鹏鲲之事来看，寄言之义是小不知大而崇大抑小，郭象所阐释的庄子之意是小大有分而一齐（价值平等），二者有严重的对立性。

《逍遥游》注中还有两处点出"寄言"，一处是"此皆寄言耳。夫神人即今所谓圣人也"，另一处是"四子者，盖寄言以明尧之不一于尧耳"。有一处点出"忘言"，即"宜忘言以寻其所况"，忘言，即"遗其所寄"。

从《逍遥游》注的四处"寄言"来看，一是寄言混在庄文中，读者难以辨识，故要指点出来，以引起足够的重视；二是寄言即嫌疑、矛盾之言，不合常言常义；三是寄言之出意隐约深微，为读者所难知或误解，注文曰"而惑者遂云……斯失之远矣""世岂识之哉""世徒见尧之为尧，岂识其冥哉"，故需解释。

从郭象的解释来看，如果以某庄文为寄言，则寄言即庄文之义与出意即庄子之意存有重大的间距性。因此，出意摆脱了寄言的束缚而曲折、自由地驰骋。例如庄文叙述尧让天下于许由之事，以为尧有为而治天下，故贬尧而尚许由。郭象以之为寄言，忘言而追寻庄子之意是，尧以无为而治天下，崇尧为无待之人而贬由为山林之士。成玄英疏："然睹庄文，则贬尧而推许，寻郭注乃劣许而优尧者，何耶？"庄文描述藐姑射之山的神人，长生不老，不食五谷，吸风饮露，游于四海之外。郭象以之为寄言，其出意是，神人即今朝廷的圣人。庄文述尧治理天下之后，到藐姑射之山拜访四子，为方外之道所感召，故抛弃方内之道而隐居于山林。郭象以之为寄言，其出意是，尧为游外以冥内的无待之人。

《山木》有一则寓言。庄子游于雕陵之樊，睹一异鹊，执弹弓欲击之，而又睹一蝉、一螳螂与一异鹊相互逐利而忘身，遂弃弹而反走，虞人疑其盗栗，逐而斥责之；庄子归家，三月不出门庭，自反自省，修行入道。①

郭象注曰：

> 夫庄子推平于天下，故每寄言以出意，乃毁仲尼贱老聃，上掊击乎三皇，下痛病其一身也。

郭象标举"寄言以出意"。庄文叙述的庄子之事是"寄言"，为什么呢？因为这不符合庄子的品格和行为，庄子不可能像世人那样守形而忘身，留意于利害。成玄英疏曰："夫庄子大人，隐身卑位，遨游末国，养性漆园，岂迷目于清渊，留意于利害者邪！盖欲评品群性，毁残其身耳。"既然是寄言，则庄子谓"吾守形而忘身"，即"下痛病其一身也"，非真非信，不过是借之批评世人而已。推而广之，庄文毁仲尼、贱老聃、掊击三皇，也是寄言，非真；不是诋毁圣人，而是借之批评世人。那么，庄子为何要如此呢？郭象认为，一是圣人有典范楷模的意义，现身说法，有警醒世人的重要作用；二是展示圣人从有情有为走向无情无为的发展历程，而教诲世人可通过修养的功夫而

---

① 王叔岷说，研究《庄子》要破除内、外、杂篇的观念，"大抵内篇较可信，而未必尽可信。外、杂篇较可疑，而未必尽可疑。即一篇之中，亦往往真伪杂糅"，《山木》有"庄周游乎雕陵之樊"章，"乃庄子亲身体验物物相累，利害相招之理。为研究庄子思想最重要之依据，此必庄子所记"。王叔岷：《庄学管窥》，中华书局2007年版，第20页。

明道；如果开始即以圣人明道而无修养的过程，则众人会畏难不进。《至乐》注："未明而概①，已达而止，斯所以诲有情者，将令推至理以遣累也。""斯皆先示有情，然后寻至理以遣之。若云我本无情，故能无忧，则夫有情者，遂自绝于远旷之域，而迷困于忧乐之境矣。"庄子当老妻死时先有悦生恶死的慨叹，后来明白至理，鼓盆而歌，这是以庄子从有情走向无情的升进过程来教诲有情者。

寄言即庄文之义是什么呢？如果从庄文中直接推出，则其含义是忘利而存身，这是从异鹊、蝉、螳螂与庄子之相为逐利而牵累以忘身的经验教训中得出的道理。但郭象所阐释的出意是圣人冥世而游于无穷。"吾守形而忘身"注曰："夫身在人间，世有夷险，若推夷易之形于此世而不度此世之所宜，斯守形而忘身者也。"人世有夷险，如果不能度夷险之形而冥之则遭害。"入其俗，从其令"注曰："不违其禁令也。"具体言之，庄子游于雕陵之樊，因不能顺从其禁令，而遭到虞人的责问，归家反省入道，即冥世而游于无穷。显然，寄言与出意有重大的间距性。出意不是从寄言中直接而贯通地推出，而是从寄言中曲折附会、断章取义地推见至隐。郭象之所以不能接受庄文之义，即他认为众人逐利而相累，这是任性逍遥，圣人须顺之，而不能要求众人忘利而存身。郭象之出意代表其圣人观，即圣人冥世而游于无穷，这是其哲学思想的核心内容。

要之，寄言即庄文是指嫌疑矛盾之言，非真非信，是末；出意即庄子之意是本；崇本息末，得意忘言；寄言与出意具有重大的间距性。

《庄子注》中至少有五次出现"寄明"观念（《齐物论》注、《大宗师》注、《天地》注、《知北游》注、《渔父》注），即寄言以明意，与寄言以出意相同。

《大宗师》叙述道家人物子桑户、孟子反、子琴张，"三人相视而笑，莫逆于心。遂相与为友"。道家之朋友，彼此相忘，而不相互关心和帮助，所谓"鱼相忘乎江湖，人相忘乎道术"，这有异于世俗之朋友。

---

① 概：概意，即心意为生死之变所牵累。

郭象注曰：

> 若然者，岂友哉？盖寄明至亲而无爱念之近情也。

"若然者，岂友哉？"这是质疑庄文有不合常情的嫌疑和矛盾。郭象以庄文为寄言，其彰明之意是，至亲之心无爱，从而一视同仁地包容群生。"无爱"似与庄文之义相同，但有实质上的分别。庄文之朋友彼此相忘而无爱，即木然而无动于衷，即彼此没有承担的责任与救助的作为。郭象一方面把朋友之间的关系转换为至亲（即圣人）与众人之间的关系，另一方面赋予至亲无爱之特定意义，即至亲之心涵融万情以为一而虚灵不昧，未感应时呈现出虚静之无情，感而后应，则与任何事物之情相融合，而冥之顺之，以助之实现。这代表了郭象的圣人观。因此，寄言与出意有重大的间距性，即庄文之义与郭象所阐释的庄子之意表面上似同，但有实质上的分别，所谓"似之而非"。

《齐物论》有一寓言。昔者，尧问于舜曰："我欲伐宗脍胥敖，南面而不释然，其故何也？"舜曰："夫三子者，犹存乎蓬艾之间。若不释然，何哉！昔者十日并出，万物皆照，而况德之进乎日者乎！"庄文之义是批评尧舜之有为。

郭象注曰：

> 于安任之道未弘，故听朝而不怡也。将寄明齐一之理于大圣，故发自怪之问，以起对也。夫物之所安无陋也，则蓬艾乃三子之妙处也。

郭象认为庄文所述的尧舜之事是"寄言"。为什么呢？这是嫌疑矛盾之言，因为尧舜讨伐三子而不弘安任之道违背了大圣的品格和行为。既然是寄言，则非真非信，而有隐曲深微的意义。这一方面表明，尧舜没有讨伐三子之心，也没有听朝不怡之情，庄子并非批评尧舜之有为；另一方面从寄言曲折地推见至隐，以彰明出意即庄子之大意：尧舜大圣执守齐一之理，即万物的性分不同，但在自得之场中皆能任性逍遥，蓬艾之地即三子的自得之场，即妙处，故圣人顺之。

寄言与出意的关系如何呢？庄文之义是，批评尧舜之有为（忧患天下而讨伐三子，以救民众于水火之中），标举道家之无为，即无所作为而任之；这是对三子没有任何责任感和作为的无为。郭象所阐释的庄子之意是，颂赞尧舜大圣深明齐一之理，无为而冥物，即顺应三子的本性而为，以助成三子之任性逍遥。寄言与出意表面上似同，尧舜皆是无为；但实质上有分别，无为的内涵根本不同；因此，寄言与出意有严重的对立性。

《庄子注》标明"寄言"二十余处，标明"忘言"四处[1]，"寄言以出意"是庄文中少数特殊的、反常的言意，而区别于庄文中大多数一般的、正常的言意（即常言常意）。庄文的常言常意之辨是，言意有分，言生意，寻言以观意，言不尽意，言意有一定的间距性。庄文的寄言出意之辨是，言是末，意是本，崇本息末，忘言得意，言意有重大的间距性。寄言出意与常言常意混合在一起，难以辨识。寄言即嫌疑矛盾之言，非真非信，但有隐曲深微的出意。如果读者把庄文之寄言出意当作常言常意来解释，则误解庄子之大意。因此，读者首先要从庄文中辨明寄言出意，然后推见至隐以把握庄子的大意。这同于公羊学家解释《春秋》而标举"微言大义"一样。《春秋》文本中有许多言辞是"微言"，而蕴含"大义"。微言大义相对于经文中一般的常言常义而言，常言常义易于理解，微言大义难于解释，故解释《春秋》重在阐发微言大义。微言与常言混合在一起，不易分别。微言是嫌疑矛盾之言，有隐曲深微的大义。因此，解释者首先要从《春秋》之文中发现"微言"，然后推见至隐，以把握孔子之意。显然，郭象"寄言以出意"的思想受到汉代公羊学家"微言大义"的深刻影响。

由此，我们是否可以认为，寄言以出意是郭象注《庄子》的特殊方法，即郭象在庄文之义与他所阐释的庄子之意发生严重的对立时而

---

[1] 例如《齐物论》注："未能忘言而神解，故非大觉也。"《则阳》注："不能忘言而存意则不足。"

运用的。汤一介把寄言以出意视为郭象注《庄子》的主要方法，这表现在两个方面：一是对于名物、寓言等少作解释，甚至存而不论，不同于汉人的章句之学；二是突破庄文之义的限制而发挥他自己的思想。① 韩林合认为，寄言以出意，只是郭象注释《庄子》的一种方法，当郭象的解释与庄文发生明显的矛盾时，"为了消解这种严重的矛盾，郭象求助于其寄言论，认为庄子相关的文本实际上是寄言，其真正的意义与他的相关诠释并不矛盾。既然庄子的相关言论是寄言，那么读者也应当充分注意这点，不要执着于这些言论，而是要深挖它们的真正意义。此即郭象赋予庄子'得意而忘言'一语的独特意义"②。刘笑敢说："与其说'寄言出意'是郭象的方法，不如说是郭象自觉本人思想与庄子原文不一致时的托词或辩解之方。"③ 这从解释的效果上肯定寄言出意的作用，即消解庄文之义与郭象之意的冲突。实际上，寄言以出意的解释理论，可从解释方法上来讲，也可从解释的效果上来讲，而兼具方法论与本体论的意义。

我们认为，寄言以出意是郭象注《庄子》的基本方法。如果我们概观《庄子注》，则会发现在没有标明寄言的地方，郭象所阐释的庄子之意与庄文之义仍存在严重的对立性、矛盾性，二者在意义的方向上呈现异向甚至反向的特征，而非通常的言意之辩所能说明。

郭象之自生、独化说，否定了庄子本原之道的思想。《齐物论》注有两段长长的"忘言之辩"的注文，阐述其自生、独化说，与庄文存有重大的间距性，完全是穿凿附会、捕风捉影的解释。子游问天籁，子綦说："夫吹万不同，而使其自己也。"郭象注曰：

> 此天籁也。夫天籁者，岂复别有一物哉！即众窍比竹之属，接乎有生之类，会而共成一天耳。无既无矣，则不能生有。有之未生，又不能为生。然则生生者谁哉？块然而自生耳。自生耳，

---

① 汤一介：《郭象与魏晋玄学》，北京大学出版社2009年版，第256—257页。
② 韩林合：《游外以冥内：郭象哲学研究》，商务印书馆2016年版，第279页。
③ 刘笑敢：《诠释与定向——中国哲学研究方法之探究》，商务印书馆2009年版，第199页。

非我生也。我既不能生物,物亦不能生我,则我自然矣。自己而然则谓之天然。天然耳,非为也,故以天言之。以天言之,所以明其自然也,岂苍苍之谓哉!而或者谓天籁役物使从己也,夫天且不能自有,况能有物哉!故天也者,万物之总名也。莫适为天,谁主役物乎?故物各自生而无所出焉,此天道也。

郭象虽未标明"寄言以出意",但实际上使用这种方法。

《渔父》一篇叙述孔子见渔父而聆听其教诲,受其感发,抛弃方内之道,而追求渔父之方外之道,即江海之士能下世俗之君子。郭象只在文末有一注:

> 此篇言无江海而闲者,能下江海之士也。夫孔子之所放任,岂直渔父而已哉?将周流六虚,旁通无外,蠕动之类,咸得尽其所怀,而穷理致命,固所以为至人之道也。

郭象之注文,基本上与庄文相反。所谓"无江海而闲者",即与江海不间隔,是指孔子既能游于人间世之内,又能游于江海山林之外,所谓无待之人。孔子是无待之人,冥合万物,不是只能游于江海的有待之人渔父所能比拟的,故孔子能让江海之士谦下。这段文字虽未出现寄言和忘言之说,但实质上是忘言之辩、寄言以出意。

《人间世》:

> 孔子适楚,楚狂接舆游其门曰:"凤兮凤兮,何如德之衰也!来世不可待,往世不可追也!天下有道,圣人成焉;天下无道,圣人生焉。方今之时,仅免刑焉!福轻乎羽,莫之知载;祸重乎地,莫之知避。已乎,已乎!临人以德。殆乎,殆乎!画地而趋。迷阳迷阳,无伤吾行。吾行郤曲,无伤吾足。"

庄文在《论语》的基础上予以增饰,批评孔子在乱世中不能避世,而"临人以德""画地而趋",即以仁义礼法救治乱世,而给自己带来危殆。寓言中的孔子是儒家的圣人,受到道家人物接舆的劝诫和批评。郭象注的文本量甚大,大意是,孔子是一位无心而冥世的圣人,不管世之盛衰皆完全沉浸于其中,而与之相冥合,以游于无穷。郭象注"凤兮凤兮,何如德之衰也"曰:"当顺时直前,尽乎会通之宜耳!世之衰盛,蔑然不足觉,故曰'何如'。"所谓"尽乎会通之宜",即与时世相融合、冥合。庄文之义与郭象所阐释的庄子之意存有严重的对立性,但郭象在注文中没有标示寄言、忘言。

要之,《庄子注》在许多地方虽未标明"寄言""忘言",但暗用"寄言以出意"的解释方法,也许这些地方不如标明"寄言""忘言"之处的冲突性、矛盾性强烈。郭象把庄文看成寄言,把隐藏在庄文背后的庄子之意看成出意,寄言与出意的关系是庄文之义与庄子之意的关系。进一步言,庄子之意是郭象所阐发的庄子之意,是他对庄子思想的重新建构,这又是庄文之义与郭象之意的关系。从总体上来说,庄文之义与"庄子之意"(即郭象之意)存有重大差异,其冲突和矛盾是整体性、普遍性的;因此,在一般情况下,注文未用寄言之名,却是寄言之实。"寄言以出意"贯通于郭象的整个注文中,是他解释的基本理论,但不否认郭象的注文也有部分常言常意的解释。

王弼的言意之辨是,言为末,意为本,举本统末,而未尝无末,重意轻言而不废言,忘言是不拘泥于言,部分地突破言的限制而把握意,故言与意的间距性在可控的范围之内,阐发之意虽有他的发挥,但距言义相去不远。郭象的寄言以出意是,重意轻言甚至废言,夸大言与意的对立性,庄子之意与庄文之义有重大的间距性;这有利于郭象较为自由地发挥其主观思想,以填补重大意义间距的空间。刘笑敢说,王弼《周易注》《老子注》与郭象《庄子注》是两种不同的解释风格,"王弼《老子注》是顺向创构的实例,而郭象《庄子注》则是逆向创构的实例",所谓顺向创构,即以文本的固有思想为主而予以发展和创造;所谓逆向创构,即否定文本的基本思想而自我阐释。[①]

[①] 刘笑敢:《诠释与定向——中国哲学研究方法之探究》,商务印书馆2009年版,第136—137页。

综之，寄言出意是相对于常言常意而言，寄言是嫌疑矛盾之言，非真非信，与常言混合在一起。寄言出意与常言常意有根本的不同。寄言具有隐曲深微的出意。寄言与出意存有重大的间距性，故忘言得意。寄言出意是郭象的主要解释理论。其主要意义有二：一是从解释的方法上来说，这利于郭象突破庄文甚至背离庄文，而充分发挥他自己的主观思想，以填补意义间距的空间；二是从解释的效果上来说，这利于郭象消解庄文之义与庄子之意的矛盾和冲突，以确证其解释的合理性、有效性。

三 会通儒道的圣人

庄文中有不少文字，贬斥儒家的圣人黄帝、尧舜、禹、孔子等，而郭象所阐释的"庄子之意"以他们为理想人格而予以尊崇，庄文之义与"庄子之意"存有明显的冲突。郭象往往标明"寄言以出意"，一方面突破庄文之义，以重新建构圣人的理想人格；另一方面也消解其冲突，以确证其解释的有效性、合理性。

《逍遥游》的主旨是神人之逍遥。神人隔绝世俗世界，彻底地抛弃世俗世界的各种价值观念，有广阔的宇宙胸怀，而获得绝对的自由。庄文描绘了藐姑射之山神人的奇异形象，"肌肤若冰雪，绰约若处子"，不食五谷，吸风饮露，乘云气，御飞龙，而游于四海之外，"其神凝，使物不疵疠而年谷熟"。

郭象注曰：

> 此皆寄言耳。夫神人即今所谓圣人也。夫圣人虽在庙堂之上，然其心无异于山林之中，世岂识之哉！徒见其戴黄屋，佩玉玺，便谓足以缨绋其心矣；见其历山川，同民事，便谓足以憔悴其神矣，岂知至至者之不亏哉！

郭象指出庄文叙述的神人之事是寄言，其出意即庄子之意是圣人之事。庄文之神人是方外之人，不与世事，养心养神，而予以推崇；庄文之尧舜、孔子等儒家的圣人是方内之人，有为而治天下，劳神伤形，而予以贬损。郭象所阐释或建构的"庄子之圣人"（即郭象之圣人），是用儒家黄帝、尧舜、孔子等圣人之名，而赋予新的圣人之实：圣人无心而冥物，既能养心养神又能治国平天下。因此，"庄子之圣人"必然与庄文之神人、庄文之儒家圣人发生激烈的冲突。郭象一方面要把庄文之神人转化为"庄子之圣人"，另一方面又要把庄文之儒家圣人转化为"庄子之圣人"，其基本理论是"寄言以出意"。"此皆寄言耳。夫神人即今所谓圣人也"，即把庄文之神人转化为"庄子之圣人"，既能游于山林又能游于人间世，即以山林之心处理人间世之事，故不会"缨绂其心""憔悴其神"。

《大宗师》有一则寓言。道家人物子桑户去世，孔子派子贡帮助料理丧事。子贡看到子桑户的朋友孟子反、子琴张或编曲，或鼓琴，相和而歌，不能理解，告之孔子。孔子曰："彼游方之外者也，而丘游方之内者也。外内不相及，而丘使汝往吊之，丘则陋矣！"孔子明白，自己是方内之人，孟子反等是方外之人，方内与方外截然分别。

郭象注曰：

> 夫理有至极，外内相冥，未有极游外之致而不冥于内者也，未有能冥于内而不游于外者也。故圣人常游外以冥内，无心以顺有。……宜忘其所寄以寻述作之大意，则夫游外冥内之道坦然自明，而庄子之书，故是涉俗盖世之谈矣。

郭象认为，庄文叙述的孔子之事是寄言，非真非信，"宜忘其所寄以寻述作之大意"；庄子之意，即孔子是"游外以冥内"的圣人。因此，郭象用"寄言以出意"的理论，把庄文之儒家的圣人转化为"庄子之圣人"，圣人之名同，圣人之实已发生了根本的转变，圣人是"游外以冥内，无心以顺有"的无待之人。

《大宗师》还有一则寓言。意而子见许由。许由问曰，尧何以帮助你？意而子回答，尧要我行仁义而明是非。许由曰："而奚来为轵？夫尧既已黥汝以仁义，而劓汝以是非矣。汝将何以游夫遥荡恣睢转徙之途乎？"许由是道家人物，批评尧之标举仁义而损伤人的天性。意而子辩解说，我虽然受到尧的侵害，也可通过修养的功夫而上达道的境界，"夫无庄之失其美，据梁之失其力，黄帝之亡其知，皆在炉锤之间耳"，黄帝也要通过修为而亡其知。

郭象注曰：

> 言天下之物，未必皆自成也。自然之理，亦有须冶锻而为器者耳。故此之三人，亦皆闻道而后亡其所务也。此皆寄言，以遣云为之累耳。

郭象认为，庄文所叙之事为寄言，非真非信，其出意是无为而顺自然之理。具体言之，寄言述尧之有为而行仁义以残伤天性之事，非真，不过是借尧说明有为之害，故庄子实际上不是批评尧，这是以寄言回护了庄文对尧的批评。寄言之谓黄帝也要通过修为而亡其知，非真非信，不过是借黄帝说明世人顺其自然本性而修为的重要意义。黄帝是大圣，生而知之，无须后天的修为。因此，"寄言以出意"弥合了庄文贬黄帝、尧与郭象崇之思想的裂痕。

《天地》有一则寓言，叙述尧时诸侯伯成子高与禹的对话；子高赞尧舜之禅让，治国不赏不罚，无为而治；批评禹行赏罚而治国，有为而治，"德自此衰，刑自此立，后世之乱自此始矣"，故辞诸侯而耕于野。庄文之义显然崇尧舜而贬禹。

郭象注曰：

> 夫禹时三圣相承，治成德备。功美渐去，故史籍无所载，仲尼不能问，是以虽有天下而不与焉，斯乃有而无之也。故考其时，而禹为最优，计其人，则虽三圣故一尧耳。时无圣人，故天下之心俄然归启，夫至公而居当者，付天下于百姓，取与之非己。故失之不求，得之不辞，忽然而往，侗然而来。是以受非毁于廉节之士而已，其名列于三王，未足怪也。庄子因斯以明尧之弊。弊起于尧而衅成于禹，况后世之无圣乎！寄远迹于子高使弃而不治，将以绝圣人而反一，遗知而宁极耳，其实则未闻也。夫

> 庄子之言不可以一途诘，或以黄帝之迹秃尧舜之胫，岂独贵尧而贱禹哉！故当遗其所寄，而录其绝圣弃知之意焉。

郭象认为，这则寓言是寄言，非真非信，故遗其所寄以会通绝圣弃知之意。为何认为庄文是寄言呢？"夫庄子之言不可以一途诘"，即庄子之言嫌疑矛盾而不可诘问，或尚黄帝之无为而贬尧舜之有为，或贵尧舜之无为而贱禹之有为，故庄文是寄言，未必真信，解释者不要以文害辞，以辞害志（心志，即庄子之意）。寄言之说，也消解了郭象之崇尧舜禹与庄文之崇尧舜而贬禹的矛盾。

寄言与出意的关系如何？寄言即庄文之义是，崇尧舜之无为而治，而贬大禹之有为而治。郭象所阐释的庄子之意即出意是，三者皆是圣人，无心无为而冥物，故无胜负之别。世人认为，尧舜行禅让，而公天下，禹传位其子而家天下。郭象认为，尧舜之禅让与禹之传子皆是顺天应人，尧时天下之心归于舜，禹时天下之心归于启；他们皆是无为，尧舜时天下太平，故不行赏罚，是顺世应民；禹时天下混乱，而行赏罚、举仁义，也是顺世应民。寄言以出意，消解了庄文之义与庄子之意的冲突，也建构了郭象之圣人的基本品格。从寄言到出意有重大的间距性，郭象之解释的意义较庄文更为丰富，解释的方式是曲折引申、穿凿附会，一是伯成子高并未谈及禹之传子之事，禹时在王位，暂无传位之事；二是把庄文关于尧舜之无为（无所作为）与禹之有为（有心有为），曲解为顺世应民的无为，即圣人无心而冥物，这正是郭象之理想人格的核心内容。

《秋水》有一则寓言。孔子游于匡，宋人围之数匝，孔子弦歌不辍。子路曰："何夫子之娱也？"孔子告之，"我讳穷久矣，而不免，命也；求通久矣，而不得，时也"，穷通有时有命，安时而顺命。庄文借孔子阐发道家的安命思想。

孔子当初"讳穷"（拒穷）"求通"，即表明孔子曾有心有为地抗拒时命。郭象注曰："将明时命之固当，故寄之求讳。"郭象说，这是嫌疑矛盾之言，即寄言，非真非信；因为孔子是圣人，始终不会讳穷、求通。寄言以出意，即为了说明时命之固当，先以抗拒时命而不能以彰之。因此，孔子不曾抗拒时命，这一方面回护了庄文对孔子的批评；另一方面也阐发了孔子无心而安命、冥物的圣人品格。郭象注曰："无为劳心于穷通之间。情各有所安。圣人则无所不安。命非己制，故无所用其心也。夫安于命者，无往而非逍遥矣。故虽匡陈羑里，无异于紫极间堂也。"

《天地》有一则寓言。黄帝游乎赤水之北，登乎昆仑之丘而南望，还归，遗其玄珠，派知、离朱等人求索不得，最后罔象得之。庄文是批评黄帝不能齐物而有得失之念。

郭象注曰：

> 此寄明得真之所由。言用知不足以得真。明得真者，非用心也。罔象即真也。

郭象认为，这是寄言，非真，黄帝不可能有得失之心，不过是借黄帝之事批评世人不能齐物而有得失之念。寄言以出意，既回护了庄文对黄帝的批评，也建构了黄帝无心而冥物的品格。

《天道》有一寓言，叙述孔老讨论仁义的事情。老聃问："请问何谓仁义？"孔子曰："中心物恺，兼爱无私，此仁义之情也。"这遭到老子的批评，"意，夫子乱人之性也"。庄文贬斥孔子的仁义之道。

郭象注曰：

> 此常人之所谓仁义者也，故寄孔老以正之。

郭象认为，庄文是寄言，非真非信，即把常人之仁义寄托在孔子身上，常人追逐仁义而失真作伪，故遭到老子的批评，且正之，即安于、顺于人性中的仁义。寄言以出意，孔老是圣人，无仁无义，大仁大义，至仁至义，即一视同仁地包容群生，郭象注曰"夫至仁者，无爱而直前也"。寄言之说，回护了老子对孔子的批评，也阐发了孔老之圣人的品格。

《天运》叙述孔子见老子，而谈论求道之事。老子问孔子如何求道，孔子谓"吾求之于度数""吾求之于阴阳"等，但终未得道。庄文贬孔子而崇老子。

郭象注曰：

> 此皆寄孔老以明绝学之义也。

"寄……明"，即寄明，即寄言而明意。郭象认为，孔老之事是寄言，其出意是彰明绝学之义，故遗寄言而得意。寄言不过是暂时所寄，是出意的工具，非真，故寄言所谓孔子之求学非真，老子之批评孔子也非真。孔老皆是圣人，绝学绝知，无胜负之分。

《知北游》云"狂屈闻之，以黄帝为知言"；成玄英疏曰："知与黄帝，二人运智以诠理，故不近真道也。"庄文以黄帝为有知有言，未达至理而予以贬斥。

郭象注曰：

> 明夫自然者，非言知之所得，故当昧乎无言之地。是以先举不言之际，而后寄明于黄帝，则夫自然之冥物，概乎可得而见也。

"寄明"，即寄言而明意。庄文所述的黄帝之事是寄言，非真，即黄帝不可能有知有言，不过是借黄帝从有知有言走向无知无言而自然冥物的事迹，以警醒和教诲世人。这回护了庄文对黄帝的批评，化解了庄文之黄帝与郭象之黄帝的冲突，也建构了黄帝的理想人格。

《盗跖》叙述孔子拜访盗跖之事。盗跖有大段的言说，排圣知而呵责尧舜，鄙名利而轻忽夷齐。孔子听后，"目茫然无见，色若死灰，据轼低头，不能出气"。孔子归来，仍心有余悸，对盗跖之兄柳下季说："然。丘所谓无病而自灸也。疾走料虎头，编虎须，几不免虎口哉！"庄文显然是借盗跖之口嘲讽和批评孔子。

郭象只在章末出一注以归结主旨：

> 此篇寄明因众之所欲亡而亡之,虽王纣可去也;不因众而独用己,虽盗跖不可御也。

郭象以孔子拜访盗跖之事为寄言,非真非信,从而回护庄文对圣人尧舜、孔子的嘲讽和批评,维护其理想人格的形象。寄言以明意,即圣人因众、顺众而不用独知独见,从而无心而冥物,这建构了理想人格的基本品质。寄言与出意有严重的对立性。成玄英疏多不破注,但此处破例说:"而言此章大意排摈圣迹,嗤鄙名利,是以排圣迹则诃责尧舜,鄙名利则轻忽夷齐,故寄孔跖以见意也。若郭注意,失之远矣。"但寄言与出意有一定的联系。郭象认为,孔子有独知独见,而与盗跖发生冲突,不但不能说服盗跖,反而遭其批评指责,由此得出圣人要因众、冥物,从而统御群生。这种解释似之而非,郭象《庄子注》的奇妙之处或在于此。

综之,郭象以"寄言以出意"的解释理论,一方面回护了庄文对儒家之圣人的批评;另一方面也重新建构了道家的理想人格,即无心而冥物。

四 "寄言以遗迹"

《山木》有一寓言。孔子被围于陈蔡之间,七日不火食。道家人物太公任吊之,批评孔子"饰知以惊愚,修身以明污",而不免于祸患,训导孔子要"削迹捐势,不为功名"。孔子善其言说,"辞其交游,去其弟子,逃于大泽,衣裘褐,食杼栗。入兽不乱群,入鸟不乱行。鸟兽不恶,而况人乎",即逃离人世而归于山林。

郭象注曰:

> 夫察焉小异,则与众为连矣;混然大同,则无独异于世矣。故夫昭昭者,乃冥冥之迹也。将寄言以遗迹,故因陈蔡以托意。
> 盖寄言以极推至诚之信,任乎物而无受害之地也。

注文有两处标示"寄言"。

第一条注文指出，孔子的言行与众人小异，是外在的行迹，孔子的所以迹是混然大同而冥合众人，迹与所以迹具有冲突性。庄文是寄言，记录了孔子的行迹；寄言之出意暗指孔子的所以迹。寄言、行迹是末，出意、所以迹是本，即"故夫昭昭者，乃冥冥之迹也"，本末有严重的冲突性；因此，忘寄言遗迹，而把握出意、所以迹，即舍末而逐本。

第二条注文认为，孔子逃于大泽，与鸟兽为伴，是嫌疑矛盾的寄言，非真非信，即孔子并非抛弃现实世界而游于山林；出意是孔子至诚至信而与鸟兽和谐相处，即圣人冥物而游于无穷，既能游于山林又能游于人间世。寄言与出意有严重的冲突性。寄言即庄文之义是，孔子逃离现实世界而入于山林，这是从寓言中直接推出；出意是孔子冥物而游于无穷，这是从"入兽不乱群，入鸟不乱行。鸟兽不恶，而况人乎"中曲折引申而推出。

第一条注文把寄言以出意与迹、所以迹联系在一起，这在《庄子注》中还有几处，故我们概括地讨论。"寄言以出意"的对象是庄文，迹与所以迹的对象是圣人。二者有共同性的特征。寄言是外在的、表面的庄文之义，是末；出意是内在的、深层的庄子之意，是本。圣人之迹是外在的行迹，是暂时所寄，是末，《在宥》注云"而三代以下，遂寻其事迹，故讻讻焉与迹竞逐，终以所寄为事，性命之情何暇而安哉"；其所以迹是内在的依据，是本。寄言与出意有重大的间距性，迹与所以迹也有重大的间距性，故崇本而息末，得意而忘言。二者如何能关联呢？郭象认为，庄子在讨论圣人时，有时用寄言记录圣人之迹，用出意暗指圣人之所以迹，则寄言与迹相应，出意与所以迹相应。这表明，在大多数情况下，二者并没有关联。二者之关联的意义是什么呢？圣人之迹与所以迹，为寄言以出意的解释理论提供了一种合理性的依据。汤用彤认为，《庄子》一书有不少文字鄙薄仁义，毁弃礼乐，批评尧舜、禹、孔子之标举仁义，有为而治；郭象欲阳存儒家的圣人之名，而阴明道家的神人之实，文义上殊多困难，须加以解答，"依《庄子》郭注，其解有二。一为方法之解答。一为理论之解答"；方法之解答即寄言以出意，理论之解答即圣人之迹与所以迹。① 汤先生未讨论二者的关系。韩林合说："按照郭象的解释，庄子掊击上古帝王、诋毁孔圣人的言论均是寄言，其真正的意义是为了促使人们忘记圣人之迹。因此，这种意义上的'寄言以遗迹'便蕴涵着'寄言以出意'。"② 我们认为，二者讨论的对象不同，寄言中有部分内容关涉圣人之迹，二者有一定的联系，但并非包含关系。

《逍遥游》有一则寓言。尧治天下之民，往见藐姑射之山四子，受方外之道的感召，抛弃天下而归于山林。郭象的注文，把寄言与圣人之迹联系起来：

> 夫尧之无用天下为，亦犹越人之无所用章甫耳。然遗天下者，固天下之所宗。天下虽宗尧，而尧未尝有天下也，故窅然丧之。而常游心于绝冥之境，虽寄坐万物之上，而未始不逍遥也。四子者，盖寄言以明尧之不一于尧耳。夫尧实冥矣，其迹则尧也。自迹观冥，外内异域，未足怪也。世徒见尧之为尧，岂识其冥哉！故将求四子于海外，而据尧于所见，因谓与物同波者，失其所以逍遥也。然未知至远之所顺者更近，而至高之所会者反下也。若乃厉然以独高为至而不夷乎俗累，斯山谷之士，非无待者也，奚足以语至极而游无穷哉！

庄文叙述的尧之事是寄言，记录尧之迹，即尧忘天下而游于山林；寄言以出意，出意暗指尧之所以迹，即尧是游于人间世和山林的无待者。因此，解释者要忘言而得意，遗迹而把握所以迹。但一般读者根据庄文而只知圣人之迹，不知圣人之所以迹（无心而冥物），"世徒见尧之为尧，岂识其冥哉"。

《大宗师》谓真人"凄然似秋，暖然似春，喜怒通四时"，郭象注曰：

---

① 汤用彤：《魏晋玄学论稿》，上海人民出版社2015年增订版，第89—91页。
② 韩林合：《游外以冥内：郭象哲学研究》，商务印书馆2016年版，第278页。

> 夫体道合变者，与寒暑同其温严，而未尝有心也。然有温严之貌，生杀之节，故寄名于喜怒也。

郭象认为，圣人之有喜怒，乃是圣人之外在的行迹、名迹（因迹而命名），其所以迹、其实，是无喜无怒而顺应群生之喜怒。名迹是暂时所寄，是末，其所以迹、其实，乃是本。"寄名"，即以寄言记录外在的名迹。这是把寄言与圣人之迹、名联系起来。要之，圣人之喜怒之迹，非圣人自己的喜怒（独喜独怒），而是顺应众人的喜怒，故圣人实是无喜无怒。正因为圣人无喜无怒才能冥合众人的喜怒。圣人之迹的喜怒与所以迹的无喜无怒，似相对立，但有内在的统一性。

综上所述，"言意之辨"，从庄子到王弼再到郭象，有其发展和转折。言意之辨，即言（文本之义）与意（文本之意、作者之意）的分别和联系。文本之义，即指言辞（字）之常义或因字会意说理或因字叙事寓理，这是表层义，有较强的客观性。文本之意，即指名（观念）或抽象原理或委曲之理，这是深层义，有较强的主观性。言表现意，而言与意有分别。文本的背后是作者之意，这是更为根本的。作者之意有两种，一是作者的思想世界，即观念、义理所构成的思想体系，意可言说，也可接受，除非是抽象的本体；作者之意与文本之意大致取得一致，这是从哲学上讨论言意之辨。一是作者的精神世界，这是主客融合的境界；意不可言传，也不可接受；但偏要言说，则作者之意（主客融合）与文本之意（主客分离）有更大的间距性，这是从文学上讨论言意之辨。庄子既是哲学家又是文学家，其言意之辨是从哲学上、文学上讨论，而偏重于主客融合之意。郭象"寄言以出意"是从哲学上讨论。寄言出意相对于常言常意，寄言是嫌疑矛盾之言，非真非信，与常言混合在一起。寄言出意与常言常意有根本的不同。寄言有隐曲深微的出意，与出意存在重大的间距性，故忘言得意。其主要的意义是：在解释方法上，这利于郭象突破庄文的限制而较为自由地发挥其主观思想，以填补意义间距的空间；在解释效果上，这利于郭象消解庄文之义与庄子之意之间的矛盾，以确证其解释的合理性、有效性。

第三章 郭象的"迹本论"

郭象的"迹本论",是关于圣人之"迹""所以迹""无迹"的观念及其相互关系的理论。"本",即内在的所以迹,是本体,暗昧不明;"迹",即外在的行迹,是末用,易于闻见。因此,"迹本"即迹冥、本末、体用、迹与所以迹。圣人永远是处于郭象哲学的中心位置,圣人的理想人格集中地表现出郭象的社会政治理想。迹本论有理论创造的意义,其所解决的思想和现实问题是儒家与道家的冲突。牟宗三说:"以'迹本论'及圆教的模型来会通孔老的冲突,就是魏晋时代的主要课题。"[①]

第一节 学人对"迹本论"的讨论

迹、所以迹、无迹等词语皆见于庄文中,而出现的次数甚少。

无迹,在庄文中出现三次,《庄子·天地》云"是故行而无迹",《缮性》云"反一无迹",《知北游》云"其来无迹";无迹的含义是没有留下行迹、事迹,这是字面义。

《天运》:

> 孔子谓老聃曰:"丘治《诗》《书》《礼》《乐》《易》《春秋》六经,自以为久矣,孰知其故矣,以奸者七十二君,论先王

[①] 牟宗三:《魏晋玄学的主要课题以及玄理之内容与价值》,《中国哲学十九讲》,上海世纪出版集团2005年版,第182页。

之道，而明周召之迹，一君无所钩用，甚矣！夫人之难说也，道之难明邪！"老子曰："幸矣，子之不遇治世之君也！夫六经，先王之陈迹也，岂其所以迹哉！今子之所言，犹迹也。夫迹者，履之所出，而迹岂履哉！……苟得于道，无自而不可。失焉者，无自而可。"①

老子认为，"六经"是先王治世的陈迹，过时而不合今用，先王之所以迹才是治世之道。所以迹即道，是常；迹是道之用，随世而变；二者是本末的关系。

郭象《庄子注》把庄文之迹、所以迹、无迹，发展成为一组重要的观念，且确立其内在的统一联系，而构成迹本论。

郭象之迹本论思想，学人亦有阐述。汤用彤认为，老庄绝圣弃知，鄙薄仁义礼乐，不满于尧舜、禹、汤、孔子之论常见于庄子之书，然郭象欲阳存儒家的圣人之名而阴明道家的圣人之实，文义上殊多困难，必须予以解答，"依《庄子》郭注，其解有二。一为方法之解答。一为理论之解答""方法之解答为何？寄言显意之义是矣""理论之解答为何？圣人之迹之义是矣"②。圣人之迹、所以迹理论的意义是消解庄子与郭象关于圣人思想的冲突。汤先生说："圣人有内有外，有本有末。外末者圣人之迹，内本者圣人之所以迹。圣人举本统末，真体起用。废体而存用，则用非其用，忘本而逐末，则本失其真。……举本统末，固未尝无末。真体起用，而未尝无用。然世人则仅见其外用，而昧于真体。"③ 所以迹与迹，是体与用的关系，体是内是本，用是外是末；举本统末，体用一如；这准确地阐明了体用本末的辩证关系。牟宗三说，无为无不为是道家的普遍原则，"无是本，有是迹。故'迹冥'亦曰'迹本'。亦曰'迹'与'所以迹'。是则两者本是具体地圆融于一起……'无为'自然函（涵）着化迹，化

---

① （晋）郭象注，（唐）成玄英疏：《庄子注疏》，中华书局2011年版，第288—289页。
② 汤用彤：《魏晋玄学论稿》，上海人民出版社2015年增订版，第89—90页。
③ 汤用彤：《魏晋玄学论稿》，上海人民出版社2015年增订版，第90页。

迹由于无为。若停滞于无为，则不能成化。若停滞于化迹，则皆为'物累'。化而无累，迹而无迹，则固是'玄同彼我，与物冥而循大变'者之妙用也"①。牟先生强调迹本之体用的圆融。

王晓毅以郭象之迹本论作为《庄子注》的重要诠释方法，而与"寄言以出意"、形名学等并列。他说："郭象使用了'迹'与'所以迹'两个范畴：'所以迹'，是圣人的自然真性；'迹'，是圣人在真性引导下作出的事迹，这些事迹保留在记载古代圣王政治历史的《六经》中……'以自然为履，六经为迹'（《天运》注）。"② 本性之"所以迹"，只能通过有形的"迹"而表现出来，两者并不是二物，"而是同一事物的本质与现象，即'体用'关系"③。韩林合认为，圣人以法自然或任物之真性为其所以迹，并不是以本性为所以迹。④ 这是对王晓毅之说的批评。黄圣平认为，圣人之迹是其冥于内的作为，而圣人之所以迹是其游于外的精神境界。⑤ 冥于内（游于人间世）与游于外（游于山林江湖），是并列的关系；行为与精神境界，又是外内垂直的关系；这种说法夹杂矛盾。杨立华说："圣人的'所以迹'其实就是前面谈到过的'冥内'之德。因为他无心、无我，所以能因任万物之自然。然而，无论圣人怎样无心无为，总会有因应时世而生的种种外在的表现，这些外在表现被郭象称为'无为之迹'。"⑥ 圣人"冥内"之德，即无心、无我的内在品德，即所以迹。

要之，郭象之迹本论颇为难解，诸家之说见仁见智。韩林合以所以迹的功用——冥物而任物之性——定义所以迹，与其他诸家把所以迹看成真性或冥内之德不同。诸家承认迹与所以迹是体用的关系，所以迹之体是圣人的心性或内在品德，则圣人的心性有何基本特征呢？心性之所以迹与外在的行迹为何能构成体用的关系呢？无迹的内涵是

---

① 牟宗三：《才性与玄理》，吉林出版集团有限责任公司2010年版，第165页。
② 王晓毅：《郭象评传》（下），南京大学出版社2011年版，第300页。
③ 王晓毅：《郭象评传》（上），南京大学出版社2011年版，第203页。
④ 韩林合：《游外以冥内——郭象哲学研究》，商务印书馆2016年版，第260页。
⑤ 黄圣平：《郭象玄学研究》，华龄出版社2007年版，第170页。
⑥ 杨立华：《郭象〈庄子注〉研究》，北京大学出版社2010年版，第181页。

什么呢？无迹与所以迹、有迹又是何种关系呢？学人较为关注迹、所以迹等观念，也给予一定的阐释，但相对于迹本论在郭象思想中的重要地位，其解释的力度偏小；且多停留在体用本末之空言的讨论上，没有更多地结合注文而辨析其含义的丰富复杂性。本章将在学人研究的基础上，较为全面而深入地论述郭象的迹本论思想：一是阐释"无迹""迹""所以迹"的内涵；二是揭示这三个观念之间的复杂关系；三是论述圣人的仁义之迹与无为之迹的思想；四是阐明迹本论的重要意义。

第二节 "无迹""所以迹""有迹"

一 "无迹"义

一般而言，迹，即外在的行迹、事迹、功迹，可以见知和言诠；所以迹，即迹之产生的所以然，即原因或内在的依据，难以见知和言诠。众人之迹与所以迹自不足为奇，且意义微小；圣人之迹与所以迹关涉治国平天下，意义重大。《庄子》中谈论的人物主要是神人、真人、圣人、至人等，故郭象之迹本论的主要对象是圣人。

《应帝王》"有虞氏不及泰氏"注：

> 夫有虞氏之与泰氏，皆世事之迹耳，非所以迹者也。所以迹者，无迹也，世孰名之哉！未之尝名，何胜负之有耶？然无迹者，乘群变，履万世，世有夷险，故迹有不及也。[1]

这段注文中同时出现"迹""所以迹""无迹"等观念，其讨论的对象是有虞氏、泰氏等古代的君主。有虞氏、泰氏是古代圣王之名，其名是依据他们留下的世事之迹而命；其迹不同——有虞氏行仁义而有为，泰氏无知无为——故名不同。但其所以迹是一，即无迹，无迹是无，不可命名。因此，圣人之迹是不同的，"故迹有不及也"；但其

---

[1] （晋）郭象注，（唐）成玄英疏：《庄子注疏》，中华书局2011年版，第158页。

所以迹是相同的，其所以迹即无迹，故没有胜负之分。

郭象指出迹之多与所以迹或无迹之一的间距性，以说明众人很难从圣人之迹把握其所以迹的原因。《田子方》注："伏戏黄帝者，功号耳，非所以功者也。故况功号于所以功，相去远矣，故其名不足以友其人也。"功号即圣人之迹，所以功即圣人之所以迹，两者相去甚远。郭象认为，圣人无迹，从而顺应时世之变，时世太平，则圣人无为；时世混乱，则圣人有为；所以迹即无迹是同，但迹有无为与有为的差异；因此，所以迹即无迹，是迹之产生的内在依据或原因，即体即本；迹，是所以迹在不同情境下的具体运用或表现，即用即末。二者在表面上有间距性、冲突性，但在实质上有统一性，即体用圆融。

所以迹、无迹的内涵是什么呢？注文云"然无迹者，乘群变，履万世，世有夷险，故迹有不及也"。学人或据此认为，无迹即顺应时世、顺应万物，即顺天应人。我们认为，这是回答圣人之所以迹即无迹的基本作用，而没有论及本体。注文云"所以迹者，无迹也，世孰名之哉"，所以迹即无迹，其实不可知，故不可名。

《天地》注：

> 率自然耳。无是非于胸中而任之天下。无自私之怀也。德者，神人之迹也，故曰容。愿闻所以迹也。无我而任物，空虚无所怀者，非暗塞也。情复而混冥无迹也。

这段注文也同时出现"迹""所以迹""无迹"的观念。神人之迹即容，是有德，即施行恩惠，这是有为的表现。神人之迹是用是末，所以迹是体是本，故愿闻所以迹。神人之所以迹，即"无自私之怀也""空虚无所怀者"，即无迹。

学人基本上不关注郭象之无迹的含义。笔者认为，要明白所以迹的内涵，首先在于把握无迹的含义。郭象的注文中出现无迹之词，有二十余次。

一般而言，无迹略有两种意义，一是根本没有留下外在的行迹；二是留下外在的行迹而与众人同，即非自我的独行之迹。前一种无迹为超越的神人所有，这属于庄子的思想；后一种无迹为郭象的圣人所有，即圣人顺应天下万物之为而为，故没有自己的独为。这两种无迹皆指外在之迹，与内在的所以迹有根本的差别；那么，郭象之内在的无迹之体是什么呢？无迹之体即圣人的虚灵心性，即无心。无心不是心之虚空虚无，而是涵融天下万物万理以为一而虚灵不昧。《应帝王》题注："夫无心而任乎自化者，应为帝王也。"无心是帝王即圣人的基本品质。《逍遥游》注："夫圣人之心，极两仪之至，会穷万物之妙数，故能体化合变，无往不可；磅礴万物，无物不然。"《齐物论》注："无心而无不顺。夫神全形具而体与物冥者，虽涉至变而未始非我，故荡然无芥介于胸中也。"圣人之心，穷尽万物之妙理。圣人神全形具，会通众理以为一（即至理）。这不是心之集合万物万理而混杂，而是心之统摄万物万理为至理，即一以贯之于万物万理的最高真理。虚灵的无迹之体，未感之时，虚静为一，无理无迹，即无；感而后应，变化无方，能呈现出任何物理，而留下任何物理的行迹；这就如同水一样，虚静无形，若置于各种器皿中则化为各种形体，在圆为圆，在方为方，因物而成形。《大宗师》注："夫圣人游于变化之途，放于日新之流。万物万化，亦与之万化，化者无极，亦与之无极，谁得遁之哉！"圣人无心，故能变化无方，万物万化而与之万化，化者无穷亦与之无穷。《应帝王》注："此皆以其文章技能系累其身，非涉虚以御乎无方也。"心之虚灵不昧才能应于无方。要之，无迹之体即圣人之所以迹，即无心，即圣人之虚灵的心性，《天运》注"所以迹者，真性也"，能与任何事物相融合而表现为任何具体的行迹，这是末用；所以迹即无迹与迹有分，但体用圆融。

无迹之体即圣人的内在心性，是"冥"。《逍遥游》注："夫尧实冥矣，其迹则尧也。自迹观冥，内外异域，未足怪也。世徒见尧之为尧，岂识其冥哉！"自迹观冥，内外相分，故众人只知圣人之迹而不知其无迹。《逍遥游》注：

夫体神居灵而穷理极妙者，虽静默间堂之里，而玄同四海之表，故乘两仪而御六气，同人群而驱万物。苟无物而不顺，则浮云斯乘矣；无形而不载，则飞龙斯御矣。遗身而自得，虽淡然而不待。坐忘行忘，忘而为之，故行若曳枯木，止若聚死灰，是以云其神凝也。

圣人穷理尽妙而心性空灵，故能玄同万物。"其神凝"，即精神虚寂，无心虚静，涵融万物万理以为一（至理），故与天下万物感应时能表现为任何物理，而无物不顺，无形不载，无理不合。

郭象之"无迹"观念，除了无迹之体的主要意义，还有两种意义。

第一，无迹的抽象义，即心与物完全地融合而了无痕迹，这如同盐溶于水。《齐物论》"而不知其所由来"注："至理之来，自然无迹。"心存于至理而不知，即无迹，即心与至理完全地融合而了无痕迹。《齐物论》注："故任而不助，则本末内外，畅然俱得，泯然无迹。""泯然无迹"，即圣人与众人冥合、融合而无迹。《德充符》注："欲以真理冥之，冀其无迹。"心与真理相融合而无迹。

《天地》注：

> 夫志各有趣，不可相效也。故因其自摇而摇之，则虽摇而非为也；因其自荡而荡之，则虽荡而非动也。故其贼心自灭，独志自进，教成俗易，闷然无迹，履性自为而不知所由，皆云"我自然矣"！

闷然无迹，即任性自为而不知。心与知为相融合，是出于任性自得。任其本性的知为是自然而然的知为。

《缮性》"当时命而大行乎天下，则反一无迹"注：

> 反任物性，而物性自一，故无迹。

物任性自得，而无迹。

要之，无迹的抽象义，即心与物完全地融合而了无痕迹；这是忘，即心存于某物而不知，即心与某物融合而忘，而不是心没有某物之遗忘。如果心不能忘某物，即心与某物有间距而不能融合，则心不能自由，也不能最大程度地发挥作用。众人任性自得，则心与知为融合。圣人无心而冥物，即圣人与万物融合，故圣人之助成万物是自在自由的，且能最大程度地发挥作用。

第二，无迹之抽象义落实为具体义，即圣人留下行迹而玄同众人，故无独行之迹。

《人间世》注：

> 神人无用于物而物各得自用，归功名于群才，与物冥而无迹，故免人间之害，处常美之实，此支离其德者也。

神人与物融合而无迹，即神人以物之知为为知为，而没有自己的独知独为以标榜其异，则不会受到人间的伤害。独标其异者，善则引起他人的嫉恨，恶则引起他人的痛斥。因此，神人之无迹，即有行迹与众人同，即神人的行为以万物的行为为行为，不是什么也不为而放任万物之自为；若是，则圣人对万物不管不问，不能谓之"冥物"，因为凡是冥物，即自我与物融合无间，而非相对木然。

《人间世》注：

> 夫画地而使人循之，其迹不可掩矣。有其己而临物，与物不冥矣。故大人不明我以耀彼，而任彼之自明；不德我以临人，而付人之自得。故能弥贯万物而玄同彼我，泯然与天下为一，而内外同福也。

君主标举自己的言行，而要求众人遵从，这是彰显自己的独行之迹，而与众人对立分别，则不免于祸。大人与物冥合，以众人之行为行，"泯然与天下为一"，即无迹，内外同福。

《应帝王》注：

任物，故无迹。

圣王顺应物，故无迹。顺应物，即圣人的行迹与物同，而无自己的独行之迹。

《骈拇》注：

> 愧道德之不为，谢冥复之无迹，故绝操行，忘名利，从容吹累，遗我忘彼，若斯而已矣！

圣人冥合万物，故无迹。

《在宥》注：

> 夫乘物非为迹而迹自彰，猖狂非招民而民自往，故为民所放效而不得已也。

圣人顺物之所为而留下行迹，其迹与众人同，实是无迹，但众人以为圣人有迹而逐之。

《天地》注：

> 以其背今向古，羞为世事，故知其非真浑沌也。徒识修古抱灌之朴，而不知因时任物之易也。夫真浑沌，都不治也，岂以其外内为异而偏有所治哉！此真浑沌也，故与世同波而不自失，则虽游于世俗，而泯然无迹，岂必使汝惊哉！在彼为彼，在此为此，浑沌玄同，孰识之哉？彼世俗所识者，特识其迹耳！

圣人因时任物，混沌玄同，即顺物、冥物，故无迹，此真混沌者，而众人不能识之。

《知北游》"其来无迹，其往无崖，无门无房，四达之皇皇也"注：

> 夫率自然之性、游无迹之途者，放形骸于天地之间，寄精神

>于八方之表。是以无门无房，四达皇皇，逍遥六合，与化偕行也。

圣人任其本性，而与万物融合，即游于无迹之途也。

《徐无鬼》注：

>未能绝迹而玄会。

绝迹，即玄同而无迹。

《逍遥游》"神人无功"注：

>夫物未尝有谢生于自然者，而必欣赖于针石，故理至则迹灭矣。今顺而不助，与至理为一，故无功。

以针石治病，有心有为，而得到感谢，这是有迹。圣人顺自然之理，无心无为，故无功，"迹灭"，而无迹。

要之，无迹，是指外在的行迹，即圣人的行迹与众人玄同，故没有独行之迹；无迹之迹来自无迹之本体。

综上所述，无迹略有三义，一是无迹之体；二是无迹之用；三是无迹之抽象义，即了无痕迹。自我与物或心与物完全地融合，如同盐溶于水而了无痕迹。圣人顺应万物，冥合万物，即与万物相融合，故了无痕迹；这是圣人之无迹的抽象义。众人之知为合于性分的要求，即知为与性分相融合，也是了无痕迹；这是众人之无迹的抽象义。无迹是圣人与万物的融合，其融合是否会丧失圣人的品格呢？《天地》注"此真浑沌也，故与世同波而不自失"，与物融合，不沉沦于其中而失其品格。圣人与物相融合，而随物之知为而知为，但其内在的品格乃是无心无迹之体，是常而不变。无迹之体即无心，心涵融万物万理为一而虚灵不昧，从而能顺物、冥物，在不同的情境下化为具体的行迹。心若不能涵融万物万理，则没有顺物、冥物的依据；心若不能统摄万物万理为至理之纯一，则不能虚静，不能养心养神；心若不能无心虚静,则物离开后,而留下物的知欲,则沉沦于物的知欲之中而不能自拔。要之,圣人之所以融合万物而无迹,是基于圣人无心无迹的品格,故无迹同于无心,是本体,这与外在行迹的无迹是内外本末的关系,且有了无痕迹的基本特征。

郭象标举圣人之无迹。

《天地》注:

> 众父父者,所以迹也。

啮缺是道家的人物,游于江湖山林中,高尚无为,不合于俗,其道可述,可为众人之父,这是有迹;但未可为父父也,父父者即尧,其所以迹是无迹之体,顺物、冥物而与众玄同,非独标其志行而异于俗。郭象批评《庄子》之理想人物伯夷、啮缺等抛弃世俗世界,而与众人相对,留下独知独行之迹,众人追逐之而失性作伪;标举圣人之无迹,则无弊。

《让王》注:

> 此篇大意,以起高让远退之风,故被其风者,虽贪冒之人,乘天衢,入紫庭,犹时慨然中路而叹,况其凡乎!故夷许之徒,足以当稷契、对伊吕矣。夫居山谷而弘天下者,虽不俱为圣佐,不犹高于蒙埃尘者乎!其事虽难为,然其风少弊,故可贵也。曰:"夷许之弊安在?"曰:"许由之弊,使人饰让以求进,遂至乎之哙也;伯夷之风,使暴虐之君得肆其毒而莫之敢抗也;伊吕之弊,使天下贪冒之雄敢行篡逆;唯圣人无迹,故无弊也。"若以伊吕为圣人之耶,则伯夷叔齐亦圣人之迹也;若以伯夷叔齐非圣人之迹耶,则伊吕之事亦非圣矣。夫圣人因物之自行,故无迹。然则所谓圣者,我本无迹,故物得其迹,迹得而强名圣,则圣者乃无迹之名也。

这段注文四次出现无迹的观念,且把无迹与迹相对立。注文颇为难解。首先指出伯夷、叔齐有迹，即有高让远退的行迹，这是与众人相异的独行之迹。其次肯定伯夷、叔齐之行迹有警惧贪冒之人的重要作用，而许为圣佐。再次认为有迹则有弊，世人逐迹而失性作伪。最后标举圣人之无迹，众人无由仿效，故无弊。

圣人之迹的弊端表现在两个方面：其一，圣人有迹，则众人尚之，尚之而作伪失真，所谓"饰让以求进"，例如魏晋的两次皇权禅让皆是伪诈的。其二，圣人有迹，则为众人所尚，善人用之为善，恶人用之为恶，但世间善人少而恶人多，故有迹之弊大于利。如圣知仁义，大盗盗取而窃国。成玄英疏："夫善恶二途，皆由圣智者也。伯夷守廉洁著名，盗跖恣贪残取利。然盗跖之徒甚众，伯夷之类盖寡。故知圣迹利益天下也少，而损害天下也多。"[①]

这段注文颇有嫌疑之处，要求辨明。"夫圣人因物之自行，故无迹"，无迹是指无迹之用，即圣人顺应物之知为，即以物的知为为知为，即玄同众人的知为，故圣人有知有为，但不是独知独为。因为圣人有知为，所以众人往往以为圣人有迹而逐之。"唯圣人无迹，故无弊也"。如果无迹理解为圣人没有任何行迹，则众人无由仿效，故无弊。如果无迹理解为圣人玄同众人的行迹而没有独行之迹，则众人浅知而以为圣人有迹而尚之，从而失性作伪。尽管圣人不任其过，但众人逐迹之弊是存在的。"我本无迹，故物得其迹，迹得而强名圣，则圣者乃无迹之名也"，可以理解为圣人有无迹之体，而本无迹，但留下无迹之用（玄同众人的行迹）；众人以为圣人有迹，且据之命名为"圣"，而不知圣人之实是无迹，不可命名。郭象之无迹有多义性：无迹之体，无迹之用（玄同众人的行迹），了无痕迹，根本上没有行迹。这四种意义混合在一起，故造成了理解的困惑，解释者当用心用力以明辨之。

综之，郭象之无迹的基本意义是指内在的所以迹，即圣人涵融天下万物万理以为一之灵妙心性，故能顺物、冥物，即与万物完全地融合而了无痕迹，落实到外在的行迹，即有迹而与众人玄同，非独行之

[①] （晋）郭象注，（唐）成玄英疏：《庄子注疏》，中华书局2011年版，第191页。

迹。因此，无迹的三种含义具有统一性。

二 "所以迹"义

我们接着讨论"所以迹"。郭象的注文把有迹与所以迹相对。
《大宗师》注：

> 夫坐忘者，奚所不忘哉！既忘其迹，又忘其所以迹者。内不觉其一身，外不识有天地，然后旷然与变化为体而无不通也。

迹与所以迹相对。迹是外在的行迹，忘之较易；所以迹是外在行迹产生的内在依据，忘之尤难。圣人"坐忘"，忘其迹，进而忘其所以迹，从外向内俱忘，从而冥合万物及其变化，故能游于无穷。庄子之坐忘是一切皆忘，心虚无虚空，木然于万物的自生自灭，无所凭借和限制，而游于无穷，这是游于物外。郭象之坐忘是心涵融万物万理以为一而虚灵不昧，而能与万物万理相融合而游于无穷，这是游于物中。不忘，则不能融合；不能融合，则不能顺应；不能顺应，则相分别而受到限制和束缚，不能游于无穷。

《秋水》"昔者尧舜让而帝，之哙让而绝；汤武争而王，白公争而灭"注：

> 夫顺天应人而受天下者，其迹则争让之迹也。寻其迹者，失其所以迹矣，故绝灭也。

尧舜有让之迹，汤武有争之迹；之哙、白公追寻圣人之迹，而不知其所以迹，故绝灭。圣王之所以迹为何呢？所以迹即无迹之体，故能顺天应人，而留下争让之迹。之哙、白公之争让乃是自己的独知独为，故冒天下之大不韪而绝灭。

《天下》注：

> 能明其迹耳，岂所以迹哉！

腐儒徒知圣人之迹，而不知圣人之所以迹，故舍本逐末。

《天运》"夫六经，先王之陈迹也，岂其所以迹哉"注：

> 所以迹者，真性也。夫任物之真性者，其迹则六经也。

所以迹，即圣人的真性，即虚灵不昧的心性，顺物、冥物而留下各种行迹，被记录在《六经》中。《天地》注："率性而动，非常迹也。"迹是任性而动所留下的变化之迹，故不常。《六经》记录的圣人之迹过时而不用，故要把握圣人之所以迹。

要之，所以迹是迹产生的内在依据，是体是本；迹是所以迹在不同情境下的具体表现，是用是末。所以迹之本体，即无迹之体，是指圣人空灵的心性，即无心全性，即涵融天下万物之心性（性分）以为一而整体无分之心性。

郭象认为，圣人之迹与所以迹，指圣人之名与圣人之实。圣人有外在的具体行迹，故有名；圣人之内在的所以迹即圣人之实，无心无迹，即无，故不可命名。一般而言，名与实一也，即名揭示实的内涵。但对于圣人而言，名与实即迹与所以迹有本末体用的分别，即圣人之名不能揭示圣人之实。

《逍遥游》"圣人无名"注：

> 圣人者，物得性之名耳，未足以名其所以得也。

《马蹄》"及至圣人"注：

> 圣人者，民得性之迹耳，非所以迹也。此云及至圣人，犹云及至其迹也。

圣人助万物得性逍遥，而留下有为的功迹，故万物名之曰"圣人"；但万物不知圣人之所以迹是无心无为。迹与所以迹似悖反。无心无为，即指圣人的空灵心性，涵融万物万理以为一而虚灵不昧，感物而应，能化为任何物理。因此，所以迹之无与迹之有是统一的。无心无为而涵融众人之有心有为，这是圣人之所以迹，即圣人之实，因为是无，所以不可命名。

《逍遥游》注：

> 尧舜者，世事之名耳。为名者，非名也。故夫尧舜者，岂直尧舜而已哉？必有神人之实焉。今所称尧舜者，徒名其尘垢秕糠耳。

尧舜之名，是世人依据尧舜之迹而命；尧舜之迹是其留下治世的事迹，迹不同而名不同。但所以迹即尧舜之实是一，即无心无为而冥世，即神人之实。神人之实是无，故不可名，所名的不过是圣人之迹而已，故圣人之名迹是尘垢秕糠。

要之，圣人之名实的关系，是圣人之迹与所以迹的关系，是用与体的关系，而非名实相符的关系，即圣人之名不能揭示圣人之实。就体与用而言，二者有分别而又统一，不能忘体说用，也不能存体忘用，但郭象之迹与所以迹的理论，较轻视迹用。

《逍遥游》注：

> 夫尧实冥矣，其迹则尧也。自迹观冥，内外异域，未足怪也。世徒见尧之为尧，岂识其冥哉！

尧之实是无心无为而冥合万物，但留下有心有为之迹；众人看到尧之迹，而以为尧是有心有为，不知尧之所以迹是无心无为。尧之名，是众人依据尧之行迹而命。尧之实，即无心无为而冥合万物，因是无而不可命名。无心无为之体，与有心有为之用，并非截然对抗，而是具有内在的统一体，即涵融万物万理以为一而无心无为之体，顺物、冥物而展现为任何事物之有心有为的具体运用。

尧舜禹汤等，是儒家所谓的圣人，有心有为，损形劳神，老庄道家贬之为世俗的君主。神人，是老庄道家的理想人格，遗落世事，形若槁木,心若死灰,而长生不老,精神永全。郭象之理想人格用儒家的圣人之名,但其实质内容综贯儒家圣人与老庄神人。庄文中儒家的圣人与道家的神人,皆与郭象的理想人格发生冲突,这也造成了圣人之名与圣人之实的裂痕。郭象为了弥缝其裂痕,把名与实看成迹与所以迹的关系,即用与体、末与本的关系,而非名实相符合的关系。这就要求突破甚至忘却圣人之名(迹),以把握圣人之实(所以迹)。例如,庄文所叙述的儒家圣人是有心有为的,而遭到贬斥。郭象认为,有心有为是圣人之迹,其所以迹是无心无为。名与实、迹与所以迹似悖反,实际上是体用的关系。

《在宥》云,黄帝以仁义撄人之心,尧舜为仁义、定法度而天下纷乱,"夫施及三王而天下大骇矣";这显然是指责儒家的圣君黄帝等。郭象以之为理想人格,则如何处理这些批评圣人的文字呢?

郭象注曰:

> 夫尧舜帝王之名,皆其迹耳,我寄斯迹而迹非我也,故骇者自世。世弥骇,其迹愈粗。粗之与妙,自途之夷险耳,游者岂常改其足哉!故圣人一也,而有尧舜汤武之异。明斯异者,时世之名耳,未足以名圣人之实也。故夫尧舜者,岂直一尧舜而已哉!是以虽有矜愁之貌、仁义之迹,而所以迹者故全也。

尧舜为仁义、定法度,是有心有为之迹,这是顺应当时形势之夷或险而留下的某种特定行迹,所谓"我寄斯迹而迹非我也";行迹是圣人暂时所留下,随世而变,有妙与粗之分;迹的妙与粗依据于世之夷险,世愈乱,其迹愈粗;众人据圣人的行迹命名,故有尧舜汤武之名。但圣人之实即所以迹是无心无为——涵融万物万理以为一之空灵妙体——从而顺物,冥物;无心无为之体是无,故不可名。圣人无心而冥世,虽有"矜愁之貌,仁义之迹",但心性俱全而没有损伤。

综之,郭象把圣人之名与实看作迹与所以迹的关系,即本末体用的关系,一方面指出名与实在表面上有分别,但另一方面指出二者在实质上具有内在的统一性。庄文中有许多文字是批评儒家圣人的,这是圣人之迹，而无足轻重；庄子实际上是尊崇儒家圣人之所以迹的。郭象之迹冥论在讨论圣人之名与实的关系时有两种重要的作用：一是从解释方法上来说，这利于郭象综合儒道两家而重建其圣人人格；二是从解释效果上来说，这利于郭象消解庄文与他自己关于圣人人格的冲突，以确证其解释的合理性、有效性。

三 "有迹"义

我们讨论"有迹"。有迹的意义略有三种：一是指外在的行迹，包括行为及其结果；二是指自己的独特行迹，而与众人相异；三是指自我与物、心与物相分而留下痕迹，与了无痕迹之无迹相反，这是抽象义。就圣人与众人而言，圣人无迹，即无心无为而顺物、冥物；众人有迹，即任其性分的要求而有独特的行迹，彼此相分而不能相知。郭象认为，人人皆有性分，各有其行迹，故不要追逐他人之迹，以舍己效人而失性作伪，也不要驱人从己之迹而失性作伪。众人往往尊崇圣人，而追慕圣人之迹，以致失性作伪，故郭象在讨论有迹时，主要指向圣人之迹。

如何理解圣人之迹呢？

圣人是有迹的，即圣人留下治世的行迹，主要表现为有为、行仁义礼乐等。这种有迹是在特定的历史条件下顺天应人而留下的，不是圣人的独特行迹，故可谓之无迹。但众人以为是圣人之迹而尚之，失性作伪。圣人有迹的本体是圣人无心无迹，即涵融天下万物万理以为一而虚灵不昧的心性。

《德充符》有一则寓言。无趾认为，孔子求以"諔诡幻怪之名闻，不知至人之以是为己桎梏邪"。老聃云："解其桎梏，其可乎？"无趾曰："天刑之，安可解！"这是批评孔子独标其迹之异而求声名。

郭象注曰：

> 今仲尼非不冥也。顾自然之理，行则影从，言则响随，夫顺物则名迹斯立。而顺物者，非为名也。非为名则至矣，而终不免乎名，则孰能解之哉！故名者，影响也。影响者，形声之桎梏

也。明斯理也，则名迹可遗。名迹可遗，则尚彼可绝。尚彼可绝，则性命可全矣。

注文首先认为，仲尼顺自然之理而行，非独标其异。其次认为，仲尼顺物，物任性自得，故留下名迹，但非有心有为求名。再次认为，仲尼留下名迹的结果，不仅自己受其束缚，且招引众人逐之而失性作伪。最后认为，遗名迹，绝崇尚，则自我与众人皆安于本性。"夫顺物则名迹斯立"，即顺物，而物足性，物称仲尼之功而有名迹。"而顺物者非为名也"，即仲尼之顺物是出于无心冥物的要求，非有心有意地求名。要之，这段注文表明，名迹不仅对自我有害，也对他人有害，故名迹可遗。

郭象更为突出圣人留下行迹，而引发众人的追慕，从而使众人失性作伪，也造成社会秩序的混乱。

《马蹄》"此亦圣人之过也"注：

其过皆由乎迹之可尚也。

圣人有可尚之迹。圣人之过，即留下可尚之迹，众人尚之而失其性分。郭象一方面说圣人无迹，另一方面又说圣人有迹，二者是否矛盾呢？圣人有迹，是指外在的行迹；圣人无迹，是指圣人玄同众人的行迹；有迹、无迹皆有行迹，异中有同，故可相容。

《在宥》"自三代以下者，匈匈焉终以赏罚为事，彼何暇安其性命之情哉"注：

忘赏罚而自善，性命乃大足耳。夫赏罚者，圣王之所以当功过，非以著劝畏也。故理至则遗之，然后至一可反也。而三代以下，遂寻其事迹，故匈匈焉与迹竞逐，终以所寄为事，性命之情何暇而安哉！

赏罚是圣人所行之迹，以当众人之功过。有功则有赏，有过则有罚，这是自然之理。如果标举、崇尚圣人的赏罚之迹,以劝畏为目的,则赏者未必善,罚者未必恶,即众人之行善恶是作伪失真,故性命不能安。赏罚之迹,是暂时所寄,不过是手段而已。

《庚桑楚》:"吾语汝:大乱之本,必生于尧舜之间,其末存乎千世之后。千世之后,其必有人与人相食者也。"这是批评尧舜之有心有为而乱天下。郭象注曰:

> 尧舜遗其迹,饰伪播其后,以致斯弊。

郭象认为,尧舜留下行迹,众人尚之而饰伪,以造成天下大乱的弊端,这主要是批评众人追逐圣人之迹的过失。

《列御寇》:"鲁哀公问乎颜阖曰:'吾以仲尼为贞干,国其有瘳乎?'曰:'殆哉,圾乎仲尼!……难治也。'"庄文之义是,以贞干之仲尼治国,国家危殆。郭象注曰:

> 夫至人以民静为安。今一为贞干,则遗高迹于万世,令饰竞于仁义而雕画其毛彩。百姓既危,至人亦无以为安也。

郭象认为,孔子有贞干之行迹,乃是超出于众人之上的高迹,从而引诱众人追逐,故作伪失真,陷入困境,至人也不能安。

圣人之迹,随世而变,过时不用,若以之治当世,则愈治愈乱。

《天运》"古之至人,假道于仁,托宿于义"注:

> 随时而变,无常迹也。

至人标举的仁义礼乐之迹,随时而变,没有常迹,这是否定仁义礼乐的超越性。

《胠箧》注:

> 法圣人者，法其迹耳。夫迹者，已去之物，非应变之具也，奚足尚而执之哉！执成迹以御乎无方，方至而迹滞矣，所以守国而为人守之也。

圣人之迹，是已去之物，非应变之具。人君执圣人之迹而守国，则为人守国也，国家终为大盗所盗取。

《外物》注：

> 《诗》《礼》者，先王之陈迹也。苟非其人，道不虚行。故夫儒者乃有用之为奸，则迹不足恃也。

《天下》注：

> 皆道古人之陈迹耳，尚复不能常称。

陈迹，不能适应今变，故不是常。

《天下》"天下大乱"注：

> 用其迹而无统故也。

君主之治国，用先王的陈迹，而不能顺应时代的变化，故将造成天下的大乱。

综之，有迹，一是指外在的行迹，二是指外在的独特行迹，三是指有分而不能融合；有迹，则有利有弊，且弊大于利。圣人之有迹往往招致众人的崇尚和效法，从而使众人失其性分以陷入困境；且先王之迹是陈迹，不能适应时代的变化，以之治国是刻舟求剑，必乱，故必须把握圣人之无心而顺物的无迹、所以迹。

第三节 圣人之迹

庄文激烈地批评尧舜等圣人,主要表现在两个方面,一是尧舜标举仁义礼乐,而乱天下人的质朴性情;二是尧舜有为,而扰乱群生,愈治愈乱。郭象认为,这两者皆是圣人之迹,即仁义之迹、有为之迹;众人追逐圣迹,而失性作伪,陷于困境;其主要责任是众人而不是圣人;圣人之所以迹是无心无为。要之,圣人的仁义之迹出自无仁无义,圣人的有为之迹出自无为;圣人留下圣迹,其所以迹是无迹。

一 圣人的仁义之迹

如何理解圣人的仁义之迹呢?

《马蹄》"及至圣人,蹩躠为仁,踶跂为义,而天下始疑矣。澶漫为乐,摘僻为礼,而天下始分矣"注:

> 夫圣迹既彰,则仁义不真,而礼乐离性,徒得形表而已矣。有圣人即有斯弊,吾若是何哉!

庄文认为圣人标举仁义礼乐而扰乱人之情性以造成天下疑分的恶果,从而予以完全的否定。郭象认为仁义礼乐是圣人治世之迹,而给予肯定。但圣人之迹为众人所逐而失性作伪,这是批评众人跂尚圣迹之过。"有圣人即有斯弊",即有圣迹则必然有弊——众人逐之而失性作伪——圣人也无奈何。

《徐无鬼》注:

> 爱民之迹,为民所尚,尚之为爱,爱已伪也。

圣人爱民之迹,即仁迹,众人尚之,爱已虚伪不实。

《大宗师》注:

> 仁者，兼爱之迹；义者，成物之功。爱之非仁，仁迹行焉；成之非义，义功见焉。存夫仁义，不足以知爱利之由无心，故忘之可也。但忘功迹，故犹未玄达也。

圣人留下仁义之迹，即爱人成物而让群生任性自得。"爱之非仁""成之非义"，如何理解呢？圣人非有心有意地行仁义，而是无心无意地行仁义，所谓"爱利之由无心"。如何能做到无心无意地行仁义呢？圣人任性自得。众人如果能明白斯理，则不会追逐圣人的仁义之迹，从而安于自己性分的仁义要求，任性自得。郭象认为，仁义自是人之情性，《骈拇》注曰"夫仁义自是人之情性，但当任之耳"。进一步而言，圣人任性自得而留下仁义之迹，但所以迹是无仁无义。无仁无义，不是残忍，也不是麻木不仁，而是一视同仁地涵融天下万物的大仁大义、至仁至义。《天道》注："夫至仁者，无爱而直前也。"《齐物论》"大仁不仁"注："无爱而自存也。"《大宗师》注："故以天下为一体者，无爱为于其间也。"世俗之仁义是建立在亲疏远近的分别上，故有偏；大仁大义是一视同仁地包容万物，故整全无分。圣人之所以如此，是因为圣人具有整全无分的空灵心性，涵融天下万物万理以为一（至理）而虚灵不昧，感而后应，能与任何事物相冥合而助成其得性逍遥。要之，圣人的仁义之迹是出于大仁大义的空灵心性，是任性自得。因此，大仁大义之无心本体与有仁有义之行迹，虽在表面上有分别，但在实质上是统一的，二者体用圆融。

《缮性》注：

> 无不容者，非为仁也，而仁迹行焉。
> 无不理者，非为义也，而义功著焉。
> 信行容体而顺乎自然之节文者，其迹则礼也。

圣人平等地包容、通达群生，从而让群生有为有成，任性自得，留下仁义之迹。"非为仁也""非为义也"，即圣人的仁义之迹是出于无心无意，自然而然，是圣人任其全性而游放自得的结果，圣人的心性是大仁大义的空灵心性。

《骈拇》"自虞氏招仁义以挠天下也，天下莫不奔命于仁义"注：

> 夫与物无伤者，非为仁也，而仁迹行焉；令万理皆当者，非为义也，而义功见焉。故当而无伤者，非仁义之招也。然而天下奔驰，弃我殉彼，以失其常然。故乱心不由于丑，而恒在美色；挠世不由于恶，而恒在仁义。则仁义者，挠天下之具也。

庄文激烈地批评虞舜标举仁义，诱引众人追逐之而扰其情性，乱其天下。郭象认为，虞舜留下仁义之迹，"非为仁也""非为义也"，即不是有心有意地标举仁义之名，而是出于无心无意的任性自得；天下人追逐仁义，是以仁义为美，而有心有意地追求，从而不能安于自己性分的要求，以致失分作伪，故虞舜不任其过。这种解释回护了庄文对虞舜的批评。

《天下》"以仁为恩，以义为理，以礼为行，以乐为和，薰然慈仁，谓之君子"：

> 此四者之粗迹，而贤人君子之所服膺也。

世俗之仁义礼乐有亲疏远近的分别，有偏弊，这是圣人留下的有为粗迹。圣人之所以迹即无仁无义、大仁大义，即一视同仁地包容、通达万物。但贤人君子服膺仁义礼乐之粗迹，而不知圣人之所以迹。

《在宥》"昔者黄帝始以仁义撄人之心"注：

> 夫黄帝非为仁义也，直与物冥则仁义之迹自见，迹自见则后世之心必自殉之，是亦黄帝之迹使物撄也。

庄文批评黄帝为仁义而扰乱人心。郭象认为，黄帝无仁无义（成玄英疏曰"黄帝因宜作则，慈爱养民，实异偏尚之仁、裁非之义"）、大仁大义，而顺物、冥物，助成万物任性自得，留下仁义之迹。后王不能知圣人之所以迹，而一味标举仁义来治世，从而造成天下的纷争和混乱，故黄帝不任其过，"弊起后王，衅非黄帝"（成玄英疏）。

圣人的仁义之迹与所以迹思想的意义有二：一是批评后世君主标举仁义礼乐，而诱引天下人追逐，以获得仁义之名迹，从而使天下人失其性分，也导致仁义的作伪失真；二是批评后世君主不能大仁大义，而有亲疏远近的好恶之分，从而造成社会政治的纷乱。

《骈拇》"今世之仁人，蒿目而忧世之患"注：

> 兼爱之迹可尚，则天下之目乱矣。以可尚之迹，蒿令有患而遂忧之，此为陷人于难而后拯之也。然今世正谓此为仁也。

天下人追逐仁义之迹，失其本性而陷入困境；仁人又标举仁义以拯救之，愈治愈乱。

《骈拇》注：

> 若乃无可尚之迹，则人安其分，将量力受任，岂有决己效彼，以饕窃非望哉！

无可尚之迹，则众人安其性分。尚他人之迹，往往舍己效人，开希幸之路，自我失其性分。

《在宥》注：

> 由腐儒守迹，故致斯祸。不思捐迹反一，而方复攘臂用迹以治迹，此可谓无愧而不知耻之甚也。
>
> 圣知仁义者，远于罪之迹也。迹远罪，则民斯尚之；尚之，则矫诈生焉；矫诈生，而御奸之器不具者，未之有也。

腐儒标举圣人的圣知仁义之迹，则民争尚之，而矫诈生，故致灾祸。腐儒不知弃迹而返归圣人之所以迹，而用迹治迹，则社会愈加动乱。

《胠箧》"圣人者，天下之利器也"注：

> 夫圣人者，诚能绝圣弃知而反冥物极，物极各冥，则其迹利物之迹也。器犹迹耳，可执而用曰器也。

圣人无心虚静，从而冥合万物，助成万物任性自得，而留下利物仁物之迹。

综之，圣人有仁义之迹，但其所以迹是无仁无义、大仁大义；无仁无义之所以迹与仁义之迹是体用圆融；仁义之迹是出于圣人的任性自得，故自然而然，无心无意。众人不要追逐圣人的仁义之迹，而要安于自己性分的仁义要求，从而任性逍遥。

二 圣人的无为之迹

一般认为，庄子之有为即在人间世有所作为，庄子之无为即拱默于山林江湖之中而无所作为；这种无为思想是超越的，不能知行于人间世。郭象之有为、无为的思想，丰富复杂。其基本内容主要有三：一是有所作为即有为，无所作为即无为；二是做事超出性分之外即有为，合于性分之内即无为；三是自我之独为即有为，自我效法他人之为即无为。郭象在注文中兼用这三种意义，而造成了理解上的困难。

《人间世》注：

> 足能行而放之，手能执而任之，听耳之所闻，视目之所见，知止其所不知，能止其所不能，用其自用，为其自为，恣其性内而无纤芥于分外，此无为之至易也。无为而性命不全者，未之有也。性命全而非福者，理未闻也。故夫福者，即向之所谓全耳，非假物也，岂有寄鸿毛之重哉！率性而动，动不过分，天下之至易也。举其自举，载其自载，天下之至轻也。然知以无涯伤性，心以欲恶荡真。故乃释此无为之至易，而知彼有为之至难，弃夫自举之至轻，而取夫载彼之至重，此世之常患也。

无为，即任其性命之情，至易也；有为，即荡出于性分之外，至难也；但世之常患是弃无为而取有为。

《天道》注：

> 夫无为之体大矣，天下何所不为哉！故主上不为冢宰之所任，则伊吕静而司尹矣；冢宰不为百官之所执，则百官静而御事矣；百官不为万民之所务，则万民静而安其业矣；万民不易彼我之所能，则天下之彼我静而自得矣。故自天子以下至于庶人，下及昆虫，孰能有为而成哉？是故弥无为而弥尊也。

无为，即不为分外之事，而尽分内之任，故无为是为，"天下何所不为哉"；有为，即越出性分而为。天子以至于庶人、昆虫，各安其分而为，皆是无为。自我无为，做分内之事，能得性逍遥，且也不干涉他人；有为，做分外之事，自我失性而陷入困境，也干涉他人。因此，天下人皆无为，皆能任性逍遥，故弥足尊贵。

《天道》注：

> 夫工人无为于刻木，而有为于用斧；主上无为于亲事，而有为于用臣。臣能亲事，主能用臣；斧能刻木，而工能用斧。各当其能，则天理自然，非有为也。若乃主代臣事，则非主矣；臣秉主用，则非臣矣。故各司其任，则上下咸得，而无为之理至矣！

无为之理，即主上、臣子各尽其事，各尽其职，故上下咸得。

《天道》注：

> 无为之言，不可不察也。夫用天下者，亦有用之为耳。然自得此为，率性而动，故谓之无为也。今之为天下用者，亦自得耳，但居下者亲事，故虽舜禹为臣，犹称有为。故对上下，则君静而臣动；比古今，则尧舜无为而汤武有事。然各用其性，而天机玄发，则古今上下无为，谁有为也！

"率性而动",顺应本性而为,即无为。君有君之职分,臣有臣之职分,各安其性,天机玄发,皆无为也。

庄文中有许多文字批评尧舜之有为而不能无为,郭象以迹与所以迹的理论解释。

《骈拇》"自三代以下者,天下莫不以物易其性矣"注:

> 自三代以上,实有无为之迹。无为之迹,亦有为者之所尚也,尚之则失其自然之素。故虽圣人有不得已,或以槃夷之事,易垂拱之性,而况悠悠者哉!

三代以上,圣人有无为之迹,即五帝垂拱无为(无所作为);三代以下,圣人行有为之事,例如大禹治水而四处奔走劳苦。此意义上的有为、无为是指做事、不做事。后世君主置于乱世,若尚无为之迹,则不能顺应时变。要之,无为之迹,即指垂拱无为的外在行迹。

《骈拇》"圣人则以身殉天下"注:

> 夫鹑居而鷇食、鸟行而无章者(淳朴原始的生活),何惜而不殉哉!故与世常冥,唯变所适,其迹则殉世之迹也;所遇者或时有槃夷兀胫之变,其迹则伤性之迹也。然而虽挥斥八极而神气无变,手足槃夷而居形者不忧,则奚殉哉?无殉也。故乃不殉其所殉,而迹与世同殉也。①

圣人以身殉天下,即有为而从事于天下事,这是有为之迹;但有为之迹是顺天应人,"与世常冥,唯变所适";有为之迹的内在根据(即所以迹),是无心无为,"虽挥斥八极而神气无变,手足槃夷而居形者不忧",即能养心养神。无心无为,即无殉。无心无为之所以迹,能顺天应人而表现为有为之迹。

《缮性》注:

---

① 槃夷:创伤,应是"瘢痍"。

> 圣人无心，任世之自成。成之淳薄，皆非圣也。圣能任世之自得耳，岂能使世得圣哉！故皇王之迹，与世俱迁，而圣人之道未始不全也。

圣人无心，故能顺天应人，时世有淳薄之异，非圣人所能支配；圣人只能顺应时世，而留下有为或无为之迹，但其所以迹即无心而未始不空灵自足。

要之，郭象认为，圣人置于乱世，不能不标举仁义礼乐而留下有为之迹，但其所以迹是无心而顺天应人，故不劳形伤神。庄子批评上自圣人下自众人，皆有殉而伤生残性；郭象辩说圣人无殉，即无心而顺应时世，任性自全（足）。

《骈拇》"其殉一也……又恶取君子小人于其间哉"注：

> 天下皆以不残为善，今均于残生，则虽所殉不同，不足复计也。夫生奚为残、性奚为易哉？皆由乎尚无为（应是"有为"）之迹也。若知迹之由乎无为而成，则绝尚去甚而反冥我极矣。尧桀将均于自得，君子小人奚辩哉！

天下人尚有为之迹（第一义），伤生残性，而越出于自己的性分之外；但不知有为出于无为（无心无为之体）；若知，天下人则安于本性的要求，而任性自得。

要之，圣人的有为之迹与无为之迹，皆是出于无心无为之所以迹。无心无为而虚静，没有任何动机和目的，涵融万物万理以为一，则自然而然地顺物、冥物，故任性逍遥，养心养神。

《在宥》注：

> 夫尧虽在宥天下，其迹则治也。治乱虽殊，其于失后世之恬愉，使物争尚畏鄙而不自得则同耳。故誉尧而非桀，不如两忘也。

庄文认为，尧治天下而使众人乐性，与桀治天下而使众人苦性一样，皆使众人失性。这是批评尧之有为。郭象以迹之理论予以解释。尧之所以迹是无心无为的空灵心性，能顺天应人而留下治世之迹，众人尚之而失其性，故必须忘圣人之迹。

《在宥》注：

> 夫有治之迹，乱之所由生也。

圣人留下治世之迹，后人效之而有为，以失其性，故乱生。

《缮性》注：

> 夫德之所以下衰者，由圣人不继世，则在上者不能无为而羡无为之迹，故致斯弊也。

德之下衰，因为圣人不出；在上者不能无心无为而顺天应人，徒羡慕三代之上的无为之迹，而不知其已不合于时变，故造成不治的弊端。

三代以上，天下安定和平，故五帝顺之而无事；三代以下，天下混乱，故三王奋发而有为；因此，圣人之有为与无为（第一义）之迹，皆是出自无心无为而顺天应人之所以迹。无心无为略有两解，一是存有义，即圣人之心是涵融万物万理以为一之空灵本体，故能冥合万物；二是作用义，即圣人冥合万物是出于性全（整体无分）的要求，是自然而然、无心无意的任性自得，非有心有为的造作。

综之，圣人之治的所以迹是无为，这是无为之体，即无心，即涵融天下万物万理以为一的空灵心性，未感之时虚静无为，感而后应，任顺万物之作为。有为、无为之迹，皆是无心无为之体在具体情境中的运用。无为之体，一是无心虚静，没有任何动机和目的，故能养心养神；二是无为之体是灵妙之体，能顺物、冥物而变化无方。因此，无心无为之所以迹与有为或无为之迹具有统一性。杨立华说："'迹'与'所以迹'这一对概念的发明，其根本指向从属于郭象政治哲学的整体目标——丰富和发展道家的无为思想，从而使其更具现实的可能性。有了这对概念，郭象就可以更为顺畅地将不同时代的圣王的功业，统合到无为之治的系统当中。从而也为进一步丰富无为之治的内涵提供了可能。"①

第四节 "迹本论"的意义

郭象之迹本论的创设，有何重要意义呢？

其一，郭象之迹本论具有理论创设的意义，即重新建构圣人的理想人格——养心养神即治国平天下，即以无心之所以迹、无迹为本体，以治天下之有迹为具体之用的统一，"阳存儒家圣人之名，而阴明道家圣人之实者"②。进一步而言，迹本论解决了魏晋时期名教与自然之辨的问题。名教是圣人之迹，自然是圣人之所以迹的真性；二者有内外、本末、体用的分别，但有内在的统一性。因此，自然与名教的统一是以自然为主、名教为辅的统一。最终而言，迹本论是以道家为本体而以儒家为末用来调和儒道。郭象特批评名教的虚伪性、工具性，这主要是因为众人不知圣人之所以迹的真性，只知圣人的仁义之迹，从而尚之逐之，以致失性作伪。这种儒道两家的调和，无疑是轻视、贬低儒家。《晋书·向秀传》："惠帝之世，郭象又述而广之，儒墨之迹见鄙，道家之言遂盛焉。"

其二，郭象之迹本论还具有解释学的意义。在解释效果上，这是弥缝庄文之义与郭象所阐释的"庄子之意"（即郭象之意）之间的裂痕，以确证其解释的合理性、有效性。庄文中有许多文字批评儒家圣人黄帝、尧舜、孔子等，主要指责他们标举圣知仁义、提倡有为。郭象的理想人格是用儒家的圣人之名，而重新赋予其圣人之实。因此，郭象要解释庄文中批评儒家圣人的文字。迹本论说明，庄文批评的是圣人之迹，是腐儒标举圣人之迹而使圣知仁义具有虚伪性、工具性。

---

① 杨立华：《郭象〈庄子注〉研究》，北京大学出版社2010年版，第179页。
② 汤用彤：《魏晋玄学论稿》，上海人民出版社2015年增订版，第89页。

在解释方法上，圣人之迹可名可言，其所以迹、无迹不可言说，二者存有较大的间距性、冲突性，这利于郭象遗迹而得其所以迹、忘言而得意，从而发挥他自己的主观思想以重建其理想人格。

《山木》有一寓言：孔子被围于陈蔡之间，七日不火食；道家人物太公任往吊之；他认为孔子"饰知以惊愚，修身以明污，昭昭乎如揭日月而行，故不免也"。

郭象注曰：

> 夫察焉小异，则与众为近矣；混然大同，则无独异于世矣。故夫昭昭者，乃冥冥之迹也。将寄言以遗迹，故因陈蔡以托意。

这段注文中，寄言、遗迹、所以迹（冥冥）、托意相关联。郭象认为，孔子的行迹与众人稍有不同，即"小异"，但众人以为大异；孔子之所以迹是混然大同，冥物而无迹；迹与所以迹是用与体的关系，即昭昭之迹的内在依据是冥冥之所以迹；所以迹是根本，故不能从孔子之迹批评孔子。这一方面回护道家人物太公任对孔子的批评，另一方面也重新确立圣人孔子人格的基本内容——无心而冥物。因此，解释者要遗弃孔子之迹而把握其所以迹。

综上所述，郭象之迹本论具有重要的内涵。所以迹即圣人的心性，涵融天下万物万理以为一而虚灵不昧，感而后应，与任何事物相融合，即顺物、冥物而助成其任性逍遥，从而留下各种外在的行迹；所以迹与迹是本体与末用的关系。无迹的含义丰富：无迹即所以迹，即圣人虚灵的心性，无迹是体；无迹即顺应众人的行迹而同之，无迹是用；无迹的抽象义即了无痕迹，圣人无心而冥物，心与物完全融合，这是无迹之体的境界义。圣人之迹主要表现为仁义礼乐之迹，众人逐迹而失性作伪，造成了社会政治秩序的混乱，故要遗迹、忘迹而安于性分的要求。迹本论之理论和实践意义是调和自然与名教乃至道家与儒家的冲突；其解释学的意义表现在两方面，一是在解释方法上，这利于郭象综合儒道而重建其圣人人格；二是在解释效果上，这利于郭象消解庄文与他自己关于圣人人格的冲突。

第四章　郭象的本性观

本性是事物本身所固有的内在质素，是事物存在和发展的根据。本性有先天性、自然性的特征。告子曰："生之谓性。"(《孟子·告子》上）本性生而即有。《中庸》"天命之谓性"，本性由天所命。荀子曰："凡性者，天之就也，不可学，不可事；礼义者，圣人之所生也，人之所学而能，所事而成者也。"(《荀子·性恶》）性是天之所成，天性不能为后天人为所改变。郭象在《外物》注中曰："性之所能，不得不为也；性所不能，不得强为，故圣人唯莫之制，则同焉皆得而不知所以得也。"[①] 人之所为不得不根据本性的要求，故圣人要顺应众人的本性。《列御寇》注曰："夫穿井所以通泉，吟咏所以通性。无泉则无所穿，无性则无所咏，而世皆忘其泉性之自然，徒识穿咏之末功，因欲矜而有之，不亦妄乎！"物之所知所为基于自然本性，突破本性而知而为，即妄知妄为。本性，包括物性和人性。先秦两汉的思想家重在讨论人性，而庄子后学与郭象兼论物性和人性。

所谓本性观，即是关于本性的形成、内容、性质、作用、心与性之关系的学说。本性观是郭象哲学思想的基石；他的自生独化说、逍遥论、齐物论、理想人格论、知识论等皆立基于其上。学人重视诠释郭象的本性观。王晓毅说，本性在郭象哲学中有"本体"的意义，所谓"性"本体论，本性与现象世界是体用的关系。[②] 杨立华说，郭

[①]（晋）郭象注，（唐）成玄英疏：《庄子注疏》，中华书局2011年版，第488页。
[②] 王晓毅：《郭象评传》（下），南京大学出版社2011年版，第236页。

象把《庄子》外杂篇中才出现的"性"的概念，作为核心范畴来建构他的本体论，事物的自生与独化皆根据于本性。① 韩林合说："在郭象看来，就一个事物来说，发生于其上的不知所以然而然的事项进而不得不然的事项、无可奈何的事项即其自然，进而即其本性。以这样的物性观为基础，郭象提出了其独特的人性观。"② 康中乾认为，郭象是在两种意义上使用本性，"一是将其作为人在社会地位等方面差别的人性根据，来为现存社会的等级秩序作论证；二是将其作为事物存在的依据、本体，为现象世界的存在秩序作论证"③。

要之，诸家多认为，郭象之"性"是本体，是事物之生成和发展的根据，决定着事物在现象世界中的表现和功用。笔者认为，孟子、荀子虽有人性善与人性恶之论，但少言性而多言心，重视心对本性及事物之存在和发展的重要作用；《庄子》内篇也重视心的作用，强调"心斋""坐忘"的修养功夫；郭象更重视性而轻视心，以性作为核心观念，这似是先秦两汉心性论思想的倒退。本章将在学人研究的基础上系统地论述郭象的本性观。

第一节 本性内容与性质的特征

我们首先讨论郭象关于本性的内容与性质的基本特征。

其一，突出本性的分别性、差异性。儒家之论人性，重视人性的共同性、普遍性。孟子之人性善，即人人具有善性；荀子之人性恶，即人人具有恶性；董仲舒之善主恶从，是定义中民之性。但郭象之论人性，突出人性的独特性、分别性、差异性，而轻视人性的共同性和普遍性。个体之性具有独特的内容，个性各不相同，有显著的差异。

---

① 杨立华：《郭象〈庄子注〉研究》，北京大学出版社2010年版，第120页。
② 韩林合：《游外以冥内：郭象哲学研究》，商务印书馆2016年版，第49页。
③ 康中乾：《从庄子到郭象——〈庄子〉与〈庄子注〉比较研究》，人民出版社2013年版，第291页。

他以"性分""分",来命名人性、物性。① 《逍遥游》题注:"夫小大虽殊,而放于自得之场,则物任其性,事称其能,各得其分,逍遥一也,岂容胜负于其间哉!"《逍遥游》注:"故极小大之致,以明性分之适。"分,即性分,这是从分别性上命名人性。小大之物的性分各不相同,但皆能适性逍遥。不仅同时代的人性有分别和差异,且人性也有古今之变。《天运》注:"夫仁义者,人之性也。人性有变,古今不同也。"人性有变,古今不同;仁义是人性的内容,与时变化。郭象言性,有众人之性分(部分性)与圣人之性全(整体性)的显著差别,且重视讨论圣人之性。众人之性分,即有部分性。部分性相对于整体性而言,圣人之性整体无分,即全②;性分与性全不同,但皆能任性逍遥。孔子、董仲舒虽然有"性三品"之说,但主要讨论中民之性,而对圣人之性、斗筲之性往往存而不论。

儒家的仁义情怀,是建立在"己所欲,施于人""己所不欲,勿施于人"之人际共识与价值共识的基础上,其根据是人性的共同性、普遍性。郭象夸大人性的差异性、分别性,则人与人之间难以相知相通,因而不能形成价值共识;这是郭象继承庄子的思想而发展和创新。《齐物论》:"子知物之所同是乎?"庄文之论证,是通过人与物对于"正处""正味""正色"的不同判定,说明是非等物论没有共同的标准而有相对性。郭象从本性之显著差异性上,论证人与人、人与物之间不能达成共识。《齐物论》注:"群品云云,逆顺相交,各信其偏见而恣其所行,莫能自反。此比众人之所悲者,亦可悲矣。而众人未尝以此为悲者,性然故也。物各性然,又何物足悲哉!"群品各有成心偏见,故是非纷纭,这是本性使然,不足伤悲。《齐物论》注:"我以为是,而彼以为非;彼之所是,我又非之:故未定也。未定也者,由彼我之情偏。"众人彼我性情截然相分而不能相通,故是

---

① 王晓毅说:"学者普遍认为,'性分'与'性'是同义词,是从个体差异角度对人'性'的称谓……是指有局限和差异的人性,因此它只能表述凡人的个性,而不适用于圣人。"王晓毅:《郭象评传》(下),南京大学出版社2011年版,第273页。

② 郭象有"性全"之说,即足性之意,例如《马蹄》注云"众马之性全矣"。此处之全性,即指圣人之性的整体无分。

非不定；这突出了人性的差异性。

其二，突出本性的分域性、极限性。性有一定的分域、范围、限度。《逍遥游》注："物各有性，性各有极，皆如年知，岂跂尚之所及哉！"极，即极限，性有限度，如人生百年即人之生命的限度。《养生主》注："所禀之分，各有极也。"禀受的性分各有分域、极限。性分的观念略有三义，一是指性的分别性；二是指性的分域性；三是指性的部分性（与整体性相对）。郭象认为，众人安于、顺于、足于本性所规定的分域、范围，则能够逍遥自由。《逍遥游》注："性各有极，苟足其极，则余天下之财也。"群生足于性分的限度，而没有非分之欲之为，则天下之财有余。《逍遥游》注："此皆明鹏之所以高飞者，翼大故耳。夫质小者，所资不待大；则质大者，所用不得小矣。故理有至分，物有定极。各足称事，其济一也。若乃失乎忘生之生，而营生于至当之外，事不任力，动不称情，则虽垂天之翼不能无穷，决起之飞不能无困矣！"所谓"至当之外"，即本性之外。如果物要突破性分的范围和极限，即有非分之想之为，则无论大鹏还是学鸠，皆会陷入困境。既然性分有一定的范围和极限，则一方面要充分实现本性的要求，另一方面又不要突破本性的限度。

其三，性与命合流，突出本性内容的驳杂性。孟子是从人禽之辨处论人性，人性即人之为人的本质。人性的基本内容是仁义礼智等道德属性，不包括食色之欲等，故孟子认为人性是善的。荀子之人性的基本内容是耳目的能力和欲望，而侧重于耳目之欲以言人性，因放纵耳目之欲而必然为恶，故认为人性是恶的。荀子否认人性中有仁义礼智的内容。董仲舒从阳善阴恶、天道任阳不任阴，论证人性善主恶从："天两有阴阳之施，身亦两有贪仁之性。天有阴阳禁，身有情欲㭟，与天道一也。"（《春秋繁露·深察名号》）[①] 人性是善主恶从，与扬雄所谓人性"善恶混"有别。王充明确地指出，人的善恶之性禀天地之气而成，《论衡·率性》云，"论人之性，定有善有恶""禀气

[①] （清）苏舆：《春秋繁露义证》，中华书局2015年版，第288页。

有厚泊（薄），故性有善恶也"①。所禀之气有多少、厚薄、清浊的差异，故人性虽是善恶混，但善恶的成分比例不同。因此，王充之论人性，继承了前人以善恶言性的思想，又重视众人之性的差异性特征。要之，先秦两汉的思想家主要是从道德的善恶论人性。

孔子即言命，子夏所谓"生死有命，富贵在天"（《论语·颜渊》），自然是承孔子之教。命有两方面的内容，一是寿夭生死之命，二是吉凶祸福的人生遭遇。王充说："凡人遇偶及遭累害，皆由命也。有死生寿夭之命，亦有贵贱贫富之命。"（《命禄》）王充认为，人之善恶、智愚之性与祸福、吉凶之命，并没有确定的关系，因而性对命不能产生正向的积极作用。《命义》曰："夫性与命异，或性善而命凶，或性恶而命吉。操行善恶者，性也；祸福吉凶者，命也。或行善而得祸，是性善而命凶；或行恶而得福，是性恶而命吉也。性自有善恶，命自有吉凶。使命吉之人，虽不行善，未必无福；凶命之人，虽勉操行，未必无祸。"王充的性命论对向秀、郭象有重要的影响，一是强调性命的差异性，二是强调性命的注定性。

郭象之性与命合流，其基本内容不仅包括善恶之性，也包括食色之性，更包括吉凶、祸福、穷达等人生遭逢，还包括人的等级地位、社会角色等。因此，郭象之性是生理属性、道德属性、社会属性等混合体。《齐物论》注："若皆私之，则志过其分，上下相冒，而莫为臣妾矣。臣妾之才而不安，臣妾之任则失矣。故知君臣上下，手足外内，乃天理自然，岂直人之所为哉！"君臣上下、臣妾等，是指社会的角色和等级，乃是天理自然，即本性。《齐物论》注："凡得真性，用其自为者，虽复皂隶，犹不顾毁誉而自安其业。故知与不知，皆自若也。若乃开希幸之路，以下冒上，物丧其真，人忘其本，则毁誉之间，俯仰失措也。"皂隶仆役也是生而有之，不可变易其社会地位和角色，故他们要安于名分，不要企慕主人之位。《德充符》注："夫我之生也，非我之所生也。则一生之内，百年之中，其坐起行止，动

---

① （汉）王充著，张宗祥校注，郑绍昌标点：《论衡校注》，上海古籍出版社2013年版，第35、40页。

静趣舍,情性知能,凡所有者,凡所无者,凡所为者,凡所遇者,皆非我也。理自尔耳,而横生休戚乎其中,斯又逆自然而失者也。"人生的一切遭逢、际遇,皆是性命。韩林合说:"在其思想体系之中,郭象更将一个人所遭遇到的一切事情——特别是对于其一生来说有着重大意义的事情——均看作其本性中的成分。"[1]

其四,突出本性的命定性、不可变易性。孔子肯定天命的重要作用,也谓"不知命,无以为君子也"(《尧曰》),知命即承认人对命有积极认知的作用,知行合一,即承认人对命有一定的行为作用。孟子认为人性有善端(端绪,微而不著),有待于后天人为的扩充,这是顺着性善的要求而层层上达,止于至善。荀子的自然人性论强调人性不可变易,但可用心节制性的欲望。王充的性命论有显著的命定思想。徐复观说:"王充的性论,按照其形成的格架看,善恶也和命的吉凶一样,是宿定而不可移易的。"[2] 郭象突出本性的命定性、不可变易性。《齐物论》注:"言性各有分,故知者守知以待终,而愚者抱愚以至死,岂有能中易其性者也!"《养生主》注:"天性所受,各有本分,不可逃,亦不可加。"《徐无鬼》注:"易性则不物。"事物的本性当然不能发生质的变化,但量的变化是允许的。郭象之性有确定的分域和极限,这也表明本性可在一定范围内发生量变。孟子之善端的扩充是无尽的,但郭象之性中的仁义是有限的,不能突破性分的极限。生理本性不能根本上变易,但也可在原有的基础上提升。人生的吉凶、祸福等遭遇与社会角色、地位等不可变易,这否定了人之不断向上的努力。郭象强调人的地位和角色等社会属性难以改变,这是对魏晋时代门阀制度的深刻认识和反映。

因为本性不可改易,故郭象并不主张化性起伪,而轻视"教""学"的重要作用。《天道》注:"此言物各有性,教学之无益也。"《知北游》注:"夫由知而后得者,假学者也,故浅也。"通过学习而得来的知识,是浅知,因为这超出于本性之外。《庚桑楚》注:"故

---

[1] 韩林合:《游外以冥内:郭象哲学研究》,商务印书馆2016年版,第57页。
[2] 徐复观:《两汉思想史》第2卷,华东师范大学出版社2001年版,第391页。

学者不至、至者不学也。"郭象也承认教、学、习在性分范围内的一定作用。《达生》注:"言物虽有性,亦须数习而后能耳。"《列御寇》注:"夫积习之功为报,报其性不报其为也。然则学习之功成性而已,岂为之哉!"学习之功在于成性,不在于化性。

其五,突出性分的平等性。孟子认为,人人皆有善性,皆可为善,所谓"人皆可以为尧舜"(《告子》下)。这是从人性之善上肯定人的平等。郭象突出性分的独特性,而肯定万物的平等。一是万物的本性各不相同,这是事实上的不同;二是万物皆能足性逍遥,而充分地发挥自己的功用,这是价值上的平等。《逍遥游》注:"苟足于其性,则虽大鹏无以自贵于小鸟,小鸟无羡于天池,而荣愿有余矣。故小大虽殊,逍遥一也。"大鹏与小鸟的本性不同,其形体有大小不同,存在的空间有广狭不同,但皆能任性逍遥,而有平等的价值。《刻意》注:"此数子者,所好不同。恣其所好,各之其方,亦所以为逍遥也。"数子因性分不同而所好不同,任其所好则能任性逍遥,且各自发挥其独特的作用,故数子具有平等的价值。《骈拇》注:"然骈与不骈,其性各足……而惑者或云非性,因欲割而弃之,是道有所不存,德有所不载,而人有弃才,物有弃用也,岂是至治之意哉!……若莫之任,是弃万物之性也。"庄文说,骈拇是性外之物,必须割弃。郭象说,骈拇是性内之物,性分平等,物类平等;否则,人有弃才,物有弃用,非至治之意。《知北游》注:"今问道之所在,而每况之于下贱,则明道之不逃于物也必矣。若必谓无之逃物,则道不周矣。道而不周,则未足以为道。"道即理,即性,万物皆有理、性,即道不逃物而周全,故有平等的价值。《大宗师》注:"人之生也,形虽七尺,而五常必具。故虽区区之身,乃举天地以奉之。故天地万物,凡所有者,不可一日而相无也。一物不具,则生者无由得生;一理不至,则天年无缘得终。"万物之性不同,各能发挥独特的作用,从而构成一个和谐统一的整体,故他们在价值上是平等的。

第二节 "用气为性，性成命定"

我们其次讨论郭象之本性是如何形成的问题，学人对此多存而不论。

《中庸》"天命之谓性"，即性由天所命。孟子认为，人性是善的，而性善来自于天道，"尽其心者，知其性也。知其性，则知天矣"（《尽心》上）。天道是仁义价值的根源。荀子否定天的本原意义，主张自然人性论。他所谓"性者，天之就也"，不过是说，性是生而即有的，不是说来自于天命。董仲舒之天，是宗教人格神之天与自然之天的统一。天是价值的本原，通过阴阳之气形成万物予以表现，故人禀阴阳之气而有善恶之性。王充否认天的本原意义，天是自然之天，个体禀父母之合气而生，性命由此而成；父母之合气即天地之合气。《自然》："天地合气，万物自生，犹夫妇合气，子自生矣。"气是构成万物的基本质料。《初禀》："人之性命当富贵者，初禀自然之气，养育长大，富贵之命效矣。"性命禀自然之气而成，即"气命"。

郭象否定本原的存在而认为，事物不是无或道生成的，不是天生成的，宇宙一开始即有，包括无形之有——气与有形之有——万物，气是构成万物的基本质料。

《天地》注：

> 一者，有之初，至妙者也。至妙，故未有物理之形耳。夫一之所起，起于至一，非起于无也。然庄子之所以屡称无于初者，何哉？初者，未生而得生，得生之难，而犹上不资于无，下不待于知，突然而自得此生矣，又何营生于已生，以失其自生哉！

"一者"，是最初之有而非无；最初之有是无形之气，故是"至妙者也"。"至一"，也是有而非无，是无形之元气。至一之元气分化为一之气，即"夫一之所起，起于至一"。郭象否认宇宙中有空无时期，宇宙一开始是有，元气、气是无形之有，人和万物是有形之有，故他不讨论宇宙从无到有的创生问题。

物种没有起源和消亡,但物种之个体有新生和死亡。郭象继承庄子后学"气聚为生,气散为死"的思想。

《知北游》:

> 生也死之徒,死也生之始,孰知其纪!人之生,气之聚也。聚则为生,散则为死。若死生为徒,吾又何患!故万物一也。是其所美者为神奇,其所恶者为臭腐;臭腐复化为神奇,神奇复化为臭腐。故曰"通天下一气耳"。圣人故贵一。

人与物,气聚而生,气散而死,"通天下一气耳"。

郭象更继承汉代思想家董仲舒、王充关于事物禀气而生的思想。个体是禀父母之合气而生,父母之合气实是天地之合气,故个体是禀天地之合气而生成的。所谓合,即结聚;天地之气的结聚而形成个体。气是构成万物的基本质料,而不是生成者。个体之禀气有多少、厚薄、清浊的不同,则形成的性、命各有差别,"用气为性,性成命定"(《无形》)。牟宗三说:"总之,结聚之气性有善恶一面,有智愚一面,有才不才一面,一是皆决之于所禀之气之多少、厚薄与清浊,故皆可总之曰气性,或才性,或质性。善恶、智愚、才不才,在其中互相渗透,混融而为一。"[①] 要之,郭象之性,乃是气性。

《寓言》注:

> 虽变化相代,原其气则一。

万物之变,皆是一气所化。

《人间世》注:

> 遣耳目,去心意,而付气性之自得,此虚以待物者也。

[①] 牟宗三:《才性与玄理》,吉林出版集团有限责任公司2010年版,第6页。

郭象明确地提出"气性"。圣人虚静无心，而任万物之任性逍遥。

《逍遥游》注：

> 俱食五谷而独为神人，明神人者非五谷所为，而特禀自然之妙气。

神人与众人皆食五谷，这是相同的；不同的是，神人因禀自然之妙气而有神人之性。

《德充符》注：

> 夫松柏特禀自然之钟气，故能为众木之杰耳，非能为而得之也。言特受自然之正气者，至希也。下首则唯有松柏，上首则唯有圣人，故凡不正者，皆来求正耳。

松柏、圣人，是卓越者，所禀之气是自然的钟秀之气。韩林合说："人性之不同可以说是因不同的人所借以构成的气之异质性所造成的。"①

综之，郭象之谓性，乃是"气性"，即性由天地之气结聚而成，天地之气是构成万有的基本质料，而非生成者；气性的形成没有原因，也没有目的，从而具有偶然性、神秘性的特征。但气性形成后，即具有规定性、法则性，事物的存在和发展必须依据本性的要求。气性是天地之气在人间世偶然聚合而成的，气性因万物禀气的多少、厚薄、清浊等不同而各有差异，从而表现出多样性、复杂性的特征。气性没有形上的本体、本原，而漂泊无根。

第三节 性与心的关系

我们再次讨论郭象之性与心的关系问题，学人基本上不予讨论。

---

① 韩林合：《游外以冥内：郭象哲学研究》，商务印书馆2016年版，第61页注①。

心性论，是中国传统哲学的基本命题，关涉心的特性和作用、性的特性和作用、心与性之地位和关系等问题。本性是事物本身所固有的内在素质，有先天性、自然性的特征。心是形体的主要器官，可思可知可感，且有制约身体其他器官的作用，孟子以心为大体而以形为小体。因此，中国传统思想文化很重视心的作用。徐复观说："中国文化最基本的特性，可以说是'心的文化'。"[①] 孟子谓"仁义礼智根于心"（《尽心》上），心是道德价值的根源。荀子说："心何以知？曰：虚壹而静。"（《解蔽》）心是知识得以成立的根源。心与性有何关系呢？性是本性或本能，包括生命体及其器官的性质和功用；而心能思能知，且对性有重要的作用；因此，心具有核心的地位。

孟子云"人性善"，而主要是以心善证成性善。心与性相通，性有仁义礼智四端，心有仁义礼智四端，性落实到心，性善即心善。这是以心言性，把心性作为道德价值的根源。孟子之性善是狭义的，是指人之为人的本质，不包括食色之性；对于食色之性，心有制约和转化的意义，孟子所谓"养心莫善于寡欲"（《尽心》下），且心能使性理性化、道德化。要之，孟子之心与性有相通的一面，与欲有相冲突的另一面，这两方面皆要求心发挥能动的作用，或扩充四端之性，或理性化食色之性，这是以心治性。荀子把心与性相分别，性即生理本能、生理欲望、心理情绪等，任其发展而必然犯分乱理，故对人性要予以节制。心主要是认知之心，是知识得以成立的根源；心之虚壹而静方能得道，道主要指礼义等价值。得道之心可节制人性之欲。《解蔽》："曰：心知道，然后可道；可道，然后能守道以禁非道。……故治之要在于知道。人何以知道？曰：心。"心知道、可道、守道、禁非道，则化性起伪，这是以心治性。因荀子之心与性基本上是冲突的，故他特突出心的作用，较孟子更为强烈。庄子标举神人"心斋""坐忘"，即心通过修养的功夫而不断地忘却现实世界与自身的一切，心中止思虑，虚静虚空。这是空寂之心，与知识、道德和艺术皆不能发生任何关系。《庄子》内篇中没有性的观念，学人或谓德即性，即

[①] 徐复观：《中国思想史论集》，上海书店出版社2004年版，第211页。

天然、本然的状态——质朴虚静。因此，庄子之心与性是相通的，心性皆是虚静无知，这是以心言性。董仲舒说："栣众恶于内，弗使得发于外者，心也。故心之为名栣也。"（《深察名号》）心，即栣，这是声训；心栣众恶于内，即心有禁恶的主动作用。董仲舒之心与性有相通性，也有以心治性的矛盾性。王充之性乃是气性，而不在气性上逆显一理，以提升和转化气性，从而忽视心的作用。牟宗三说："惟王充则无向上开辟之希求，根本未自觉到心之地位与作用。……盖彼只是气性之一层，其书中并无真正之道德意识也，故只落于材质主义之命定主义，而不能进至道德的理想主义。"[1]

郭象大谈本性，把性置于主要的地位，强调万物之任性、得性、适性而逍遥，而少言心的作用；且言心时肯定"无心"，而否定"有心""措心""成心"等。

无心，是郭象哲学思想的重要观念。一般而言，无心从存有义上讲有三义：一是根本没有心；二是心存有而中止思虑，等于无心；三是无自我的成心而包容万物之心，即以万物之心为心。学人或认为，郭象的圣人之无心是"使心处在无思无虑、无有判断的恬静态中"[2]。如果如此理解无心，那么是从根本上否定心的作用。《人间世》题注曰："与人群者，不得离人。然人间之变故世世异，宜唯无心而不自用者，为能随变所适而不荷其累也。"无心而不自用，即无成心自专自用，而以万物之心为心，故能顺应万物的变化，故心是发生作用的。郭象之无心主要指向圣人。《齐物论》注："彼是相对，而圣人两顺之，故无心者与物冥，而未尝有对于天下也。"《应帝王》题注："夫无心而任乎自化者，应为帝王也。"无心与物冥，无心而任万物之化，即圣人之心与万物及其变化相融合。因此，圣人之无心，不是虚空虚无的死寂之心；也不是没有成心而包容万物之心，若是，则圣人之心杂乱无章；而是涵融天下万物万理以为一的虚灵不昧之心，圣

---

[1] 牟宗三：《才性与玄理》，吉林出版集团有限责任公司2010年版，第34页。
[2] 康中乾：《从庄子到郭象——〈庄子〉与〈庄子注〉比较研究》，人民出版社2013年版，第330页。

人之心是一、纯，一以贯之于万物万理，与物未感时则虚静，与物相感时则化为一物一理而融合，物去时则心又归于虚静。圣人无心而冥物，心虽发生作用，但因任顺万物而贬损其能动作用。圣人之无心，对应于圣人之性；圣人之性是全（相对于众人之性分），故圣人之无心也是全（涵融万物之心以为一），心合于性，故心对性不发生任何提升和转化的作用。要之，圣人之无心，严重地削弱了心的作用，既不能对万物之心性发生提升和转化的作用，也不能对自我之性发生升华的作用。

有心，从存有义上讲有三义，一是有心，不同于草木；二是心发生作用，不是死心；三是有成心、私心、偏心，即心有自己的见解，而与他人相分别、对立。郭象之有心兼含这三种意义，还有一特定的意义。有心，即心之发生的作用越出于性分之外，即非分之心。《天地》注："有心则累其自然，故当刳而去之。"有心有意为之，即心之作用于物，荡出于性分之外，而失性作伪，故当挖去有心。《庚桑楚》注曰："任其自然，天也。有心为之，人也。"任其自然，即顺自然之理，顺本性的要求，心之发生作用的状态是自然而然；有心有意为之，即突破自然之理，越出于性分之外，其作用的状态是自觉人为。要之，郭象反对众人有心有意，即突破性分之外的心志，而要求众人安于性分之内的要求，这也是轻视心的能动作用。

郭象的注文中还出现"用心""劳心""措心""施心"等，这皆强调心之能动作用，但郭象予以否定，因为心之作用荡出于性分之外，从而失真作伪。

《大宗师》注：

> 人生而静，天之性也。感物而动，性之欲也。物之感人无穷，人之逐欲无节，则天理灭矣。真人知用心则背道，助天则伤生，故不为也。

用心则背道伤生。《在宥》注："夫心以用伤，则养心者，其唯不用心乎！"《天地》注："明得真者，非用心也。"《知北游》注："无为用心于其间也。"不用心,并不是彻底地否定心的作用,而是要求心的作用不要荡出于性分之外。

《齐物论》注:

> 夫时不暂停,而今不遂存,故昨日之梦,于今化矣。死生之变,岂异于此,而劳心于其间哉!

人生有各种变化,尤其是生死之变,这是性命的要求,不可抗拒和改变,心要顺应本性的要求,不要"劳心"而有非分之想、非分之为。《逍遥游》注:"直以大物必自生于大处,大处亦必自生此大物,理固自然。不患其失,又何措心于其间哉!"

郭象在《人间世》注中集中讨论心的问题,其基本观点是反对人之施心,这并非否定心的作用,而是强调心的作用止于性分之内:

> 言物无贵贱,未有不由心知耳目以自通者也。……故心神奔驰于内,耳目竭丧于外,处身不适则与物不冥矣。
>
> 知不可奈何者,命也。而安之则无哀无乐,何易施之有哉!故冥然以所遇为命,而不施心于其间,泯然与至当为一,而无休戚于其中。
>
> 事有必至,理固常通,故任之则事济,事济而身不存者,未之有也,又何用心于其身哉!
>
> 夫宽以容物,物必归焉。克核太精,则鄙吝心生而不自觉也。

"故心神奔驰于内",即心的作用荡出于性分之外。人生遭遇即命即性,安之顺之,而不要有非分之想。性即理,心不要违背性理。"鄙吝心生",即心的作用不止于性分之内。

因此,就心与性的关系而言,郭象以性为本,心合于性,即心之发生作用止于性分之内而不越出于性分之外,心对性不发生任何提升和转化的作用;由于心合于性,故心对物发生的作用是自然而然、不知不觉的。郭象反对有心、用心、措心等，因为心有思的功能，故易于发挥能动的作用，往往突破性分的要求而驰骋于性分之外，从而使事物失其性分而陷入困境。这当然不是从根本上否定心的作用，而是要求心在性分之内发生作用，即心顺应性的要求。如何保证万物足性逍遥呢？一是君主要无心无为而顺应众人之本性的要求；二是众人要以心合性，从而能安性、足性。

综之，圣人之性是全，故心全、无心，全性与无心合一；众人之性是分，故有成心、私心，成心与性分合一；因此，以心合性，心对性不发生任何转化和提升的作用。郭象突出心的作用止于性分之内，而不要有非分之想，且强调心之发生作用的状态是自然而然，这贬低了心的能动作用。心与性合一，心止于一物之理，而否定他物之理或更高之理，故心性之理是定然的、封闭的，没有理想之理的追求。圣人无心，而顺应众人的成心成见，即不对众人的成心成见有转化和提升的意义。圣人性全、心全，认识到众人之性分、成心乃是一偏之道，不合至理，但性分、成心是命定的，不可改易，故顺应众人之性分、成心及其而来的是非之辩，《齐物论》注"明夫是非者，群品之所不能无，故至人两顺之"。因此，郭象否定众人之成心对性分的转化和提升作用，也否定圣王之教化对众人之性分的转化和提升作用。《大宗师》注："常无心而顺彼，故好与不好，所善所恶，与彼无二也。"真人无心，完全顺应众人之好与不好、善与恶，没有转化和提升众人之性分的意义。

第四节　本性的作用

我们最后讨论郭象之本性究竟发生何种作用的问题。

王晓毅说，本性即本能，是事物存在和发展的内在动因，"那么事物'独化'的根本动力从何而来呢？只能来自自己内在的本能即本性。……所谓本性，是生来俱有的本能，后天的混沌。它不受自身意志控制，具有自发性……而且，对这个混沌的自然本性，是无法确知的……某个生物的本性,只能从整个生命过程中表现出来"①。"否定'自生'的故意性,并不意味着事物生成的自发动力不是来源于自身。……本性是无意识的自发的存在,对事物发生,自然而然地发挥着根本作用,可称为'本'。"② 自生是指气的聚合而生成一物,则一物在生成之前根本就不存在,本性也不存在,故本性不是事物自生的内在原因。独化略有两义,一是自生,二是事物生成后的发展变化(从生到死的历程)。独化若是指事物生成后的发展变化,则本性是否是内在的动力呢? 自生的力量是气的结聚,无因也没有目的,气的结聚依据一理而生成一物。一物生成后,其理内化到生命之中而成为事物的本性。生命是一有机的生命体,是活的生命体。有机的生命体由各个器官构成,各个器官也是活生生的,各有其性质和功用。各个器官相济相维而构成一个生命的整体,其协作是无意识的自然过程,而有不可思议的默契。因此,事物的本性或某一器官的本能,是活的生命体或器官与其性质和功用的结合,其性质和功用即理;空有理而不与生命的器官结合,则非本性。例如活的眼睛器官能看且好色,这是本性或本能的作用。

从郭象的注文中,我们似乎认为他重视本性的自发、无意识的作用,而否定自我主观意志的作用。《逍遥游》注:"故大鹏之能高,斥鷃之能下,椿木之能长,朝菌之能短,凡此皆自然之所能,非为之所能也。不为而自能,所以为正也。……至于各安其性,天机自张,受而不知,则吾所不能殊也。"大鹏、斥鷃、椿木、朝菌根据自然本能而运动。"天机自张",即天性或本能自然而然、无意识地发生作用。郭象有"天机"观念,天机,即天性、天然的本能,其发生作用是不知。③ "不知",即根本上不知,即下意识、自发的,即心不发生作用,生命的过程似乎与自我的主观意志没有关系。《齐物论》注:"言天机自尔,坐起无待。无待而独得者,孰知其故,而责其所

---

① 王晓毅:《郭象评传》(下),南京大学出版社2011年版,第249—250页。
② 王晓毅:《郭象评传》(下),南京大学出版社2011年版,第243—244页。
③ 庄子有"天机"一词,例如《大宗师》"其嗜欲深者,其天机浅";《秋水》"今予动吾天机,而不知其所以然""夫天机之所动,何可易邪"。

以哉？"景、罔两的行为，根据天机。《大宗师》注："不识不知而天机自发，故怳然也。"生命的运动出于本能，不知不觉，自然而然。《应帝王》注："任自然而覆载，则天机玄应，而名利之饰皆为弃物也。"本能感应，即本能的运动。《逍遥游》注："各以得性为至，自尽为极也。向言二虫殊翼，故所至不同。或翱翔天池，或毕志榆枋，直各称体而足，不知所以然也。"二虫任性而足，不知所以然也。

就万物而言，其生命的运动主要是出于本能或本性，而没有心的作用。但就人类而言，其生命的运动有本能或本性的作用，也有自我意志的重要作用。

《秋水》注：

> 物之生也，非知生而生也；则生之行也，岂知行而行哉！故足不知所以行，目不知所以见，心不知所以知，怳然而自得矣。迟速之节，聪明之鉴，或能或否，皆非我也。而惑者因欲有其身而矜其能，所以逆其天机而伤其神器也。至人知天机之不可易也，故捐聪明，弃智虑，魄然忘其为而任其自动，故万物无动而不逍遥也。

表面上看，至人"捐聪明，弃智虑"，即根本上否定心的作用，而一任其天机玄发。

郭象的注文中还有"天理"一词，天理，是从理上来命名天性，说明天性的规定性、法则性，后天人为不能改变而必须遵循。

《齐物论》注：

> 故知君臣上下，手足外内，乃天理自然，岂直人之所为哉！

君臣上下，手足外内，皆天然之理，即天性，不可改易。《人间世》注："依乎天理，推己信，若婴儿之直往也。"人要顺应天理、天性的要求而像婴儿一样直往。《大宗师》注："此二人相为于无相为者也。今裹饭而相食者，乃任之天理而自尔耳，非相为而后往者也。"

第四章　郭象的本性观

任天理，即率性而动，故自然而然。《刻意》注："天理自然，知故无为乎其间。"《秋水》注："穿落之可也，若乃走作过分，驱步失节，则天理灭矣。"

从上面的注文看，郭象似认为，生命的运动完全是出于本能或本性，即本能或本性是事物存在和发展的内在动力。学者也多如此认为。刘笑敢说："因为万物独化，所以命运的变化之决定性因素全在独化之个体自身之性，所以'天命'和'性分'成为一事。"[1] 笔者认为，这没有真正地把握郭象之任性逍遥的思想内涵；就动物而言，尤其是低级的动物，其生命的运动出于本能或本性，大致能讲得通；但就万物之灵的人来说，因为心的存在，而过分强调本能或本性的动力，则是不合理的。人的生命运动有其自发、潜意识的一面，但更有自我心志发生作用的另一面，故不能仅从本性或本能上来解释。

若人的生命运动出于本能，则如何解释人之失其本性呢？王中江说："如果说'性分'不仅是万物之所以为'万物'的本质，又是万物如何展开其自身的内在根据和动力，那么万物的展开过程和存在状态，则可以说是万物'性分'的不断实现和得到满足。""事物的'不安分'，也是事物的'性分'，不管是哪方面的性分。既然不安分是万物自身的'性分'，郭象批评万物'不安分'和'越分'就陷入了困境之中。……根据以上讨论，郭象的'不安分说'与'适性说'是不能两立的。"[2] 因此，如果把人的生命运动看作本能或本性的驱动，则不能解释人之越性而为的动力。

郭象重视心对人之生命运动的重要作用。

《齐物论》注：

> 夫心之足以制一身之用者，谓之成心，人自师其成心，则人各自有师矣。人各自有师，故付之而自当。

---

[1] 刘笑敢：《诠释与定向——中国哲学研究方法之探究》，商务印书馆2016年版，第185页。

[2] 王中江：《道家学说的观念史研究》，中华书局2015年版，第381、385页。

心足以制一身之用，即心对生命体发生控制的作用。众人各有成心，其成心各有作用，圣人任其成心。这是承认心的作用。

《齐物论》注：

> 凡得真性，用其自为者，虽复皂隶，犹不顾毁誉而自安其业。故知与不知，皆自若也。若乃开希幸之路，以下冒上，物丧其真，人忘其本，则毁誉之间，俯仰失措也。
>
> 夫物情无极，知足者鲜。故得此不止，复逐于彼。皆疲役终身，未厌其志，死而后已。故其成功者，无时可见也。
>
> 凡物各以所好役其形骸，至于疲困苶然，不知所以好此之归趣云何也！
>
> 其心形并驰，困而不反，比于凡人所哀，则此真哀之大也。然凡人未尝以此为哀，则凡所哀者，不足哀也！

皂隶之人有皂隶之性，要自安其业。若心生非分之想而付之行为，即开希幸之路，则失其本性而忘本。因此，心能突破本性的要求而有非分之知为。"物情无极"，情是心之表现，心贪得无厌，不断地向外追逐，而疲役终身，至死也不能满足。物之所好，即心之所好，好之则逐之，故疲困，而不知安于本性，"归趣"，即归于本性。"心形并驰"，即心主宰形体而追逐欲望。

要之，郭象承认心对人之生命运动的重要作用。心之发生作用的状态，有自然、自觉、强制三种。自然的状态，即心自然而然、不知不觉地发生作用，这与本能或本性运动的自发、无意识似同，但实有根本上的分别。郭象突出人之任性逍遥，即以人的本性为本，心之发生作用要顺应本性的要求，即止于性分之内，故作用状态是不知不觉、自然而然的。如果心生妄想而妄为，则突破性分的要求而失其本性。因为心的能动作用，众人之心往往有非分之想，进而付之于行动而有非分之为，不仅劳形伤神，且失其性分而陷入困境。

郭象认为，人之知与为，受本性的驱动，也受心的役使，且心的作用强加在本性的驱动之上。因此，他强调无心而顺从本性的要求。

无心，即心的作用止于性分之内，而非中止思虑。《养生主》注：

> 夫举重携轻，而神气自若，此力之所限也。而尚名好胜者，虽复绝膂，犹未足以慊其愿，此知之无涯也。故知之为名，生于失当而灭于冥极。冥极者，任其至分而无毫铢之加。是故虽负万钧，苟当其所能，则忽然不知重之在身；虽应万机，泯然不觉事之在己。此养生之主也。

心对形体及其行为的作用合于性分的要求，即"冥其极"，则不知不觉，自然而然。

综之，郭象认为，心对人之生命运动发生重要作用，本性或本能对人之生命运动也发生重要作用，即心之作用、本性之作用共同推动人的存在和发展；由于在心与性的作用中，心之作用有能动性，且能制约本性的作用而具有主导性，往往越出于性分之外，故要求心的作用止于性分之内，即以性为本而以心合性。《大宗师》注："以性言之，则性之本也。夫物各有足，足于本也。"《庚桑楚》注："物之变化，无时非生，生则所在皆本也。"本，即性，即以性为本，足性逍遥。因此，郭象之众人任性逍遥，并不只是任其本性或本能而自发、无意识的运动，而也有心之止于性分之内的作用，且心发生作用的状态是自然而然、不知不觉。王晓毅只突出本性或本能之无意识的推动作用，是没有认识到心的主导作用。王中江认为郭象的"不安分说"与"适性说"相矛盾，也是没有注意到心的作用使事物失其本性。

以心合性，即心的作用止于性分之内，从而顺应本性的要求而发挥作用，这无疑削弱了心的能动作用。在现实社会中，因为众人有心、用心、劳心、措心，而越出于性分之外，造成众人失其性分、失真作伪且伤神劳形而陷入困境，这无疑揭示了现实社会的本质。郭象要求众人安性、顺性，即心的作用合于性分，从而得性逍遥，养心养神。但从另一视角看，这无疑阻碍了众人通过自己主观意志的作用而改变自己的命运之路。

王晓毅说：

郭象的"性"本论割掉了玄学的宇宙生成论尾巴,去掉了事物的"本根",以本体与现象关系看待世界,事物内在的本性是无形的,只能通过外在的现象表现出来,类似"体用"关系。对人类社会来说,社会体制及其价值观念(名教),都可视为人类本性(自然)的表现。根据这个理论,"名教"与"自然"之间没有差异,名教即自然;遵循名教的运动,就是实现自然本性的过程。这种新的学术观念,使自然与名教、无为与有为融为一体,解决了魏晋玄学的时代课题。①

王先生认为,本性是内在本质、本体,是一,事物的社会存在是以本性为根据的各种现象和功用。实际上,郭象之性命合流,性命即人生中善恶、智愚等个性与吉凶、祸福等各种遭遇的展现,是多方面内容的混合体,没有一以贯之的本质。性命即个体存在、社会存在的现象和功用,二者是一,不是本质与现象的关系。而且,人的内在本质,有心的重要作用,而决非本能的运动,不过是心的作用顺应本性的要求。一般而言,本质与现象虽体用一如,但有差异:本质是一,现象是多;本质是内在的,现象是外在的。若把性命看成本质,则与社会现象和存在有差异。进一步言,若把自然作为本质,名教看作现象,则自然与名教是本末的关系,二者存有间隔,并非"名教即自然"。余敦康说:"人们无拘无束,任性而行,就能合乎大道,不用知道仁义礼乐、孝慈忠信而自然合乎它们的规范,因为这些规范实际上就是人们的本性的流露。"②

许抗生说,"向秀、郭象更是主反本体论的"③。"至于向秀郭象的玄学,他们从自生独化说出发,更提出了'自足其性'和'足性逍遥'说,认为每个独立自主的存在物('有')皆由自己的性分所定,因此每个事物都只要'自足其性',就能获得自己自由的存在,

---

① 王晓毅:《郭象评传》(下),南京大学出版社2011年版,第254页。
② 余敦康:《魏晋玄学史》,北京大学出版社2016年版,第377页。
③ 许抗生:《关于玄学哲学基本特征的再研讨》,《中国哲学史》2000年第1期。

整个宇宙也才能得到和谐的存在。以此可见，向秀郭象的玄学，实际上也是讲的万有的本性之学。"[1] 向郭主本性之学，而本性之学是反本体论的，因为向郭突出个性的差异性、分别性与足性逍遥，故事物的存在和发展没有一个超越的根据或本原。笔者认同许先生的观点。

综之，心的作用与本性的作用，是人之生命运动的动力；心的作用止于性分之内而以心合性，故众人任性逍遥。心的作用虽不能越出于性分之外，但因为性分有一定的范围和极限，故尽性、足性依然需要心的能动作用。

---

[1] 许抗生：《关于玄学哲学基本特征的再研讨》，《中国哲学史》2000年第1期。

第五章　从儒道到郭象"人性与仁义之辨"

学人多认为，名教与自然之辨是魏晋玄学的基本问题之一，王弼主张名教本于自然，嵇康标举"越名教而任自然"，郭象归结为名教即自然。余敦康说："人们无拘无束，任性而行，就能合乎大道，不用知道仁义礼乐、孝慈忠信而自然合乎它们的规范，因为这些规范实际上就是人们的本性的流露。"[①] 仁义礼乐合于本性、大道，名教即自然。王晓毅说："对人类社会来说，社会体制及其价值观念（名教），都可视为人类本性（自然）的表现。根据这个理论，'名教'与'自然'之间没有差异，名教即自然；遵循名教的活动，就是实现自然本性的过程。这种新的学术观念，使自然与名教、无为与有为融为一体，解决了魏晋玄学的时代课题。"[②] 社会体制及其价值观念即名教，自然即本性，名教即自然。

汤用彤说：

> 向郭虽明说尧舜周孔高于巢许老庄，其实是把孔子学说放在第二位，包括于老庄学说之内，故自向郭注《庄子》后，"儒墨之迹见鄙，道家之言遂盛焉"。所谓"儒墨之迹"为"仁义"，"道家之言"为"自然"也。盖此原因有二：一则向郭之体系比任何讲《庄子》者都完备；二则他们把"名教"包括在"自然"

[①] 余敦康：《魏晋玄学史》，北京大学出版社2016年版，第377页。
[②] 王晓毅：《郭象评传》（下），南京大学出版社2011年版，第254页。

之内，这比攻击孔教更为厉害。①

汤先生认为，向秀、郭象《庄子注》名义上崇尧舜周孔而贬巢许老庄，例如以尧为无待者而逍遥于方内和方外，以许由为有待者而只逍遥于方外；实际上贬儒家而崇道家，因为他们把孔子宣扬的仁义名教包含于道家的自然之内，即以自然为第一位而以仁义名教为第二位。

吕锡琛批评名教即自然说，"我们认为，'名教乃自然之迹'或'捐迹反一'的命题较之'名教即自然'更能确切地反映出郭象对'名教'与'自然'关系的认识。……其意义在于：①澄清了'名教'与'自然'是'迹'与'所以迹'（'本'）的关系；……③认识到封建礼法制度对于人性自然的束缚，试图调和现实生活中'名教'与'自然'的尖锐矛盾，达到礼义忠信与自然本性的统一"②。郭象认为仁义是人性的内容，则"名教乃自然之迹"并不确当。"捐迹反一"意谓，众人不要追逐圣者、仁者的仁义之迹，以免越出自己的性分而失性作伪，故要返回自己的本根、本性，即顺应自己性分之内的仁义要求。这不能理解为"'名教'与'自然'是'迹'与'所以迹'（'本'）的关系"。

我们认为，郭象之自然与名教不是本末的关系，不是名教包括于自然之内的关系，也不是名教即自然的齐一关系；名教与自然既有联系，又有分别，其关系复杂。我们拟以"人性与仁义之辨"代替"自然与名教之辨"的命题。名教、自然的含义相当混杂。学人认为名教包括仁义等价值观念与三纲等社会政治制度，"其（名教）具体内容表现为儒家的仁义礼教、三纲五常等一系列具体的封建道德规范和礼法制度"③。仁义等观念指向价值问题，三纲等社会政治制度指向事实问题，事实与价值是实然与应然的关系，二者不能混为一谈。自然的含义则更为复杂，或认为自然即指大道、人性（余敦康）；或

---

① 汤用彤：《魏晋玄学论稿》，上海人民出版社2015年增订版，第201页。
② 吕锡琛：《郭象认为"名教"即"自然"吗？》，《哲学研究》1999年第7期。
③ 吕锡琛：《郭象认为"名教"即"自然"吗？》，《哲学研究》1999年第7期。

认为自然即人性（王晓毅）；或认为自然即本体，"所谓'自然'，即道家所崇尚的天然、本然、质朴状态和无形无象的本体"①。汤一介说，自然的含义至少有五种，且相互联系：天人之所为皆"自然"；"自为"是"自然"的表现；"任性"即"自然"；"必然"即"自然"；"偶然"即"自然"②。这种解释复杂而混乱。

郭象的注文中未出现"名教"一词，本性成为基本观念，多谈论人性与仁义的关系。实际上，"自然与名教之辨"的核心内容是"人性与仁义之辨"，儒道两家皆有丰富而深刻的思想内容。人性生而即有，基本特征是先天性、自然性。仁义是圣人所标举的价值观念，是人之有意志和目的之追求，是当然之则、应然之理。《荀子·性恶》曰："凡性者，天之就也，不可学，不可事；礼义者，圣人之所生也，人之所学而能，所事而成者也。"③ 自然性的人性与当然性的仁义之关系，展开为人性与仁义之辨。因此，我们将以"人性与仁义之辨"的命题，讨论郭象对儒道两家思想的继承、发展、转化和创造。

第一节 儒家"人性与仁义之辨"

孔子之学是仁学，其核心的价值观念是仁，统摄众多德目。孔子之说仁，主要是行仁的方法，即仁之方。司马牛问仁，孔子答曰"仁者其言也讱"（《论语·颜渊》）。言论有所忍耐而不要轻易发出。朱熹《论语集注》曰："夫子以牛多言而躁，故告之以此。使其于此而谨之，则所以为仁之方，不外是矣。"④ 这是针对司马牛的个性言仁之方。孔子曰："仁远乎哉？我欲仁，斯仁至矣。"（《述而》）个体当下即可行仁，这也是仁之方。孔子有时论及仁之体。仁之体是个体在践行仁之方的过程中层层上达而形成的至高道德境界。孔子曰："若圣与仁，则吾岂敢？抑为之不厌，诲人不倦，则可谓云尔已矣。"

---

① 吕锡琛：《郭象认为"名教"即"自然"吗？》，《哲学研究》1999年第7期。
② 汤一介：《郭象与魏晋玄学》，北京大学出版社2009年版，第141—144页。
③ （清）王先谦：《荀子集解》（下），中华书局1988年版，第435页。
④ （宋）朱熹：《四书章句集注》，中华书局2011年版，第126页。

(《述而》)仁的道德境界止于至善，有赖于自我永恒的追寻。朱熹《论语集注》："仁，则心德之全而人道之备也。"仁德具众理而应万事，即《大学》所谓"明德"。因此，仁之价值追求是有限性与无限性的统一。

《论语》中有两处说到性，一是子贡所谓"夫子之言性与天道，不可得而闻也"（《公冶长》）；二是孔子所云"性相近也，习相远也"（《阳货》）。人性是相近的，而后天之修为才有君子与小人之分，故孔子重视修为而少言性。朱熹《论语集注》："此所谓性，兼气质而言者也。"气质之性无分善恶，后天之习于善则善，习于恶则恶。因此，孔子标举仁义的价值以引导众人通过后天的修为而成为君子。

《宪问》：

> 子路问君子。子曰："修己以敬。"曰："如斯而已乎？"曰："修己以安人。"曰："如斯而已乎？"曰："修己以安百姓。修己以安百姓，尧舜其犹病诸！"

以仁义修身，则能成为君子，而安人、安百姓。

要之，关于人性与仁义之辨，孔子的主要观点是，人性无分善恶，即人性中没有仁义的内容，二者非相融的关系，也非对立的关系，故标举仁义而引导众人追求，有当然性。

孟子主张人性善。人性善之人性，指人之为人的本质，即仁义礼智四端之性，不包括人与禽兽共同具有的食色之性。

《孟子·公孙丑》上：

> 所以谓人皆有不忍人之心者，今人乍见孺子将入于井，皆有怵惕恻隐之心。非所以内交于孺子之父母也，非所以要誉于乡党朋友也，非恶其声而然也。由是观之，无恻隐之心，非人也；无羞恶之心，非人也；无辞让之心，非人也；无是非之心，非人也。恻隐之心，仁之端也；羞恶之心，义之端也；辞让之心，礼之端也；是非之心，智之端也。人之有是四端也，犹其有四体

> 也。有是四端而自谓不能者，自贼者也；谓其君不能者，贼其君者也。凡有四端于我者，知皆扩而充之矣，若火之始燃，泉之始达。苟能充之，足以保四海；苟不充之，不足以事父母。

端有两义，一是根本，二是端绪（微而不著）。四端之性落实到四端之心，心有仁义礼智四端，心表现为情，即恻隐、羞恶、辞让、是非之情。

心有仁义礼智四端，且能思，自反自省，从而不断扩充，则仁义礼智四端层层上达而止于至善。这是从自然性的仁义走向价值性的仁义：一方面，自然性的仁义是价值性仁义的人性基础，即仁义价值的追求符合人性的基本要求；另一方面，从自然性的仁义至价值性的仁义有质的飞跃，自然性的仁义是事实之理，而价值性的仁义是当然之理，二者有重要的分别。在从自然性的仁义升华为价值性的仁义中，心发挥了重要的作用，一是心之有意志和目的地追求仁义，二是心之自反自省而扩充仁义。孟子很少论食色之性，食色之性即食色之欲。孟子主张寡欲，"养心莫善于寡欲"（《尽心》下），减少欲望对心之牵累，从而让心发挥道德主体的作用。

要之，关于人性与仁义之辨，孟子的主要观点是，人性中有仁义礼智四端，二者是相融的关系；人性中仁义是端绪，是自然之理，须向价值之理升华；心之自反自省的作用，是从自然性的仁义升华到价值性仁义的关键所在，这是以心治性。

荀子之人性的基本内容有两部分：一是官能的能力；二是官能的欲望。官能的能力有优劣之分，但没有善恶之辨。官能的欲望即食色之欲，适当欲望的满足无所谓善恶，但如果放纵欲望，则生争乱，必然为恶，故人性恶。

《荀子·性恶》：

> 人之性恶，其善者伪也。今人之性，生而有好利焉，顺是，故争夺生而辞让亡焉；生而有疾恶焉，顺是，故残贼生而忠信亡焉；生而有耳目之欲，有好声色焉，顺是，故淫乱生而礼义文理

亡焉。然则从人之性，顺人之情，必出于争夺，合于犯分乱理而归于暴。故必将有师法之化，礼义之道，然后出于辞让，合于文理，而归于治。用此观之，然则人之性恶明矣，其善者伪也。

荀子认为，人性有共同性，即性恶；人性中没有礼义，礼义是圣人所标举的价值追求，"凡礼义者，是生于圣人之伪，非故生于人之性也"（《性恶》）。君子之所以成为君子，是因为化性起伪，"凡所贵尧、禹、君子者，能化性，能起伪，伪起而生礼义"（《性恶》）。起伪，即强调后天的人为作用。化性，即对食色之性予以转化和提升，一是节制欲望的过度发展；二是对欲望予以道德化、理性化。

后天人为的功夫主要是通过自我的学习和圣王的教化，而让心知道、可道、行道，故心在化性起伪中发挥着关键的作用。

《解蔽》：

> 曰：心知道，然后可道；可道，然后能守道以禁非道。以其可道之心取人，则合于道人而不合于不道之人矣。以其可道之心，与道人论非道，治之要也。何患不知？故治之要在于知道。人何以知道？曰：心。

荀子突出心的主宰作用。心没有道德性，而有认知性，通过自我的学习和圣王的教化，心能知道（道来自圣王）、可道、守道、禁非道，则化性起伪；这是以心治性。荀子以知道之心转化人性之恶，是逆取的。《性恶》："今人之性，固无礼义，故强学而求有之也；性不知礼义，故思虑而求知之也。"

要之，关于人性与仁义之辨，荀子的主要观点是，人性恶，与礼义是冲突对立的关系；圣人标举礼义价值以矫饰人性。一是礼义教化的力量有外在的强制性；二是人之修身行道要有坚强的毅力和深厚的功夫；三是行礼义扰乱人的情性。荀子曰："古者圣王以人之性恶，以为偏险而不正，悖乱而不治，是以为之起礼义，制法度，以矫饰人之情性而正之，以扰化人之情性而导之也。"（《性恶》）

综之，在思考人性时，先秦儒家以道德之善恶为基本内容；仁义、礼义不论有没有人性的基础，皆是人之有意志和目的的价值追求，是核心的价值观念，有普遍性和理想性；从而展开了他们的人性与仁义之辨。

两汉思想家董仲舒、扬雄、王充等，继承先秦儒家的传统思想而有所发展和转折。董仲舒认为，人禀天的阴阳之气而有仁贪之性，天道任阳不任阴，故人性是善主恶辅，且善恶之性朴质而未觉醒。《春秋繁露·深察名号》曰："天两有阴阳之施，身亦两有贪仁之性。""今万民之性，有其质而未能觉，譬如瞑者待觉，教之然后善。当其未觉，可谓有善质，而不可谓善。"① 这一方面说明人性基本上是善的，值得信赖；另一方面也强调质朴之性有待于后天的学习和教化，才能向仁义价值升进。董仲舒认为仁义之价值源自天，《王道通三》"仁之美者在于天。天，仁也"，故仁义价值有超越性、权威性，人要奉天法天而行仁由义。扬雄认为，人性是善恶混。《法言·修身》："人之性也善恶混。修其善则为善人，修其恶则为恶人。气也者，所以适善恶之马也与。"② 这不同于董仲舒之善主恶辅的善恶混。扬雄侧重于君子的修身，以培养和发展人性之善而成为善人。东汉思想家王充之论人性，有性三品之说，上品是性全善，下品是性全恶，中品是善恶混，但善恶的成分，人人不同。《论衡·本性》："余固以孟轲言人性善者，中人以上者也；孙卿言人性之恶者，中人以下者也；扬雄言人性善恶混者，中人也。"③ 王充之论性是气性，《无形》"用气为性，性成命定"。就人性与仁义之辨而言，王充认为人性之善恶是命定的，故不重视心之化性的作用，即不在气性上逆显仁义的当然之理，转化和提升自然之气性。牟宗三说："惟王充则无向上开辟之希求，根本未自觉到心之地位与作用。……盖彼只是气性之一层，其书中并无真正之道德意识也，故只落于材质主义之命定主义，而不能进

---

① （清）苏舆：《春秋繁露义证》，中华书局2015年版，第288、290页。
② （汉）扬雄著，韩敬译注：《法言》，中华书局2012年版，第56—57页。
③ （汉）王充著，张宗祥校注，郑绍昌标点：《论衡校注》，上海古籍出版社2013年版，第69页。

至道德的理想主义。"① 王充轻视仁义价值,重视贫富、贵贱、祸福之命,且认为二者无确定的关系。《累害》:"修身正行,不能来福;战栗戒惧,不能避祸。祸福之至,幸不幸也。"行为之善恶与命之福祸没有关系。因此,学者徐复观说:"但在他的人格中,在他的著作中,人伦道德的观念,实际是很薄弱的。换言之,在王充的心目中,并没有真正的人伦道德的问题。"②

要之,关于人性与仁义之辨,两汉思想家的主要观点是,人性中有善有恶,二者是兼容的关系;后天之仁义学习、教化、反省在个体之行仁由义中发挥着主导作用;王充的思想是歧出的,即不以仁义的价值之理转化和提升善恶的自然人性。

第二节 老庄"人性与仁义之辨"

《老子》一书中无"性"字,但不表明没有人性的思想。老子思想的最高概念是道,而核心观念是自然。《老子》第二十五章:"人法地,地法天,天法道,道法自然。"③ 人效法地,地效法天,天效法道,道是本原,以自然为法则,人、地、天以自然为法则。自然,一是描述道之存在的状态,即原初的、本然的状态,其基本特征是真实、质朴、虚静。自然是一种完美和谐的状态,而自然的人文化(即文明)破坏了原初的和谐大美。二是描述道之创生万物的状态——自然而然,没有意志和目的之作用。《老子》第五十一章:"道生之,德畜之,物形之,势成之。是以万物莫不尊道而贵德。"道创生万物,且把道之一体寓于万物之中而成为德,德即性。徐复观说:"由此不难了解,《庄子》内七篇虽然没有性字,但正与《老子》相同,内篇中的德字,实际便是性字。"④ 道、德(性)本质上是一。道的性格是真实、质朴、虚静,人性的基本特征也是真实、质朴、虚静。《老

---

① 牟宗三:《才性与玄理》,吉林出版集团有限责任公司2010年版,第34页。
② 徐复观:《两汉思想史》第2卷,华东师范大学出版社2001年版,第357页。
③ (魏)王弼注,楼宇烈校释:《老子道德经注校释》,中华书局2008年版,第64页。
④ 徐复观:《中国人性论史》,上海三联书店2001年版,第328页。

子》第二十八章"常德不离,复归于婴儿""常德乃足,复归于朴"。常德即人性;婴儿是质朴、虚静的表征。《老子》第二十章"我愚人之心也哉!沌沌兮",愚人之心即淳朴之心。《老子》第十六章"致虚极,守静笃"。

《老子》第十八章:

> 大道废,有仁义;智慧出,有大伪;六亲不和,有孝慈;国家混乱,有忠臣。

大道废弃,崇尚仁义;六亲不和,尊崇孝慈;国家混乱,标举忠臣。"智慧出,有大伪"似是后人妄加。① 在大道流行的理想世界中,众人舒适自得,彼此相忘,根本不存在仁义;理想世界崩坏,众人陷入生存的困境中,迫切需要仁义来相互救助。因此,仁义是圣人在乱世中所标举的价值观念,其目的是救治乱世。这如同家庭处于六亲不和、国家处于混乱中,而标举孝慈、忠诚等价值观念以弭乱一样。《庄子·大宗师》:"泉涸,鱼相与处于陆,相呴以湿,相濡以沫,不如相忘于江湖。"② 鱼在江湖中舒适自得,彼此相忘;现在,水干涸,鱼陷于生存的困境中,故施行仁爱——吐水沫相互润湿而苟延残喘。

《老子》第三十八章:

> 故失道而后德,失德而后仁,失仁而后义,失义而后礼。夫礼者,忠信之薄而乱之首。

道德丧失,圣人标举仁义,以救乱世;仁义不足以救,圣人又提出礼法,以救乱世,但愈救愈乱。道、德、仁、义、礼是价值等级递减的序列。

---

① 郭店楚简本《老子》(丙组):"大道废,安有仁义;六亲不和,安有孝慈;国家昏乱,有正臣。"
② (晋)郭象注,(唐)成玄英疏:《庄子注疏》,中华书局2011年版,第133页。

第五章 从儒道到郭象"人性与仁义之辨"

因此，道德流行于理想世界；仁义礼产生于衰世，是圣人标举的价值观念，目的是救治衰世；道德的价值高于仁义礼。

《老子》第十九章：

> 绝圣弃智，民利百倍；绝仁弃义，民复孝慈；绝巧弃利，盗贼无有。此三者，以为文不足，故令有所属，见素抱朴，少私寡欲。

圣人标举仁义，以救治衰世，但仁义背离大道与人性之质朴、虚静，从而不断地扰乱、矫激人性，社会政治陷入混乱；因此，老子主张抛弃圣智、仁义，而回归原初的自然状态，"见素抱朴，少私寡欲"。

要之，关于人性与仁义之辨，老子的主要观点是，人性的基本特征是质朴、虚静；仁义礼之价值追求，扰乱、矫激人之本性；尊崇大道和人性，而否定仁义礼。

《庄子》内篇中没有"性"字。老子的自然观念是指事物的原初状态，具有质朴、虚静的特征。原初的自然状态，即天然状态，庄子以"天"言之。荀子批评庄子"蔽于天而不知人"（《解蔽》），"天"即天然状态、自然状态，即天性；"人"即人为、人治。

《秋水》：

> 曰："何谓天？何谓人？"北海若曰："牛马四足，是谓天；落马首，穿牛鼻，是谓人。故曰：'无以人灭天，无以故灭命，无以得殉名。谨守而勿失，是谓反其真。'"

天即天性，人即人为。庄子肯定天性，而否定人为对天性的戕害。

《大宗师》：

> 意而子见许由。许由曰："尧何以资汝？"意而子曰："尧谓我：汝必躬服仁义而明言是非。"许由曰："而奚来为轵？夫尧既已黥汝以仁义，而劓汝以是非矣。汝将何以游夫遥荡恣睢转徙之

途乎？"

许由是道家的理想人物。他认为尧以仁义教化意而子，是损伤其天性。黥、劓之词的使用表示残损之义。

《大宗师》有一则寓言，描述颜回通过修养的功夫而达到大道的人生境界。颜回在修养的过程中，"忘礼乐""忘仁义"而层层上进，最后达到"坐忘"的境界，即一切皆忘，心虚无虚静。这一方面说明仁义礼乐不是大道、人性的内容，而予以抛弃；另一方面也说明大道、人性的基本特征是虚无虚静。

庄子后学颇为谈论人性与仁义之辨的问题，主要集中在《骈拇》《马蹄》《胠箧》《天道》《天运》诸篇。其主要观点：仁义不是人性的内容，圣人标举仁义，而招引天下人追逐，破坏其质朴、虚静的人性。

《骈拇》："噫，仁义其非人情乎？彼仁义何其多忧也。"仁人多忧，是因为仁义不是人情人性的内容。仁义若是人之性情，则行仁义是顺应人性的要求，而自得其乐。"故意仁义其非人情乎？自三代以下者，天下何其嚣嚣也？"仁义不是人情，三代之下，圣人标举仁义价值，悖逆人性，故天下吵嚷纷乱。"屈折礼乐，呴俞仁义，以慰天下之心者，此失其常然也。"性，即德，即常然、天然。圣人标举仁义以救治天下，而使民众丧失本性，天下纷乱。《天运》云："夫仁义惨然，乃愤吾心，乱莫大焉。"

《马蹄》：

> 夫至德之世，同与禽兽居，族与万物并。恶乎知君子小人哉！同乎无知，其德不离；同乎无欲，是谓素朴。素朴而民性得矣。及至圣人，蹩躠为仁，踶跂为义，而天下始疑矣。澶漫为乐，摘僻为礼，而天下始分矣。故纯朴不残，孰为牺樽！白玉不毁，孰为珪璋！道德不废，安取仁义！性情不离，安用礼乐！五色不乱，孰为文采！五声不乱，孰应六律！夫残朴以为器，工匠之罪也；毁道德以为仁义，圣人之过也。

至德之世是大道流行的理想社会，人们质朴、虚静，得性自由，彼此相忘于道术。圣人标举仁义礼乐，"蹩躠为仁，踶跂为义""澶漫为乐，摘僻为礼"，而戕害人们的自然天性。人们逐渐丧失本性，而变得虚伪、华丽、多欲，社会政治不断地崩坏下去。"蹩躠""踶跂""澶漫""摘僻"等词，皆有摧残、毁损的贬义。"毁道德以为仁义，圣人之过也"，指责圣人标榜仁义而摧毁道德。

庄子后学也承认仁义在衰世中一定的救助作用，但因为仁义不合人性、大道，所以愈救愈乱，不能返归大道。《天运》曰："仁义，先王之蘧庐也，止可以一宿而不可久处。觏而多责。古之至人，假道于仁，托宿于义，以游逍遥之墟。"

庄子后学认为圣人标举的仁义在运行过程中丧失普遍性、绝对性，而表现出相对性、虚伪性、工具性的特征，因而给予强烈的批判。

《胠箧》：

> 彼窃钩者诛，窃国者为诸侯，诸侯之门而仁义存焉，则是非窃仁义圣知邪？

圣人标举的仁义价值，往往为统治者所窃，与他们的私利相结合，成为统治者满足私欲的工具。窃钩者本是小罪，但触犯了统治者的私利，故加以诛杀；窃国者，把仁义也窃去，则他们的窃国也是仁义的。庄子及其后学对仁义的虚伪性、相对性有敏锐和深刻的洞察。

《外物》：

> 儒以《诗》《礼》发冢，大儒胪传曰："东方作矣！事之何若？"小儒曰："未解裙襦，口中有珠。""《诗》固有之曰：'青青之麦，生于陵陂，生不布施，死何含珠为？'接其鬓，压其顪，而以金椎控其颐，徐别其颊，无伤口中珠。"①

---

① 陈鼓应：《庄子今注今译》（下），中华书局2009年版，第755页。

儒者与一般盗贼皆是盗窃，但儒者用《诗》《礼》来缘饰其盗掘坟墓的合理性、正当性；这暴露出《诗》《礼》的虚伪性、工具性。

要之，关于人性与仁义之辨，庄子及其后学尊崇人性，顺应人性，《骈拇》云"彼正正者，不失其性命之情""吾所谓臧者，非所谓仁义之谓也，任其性命之情而已矣"，仁义戕害质朴、虚静的人性，二者是对立冲突的关系；他们也承认仁义救治衰世的一定作用，但敏锐地揭示出，仁义在运行中为统治者所盗取而表现出虚伪性、相对性、工具性，从而更加造成人性的扭曲和堕落。

第三节 郭象"人性与仁义之辨"

郭象《庄子注》，要对人性与仁义之辨的问题作出回答；但这不是揭示庄子的本意，而是创造性建构他自己的思想体系。

其一，本性成为核心的观念，自然退居其次，仁义置于边缘的地位。

郭象《庄子注》把《庄子》外杂篇中才出现的本性作为其哲学思想的核心观念。本性是事物存在和发展的依据，事物的一切特征和功用归结为本性。本性有物性和人性之分。郭象之逍遥，是任性、足性逍遥。郭象之齐物，是小大之物虽本性不同，但皆能任性逍遥，故无小无大、小大一齐。因此，本性是逍遥、齐物思想的中心观念，而充斥于注文中。[①] 自然的观念，是描述本性的特征及其存在和运行的状态，从属于本性。《山木》注曰："自然耳，故曰性。"《天运》注曰："言物之自然，各有性也。"自然的含义主要有二：一是自然之理、必然之理，自然即天然与人为相对，性、命即自然之理，自然亦指性命；二是自然而然，即本性的存在和运行的状态是无意识和目的的。这与老庄以自然为核心观念不同。郭象认为，仁义是本性的内容之一，从属于本性，故少论仁义，仁义置于边缘的地位。这与先秦儒家把仁义作为核心观念不同。孔子之学是仁学，孔子少谈人性。孟子

[①] 本性观是郭象哲学思想的基石，其逍遥观、齐物观、自生独化论等皆立于其上。

昌言仁义，其性善说是为仁义价值的追求与仁政的建立确立人性的基础。荀子标举礼义，其性恶说是为礼义的学习和教化寻求依据。因此，先秦儒家把仁义置于首位。

其二，仁义是人性的内容之一，而非人之为人的本质。

《骈拇》注：

> 夫仁义自是人之情性，但当任之耳。
> 恐仁义非人情而忧之者，真可谓多忧也。

仁义是人之情性，故当顺应仁义的要求。任之逍遥，阻之多忧。

《天地》"爱人利物之谓仁"注：

> 此任其性命之情也。

仁是人之性命的内容，故要顺应之。

《缮性》注：

> 仁义发中，而还任本怀，则志得矣。志得矣，其迹则乐也。

仁义发自内心，即发自自然之性，则任之自得，留下的足迹是乐。

《大宗师》注：

> 礼者，世之所以自行耳，非我制。

众人之性自有礼义，任性则礼义自然地呈现，非自我标举而引导众人施行。

《大宗师》注：

> 夫知礼意者，必游外以经内，守母以存子，称情而直往也。若乃矜乎名声，牵乎形制，则孝不以诚，慈不任实。父子兄弟，

怀情相欺，岂礼之大意哉！

礼之大意是内外合一，"守母以存子"，即内有礼义之性而外有礼义之节；若行礼义超出于情性之外，则伪情欺诈。

郭象之性命合流，性命的内容丰富，包括生理属性、道德属性、社会属性等。《齐物论》注："故知君臣上下，手足外内，乃天理自然，岂直人之所为哉！"韩林合说："在其思想体系之中，郭象更将一个人所遭遇到的一切事情——特别是对于其一生来说有着重大意义的事情——均看作其本性中的成分。"[1] 郭象尤为重视性命中的社会属性，包括社会地位、角色及其贵贱、穷通的人生遭遇。《德充符》注："苟知性命之固当，则虽死生穷达，千变万化，淡然自若而和理在身矣。"性命之生死、穷通之变最为紧要。

要之，仁义是人性的内容，这是对老庄思想的重要转折；这与孟子的性善思想似同，但实有分别。孟子把仁义礼智四端作为人性的基本内容，是人之为人的本质；但郭象把仁义作为人性的内容之一，且少加关注，而更重视性命中的社会地位、角色、遭逢等。学人认为名教即自然、自然即名教，多以此作为重要证据；实际上，仁义只是人性的部分内容，且不是本质的内容，则名教即自然是不确的。

其三，仁义是自然之理、存在之理、事实之理，而不是价值之理。

郭象之谓本性，含有自然之理、必然之理以要求任循。《逍遥游》注："故理有至分，物有定极。各足称事，其济一也。"物性即理，顺之则能成功。《大宗师》注："夫自然之理，有积习而成者。"自然之理即性，积习以功成。《骈拇》注："直自性命不得不然，非以有用故然也。"性命乃是必然之理。《达生》注："性分各自为者，皆在至理中来，故不可免也。是以善养生者，从而任之。"性分通于至理，故顺之。《天下》注："其言通至理，正当万物之性命。"至理合于性命。要之，性乃是自然之理，不可变易，也不可抗拒，故要顺之；郭

---

[1] 韩林合：《游外以冥内：郭象哲学研究》，商务印书馆2016年版，第57页。

注中有大量的任性、足性、得性、适性等观念。

仁义是人性的内容，故仁义也是自然之理、必然之理、事实之理。因此，人性中仁义是自然地展现出来，这说明人之行仁由义的天然性、必然性，从而肯定其正当性、合理性。但仁义是自然之理、客观之理，故人之行仁由义不能扩充发展而层层上达，否则会越出于性分之理之外而失性作伪。

《天运》"夫仁义惨然，乃愤吾心，乱莫大焉"注：

> 尚之以加其性，故乱。
> 言夫揭仁义以趋道德之乡，其犹击鼓而求逃者，无由得也。

尚，即崇尚，加于性上，即超出于性分之外。揭仁义，即标举仁义，引导天下人追求，则行仁义是失性作伪。质言之，行仁由义是顺着本性的要求，而自然地表现出来，不是人之有意志和目的的自觉追求。

儒家之仁义是价值之理、当然之理，是人之有意志和目的的自觉追求。价值之理高于自然之理，具有下学而上达的理想性。孟子之性善，是人性中有善端，有待于后天的扩充，这肯定人为的重要作用。人性中仁义之端，与仁义价值的至善实有云泥之隔，而有赖于人之永恒的追求。荀子主张人性恶，而标举礼义。礼义是人之有意志和目的的价值追求，是应然之理，对人性之恶有道德化、理性化的提升作用。学人所谓名教即自然，即承认名教是自然之理，而证明名教在人性展现中的必然性，但没有揭示自然之理的名教与儒家宣扬的价值之理的名教，实有事实与价值之分。王中江说："对于庄子所批判的儒家的仁义等伦理价值，郭象也进行了辩解。照庄子的看法，仁义等伦理价值，绝不是人类真实本然之性所具有的（'仁义其非人情乎！'），它是由圣人制造出来并强加给人的，因而伤害了人的自然本性。与此相反，郭象则完全把仁义等伦理价值内在化为人的自然本性。"[①]

[①] 王中江：《道家学说的观念史研究》，中华书局2015年版，第338—339页。

儒家认为，仁义是价值之理，故重视修身。《大学》："自天子以至于庶人，壹是皆以修身为本。"修身的主要方式有三：一是心之自反自省；二是学习；三是教化。郭象认为，仁义是自然之理，只要任性展现出来即可，故无须养成和修为。就心的作用而言，郭象承认心的作用，而以心合性，即心的作用止于性分之内。因此，这严重削弱了心之自反自省的主观能动作用，也阻止了以心提升性的作用。换言之，郭象只承认人性中自然性的仁义，而否定心之反省对自然性的仁义予以扩充和提升的重要作用。因此，郭象之自然性的仁义不能升华为价值性的仁义。郭象认为，人性不可变易，人性中的仁义也不可变易，超出于性分之外的仁义即失真作伪。要之，郭象没有以心治性的思想，但孟子、荀子、董仲舒等皆重视心之自反自省的作用，而强调以心治性。

郭象也轻忽学习和教化之化性起伪的作用。《天道》注："此言物各有性，教学之无益也。"性是命定的，教学不能变性。《天运》注："夫假学可变，而天性不可逆也。"《庚桑楚》注："故学者不至，至者不学。"《知北游》注："夫由知而后得者，假学者耳，故浅也。"依靠外在学习，得之甚浅。人性是命定的，故安性、顺性，不可突破。郭象有时也谈到学习有成性的作用。《天运》注："由外入者，假学以成性者也。虽性可学成，然要当内有其质；若无主于中，则无以藏圣道也。"成性，是性中有内质，适当地学习对内质的实现有所助成。《大宗师》注："言天下之物，未必皆自成也。自然之理，亦有须冶锻而为器者耳。故此之三人，亦皆闻道而后忘其所务也。"人性是自然之理，也需要一定的锻炼。

其四，仁义之性有分别性、分域性、变化性，则仁义有相对性、特殊性、有限性。

郭象常以性分、分来命名人性，一是突出人性的分别性、独特性；二是突出人性的分域性、有限性。《逍遥游》注："物各有性，性各有极。"《养生主》注："所禀之分，各有极也。"极，即极限，性有确定的分域、范围，不能突破极限。

《骈拇》注：

> 夫曾史性长于仁耳，而性不长者，横复慕之，慕之而仁，仁已伪矣。

曾参、史鱼秉性仁孝而甚于众人；众人要安于其性分之仁孝，而不要追慕曾史之仁孝，否则会越出于自己的性分之外，则有名无实而伪生。

《徐无鬼》注：

> 若夫仁义各出其情，则其断制不止乎一人。

仁义各出其情，不同个体仁义之性的分域和极限不同，故不能以一人的仁义之性作为典范而要求众人尊崇和效法。

要之，各人有不同的性分，其性分中含有的仁义也各不相同。

郭象认为，人性有古今之变，仁义也有古今之变。

《天运》注：

> 夫仁义者，人之性也。人性有变，古今不同也。故游寄而过去则冥，若滞而系于一方则见。见则伪生，伪生而责多矣。

人性有古今之变，仁义也有古今之变，标举古时的仁义而不合当下的仁义，则伪生。

《天运》注：

> 时移世异，礼亦宜变。

礼义随时代与人性而变。

《天运》"古之至人，假道于仁，托宿于义"注：

> 随时而变，无常迹也。

仁义随时代与人性而变。

《天运》注：

> 况夫礼义当其时而用之，则西施也；时过而不弃，则丑人也。

礼义随时代与人性而变，当其时而用之，则有西施之好；过其时而用之，则有嫫母之丑。

要之，郭象之仁义是自然之理，有相对性、特殊性、有限性；而儒家标举的仁义是价值之理，有普遍性、绝对性、永恒性。

其五，仁义的实现是天然本性的要求，即自然而然，无心无为。

自然是描述性分之实现的状态，即自然而然。《逍遥游》注："夫趣之所以异，岂知异而异哉？皆不知所以然而自然耳。自然耳，不为也，此逍遥之大意。"趣，即性；性的实现是自发的、无意识的，不知不为。仁义是人性的内容之一，故行仁由义基于本能的要求，自然而然，无心无为：一是心中没有行仁义的动机和目的，且忘仁义的观念，即仁义存于心而不知；二是个体与仁义完全融合，则仁义得到充分而自由的实现。如果标举和崇尚仁义，则是被迫或自觉地行仁义，即有心有为地行仁义。一方面，行仁义有动机和目的，且追求仁义之名；另一方面，个体与仁义分别而不能融合，则仁义受到阻碍而难以充分地实现；再一方面，行仁义超出于性分之外而作伪。因此，自然之行仁义，高于被迫、自觉之行仁义。

《天运》注：

> 必言之于忘仁忘孝之地，然后至耳。
> 仁孝虽彰，而愈非至理也。

忘仁孝，即行仁孝是自然性分的要求，自然而然，无心无为，这是自我与仁孝之高度融合而忘。不能忘仁孝，即彰显仁孝，即有心有为地行仁孝，即被迫或自觉地行仁孝，从而超出自然之理的要求。

《天道》"意，夫子乱人之性也"注：

> 事至而爱，当义而止，斯忘仁义者也。常念之则乱真矣。

忘仁义，则行仁义是任自然人性的要求，自然而然，无心无为；念仁义，则行仁义越出自然人性的要求，自我与仁义有分别而不能融合，故行仁义是作伪而失真。

郭象之无心无为、自然而然地行仁由义，与《中庸》谓"诚者不勉而中，不思而得，从容中道，圣人也"似同，但实质上有分。儒家之宣扬的仁义，是人之有意志和目的之价值追求，是对自然人性的升华和人文化，二者有间距而存在着紧张和冲突。因此，人之行仁由义从被迫到自觉，再到自然，即把仁义价值变成自己的第二天性，即《中庸》之自然。这是需要人之层层上达的修养功夫，其历程是曲折艰难的。郭象之自然而然地行仁义，是以本性或本能为依据，而没有多少人为的修养功夫，包括心的修养功夫，是容易实现的。[①] 因此，他们的结果虽一致，但因其历程的差异与功夫的深浅而表现出来的人生意义有小大不同。

其六，众人崇尚仁义之迹而失性作伪。

仁义之迹，即圣人、仁者任其本性而留下的外在行迹。众人不安于其性分而追逐之，一方面失其性分，另一方面其所行仁义越出于自己的性分之外而失真作伪。这是因为群生的仁义之性各有分别、差异，且不可相企。《骈拇》注："夫仁义自是人情也，而三代以下，横共嚣嚣，弃情逐迹，如将不及，不亦多忧乎！"仁义本是众人的性情，但三代以下，众人尊崇和追逐仁义之迹，唯恐不及，而越出于性分之外，陷于困境而多忧。"弃情逐迹"，即众人越出于自己的性分之外而追逐圣人、仁者的仁义之迹。《在宥》注："由腐儒守迹，故致斯祸。不思捐迹反一，而方复攘臂用迹以治迹，可谓无愧而不知耻

---

① 郭象认为事物的运动发展是任性逍遥，这并非认为本性或本能是事物运动发展的根本动力，而是认为心的作用与本能的作用共同推动事物的运动发展，且心的作用合于性。

之甚也!"腐儒标举仁义之迹而诱引众人逐之,从而使众人失性作伪,造成社会秩序的混乱;且不能自愧反省,仍以仁义礼乐之迹治之,愈治愈乱。老庄认为,仁义礼戕害质朴自然的天性,"则攘臂而扔之"(《老子》第三十八章)。郭象认为,腐儒不知仁义之迹的标举而使众人失其性分,"而方复攘臂用迹以治迹"。"捐迹反一",即抛弃仁义之迹而返回根本、本性,不要追逐仁义之迹而有心有为地行仁义,要任其性分而无心无为、自然而然地行仁义。《骈拇》"今世之仁人,蒿目而忧世之患"注曰:"兼爱之迹可尚,则天下之目乱矣。以可尚之迹,蒿令有患而遂忧之,此为陷人于难而后拯之也。然今世正谓此为仁也。"天下人逐仁义之迹,失其本性而陷入困境;仁人又标举仁义之迹以救之,愈治愈乱。

  庄文中有许多文字批评黄帝等圣人之标举仁义的弊端。郭象把黄帝、尧舜作为自己的理想人格,自然要回护庄文的批评。《马蹄》"及至圣人,蹩躠为仁,踶跂为义,而天下始疑矣。澶漫为乐,摘僻为礼,而天下始分矣"注:"夫圣迹既彰,则仁义不真,而礼乐离性,徒得形表而已矣。有圣人即有斯弊,吾若是何哉!"仁义礼乐乃是圣人之迹,众人追逐之,故失性作伪。这是批评众人跂尚圣迹之过,而认为圣人不任其过,从而回护庄文对圣人的批评。《骈拇》"自虞氏招仁义以挠天下也,天下莫不奔命于仁义"注:"夫与物无伤者,非为仁也,而仁迹行焉;令万理皆当者,非为义也,而义功见焉。故当而无伤者,非仁义之招也。然而天下奔驰,弃我殉彼,以失其常然。……则仁义者,挠天下之具也。"庄文批评虞舜标举仁义,而引导天下人逐之以乱其性情。郭象认为,虞舜留下仁义之迹,是出自无心而冥物的要求,而非有心有为地标举仁义以招引天下人;天下人追求仁义之迹而失其性分,主要是自己的过失,不能怪罪虞舜。郭象承认仁义之迹是挠天下的工具,假若没有仁义之迹,则众人无从追之,其人性中的仁义会恰如其分、自然而然地呈现出来。迹与所以迹相对,迹是外在的行迹,所以迹是迹之产生的内在依据,二者是体用的关系。圣人之所以迹,是平等地包容万物而没有亲疏远近之分,故无仁无义而冥合万物;因为圣人冥合万物,所以圣人助成万物任性逍遥，故留下仁义之迹。要之，圣人的仁义之迹是其无仁无义之所以迹而留下的。圣人之无仁无义的所以迹是基于全性，即任性逍遥。众人只知圣人之迹，而不知其所以迹，故追逐仁义之迹。

郭象仁义之迹的思想有重要的意义。一是圣人、仁者等留下的仁义之迹，出自本性的要求，是任性逍遥，故众人不要有心有为地崇尚和追逐之，而要安于其性分中仁义的要求，任性逍遥。二是庄文之批评黄帝、尧舜、孔子等行仁义而乱天下人之性，实际上是指责众人有心有为地追逐圣人的仁义之迹，而失性作伪，圣人不能承担其过失。三是腐儒、众人崇尚圣人的仁义之迹，而越出于性分之外，一方面使自己失性而陷入困境，另一方面也造成仁义礼之虚伪性、工具性的结果。庄子及其后学认为，仁义之流于虚伪性、工具性，主要是因为统治者拥有威权，盗取仁义而与其私利结合起来，从而使仁义丧失其普遍性、绝对性。这是对统治者打着仁义的旗号而行不仁不义之实的激烈批判，较郭象的思想更为深刻。

其七，众人之性是分而有仁有义，圣人之性是全而无仁无义。①

众人之性是分，有彼此亲疏远近之别，而形成爱憎之情。圣人之性是全，涵融群生之性分为一而整体无分，没有彼此亲疏远近之分，也没有好恶之情。凡施行仁爱，皆基于分别，皆有偏颇而不周全，背离圣人一视同仁的全性。《齐物论》"仁常而不周"注："物无常爱，而常爱必不周。"因此，圣人无仁无义，是超越众人有仁有义与不仁不义之对立而归于整体统一。

《天道》有一则寓言，是关于孔子与老子谈论人性与仁义的问题。孔子谓其思想的中心内容是仁义，"要在仁义"。老子问曰："请问仁义，人之性邪？"孔子答曰，仁义是人之真性。老子又问何谓仁义。孔子曰："中心物恺，兼爱无私，此仁义之情也。"老子有一大段言

---

① 众人之性是分，即分别性、分域性、部分性；圣人之性涵融众人之性分为一而整体无分，即全性。郭象的注文中没有"全性"词语，而有"性全"观念，性全即性足，性得到充足的实现。《马蹄》注"众马之性全矣"；《知北游》注"人生而遇此道，则天性全而精神定"；《天下》注"故古人不随无崖之知，守其分内而已，故其性全。其性全然后能及天下，能及天下然后归之如溪谷也"。

说，阐明主要观点：一是兼爱以成其私，故兼爱不是公；二是群生放任己德而逍遥于世，不要仁义；三是仁义扰乱人的自然本性，"意，夫子乱人之性也"。

郭象注曰：

> 此常人之所谓仁义者也，故寄孔老以正之。
> 夫至仁者，无爱而直前也。
> 世所谓无私者，释己而爱人。夫爱人者，欲人之爱己。此乃甚私，非忘公而公也。

郭象认为，孔子之谓仁义是指众人（庄子寄于孔子以正众人），孔子是至仁，无仁无爱；凡爱他人，皆欲他人爱己，故不公。

《齐物论》"大仁不仁"注：

> 无爱而自存也。

大仁无爱，即圣人不对群生施行恩惠，故群生自存自为。若圣人有爱，则有分而不周全，一部分得到恩惠且恩惠有等差，另一部分得不到恩惠，这是有心有为而干涉群生，不能使群生任性逍遥。成玄英疏《骈拇》"多方乎仁义而用之者，列于五藏哉，而非道德之正也"："夫能与物冥者，故当非仁非义，而应夫仁义；不多不少，而应夫多少，千变万化，与物无穷，无所偏执：故是道德之正也。"圣人之无仁无义才能与物冥，才能顺应众人的有仁有义。

《大宗师》"鳌万物而不为义，泽及万世而不为仁"注：

> 皆自尔耳，亦无爱为于其间也，安所寄其仁义哉！

群生"自尔"，任其性分；圣人无爱无为而任群生之自为，这是圣人涵融群生之大仁，寄托不下仁义的内容。

《天运》"至仁无亲"注：

> 无亲者,非薄德之谓也。夫人之一体,非有亲也,而首自在上,足自处下,府藏居内,皮毛在外。外内上下,尊卑贵贱,于其体中,各任其极,而未有亲爱于其间也,然至仁足矣。故五亲六族,贤愚远近,不失其分于天下者,理自然也,又奚取于有亲哉!

无亲,不是薄爱;不仁,不是残忍。无亲不仁,即不施仁爱,无心无为而任群生之自为,故群生皆能足性逍遥,"然至仁足矣"。

《天运》注:

> 夫至仁者,百节皆适,则终日不自识也。圣人在上,非有为也,恣之使各自得而已耳。自得其为,则众务自适,群生自足,天下安得不各自忘哉!各自忘矣,主其安在乎?斯所谓兼忘也。

圣人至仁,无仁无义,无心无为而任群生之自为,故群生皆能任性逍遥;群生因得性逍遥而彼此相忘,圣人与群生也因得性逍遥而彼此相忘,所谓"兼忘"。忘是对于圣人与众人之得性逍遥的描述。《大宗师》"鱼相忘乎江湖,人相忘乎道术"注:"各自足而相忘者,天下莫不然也。至人常足,故常忘也。"

要之,圣人之性是全,一视同仁地涵融群生,故无仁无义,无心无为,而助成群生任其性分,逍遥自由。《逍遥游》注云"浩然都任之也";《大宗师》注云"故以天下为一体者,无爱为于其间也"。正是圣人的无仁无义,才能成就众人的有仁有义,这是胸怀天下的大仁、至仁。《应帝王》"顺物自然而无容私焉,而天下治矣"注:"任性自生,公也。心欲益之,私也。容私果不足以生生,而顺公乃全也。"汤用彤说:"以无为心,即大公,无私,无我。以有为心则反之。天地以无为心,万物自然运行。君主以无为心,乃合于道。若以有为心,则拘于仁。"[1] 因此,圣人之无仁无义实是大仁大义、至仁

---

[1] 汤用彤:《魏晋玄学论稿》,上海人民出版社2015年增订版,第168页。

至义；圣人之无仁义与众人之有仁义基于本性，故皆能任性逍遥。

郭象之圣人不仁是对老庄思想的发展和转折。《老子》第五章："天地不仁，以万物为刍狗；圣人不仁，以百姓为刍狗。"不仁即麻木不仁，即圣人与万物、百姓不能融通，故木然而无动于衷，对群生毫无责任感。郭象之圣人不仁也是对儒家思想的批评。儒家之圣人是立足于分别的基础上对众人施行各有等差的仁义，从而造成纷乱和矛盾，这是有私。郭象之圣人不仁，是涵融群生、一视同仁的大仁，这是无所偏执的大公无私。

综上所述，郭象之人性与仁义之辨有复杂深刻的思想内容，非学人"名教即自然"所能尽明。郭象对儒家之仁义是有限的肯定，即认为众人之性有仁义，而圣人之性无仁义。仁义是自然之理，有确定的分域和极限，而不是儒家之层层上达的价值之理。仁义之理的实现是出自天性本能的要求，是无心无为、自然而然的，不是儒家之有意识和目的的追求。衰世之仁义礼的工具性、虚伪性主要是众人追逐仁义之迹而造成的，圣人不任其过；这没有庄子后学抨击君主盗窃仁义价值而谋取私利那样深刻。

第六章 郭象的自生、独化说

学人多认为老庄以道作为天地万物的本原,一是道生天地万物之生成论的本原,二是道寓于天地万物之中而成为其存在和发展根据之本体论的本原。儒家以天作为本原,一方面天生万物,另一方面天道是人间秩序和价值的根据。郭象的自生、独化说,主要是破除本原的观念。学人多认为,自生,即事物自己或自我创生,以否定无或道的创生作用,否定天的创生作用,否定有或父母的创生作用;自己创生,不是出于自我主观意志的作为,而是源于自我本性的作用,即自我本性是自生、独化的内在力量。笔者认为,一物在生成之前,根本就不存在,其本性也不存在,则一物生成的原因如何是本性呢?既然本性是决定事物自生、独化的内在力量,则众人为何一再突破其本性的要求而陷入困境呢?本性即本能是无意识的自发作用,以之为决定力量显然削弱了心的作用。本章主要论述郭象的自生、独化说。

第一节 老庄之道:原初的存在形态

道,是老子哲学的最高概念。学人一般认为,道是形而上的本原,道创生天地万物,且长育之,成熟之;道无形无名,又称无,而无不是空无,道生万物即无生有。

《老子》:

道可道，非常道；名可名，非常名。①（第一章）

道冲而用之或不盈，渊兮似万物之宗。（第四章）

视之不见名曰夷，听之不闻名曰希，博之不得名曰微。此三者不可致诘，故混而为一。……是谓无状之状，无物之象。是谓惚恍。（第十四章）

道之为物，惟恍惟惚。惚兮恍兮，其中有象；恍兮惚兮，其中有物。窈兮冥兮，其中有精；其精甚真，其中有信。（第二十一章）

有物混成，先天地生，寂兮寥兮，独立不改，周行而不殆，可以为天下母。吾不知其名，字之曰道，强为之名曰大。（第二十五章）

道生一，一生二，二生三，三生万物。万物负阴而抱阳，冲气以为和。（第四十二章）

道生之，德畜之，物形之，势成之。是以万物莫不尊道而贵德。（第五十一章）

王中江说："自从老子确立了'道'的形上地位后，'道'在中国哲学中就成为一个最基本最有活力的哲学概念。如上所说，老子的'道'，意义不够清楚，带有很大的模糊性和暗示性。这种情形，对把握他的'道'的真实意义当然不利，但是，却也为老子以后中国'道'形上学的不断重建提供了可以发挥的广阔余地。"② 我们认为，老子之道，即指世界原初的存在形态——浑然未分。浑然未分，即"有物混成"，所谓"无状之状，无物之象"，恍惚无物，"窈兮冥兮""寂兮寥兮""渊兮似万物之宗"。原初的存在形态，即超越世界或价值世界；道分化而为天地万物，即原初的存在形态分裂为现实世界或现象世界；两个世界截然分别，相互悬隔。

大道浑然一体，无物无分，则不可命名。名与实相符，即名是对

---

① （魏）王弼注，楼宇烈校释：《老子道德经注校释》，中华书局2008年版，第1页。
② 王中江：《道家学说的观念史研究》，中华书局2015年版，第86页。

具体的事物命名，具体的事物有特定的性质和功用，则名有特定的内涵和外延。大道未分，故无名。大道分化为具体的万物，才有形有名。王弼注释曰："名以定形。混成无形，不可得而定，故曰'不知其名'也。"① 道无名，即不能名其内涵，故勉强字之曰"道"，勉强谓之曰"大"，即以字来代指道，字不是观念，只是代称。我们视之见，听之闻，搏之得，是对于具体的事物。大道混而为一，视之不见，听之不闻，搏之不得。

要之，老子之道，即指浑然一体的原初形态，这是超越的形态；道无分无物无名，故是无；道生天地万物，即道分化而有天地万物，"道生一，一生二，二生三，三生万物"，道不是造物者或本原而创生天地万物。《老子》第十八章"大道废，有仁义"，即浑然一体的大道崩坏，分化为仁义与非仁义等价值观念，这是理想世界或超越世界的崩坏，"是以万物莫不尊道而贵德"。

庄子之道是继承老子之道而来。学人的讨论见仁见智。韩林合认为庄子之道是"作为整体的世界"②。他说："而且，就其本然状态而言，作为整体的世界（简言之，世界整体本身）根本无所谓物与物、物与事、事与事的区别，因此也无所谓化与不化的问题。显然，庄子的道所指的只能是这样的世界整体，而非通常的心智所了解的充满各种各样区别和变化的世界整体——所谓现象世界。正是在这样的意义上，庄子又将道称作'至一'（'大一'或'太一'）。"③ 刘笑敢认为，庄子之道有两个基本含义，"一是指世界的本原；一是指最高的认识。前者是道的实体意义，即自然观中的道；后者是道的认识论意义，即认识论中的道"④。道为本根有两个作用，一是产生天地万物，一是决定天地万物的存在和发展。笔者认为，若道是本原，则与天地万物具有内在的联系，也是人间秩序和价值的终极根据；但庄子之回归道，是要彻底地抛弃现实世界及其观念。刘笑敢又说："道作为最

---

① （魏）王弼注，楼宇烈校释：《老子道德经注校释》，中华书局2008年版，第63页。
② 韩林合：《游外以冥内：郭象哲学研究》，商务印书馆2016年版，第2页。
③ 韩林合：《游外以冥内：郭象哲学研究》，商务印书馆2016年版，第4页。
④ 刘笑敢：《庄子哲学及其演变》，中国人民大学出版社2010年版，第109页。

高认识实质上就是'以为未始有物',即不区分任何客观事物。……'以为未始有物'即透视万物而直接体认万物未萌之前世界之冥冥无分的状态,这是至高无上的认识。"① 最高的认识即对于道的认知,认知之境与存在之境是一致的,即描述原初之冥冥无分的状态。因此,本原创生之道与原初的存在形态之道相分别:一是具有创生力量的本原,一是原初的存在形态;原初的存在形态分化天地万物,这不是创生,二者之间没有支配的关系。刘笑敢关于庄子之道的解释显然存在着矛盾,即他一方面根据传统的说法而认为道是创生天地万物的本原,另一方面又主张道是混沌未分的原初形态。

杨国荣说,对庄子而言,真实的存在形态展现为本然的形态,"本然的存在被理解为玄同的世界"②,道未始有封。"这样,对庄子而言,似乎有两种存在形态:其一为未始有物或未始有封的本然形态,其二则是分化的世界。"③ 因此,道的原理即"道通为一",有两种意义,一是从浑然未分的原初形态抽象而出,即无分无知的绝对统一;二是从大道崩坏后的世界抽象而出,即有分有知的相对统一;这二者截然不同,不能混为一谈。现实世界中各种力量的统一是相对的、暂时的,而各种分别、对立、矛盾是绝对的、永恒的。

笔者认为,庄子之道即浑然一体的原初状态,后来分化为天地万物;万物之名、是非等物论,随之而产生,且不断地强化万物的分别。理想世界混沌不分,现实世界充满了种种的分别、对立和矛盾。《齐物论》先描绘风吹而万窍怒号的种种声音,终而惊人心目地叙述分化世界的种种冲突和矛盾与生存其中众人的痛苦和悲鸣;例如大智与小智之分、大言与小言之分、大恐与小恐之分等,即《天下》所谓"道术将为天下裂"的状态。《齐物论》:"一受其成形,不亡以待尽。与物相刃相靡,其行进如驰而莫之能止,不亦悲乎! 终身役役而不见其成功,苶然疲役而不知其所归,可不哀邪! 人谓之不死,奚

---

① 刘笑敢:《庄子哲学及其演变》,中国人民大学出版社2010年版,第118页。
② 杨国荣:《庄子的思想世界》,华东师范大学出版社2009年版,第57页。
③ 杨国荣:《庄子的思想世界》,华东师范大学出版社2009年版,第85页。

益！其形化，其心与之然，可不谓大哀乎？"这两个世界是根本对立的。

道是存在之境，又是认知之境。《齐物论》"恢恑憰怪，道通为一""道未始有封，言未始有常""大道不称""孰知不言之辩，不道之道？若有能知，此之谓天府"。《齐物论》："有成与亏，故昭氏之鼓琴也；无成与亏，故昭氏之不鼓琴也。"昭氏鼓琴，鼓商则丧角，挥宫则失徵。鼓琴虽成就一部分音乐，但又遗失另一部分音乐而不全，故是有限的。只有不鼓琴，才代表音乐的全部而有无限的意义。

《齐物论》：

> 古之人，其知有所至矣。恶乎至？有以为未始有物者，至矣，尽矣，不可以加矣！其次以为有物矣，而未始有封也。其次以为有封焉，而未始有是非也。是非之彰也，道之所以亏也。

古人之知有不同的层次，认知的对象是存在的形态，最高的认知之境，即体道，即浑然一体而无物；其次是有物无分；再次是有物有分；最下是有物有分有是非。大道从原初的浑然一体，逐渐分裂、崩坏为分化和对立愈来愈激烈的现实世界。

庄子之体道，即有道的人生境界。人生境界，是把知识融进自己的生活、生命中，是客观的知识凝结为人生的智慧，是知行合一，而非一种思想和观念的游戏。这需要修养的功夫，即知而行之。修养的功夫，即从外到内、从易到难，逐渐地遗忘现实世界的一切：一是忘各种观念，尤其是二元对立的观念，即忘知；二是忘物；三是忘身，即忘各种生理欲望。最终一切皆忘，虚无虚空，无分无物，无知无识，而入于"寥天一"（《大宗师》），即达到自我与天地万物浑然一体的境界，《齐物论》"天地与我并生，而万物与我为一"。

《大宗师》叙述道家人物女偊之体道的功夫和境界，即"外天下""外物""外生"的功夫。外，即忘，即忘记现实世界的一切，最终虚静虚空，而无物无知。这是混沌的原初状态，无生死，无古今，而置于时间之外，置于变化之外，即"撄宁"，混沌不分而宁静。《大宗师》还叙述颜回之体道功夫的层层上进,"回益矣":忘礼乐,忘仁义,离形去知,最终"坐忘",一切皆忘,无物无分无知,即达到浑然一体之道境。孔子所谓"同则无好也,化则无常也",浑然一体是绝对的同一,即未分,而不是分别基础上的辩证统一。同而无分则没有好恶。化,即变化,有物有分有化,则不是常道。《齐物论》开篇描述道家人物南郭子綦之体道的境界。子綦忘物,即"嗒焉似丧其耦";忘己,即"吾丧我",一切皆忘,心中止思虑,"形若槁木,心若死灰",无物无知,自我与万物浑然一体。王博说:"混沌是没有七窍的,因此也是无知无识的。……无七窍,无知识,也就是无心。因此,也就无所谓善,无所谓恶。无所谓自己,无所谓别人,整个世界浑然一体。没有任何的分别,恰如其名字所显示的,中央之帝该是混混沌沌的,所以也该是无心而任化的。"① 体道的境界不可言说,这是主客融合的境界,忘我忘言;如果主体言说,即置于主客二分的认知之境,再也无法描述当初的浑然融合之意。

要之,庄子之道主要是指原初的混沌形态;体道,即通过修养的功夫而遗忘现实世界的一切,虚静虚空,无知无识,从而与天地万物浑然为一。

学人以老庄之道作为本体论的本原是不当的。本体论之道,即道创生天地万物,且把道之一体寓于其中而成为万物存在和发展的根据。这表明道也创造了人间的秩序和价值,即道是人间秩序和价值的终极根据。儒家谓天生万物,即天是万物的本原,天道是人间秩序和价值的终极根据。本原之道(天)是现实世界的根据,天道与人间的价值在本质上是一致的;因此,本原之道与现实世界有内在的联系,二者相即相离。本原之道纯一不已,也有赖于众人永恒的追寻。因此,老庄的道生万物、儒家之天生万物具有"内在性"特征。这表明老庄道家、儒家皆部分地肯定现实世界,且在现实世界的基础上向本原之道升进。我们认为,这符合儒家的思想,但与道家不合,道家彻底地否定现实世界;老子所谓"正言若反"(第七十八章),即

---

① 王博:《庄子哲学》,北京大学出版社2004年版,第140—141页。

正言合于道而反于俗。

综之，道是原初的存在形态，即混沌未分的状态，其基本特征是绝对的同一性，这是超越的世界。道分裂而产生天地万物，有分有知有是非，这是现实的世界，其基本特征是分别性、对立性。原初状态的混沌未分与现实世界的充满种种分别和矛盾，相互隔绝；众人只有彻底地抛弃现实世界中的一切才能回归道，故道具有超越性。

第二节　学人对自生、独化说的讨论

郭象之自生、独化说，是崇有论。他并不讨论宇宙从无到有的创生历程，天地万物一开始即有；在有的场域中，万物自生，独化。学人多认为，自生、独化说破除了本原之道，违背了老庄的思想。

自生，是关于事物之生成的学说；生成，即一物之出生。独化，是关于事物之变化的学说，有两层意义：一是质变，事物的性质发生根本变化，即从一物变成另一物，即一物之消亡而转化成另一物之新生，这亦是生成；二是量变，即一物生成后从生到死的发展变化。因此，自生与独化有分，自生包含于独化。王晓毅说："在郭象的观念中，生成与变化是相通的，不可分隔，所谓'自生'，是指事物'独化'而生，'独化'就是'自生'……两者的区别在于认识角度的差异：'自生'说，是从生成角度观察，'独化'则从变化角度观察。"[①]这是把自生与独化混而不分。

郭象在《齐物论》中有两段长长的注文集中地阐述自生、独化的思想：

> 无既无矣，则不能生有。有之未生，又不能为生。然则生生者谁哉？块然而自生耳。自生耳，非我生也。我既不能生物，物亦不能生我，则我自然矣。自己而然则谓之天然。天然耳，非为也，故以天言之。以天言之，所以明其自然也，岂苍苍之谓哉！

---

① 王晓毅：《郭象评传》（下），南京大学出版社2011年版，第248页。

而或者谓天籁役物使从己也,夫天且不能自有,况能有物哉!故天者,万物之总名也。莫适为天,谁主役物乎?故物各自生而无所出焉,此天道也。①

世或谓罔两待景,景待形,形待造物者。请问夫造物者有邪,无邪?无也则胡能造物哉!有也则不足以物众形。故明乎众形之自物,而后始可与言造物耳!是以涉有物之域,虽复罔两,未有不独化于玄冥者也。故造物者无主,而物各自造。物各自造而无所待焉,此天地之正也。故彼我相因,形景俱生,虽复玄合而非待也。明斯理也,将使万物各反所宗于体中,而不待乎外。外无所谢,而内无所矜,是以诱然皆生而不知所以生,同焉皆得而不知所以得也。今罔两之因景,犹云俱生而非待也,则万物虽聚而共成乎天,而皆历然莫不独见矣。故罔两非景之所制,而景非形之所使,形非无之所化也。则化与不化,然与不然,从人之与由己,莫不自尔,吾安识其所以哉!故任而不助,则本末内外,畅然俱得,泯然无迹。若乃责此近因而忘其自尔,宗物于外,丧主于内,而爱尚生矣。虽欲推而齐之,然其所尚已存乎胸中,何夷之得有哉!

从郭象的注文来看,自生、独化说之否定本原的思想是突出和显明的。一物之生成,不是由无或道创生,因为无是空无,所以不能生有;不是由天创生,因为天是万物之总名,并非人们头顶上的苍苍之天,所以不能支配万物;也不是由有或父母创生。郭象批评世人关于罔两待景、景待形、形待造物者的错误观点。待,即凭借、依恃,即原因;层层追寻原因,而追及第一因即造物者。郭象认为,世界上根本没有造物者,无(空无)不能造物,有也不能造物。要之,郭象自生、独化说之破除本原的思想,学人有普遍的共识,并不存在理解的困惑。

万物之自生、独化不是外在的造物者或道或天主宰的,"然则生

---

① (晋)郭象注,(唐)成玄英疏:《庄子注疏》,中华书局2011年版,第24页。

生者谁哉？块然而自生耳""故造物者无主，而物各自造"。万物究竟是如何生成的呢？有没有原因呢？没有外因而有没有内因呢？学人之解释陷入困惑之中，而智者见智。"自生""自造"的观念在注文中反复出现，一般理解为自己或自我创生、自己造自己。如冯友兰说："有造物主这个说法是讲不通的。实际的情况是'造物无主，而物各自造'，这就叫'独化'，这个'独'字，就说明物各自造，每一个事物都是自己造自己，自己发展，自己变化，都不依赖自己以外的事物。"①"自"理解为"自己""自我"。但是，杨立华说："将'自'简单地理解为'自己或自我'，进而将'自生'理解为'自己或自我创生'，其实是对向秀和郭象的莫大误解。……而'自'恰恰是指那些'不由自主'的东西。"② 自，即自然而然，无心无意。这是否定"自"之自己、自我的意义，进而否定自我创生的思想。

自生、自造或有两种意义：一是自我有意的创生；二是自我本性的创生，这是自发、无意识的。学人一般根据注文"自生耳，非我生也"而认为，自生不是自我有意的创生，或是自我本性的创生。③ 冯友兰认为，郭象反对外因论，主张内因论，"郭象所说的'性'就是一个事物所以是那样子的内因"④。汤一介说："照郭象看，所谓'独化'是说事物都是独立自足的生生化化的，而此事物之如此地独立自足的生生化化，彼事物之如彼地独立自足的生生化化，都是由它们的'自性'决定的，不是由什么外在的造物主或'本体之无'等等所决定的。"⑤ 自性，是自生、独化的内因，是事物存在和发展的内在根据。自性是自然的，其实现是天然本能的要求，故是无意识的。王晓毅认为，"否定'自生'的故意性，并不意味着事物生成的自发动力不是来源于自身。郭象自生论的核心，是从事物发生角度破外因论，

---

① 冯友兰：《中国哲学史新编》（中），人民出版社1998年版，第519页。
② 杨立华：《郭象〈庄子注〉研究》，北京大学出版社2010年版，第103—104页。
③ 王晓毅说："'自'的意思不是指事物自己有作为，而是指自发、自动、无主宰、自然而然。生命过程与主观意志毫无关系。"王晓毅：《郭象评传》（下），南京大学出版社2011年版，第243页。
④ 冯友兰：《中国哲学史新编》（中），人民出版社1998年版，第530页。
⑤ 汤一介：《郭象与魏晋玄学》，北京大学出版社2009年版，第288页。

最终归于事物自然本性的决定作用……本性是无意识的自发的存在，对事物发生，自然而然地发挥着根本作用，可称为'本'"①。本性是决定事物生成变化的内在动因或力量。

自性是事物之自生、独化的内因，学人多持这种观点，似乎成为定论。但韩林合说："郭象所谓'自生'或'自得其生'不可能是在字面意义上使用的，即不可能意味着万物均是自己创生自己的。"②他又说："因此，认为郭象坚持自因说完全是望文生义。实际上，郭象根本就否认因果关系的存在。按照他的观点，最终说来或者说本质上说来，世界中的一切事物均是没有任何原因地（包括所谓外因和内因）——或者说掘然（突然、忽然、诱然、欻然）地——生成和变化的。"③ 这颇能引发我们进一步的思考，郭象否定事物之生成、独化的外因说，是否就肯定自性之内因说呢？注文"明斯理也，将使万物各反所宗于体中，而不待乎外。外无所谢，而内无所矜，是以诱然皆生而不知所以生，同焉皆得而不知所以得也"，颇产生嫌疑：反宗于体中，似乎是回归自性，不待造物者；外无所谢，而内无所矜，似乎既否定造物者，又消解自我意志和本性；自我不知所以生、不知所以得，既可理解为本性之自发、无意识的作用，又可解释为万物之自然而然地生、自然而然地得，即万物之生与得是根本没有原因的。

《齐物论》有一段文字讨论"真宰"的问题，庄子出之于犹疑的态度和语词。郭象坚决否定真宰的存在：

  彼，自然也。自然生我，我自然生。故自然者，即我之自然，岂远之哉！
  凡物云云，皆自尔耳，非相为使也。故任之而理自至矣。
  万物万情，取舍不同，若有真宰使之然也。起索真宰之朕迹，而亦终不得，则明物皆自然，无使物然也。

---

① 王晓毅：《郭象评传》（下），南京大学出版社2011年版，第243—244页。
② 韩林合：《游外以冥内：郭象哲学研究》，商务印书馆2016年版，第38页。
③ 韩林合：《郭象独化说新解——兼与维特根斯坦的相关观点比较》，《文史哲》2018年第4期。

事物的存在和发展，没有真宰，是自然而生，即"自尔"。

《大宗师》有一段文字叙述，道自本自根，神鬼神地，生天生地。郭象注曰：

> 无也，岂能生神哉！不神鬼帝，而鬼帝自神，斯乃不神之神也。不生天地，而天地自生，斯乃不生之生也。故夫神之果不足以神，而不神则神矣。功何足有，事何足恃哉！

无不能生鬼生帝，不能生天生地，则鬼神、天地自生。郭象根本否定老庄的本原之道，而以道为万物的内在之理：

> 言道之无所不在也。故在高为无高，在深为无深，在久为无久，在老为无老，无所不在而所在皆无也。且上下无不格者，不得以高卑称也；内外无不至者，不得以表里名也；与化俱移者，不得言久也；终始常无者，不可谓老也。

《在宥》"至道之精，窈窈冥冥；至道之极，昏昏默默"；郭象注曰：

> 窈冥昏默，皆了无也。夫庄老之所以屡称无者何哉？明生物者无物，而物自生耳。自生耳，非为生也，又何有为于己生乎！

综之，在郭象的注文中，我们能清楚地把握其自生、独化说之否定外在本原的思想，这是对老庄之道、儒家之天的反动。但关于事物是如何自生、独化的呢？郭象的注文并没有具体阐明，颇使人产生嫌疑，从而造成学人之理解的困惑。首先，自生之自、独化之独如何理解。[①] 自，可理解为自己或自我；也可理解为自然，"我既不能生物，

[①] "自生""自造""自然""自尔""独化"之自、独，理解为自己或自我，是令人怀疑的。自生、自然、独化是哲学的观念，有特定的内涵；若按字面义理解为自己或自我，则非哲学的观念。

物亦不能生我，则我自然矣"，《齐物论》注"自然生我，我自然生"。自然的观念有多种含义。独化之独，或独立自主，即自己做主；或独立无依，即独立无因，包括外因与内因。郭象在使用这些观念时，多没有点醒其意义。其次，学人把自性、本性作为事物之自生的内在原因，有一个致命的缺陷，即一物在生成之前，根本就不存在，其自性也不存在，则本性如何能成为事物之自生、独化的内在原因呢？因此，我们必须深入地讨论郭象之自生、独化的思想。

第三节　万物禀气而自生

老庄之宇宙生成论认为，万物是无或道创生的。这是从有到无追寻本原的问题，但郭象根本取消此问题。《知北游》注："言天地常存，乃无未有之时""非唯无不得化而为有也，有亦不得化而为无矣。是以夫有之为物，虽千变万化，而不得一为无也。不得一为无，故自古无未有之时而长存也"。宇宙一开始即有，万物千变万化，无始无终。康中乾说："郭象宇宙论的逻辑起点与裴頠一样，都从现实事物出发，即以'有'为起点。"[1] 郭象重视事物的日新之变，一物变成另一物，再变成他物，无穷无尽地迁变下去。

郭象认为，万有皆是气之所化，气之结聚形成万有的形体、性命。这是继承庄子学派"气聚为生，气散为死"的思想。《知北游》："人之生，气之聚也。聚则为生，散则为死。若死生为徒，吾又何患！故万物一也。……故曰'通天下一气耳'。"郭象更继承了汉代思想家王充关于事物禀气而生的思想。《论衡·物势》："夫天地合气，人偶自生也。犹夫妇合气，子则自生也。"[2] 个体是禀父母之合气而生，父母之合气实是天地之合气，故个体是禀天地之合气而生。合气，即阴阳之气的结聚或聚合。《无形》："人禀气于天，气成而形立，则命

---

[1] 康中乾：《从庄子到郭象——〈庄子〉与〈庄子注〉比较研究》，人民出版社2013年版，第222页。

[2] （汉）王充著，张宗祥校注，郑绍昌标点：《论衡校注》，上海古籍出版社2013年版，第70页。

相须以至终死。"气之结聚复杂，包括气的多少、厚薄、清浊等，也包括气的结构方式；其作用是形成人的形体及其性命。《率性》："禀气有厚薄，故性有善恶也""人之善恶，共一元气。气有多少，故性有贤愚"。牟宗三说："总之，结聚之气性有善恶一面，有智愚一面，有才不才一面，一是皆决之于所禀之气之多少、厚薄与清浊，故皆可总之曰气性，或才性，或质性。善恶、智愚、才不才，在其中互相渗透，混融而为一。"① 万有禀气而生的思想，也是魏晋时期的通论。阮籍《达庄论》："人生天地之中，体自然之形。身者，阴阳之积气也；性者，五行之正性也；情者，游魂之变欲也；神者，天地之所以驭也。"② 阴阳之气的聚合，而形成人的形体；五行之气的聚合，而形成人性。

《天地》注：

> 一者，有之初，至妙者也。至妙，故未有物理之形耳。夫一之所起，起于至一，非起于无也。然庄子之所以屡称无于初者，何哉？初者，未生而得生，得生之难，而犹上不资于无，下不待于知，突然而自得此生矣，又何营生于已生，以失其自生哉！夫无不能生物，而云物得以生，乃所以明物生之自得，任其自得，斯可谓德也。

"一者"，是最初之有而非无；最初之有是无形之气，故是"至妙者也"。"至一"，也是有而非无，是无形之元气。至一之元气分化为一之气，即"夫一之所起，起于至一"。元气、气皆气，是分化而非生成的关系。元气、气结聚而成万物，气存于万物中，故非生成的关系。王晓毅认为："尽管郭象并不否认元气的存在，承认前人关于万物均由气的各种形态——'元一'、'阴阳'构成，但它们仅是构成

---

① 牟宗三：《才性与玄理》，吉林出版集团有限责任公司2010年版，第6页。
② （三国魏）阮籍撰，陈伯君校注：《阮籍集校注》，中华书局2014年版，第117页。

万物质料的某种特殊物质，而不是万物的生成者。"① 气结聚成物，不是道或无支配的，也非出于自我之有心有为，而是突然而生，即无因。

《知北游》注："谁得先物者乎哉？吾以阴阳为先物，而阴阳者即所谓物耳。"阴阳之气本是无形之物，聚合而成有形之万物；在时间上有先后关系，但在逻辑上没有生成关系，因为阴阳之气存在于万物之中。《寓言》注："虽变化相代，原其气则一。"《至乐》注："此言一气而万形，有变化而无生死也。"一气可以形成万形；万形之迁变，皆是一气之聚散。《大宗师》注："若疣之自悬，赘之自附，此气之时聚，非所乐也。若疣之自决，痈之自溃，此气之自散，非所惜也。"气聚形成某物，气散消亡某物。《知北游》注："若身是汝有者，则美恶死生当制之由汝。合气聚而生，汝不能禁也；气散而死，汝不能止也。明其委结而自成耳，非汝有也。"自身之死生、美恶非取决于自己的主观意志与作为，而是由气之聚散以形成自身之美恶生死；气之聚散既无因又无意志和目的，完全是偶然性的。《逍遥游》注："俱食五谷而独为神人，明神人者非五谷所为，而特禀自然之妙气。"神人与众人皆食五谷，但神人所禀是自然之妙气，故有神人之性。《德充符》注："夫松柏特禀自然之钟气，故能为众木之杰耳，非能为而得之也。言特受自然之正气者，至希也。下首则唯有松柏，上首则唯有圣人，故凡不正者，皆来示正耳。"松柏、圣人是卓越者，所禀之气是自然的钟秀之气。

要之，郭象认为，气之结聚而有物之形体，"用气为性，性成命定"（《无形》）；换言之，万物禀气而生，形成自己的形体、性命。韩林合说："人性之不同可以说是因不同的人所借以构成的气之异质性所造成的。"② 气是构成万物的基本质料，存在于万物之中，故不是生成者。

气之结聚而生成某物，某物之形、性、命也形成。在郭象看来，

---

① 王晓毅：《郭象评传》（下），南京大学出版社 2011 年版，第 242 页。
② 韩林合：《游外以冥内：郭象哲学研究》，商务印书馆 2016 年版，第 61 页注①。

气之结聚,是气之运动。气本身无意识和目的,其结聚也无意识和目的。气之结聚不受造物者的支配,不受他物的支配,也不受自我的支配(自我根本不存在),即无因。因此,气之结聚是忽然,突然,偶然:一方面无因;另一方面无意识和目的,即无心无知。[1]《齐物论》注:"物之生也,莫不块然而自生,则块然之体大矣,故遂以大块为名。"块然,像土块一样无意识,即木然。要之,物之块然自生,即物之生成没有意识。

郭象注《庚桑楚》"出无本,入无窍":"欻然自生,非有本也""欻然自死,非有根也"。"欻然",突然,忽然,偶然,无本无根,即无支配的力量,即无因。"自生",不能理解为自己而生;若是,则有本有根,即有因。《庚桑楚》注:"死生出入,皆欻然自尔。无所由,故无所见其形。死生出入,皆欻然自尔,未有为之者也。然有聚散隐显,故有出入之名。徒有名耳,竟无出入,门其安在乎?故以无为门。以无为门,则无门也。"气之聚散而形成物之生死,无所由,无所为,无门,无本无根,无因。"自尔"之自,非自己或自我,而是自然:一是无因,二是无意识和目的。汤用彤说:"自然——偶然(突然)。①无目的。如王充言。②无因。如向郭所言。"[2] 此言甚当。《则阳》注:"突然自生,制不由我,我不能禁。"突然,即无因、无意识和目的。物之生无由,不知不为。《大宗师》注:"然则凡得之者,外不资于道,内不由于己,掘然自得而独化也。""掘然",突然,忽然,偶然,即无因而迁化。学人或认为,"内不由于己",即否定自我主观意志的作为而肯定自性的作用。这是不正确的,"内不由于己"即无内因。

置于日新的变化之流中,一物万化,非自己所能知为,故顺应之。郭象特否定自生、独化之故意性、有意性,即强调无意识和目的,无心无为。《大宗师》注:"'人耳,人耳!'唯愿为人也,亦犹

---

[1] 《养生主》注:"是故虽负万钧,苟当其所能,则忽然不知重之在身""(雉)而自放于清旷之地,忽然不觉善之为善也"。忽然,即不觉,即无心无知。

[2] 汤用彤:《魏晋玄学论稿》,上海人民出版社2015年增订版,第144页。

金之踊跃。世皆知金之不祥，而不能任其自化。夫变化之道，靡所不遇，今一遇人形，岂故为哉！生非故为，时自生耳。矜而有之，不亦妄乎！"自我有意变成人，是不善之人，也是徒然的，因为"生非故为"，即生非自我故意为之。

物之生，无因，无意识和目的，则物之生是否合于理呢？

《人间世》注：

> 付之自尔而理自生成，生成非我也，岂为治乱易节哉！

《德充符》注：

> 夫我之生也，非我之所生也。则一生之内，百年之中，其坐起行止，动静趣舍，性情知能，凡所有者，凡所无者，凡所为者，凡所遇者，皆非我也。理自尔，而横生休戚乎其中，斯又逆自然而失者也。
>
> 人之生也，理自生矣，直莫之为而任其自生，斯重其身而知务者也。若乃忘其自生，谨而矜之，斯轻用其身而不知务也，故五藏相攻于内，而手足残伤于外也。

要之，"理自生""理自尔""天理自然"，即物之生成遵循理。物忽然而生，无因，无意识和目的，但有理。概而言之，气之聚合依据某种理而生成某物。理是抽象的法则，是自然之理，必然之理，不是生成者。理规定了某物的形体、性命。当事者不可知，不可为，而不得不服从，西方存在主义所谓"人之被抛"。

综之，郭象认为，物之自生，即气的运行依据某种自然之理而生成的某物；气是构成物的基本质料，气的结聚是一种力量，不是生成者；自然之理是抽象的规定和法则，即必然之理，非生成者；气的结聚没有原因（外因和内因），忽然，突然；气的结聚没有意识和目的，自然而然。气的结聚形成某物及其性命，当事者不可知为，只能依之展开其生命的历程。

第四节 任其本性而独化

我们继续讨论个体禀气而生成后的发展变化（独化之第二义），即从生到死的历程。

个体依据自然之理禀气而生，有了自己的形体，有了自己的性，有了自己的命。自然之理与性、命是何种关系呢？理是抽象的，气依理而生成某物，有了具体的形、性、命，因而理、性、命有共同的本质，理即性即命。《天下》注："其言通至理，正当万物之性命。"至理，即性命。《达生》注："性分各自为者，皆在至理中来，故不可免也。是以善养生者，从而任之。"性分，从至理中来。

气聚而形成物，气存于物中，气之力量即生命的力量，气之力量的展开即生命力量的展开，生命力量的展开即事物的发展变化。一物有自己的性命，性命有确定的分域和极限，且不能改变，《齐物论》注"言性各有分，故知者守知以待终，而愚者抱愚以至死，岂有能中易其性者也"。故一物的发展变化就要依据性命的要求。如果一物顺应本性的要求，则其发展变化是正常的，而任性逍遥。如果一物突破本性的要求，则其发展变化是反常的，从而陷入困境。因此，本性是一种确定的规定，并非一种内在的力量而决定事物的发展变化。因为本性若是内在的力量决定事物的发展变化，则不存在事物之突破或违背本性的情况。在实际的情形中，事物之突破本性而陷入困境，是经常发生的。这主要是因为心的作用。郭象标举无心，其含义丰富复杂，但有一义，即心之作用合于性命的要求。因此，无心不是心之中止思虑，而是心之作用止于性分之内。心之作用越出于性分之外，而有非分之想之为，即有心有情，不仅不能得之，且失其本性以陷入困境。这可以解释事物之突破本性而陷入困境的原因。《德充符》注："人之生也，非情之所生也。生之所知，岂情之所知哉？故有情于为离旷而弗能也，然离旷以无情而聪明矣；有情于为贤圣而弗能也，然贤圣以无情而贤圣矣。"有情有心，即超于性分之外的心意；任何事物皆有性分，不可逾越和改变。离旷有绝顶的聪明，这是性分；众人有情于离旷，即有心追逐离旷的聪明，这是不可能的。因此，众人要安于性分的要求，即无心无情，而展开生命的历程；且安于性分的情意是出自天然本性的要求，其实现是自然而然、无心无意的。

事物的知与为，若顺应性命的要求（规定），则知与为自然而然地实现，即自知自为；自然而然地实现，即无心无为地实现，即不知不为；否则，即有知有为。

《大宗师》注：

> 天者，自然之谓也。夫为为者不能为，而为自为耳；为知者不能知，而知自知耳。自知耳，不知也。不知也，则知出于不知矣。自为耳，不为也。不为也，则为出于不为矣。为出于不为，故以不为为主。知出于不知，故以不知为宗。

知而为之，即知而行之。为为者，即有意作为，超出于性分之外的作为，故不能实现。自为者，基于性分之内的为，自然而然地为，不知所以然而然地为，即不为。为知者，即有意求知，超出于性分之外的知，故不能实现。自知者，基于性分之内的知，自然而然地知，不知所以然而然地知，即不知。因此，以不为为主，以不知为宗。

《养生主》注：

> 夫举重携轻，而神气自若，此力之所限也。而尚名好胜者，虽复绝膑，犹未足以慊其愿，此知之无涯也。故知之为名，生于失当而灭于冥极。冥极者，任其至分而无毫铢之加。是故虽负万钧，苟当其所能，则忽然不知重之在身；虽应万机，泯然不觉事之在己。此养生之主也。

个体之举重携轻，有能力的范围和限制（属于性命）。尚名争胜者之举重，要突破能力的限制，即使折断脊梁，也举不起来。如果举重合于性分的要求，则自然而然地举起来。极，即性分的极限；冥极，即冥合于性分的极限。"忽然""泯然"，即不知不觉，自然而然，无心无为。"当其所能",即合于性分之规定的能力。

《逍遥游》注:

> 此皆明鹏之所以高飞者,翼大故耳。夫质小者,所资不待大;则质大者,所用不得小矣。故理有至分,物有定极。各足称事,其济一也。若乃失乎忘生之生,而营生于至当之外,事不任力,动不称情,则虽垂天之翼不能无穷,决起之飞不能无困矣!

"理有至分,物有定极",即指性、命、理有确定的范围和极限,任何事物的行为要合于其规定。若"营生于至当之外",即突破性分的要求,则事不称力,将会陷入困境。

综之,事物的独化(第二义)是无因的,造物者或他物不能构成外因,本性也不能构成内因。韩林合说:"按照流行的解释,郭象坚持如下意义上的'自因说'或'内因说':一个事物之变化的原因来自于其自身进而来自于其本性。实际上,郭象是明确地反对这种观点的。"① 郭象注中频繁出现"任性""率性""适性"等,即任本性的要求。本性是自然之理、必然之理,有规定、法则的意义,事物的发展变化要遵从本性的要求。因此,事物的本性与事物的发展变化不是原因与结果的关系,不是本质与现象的关系,而是"道法自然"的关系,即道以自然为法则,即事物的发展变化以性、命、理为法则。事物顺应本性的发展变化是自然而然、无心无为的。在此,我们不否认心的作用,只是心的作用止于性分之内。

第五节 自生、独化于玄冥之境

郭象认为,事物的自生、独化是在玄冥之境中。《齐物论》注:"是以涉有物之域,虽复罔两,未有不独化于玄冥者也。"

郭象并没有明确地揭示"玄冥""玄冥之境"的内涵,解释的空

---

① 韩林合:《游外以冥内:郭象哲学研究》,商务印书馆2016年版,第33页。

间较大，故学人言说纷纭。① 境，即场域、境域。玄冥略有两义：一是暗自冥合，二是幽暗难知。玄冥之境，即气、人、物之万有所构成的丰富而复杂的关系。这种关系谐和有序，相互冥合，形成有机的统一体；这种冥合关系是无因的；也是无意识和目的的，即自然而然，不知所以然而然；且不能为人的理性所认知，故玄之又玄。

玄冥之境是宇宙之有（气、人、物）所构成的谐和整体，就像人的生命统一体那样，各种器官独立发生作用，且自发地相互协作而成为有机的整体。《大宗师》注："夫体天地冥变化者，虽手足异任，五藏殊官，未尝相与而百节同和，斯相与于无相与也；未尝相为而表里俱济，斯相为于无相为也。若乃役其心志以恤手足，运其股肱以营五藏，则相营愈笃而外内愈困矣。故以天下为一体者，无爱为于其间也。"人之一体与社会的统一体相同，各人任其性分的要求，且自然而然地相济相维，有序和谐，不必有心有意地施行仁爱，而破坏统一体的运行。《秋水》注："天下莫不相与为彼我，而彼我皆欲自为，斯东西之相反也。然彼我相与为唇齿，唇齿者未尝相为，而唇亡则齿寒。故彼之自为，济我之功弘矣，斯相反而不可以相无者也。故因其自为而无其功，则天下之功莫不皆无矣；因其不可相无而有其功，则天下之功莫不皆有矣。若乃忘其自为之功而思夫相为之惠，为之愈勤而伪薄滋甚，天下失业而情性澜漫矣，故其功分无时可定也。"玄冥之境中，个体以自为、独化为主，也对他物产生一定的作用，即个体以自为为中心，又产生彼此协作的关系，而非因果关系。这种复杂有序的关系是自发、无意识的，是顺其本性的要求，而非出于生命意志的作为。

玄冥之境是理性思辨的止境，这既说明其复杂性，也表明其理想性；因此，玄冥之境不是现实世界或现象世界，而是理想世界。韩林合说："通常意义上的独化之境不一定就是玄冥之境，因为独化之物可以是彼此冲突的，而玄冥之境则是充满内在的和谐的独化之境。不

---

① 参见康中乾《从庄子到郭象——〈庄子〉与〈庄子注〉比较研究》，人民出版社2013年版，第323页注①。

过，郭象意义上的独化之境必定是玄冥之境。"① 玄冥之境也可谓之"绝冥之境""无名之境""自得之场"等。②

综之，个体在玄冥之境中自生、独化，如果任其理、性、命，则能逍遥自由，也有利于玄冥之境和谐有序；如果突破理、性、命的要求，则自己会陷入困境，也造成玄冥之境的矛盾失序。个体存在于玄冥之境中，故玄冥之境不是生成者。王晓毅认为，万物本性的集合构成了玄冥之境，支配着现象世界中万物的自生、独化，即玄冥之境是万物自生、独化的根本动因，"显然，'玄冥'的本性，在郭象哲学中具有'本体'的意义"③。笔者认为，玄冥之境是自生、独化之万物所构成的谐和统一体，无本体的意义。

最后，我们归纳"自生""自然""独化""自尔"等观念的内涵。

"自"不是自己或自我，包括自我的主观意志和作为、自性。自即自然。"独"不是独立自主，而是独立无依，即无因。《知北游》注曰："夫死者独化而死耳，非夫生者生此死也。生者亦独化而生耳。死与生，各自成一体。"死，非生而生；生，非死而生。死与生各自成体，无因，即无生成者，不过是气之聚散而已。气之聚散是偶然的、无意识的，而依据某理生成某物。

自然是郭象哲学的重要观念，其含义丰富复杂。汤一介说，自然的含义至少有五种，这五种不同的含义又相互联系：第一，天人之所为皆"自然"；第二，"自为"是"自然"的表现；第三，"任性"即"自然"；第四，"必然"即"自然"；第五，"偶然"即"自然"④。这种解释复杂而混乱。杨立华认为，自然有三层意义：一是自然即必然，不得不然；二是自然，即不知所以然而然，即不知；三

---

① 韩林合：《游外以冥内：郭象哲学研究》，商务印书馆2016年版，第45页。
② "绝冥之境"见于《逍遥游》注；"自得之场"多次出现，见于《逍遥游》注等；"无名之境"见于《天运》注。
③ 王晓毅：《郭象评传》（下），南京大学出版社2011年版，第253页。
④ 汤一介：《郭象与魏晋玄学》，北京大学出版社2009年版，第141—144页。

是自然，即自然而然，以否定主观意志的作为。[①]

"自然"的主要内涵有三。

第一，自然，即自然之理、必然之理、客观之理；自然之理与当然之理相对，自然即天然与人为相对，自然状态与人文化的文明状态相对；性、命即自然之理，自然亦指性命。《逍遥游》注："天地以万物为体，而万物必以自然为正。自然者，不为而自然者也。故大鹏之能高，斥鷃之能下，椿木之能长，朝菌之能短，凡此皆自然之所能，非为之所能也。不为而自能，所以为正也。"形体之小大、存在场境之阔狭、生命之长短，皆自然之理所规定，无为而顺之。自然之理非自我能知能为，故无知无为而顺之。《知北游》注："但往来不由于知耳，不为不往来也。往来者，自然之常理也，其有终乎！"往来乃由性命所规定；性命即自然之理，故自然亦指性命。《山木》注曰："言自然则自然矣，人安能故有此自然哉！自然耳，故曰'性'。"《天运》注曰："言物之自然，各有性也。"《则阳》注曰："不知其然而自然者，非性如何！"

第二，自然，即忽然、突然、偶然，即无因。事物之自生是突然而生，没有外因，也没有内因。事物之独化是突然而化，没有内因，也没有外因。自生、独化所依据的自然之理、性命，是规定、法则，并非某种力量支配事物的自生、独化。《寓言》注："夫生之阳，遂以其绝迹无为而忽然独尔，非有由也。"物之自然而生，是忽然而生，没有因由。《寓言》注："理自相应，相应不由于故也，则虽相应而无灵也。"物之自生合于理，但无因故。

第三，自然，即无意识和目的，即自然而然，无心无为。这是描述事物自生、独化的状态。气的聚合依据某种自然之理而生某物，无意识和目的；一物形成后，顺应自性的要求而发展变化，无心无为，自然而然，不知所以然而然。有心有为，自觉而为，即事物的生成和变化突破性、命、理的要求，故无心之自然与有心之人为相对。《逍遥游》注："夫趣之所以异，岂知异而异哉？皆不知所以然而自然

[①] 杨立华：《郭象〈庄子注〉研究》，北京大学出版社2010年版，第106—108页。

耳。自然耳，不为也，此逍遥之大意。"趣，即性；性的实现是自发的、无意识的，不知不为。

要之，自生，即自然而生，即气之结聚依据自然之理而生物，既没有因，又没有意识和目的。独化（第二义），即自然而化，事物生成后依据性、命、理而发展变化，没有因，也没有意识和目的。自生、独化之说，不仅否定道或天作为本原以创生万物的作用，也否定万物本身的主观意志的作用，即物之生是不故生，不营生，而不知所以生而自生。

"自尔"，即自然，《庄子注》中出现五十余处。

《齐物论》"其有真君存焉"注曰："任之而自尔，则非伪也。"事物的存在和发展是顺应其本性，而非自己的有心有为。《齐物论》"吾有待而然者邪"注："言天机自尔，坐起无待。无待而独得者，孰知其故，而责其所以哉？"天机自尔，即顺其天性而自然而然，无待即没有根据或原因。《在宥》"而所欲官者，物之残也"注曰："不任其自尔而欲官之，故残也。"任其自尔，即任其自然本性而发展。自尔，即自然，指自然本性。

《天运》："天其运乎？地其处乎？日月其争于所乎？孰主张是？孰维纲是？孰居无事推而行是？意者其有机缄而不得已邪？意者其运转而不能自止邪？云者为雨乎？雨者为云乎？孰隆施是？孰居无事淫乐而劝是？风起北方，一西一东，在上彷徨。孰嘘吸是？孰居无事而披拂是？敢问何故？"这段文字是庄子对天地日月云雨风等自然现象的观察和思考，意在追问和探究其背后的神秘天理。郭象认为，天地日月云雨风的运行，皆"自尔"，没有真宰或道的支配，也非自我有意为之，而是根据自我之理（本性）而运行。

郭象注曰：

> 不运而自行也。不处而自止也。不争所而自代谢也。皆自尔。

天地日月风，根据其自然之理（本性），自然而然地运行，非出于自我的主观意志和作为。

> 无则无所能推，有则各自有事。然则无事而推行是者，谁乎哉？各自行耳。

郭象否定道或无的主宰作用。

> 自尔，故不可知也。

自尔，即天地日月的形成是无因、无目的，故不可知。

> 二者俱不能相为，各自尔也。

这是否定云与雨之间的因果作用，而认为二者各按其本性运行；按其本性运行，从而结成相济相维的关系。

> 夫物事之近，或知其故，然寻其原以至乎极，则无故而自尔也。自尔则无所稍问其故也，但当顺之。

无故而自尔，即没有终极的原因，即事物的生成是依据自然之理，既无因，又无目的。

郭象的注文中常常出现"不知所以然而然，不知所以知而知"，这与自生、独化的思想具有内在的统一性。这不仅指自生、独化之无因，且指自生、独化是无意识和目的，即描述自生、独化之自然而然、无心无意的状态。如同于眼睛能看且好色，完全是出于天然本性的作用，无因也无知。《庚桑楚》注："夫目之能视，非知视而视也，不知视而视，不知知而知耳，所以为自然。若知而后为，则伪也。"目之能视是天然的，无因无知，自然而然。《齐物论》注曰："凡此上事，皆不知所以然而然，故曰芒也。今夫知者皆不知所以知而自知矣，生者皆不知所以生而自生矣。万物虽异，至于生不由知，则未有不同者也，故天下莫不芒也。"自生、独化不是出于自己有意知为，而是出于理、性命的要求，自然而然，故不知。《庚桑楚》注曰："任其自然，天也。有心为之，人也。"

如何评价郭象的自生、独化说呢？

自生、独化说，破除了本原或终极原因的观念，则人与万物的存在失去了形上根据，人间的秩序和价值也失去了形上根据。人与万物的形成是因为气的偶然结聚而成，其性命也由此而成，故生成是偶然性的。人与万物生成之后，其性命成为其发展和变化的法则，是不可变易的，是命定的，即人与万物皆不能突破其性命的限制，而一委之于性命，这削弱了后天人为的能动作用。因此，郭象之谓人生，是无根的漂泊人生，是现实的人生，贬损了理想人生的追求。郭象之突出人与万物的自生、自尔、独化，以无意识或潜意识或不知的性命本能为依据，这削弱了人之意志和行为的作用，即削弱了心的作用（心的作用止于性分之内）。郭象的哲学中道德价值不显，仁人不过是人性中的内容之一，而非人之为人的本质。《晋书》本传谓之"遂任职当权，熏灼内外。由是素论去之""象为人行薄，以秀义不传于世，遂窃以为己注"。学人或谓，"郭象是一位利欲权势心甚重的人"[1]。郭象之行薄与他的哲学思想并非没有关系。牟宗三论郭象说："至于'行薄'，则凡名士，在德性方面，大体俱庸俗。取其智悟足耳。"[2]名士重视玄思玄智。

由郭象之自生、独化说而来的人间秩序和价值，有较为强烈的世俗性。但是，人与万物形成后，依据其性命而发展，一方面性命有一定的范围和极限，而有待于充分地实现；另一方面，人与万物皆能得性逍遥，而有平等的价值；再一方面彼此之间相济相维，而能形成一个谐和有序的整体；这表明其学说有一定的理想性。

郭象的自生、独化说，也较为真实地揭示事物之生成及其变化的一般特性。个体的出生，包括形体、性命等，皆是相当偶然的，难以

---

[1] 罗宗强：《玄学与魏晋士人心态》，天津教育出版社 2005 年版，第 198 页。
[2] 牟宗三：《才性与玄理》，吉林出版集团有限责任公司 2010 年版，第 172 页。

说出其中的原因。个体是被抛的。个体生成后，其生命的历程是顺着性命的要求而不断地展开，个体的性命有一定的极限，难以突破。例如个体的智力低下虽通过后天的磨炼而有所改变，但改变的程度终究是有限的，大多数人难以有实质性的改变。个体的境遇尤其是在稳定的时代，大致难以改变。郭象活动于门阀制度森严的西晋时期，对其应有特别深切的感受。西晋著名诗人左思《咏史》（之二）曰："郁郁涧底松，离离山上苗。此彼径寸茎，荫此百尺条。世胄蹑高位，英俊沉下僚。地势使之然，由来非一朝。"这正是对当时门阀制度（身份、地位乃是命）的控诉。

综上所述，学人一般认为，郭象之自生、独化说，否定无或道的创生作用，否定天的创生作用，否定有或父母的创生作用，否定自我主观意志的创生作用，从而肯定自我本性的创生作用，即本性是自生、独化的内在原因（力量）。但一物在生成前，根本就不存在，其本性也不存在，则一物之生成的原因如何是本性呢？既然本性是决定事物自生、独化的内在力量，则众人为何一再突破其本性的要求而陷入困境呢？笔者认为，自生之自、独化之独不是自己或自我或独立自主；自即自然；自然略有三义：一是自然之理，二是忽然、偶然，即无因，三是无意识和目的，即自然而然；因此，自生，即气之结聚运动依据自然之理而生成某物，既无因又无意识和目的；独化，即气的力量或生命的力量依据性、命、理而发展变化，既无因又无意识和目的。性命即理，不是事物自生、独化的内在动因和力量，而是事物自生、独化所遵循的规定、法则。郭象之自生、独化思想，不是探索宇宙生成的本原问题，而是讨论在玄冥之境中物类或物种之个体的新生及其发展变化。

第七章 从老庄到郭象的自由之思

赵汀阳说:"全部伦理学问题都起源于人的自由。……自由是人必须具备的性质,所谓人的存在就是自由的存在。自由和存在一样都是各种价值的前提,所以人们一直把剥夺生命或自由当成是最严重的惩罚——剥夺生命就是不让活,而剥夺自由就是不让生活。"[①] 自由若是价值,则可有可没有。自由若是存在的本质,则人是生而自由的。但在现实世界中,人无往不在枷锁之中。因此,任何个体存在于人间世中皆有不自由的感受,中外古今的思想家皆对自由展开了理性的反思和探究。

自由的含义有多种,但有两种核心的意义,即伯林所谓"消极自由""积极自由"。消极自由,是指个体所能获得的不被他人阻碍的行动领域;如果这个领域被挤压至某种最小的程度,则个体是被强制的,或者说个体处于奴役的状态。质言之,消极自由即自己的意志和行为免受他人的限制和约束。积极自由,是指个体能操控自己的意志和行为,即行为和意志出于自我本身,而不受他人和外力的操纵和影响,即自我导向,自我做主。质言之,积极自由即主体据其意志和行为去做的自由。伯林说:"我只想考察这些含义中的两种,却是核心的两种;我敢说,在这两种含义的背后,有着丰富的人类历史,而且我敢说,仍将会有丰富的人类历史。自由的政治含义中的第一种,我将称作'消极自由',它回答这个问题:'主体(一个人或人的群体)被允许或必须被允许不受别人干涉地做他有能力做的事、成为他愿意

---

① 赵汀阳:《论可能生活》,中国人民大学出版社2004年修订版,第114页。

成为的人的那个领域是什么?'第二种含义我将称作'积极自由',它回答这个问题:'什么东西或什么人,是决定某人做这个、成为这样而不是做那个、成为那样的那种控制或干涉的根源?'这两个问题是明显不同的,尽管对它们的回答有可能是重叠的。"[1] 消极自由的意义易于理解,而积极自由的内容丰富复杂。伯林认为,积极自由容易被专制政府所利用,而实行强权政治,从而剥夺民众的自由,故要警惕其负面的意义。

这两种自由的核心意义虽为伯林所揭示出来,但贯穿于人类过去、现在和未来的历史长河中。在中国传统的社会中,老子和庄子的思想最有自由的精神。老子之无为而治的政治思想,包含着强烈的自由精神。老子认为,统治者无为而治,则民众有更多的自由空间,从而按其本来面目(自然)生长和发展。这是政治上的自由,即伯林所谓的消极自由。庄子深切地感受到人间世中无所不在的干涉和限制,要求通过修养的功夫,以提升自己的精神境界,从而摆脱各种干涉和限制,以获得自由。这种自由属于伯林所谓的积极自由,即自我导向、自我控制的自由。郭象的自由思想最具有现实的意义,一方面要求统治者无为,在政治上给予民众任性的自由;另一方面又要求民众顺应自己的个性,而足性逍遥。本章将具体讨论从老子、庄子到郭象的自由之思。

第一节 老子的"消极自由"

老子的自由观主要是从政治上说。老子认为,统治者无为,则民众少受干涉和限制,而获得较大的自由空间。这是一种免于政治权力的干涉而保护个人权利的"消极自由"。

一 君主"无为"

老子生活于春秋时期,一方面有感于社会的剧烈动荡变化,另一

---

[1] [英]以赛亚·伯林:《自由论》,胡传胜译,凤凰出版传媒集团、译林出版社2011年修订版,第170页。

方面也感受到君主的权力与各种礼法无所不在的约束，从而向往远古时代人们自由自在的生活。

《老子》第八十章：

> 小国寡民，使有什伯之器而不用，使民重死而不远徙。虽有舟舆，无所乘之；虽有甲兵，无所陈之；使民复结绳而用之。甘其食，美其服，安其居，乐其俗。邻国相望，鸡犬之声相闻，民至老死不相往来。①

这是老子所向往的古代农村社会的生活图景。首先，小国寡民安于一隅，与他国他民互不干涉。其次，他们真实、质朴、虚静，生活自由自在。小国寡民的社会理想，实是对照春秋时期诸侯相互兼并的社会现实；现实生活的空间愈大愈阔，民众自由的空间愈小愈窄，且民众逐渐丧失了真实、质朴、虚静的本来面目。

老子特别要求统治者无为。

《老子》第二章：

> 是以圣人处无为之事，行不言之教，万物作焉而不辞，生而不有，为而不恃，功成而弗居。夫唯弗居，是以不去。

圣人无为，万物自足发展。圣人行不言之教，即圣人不发号施令，万物自由生长。

《老子》第三十七章：

> 道常无为而无不为，侯王若能守之，万物将自化。化而欲作，吾将镇之以无名之朴。无名之朴，夫亦将无欲。不欲以静，天下将自定。

---

① （魏）王弼注，楼宇烈校释：《老子道德经注校释》，中华书局2008年版，第190页。

道是老子哲学的最高概念，是万物生成的本原，也是万物存在和发展的本体。道的基本性格是"无为而无不为"，即无为是体，无不为是用。统治者效法道而无为，少为或不作为，则一方面让民众自我发展；另一方面也具有典范的意义，感召民众保持其质朴、虚静的本来面目。因此，统治者无为，则社会秩序井然，而获得无不为的结果。《老子》第四十八章："为学日益，为道日损。损之又损，以至于无为，无为而无不为。取天下常以无事，及其有事，不足以取天下。"统治者有为，即以自己的意志强加于民众，即伸张自己的主体性，则民众受到束缚而不能自由。

《老子》第五十七章：

> 以正治国，以奇用兵，以无事取天下。吾何以知其然哉？以此。天下多忌讳，而民弥贫；民多利器，国家滋昏；人多伎巧，奇物滋起；法令滋彰，盗贼多有。故圣人云，我无为而民自化，我好静而民自正，我无事而民自富，我无欲而民自朴。

老子的无为思想有两层重要意义。首先，统治者无为、好静、无事、无欲，对民众的干扰和约束小，则民众的自由空间大，民众可以自化、自正、自富、自朴。其次，统治者无为、好静、无欲对民众有楷模的作用。老子说，天下忌讳多，限制多，法令滋章，一方面使民众不自由，受到奴役；另一方面民众在不自由的空间中丧失"自然"的本性，而虚假、浮华、多欲，且运用自己的才智来对抗制度和法令，从而引起社会政治的混乱。

《老子》第六十章：

> 治大国若烹小鲜。

老子之意是，治理大国犹如煎小鱼：如果你翻来覆去，鱼就容易碎烂；你少动而不折腾，鱼才能保持完整。这非常形象地表达了老子的"无为"思想。美国总统里根在1988年的《国情咨文》中，也引用了老子的"治大国若烹小鲜"这句话。世界超级大国领导人的解读很值得我们注意。其英语原文和中文翻译如下：

> Ideas like the individual's right to reach as far and as high as his or her talents will permit, the free market as an engine of economic progress and, as an ancient Chinese philosopher, Lao-tzu, said, "Govern a great nation as you would cook a small fish; do not overdo it."
>
> 让每个人的智慧发挥到极致。自由市场是经济增长的动力。如同中国古代哲人老子所言："治大国若烹小鲜，不要过多干涉它。"

里根谈的是国家的经济管理。他在这里加上了"do not overdo it（不要过多干涉它）"。老子"无为而治"的政治哲学，与两千多年后奥地利经济学家哈耶克尊重"自然秩序"的思想，颇有灵犀相通之处。人们或认为，西方自由主义经济学"自然秩序"的思想源自老子，即老子思想孕育了现代经济学的精神。尧的时代有位老人唱了一首《击壤歌》："日出而作，日入而息。凿井而饮，耕田而食。帝力于我何有哉！"

要之，统治者无为，即消解其主体性，即在政治中消解自己的好恶和才智，使自身处于一种无为的状态，即非主体性的状态。统治者无为，天下民众有更多的自由，而按照自己的本来面目发展，即有为。因此，统治者的主体性消解，则天下民众的好恶和才智方得以突显；民众的主体性得以发挥，政治即是"以天下治天下"。

二 臣民"自然"

老子哲学的特异之处首先在于建立了形而上学的道论。道，是老子哲学的最高概念；自然，是老子哲学的核心观念，是老子所追求的基本价值。

《老子》第二十五章：

> 人法地，地法天，天法道，道法自然。

道是天地万物的本原。人效法地，地效法天，天效法道，道以自然为原则，则人、地、天、道皆以自然为原则。

《老子》第十七章：

> 太上，下知有之。其次，亲而誉之。其次，畏之。其次，侮之。信不足焉，有不信焉。悠兮其贵言。功成事遂，百姓皆谓我自然。

在老子看来，政治的最理想状态，是民众不知有统治者，即统治者完全无为，民众任其本来面目（自然）。理想的政治，莫过于统治者"贵言"，即不发号施令，更不滥发政令。民众完全感到是自己控制自己，不受外力的干扰和限制，即所谓"我自然"。

自然主要有两种含义。其一，自然与自然界不同，不是物质的实体，而是一种状态，即原初的、本然的、本真的状态。老子认为人与万物的自然状态或本来面目是真实、质朴、虚静。因此，自然与文明相对立。与老子思想不同的是，儒家重视自然的人文化即文明。老子认为，自然是一种完美和谐的状态，具有内在的目的和价值，而自然的人文化，破坏了原初的和谐之大美。其二，自然，即自己而然，自然而然。这一观念可能隐含的哲学意蕴表现为两个方面。一是自然应当在本然的意义上理解。天地间万事万物，形形色色，仪态万千，都有其自身独特的、本然的生成方式和存在发展的途径。自然作为自己而然，所强调的是这种存在的独特性与无可替代性。万事万物的存在和发展，是一种在周遭情境中自生、自长、自成、自衰、自亡。王维《辛夷坞》曰："木末芙蓉花，山中发红萼。涧户寂无人，纷纷开且落。"二是既然万事万物之自然是其各自不断地成为自身和其不断地认定自身的过程，那么这一自然的自生、自成和自认，就不仅蕴含着承认自身与非自身之他者的区别，且蕴含着反对任何他者对自我以及自我对任何他者的干扰和强制。① 因此，老子的自然观念，一方面是重视事物的本来面目及其独特性；另一方面是要求事物的本来面目得到充分而自由的发展；再一方面是统治者无为，不要对万物加以干涉和限制。因此，自然是基本价值，无为是自然价值实现的重要保证。

《老子》第二十三章："希言自然。"希言，即统治者少发号施令，即"不言之教"，故百姓少受干涉而有更多的自由，从而能任其本来的面目发展，即"自然"。《老子》第五十一章："道之尊，德之贵，夫莫之命而常自然。"道德之尊贵，即在于其不干涉而让万物自然地生成和发展。《老子》第六十四章："是以圣人欲不欲，不贵难得之货。学不学，复众人之所过。以辅万物之自然，而不敢为。"圣人体道，道无为而任万物之自然；圣人无为，辅助万物任其自然。

《老子》第三章：

> 不尚贤，使民不争；不贵难得之货，使民不为盗；不见可欲，使民心不乱。是以圣人之治，虚其心，实其腹；弱其志，强其骨。常使民无知无欲，使夫智者不敢为也。为无为，则无不治。

老子深刻地认识到，统治者有为、尚贤、贵货、可欲、发号施令等，不仅限制了民众的自由空间，也以自己的意志来强行塑造民众，让民众失其本来面目，而进一步剥夺了民众的自由。古今中外的专制统治者，首先要求民众抛弃其生理欲望，而以自我所标榜的仁义等价值来强制民众实行，这会使民众更加不自由。因此，老子的无为思想不仅是让民众有更多的消极自由，也是让统治者不要以积极自由之名而实行集权专制之实。

老子认为，民众的本来面目即自然状态。政治上无为，是让这些本来面目得以实现。政治上有为，不仅让民众的自由空间变小，且也

---

① 王庆节亦有此论。参见王庆节《解释学、海德格尔与儒道今释》，中国人民大学出版社 2004 年版，第 146 页。

让民众的本性异化，变得多欲、浮华、诈伪等。同时，我们有理由认为，老子要求民众质朴虚静，少私寡欲，即使在统治者无为的情况下，民众也不至于越出自由的限度而侵犯他人的自由。如果统治者无为，民众的自由空间扩大，而任意而为，胡作非为，不断扩充和增长自己的欲望，相互侵犯，则有限的自由也不能得到保证。徐复观说："不过，老子所说的自然性质的自治，是要人民安于自己所应有的范围之内。若人民要离开自己所应有的范围之内，而有所竞逐，也只在政治上不诱起人民的欲望，使人民保持无欲的状态，亦即是使人民回归到自己的德上面。"①

《老子》第六十五章：

> 古之善为道者，非以明民，将以愚之。民之难治，以其智多。故以智治国，国之贼；不以智治国，国之福。知此两者，亦稽式。常知稽式，是谓玄德。玄德深矣，远矣，与物反矣，然后乃至大顺。

学者多认为，老子有愚民之意。实际上，"愚民"，即让民众淳朴、质朴，这是民众的本来面目（自然状态）。王弼注曰"愚，谓无知守真，顺自然也"，即保持内心的纯真质朴。智多，即多巧诈，是民心的异化。因此，老子"非以明民，将以愚之"的主张，不能简单地看作反对人民聪明而使之愚昧。聪明常常是大伪的同义词，愚昧往往是自然的替代语。统治者有欲有为，是造成民众大伪、智巧的主要原因。徐复观说："智多，即多欲；多欲则争夺起而互相陷于危险。他始终认为人民的所以坏，都是因为受了统治者的坏影响。人民的智多，也是受了统治者的坏影响，所以便说'故以智治国，国之贼；不以智治国，国之福'。"②

《老子》第二十章：

---

① 徐复观：《中国人性论史》，上海三联书店2001年版，第311页。
② 徐复观：《中国人性论史》，上海三联书店2001年版，第312页。

> 我愚人之心也哉！沌沌兮！俗人昭昭，我独昏昏；俗人察察，我独闷闷。

愚人之心，即纯真、朴实之心。

《老子》第十章：

> 载营魄抱一，能无离乎？专气致柔，能婴儿乎？涤除玄览，能无疵乎？爱民治国，能无为乎？天门开合，能为雌乎？明白四达，能无为乎？

婴儿之心，即天真、质朴之心。

《老子》第四十九章：

> 圣人无常心，以百姓心为心。善者，吾善之；不善者，吾亦善之，德善。信者，吾信之；不信者，吾亦信之，德信。圣人在天下歙歙，为天下浑其心。圣人皆孩之。

常心，即成心。圣人内心虚静而没有成心，则能顺应民众的要求，顺应民众的自然本性，即以百姓之心为心，故民众拥有更多自由的空间，也有助于民众通过自己的意志和作为来实现自然本性。老子无为的最大好处，不仅是让民众有较大的自由空间，即民众有更多的消极自由；且统治者不以自己的意志强加给民众，让民众实现其质朴、虚静的本性，从而民众也拥有更多自由意志和行动的积极自由。"圣人皆孩之"，即圣人让民众皆回复到最初的自然状态。圣人皆孩之的方法，是圣人抱一守朴，不给百姓以扰动，即无为而治。

综之，老子主要是从政治上讨论民众的自由，即统治者无为，而民众有更多的自由空间而按其本来面目发展，即"我自然"；自然为基本价值，统治者之无为，是民众实现自然的必要条件。但统治者无为不是什么事都不做，而放任民众自为。无为，是少为，不妄为，不乱为，是辅助民众自然本性而为。

第二节　庄子的"超越自由"

若从伯林的两种自由意义来说，则庄子主张的自由是"积极自由"。"积极自由"，不是通常意义上使用的积极自由，即自我通过努力而使对象本质化以获得自由。庄子的思想恰恰是通常意义上的消极自由，即自我通过修养的功夫而虚静无为，从而摆脱现实世界的各种限制和束缚，以获得自由。这正表现了伯林所谓的自我导向、自我做主的"积极自由"。庄子自由的主要特质是具有超越性。

《庄子》一书中没有出现"自由"的观念，但大量地出现"游"这个词，篇名有"逍遥游""知北游"，这可以看作自由的表述。[①]

一　有限自由与无限自由

《逍遥游》主要从事物小大之分的角度，来讨论自由逍遥的问题。

文章一开始即描绘了大鹏展翅于九万里高空，从北海飞向南海的神奇、壮阔的场景。大鹏的逍遥是凭借风之积厚所致，"风之积也不厚，则其负大翼也无力。故九万里则风斯在下矣，而后乃今培风；背负青天而莫之夭阏者，而后乃今将图南"。相对于蜩和学鸠决起而飞的狭小之境，大鹏的逍遥之境是辽阔的，但无疑也受到空间的限制。庄文接着叙写年命对事物的限制，朝菌朝生暮死，不知晦朔；蟪蛄夏生秋死，不知春秋；冥灵五百岁为春，五百岁为秋；大椿八千岁为春，八千岁为秋；彭祖以久特闻。年命愈来愈长，但终有一死，仍然不能突破有限的时间。庄文继而描写了几种人的精神境界，他们有小大之知的分别。君主、官员等沉沦于人间世中，凭借愈多，限制愈多，自由愈少。宋荣子笑之，不以毁誉经心，"且举世而誉之而不加劝，举世而非之而不加沮"，部分地突破了世俗的价值观念，自由较

[①] 钟泰曰："盖消者，消其习心，摇者，动其真机，习心消而真机动，是之谓消摇。惟消摇而后能游，故曰'消摇游'也。……'游'者，出入自在而无所沾滞义。一字曰游，双言之则曰浮游。"钟泰：《庄子发微》，上海古籍出版社2002年版，第3页。

多。列子御风而行,"泠然善也",大部分地挣脱了世俗的限制,自由更多。这几种人的自由之境愈来愈大,但是有限的。庄文最终推出了至人、神人、圣人,"若夫乘天地之正,而御六气之辩,以游无穷者,彼且恶乎待哉!故曰:至人无己,神人无功,圣人无名"。他们彻底地突破了时间和空间的限制,彻底地隔绝了现实世界,彻底地抛弃了现实世界的各种观念,没有任何凭借,也没有任何限制,从而能获得绝对的自由。

万物有小大之分,包括形体及生存空间的小大、年命之小大、知之小大,故自由之境也有小大之分,而皆是有限的。神人置于时间、空间、知识之外,超越有限,走向无限,超越小大,无小无大,从而能游于无穷;因此,神人是无限的存在者。

《秋水》是《逍遥游》的姊妹篇。《秋水》曰:

> 秋水时至,百川灌河。泾流之大,两涘渚崖之间,不辨牛马。于是焉河伯欣然自喜,以天下之美为尽在己。顺流而东行,至于北海,东面而视,不见水端。于是焉河伯始旋其面目,望洋向若而叹曰:"野语有之曰:'闻道百,以为莫己若者。'我之谓也。且夫我尝闻少仲尼之闻而轻伯夷之义者,始吾弗信。今我睹子之难穷也,吾非至于子之门则殆矣,吾长见笑于大方之家。"

河伯自以为天下之美尽在己,当来到北海时,看到北海茫茫无际,方觉得自己的渺小。河伯与北海若有小大之知的分别,小不知大,大能明小。北海若曰:"井蛙不可以语于海者,拘于墟也;夏虫不可以语于冰者,笃于时也;曲士不可以语于道者,束于教也。"井蛙受到存在之境狭小的限制,不能知大海之大;夏虫受到年命短促的限制,不能知结冰之事;一曲之士受到教育偏颇的限制,不能知大道。因此,在小大之辩中,时间、空间、智慧皆是有限的,只有突破有限的小大才能走向无限。北海若曰:"而吾未尝以此自多者,自以比形于天地,而受气于阴阳,吾在天地之间,犹小石小木之在大山也。方存乎见少,又奚以自多!"

一般而言,自由有两种意义,一是摆脱事物之系缚的自由,二是与事物相融合而游于其中的自由。庄子之自由即第一义。庄文中"待"亦有两义,一是凭借、依靠;二是限制、束缚。庄子特重视待的限制、束缚之义。有待即有限制和束缚,不能自由。列子御风而行,所待是风,故不能自由。只有摒弃所待之风,才能自由。众人所待功名,功名对自我构成了限制,故不能自由;只有抛弃功名,才能获得自由。因此,庄子根本上否定把对象本质化而获得自由。

综之,《逍遥游》是从事物小大之分的角度,来讨论自由的问题;庄子之自由分为有限自由与无限自由。有限自由,即自由的范围和程度有小大的分别;无限自由,即绝对自由,超越有限,超越小大。人间世的众人能获得有限自由,即不断地摆脱现实世界的束缚而获得自由,其自由的层级有小大之分。神人无所凭借、无所限制而获得绝对的自由,这不是人间世众人所能实现的。因此,神人的自由逍遥是梦想之境、理想之境,能引导众人不断地突破现实世界的限制而层层向上。

《逍遥游》的后一部分,主要由三则寓言故事构成,从小大之分的角度来具体而形象地阐释自由的意义。

第一则故事,是尧让天下于许由。庄文认为,尧是方内之人,许由是方外之人,二人有小大之知的分别,且崇许由而贬尧。尧认为自己是爝火之光,远不能与许由的日月之光相比,故要把天下让于许由。许由不接受,而认为方内与方外相隔:方内之人以世俗的价值观念为标准,而追求功名,但方外之人弃之;方内之人追逐各种欲望的满足,但方外之人欲望微小,自足而乐,"鹪鹩巢于深林,不过一枝;偃鼠饮河,不过满腹"。因此,方内之人与方外之人有不同之事,"庖人虽不治庖,尸祝不越樽俎而代之矣"。从自由的角度来看,尧置于人间世中是不自由的;而许由游于方外,才是自由的。自由的性质,即超脱世俗世界的自由。但许由的自由是有限的自由,因为他有待于山林。

第二则是藐姑射之山的神人故事。在超绝而神异的描绘中,我们大致能把握神人的精神境界。神人彻底地隔绝现实世界,"乘云气,御飞龙,而游乎四海之外",存在的空间是无限的;神人长生不老,"肌肤若冰雪,绰约若处子",生命是无限的;神人之知是忘知,无知,从而与天地万物混而为一,"之人也,之德也,将磅礴万物以为一"。因此,神人是超越小大之分的,是无限的存在者。我们不能认为神人是大知,因为小大之分皆是在有限中讨论的。

第三则故事,是惠子与庄子关于"有用无用"问题的辩论。他们分别站在方内、方外的角度。代表方内的惠子,是以世俗的观念看待事物的有用无用,即从功利性、现实性、物质性的角度,且把事物之有用无用的分别绝对化,而造成尖锐的对立。庄子是方外之人,一方面是以一种浪漫性、审美性、精神性的角度,看待事物的有用无用;另一方面又以齐的观念泯除事物有用无用的分别,从而消解其对立。惠子认为,大瓠不能盛水,故无所可用(世俗之用)。庄子认为,大瓠可做成一叶扁舟,浮于江海,故有用(浪漫之用)。因此,有用无用相对不定。惠子认为,大樗大而无用,不能制成器具,"匠者不顾"。庄子认为,大樗因无用而免遭砍伐,以终其天年,乃是大用,"不夭斤斧,物无害者。无所可用,安所困苦哉";且把大樗置于无何有之乡,"彷徨乎无为其侧,逍遥乎寝卧其下"(浪漫、审美的大用)。要之,庄子是从小大之分的角度讨论有用无用的问题,其含义有二:一是以浪漫性、精神性、审美性之用,来抛弃世俗之用,从而获得了有限的自由,因为执着于浪漫之用,依然受到束缚;二是齐有用无用,从对立中解脱出来,以获得绝对的自由。

综上所述,《逍遥游》阐述了两种自由:众人的有限自由与神人的无限自由;庄文从小大之分中讨论有限自由的层层上达,而最终到达无小无大的无限自由。众人的有限自由是不断地摆脱现实世界的种种束缚,神人的无限自由乃是彻底地超绝现实世界。

二 自由的现实困境和实现

徐复观说:"形成庄子思想的人生与社会背景的,乃是在危惧、压迫的束缚中，想求得精神上彻底地自由解放。"① 庄子在奴役、威逼的人间世中深感不自由的痛苦，从而展开对自由思想的探究与自由生活的追求。

《齐物论》主要讨论物之分别与论之分别的问题。从历史的发展进程来看，物、论是从混而为一不断地走向分别，愈分愈细，愈辩愈繁。人们开始有物的分别，接着有论（对物的事实认知和价值评价）的分别，且论的分别又反过来强化物的分别。置身于战国中后期的动乱时代中，庄子深切地感受到，物、论之分是导致社会、政治、人生各种对立、矛盾、纷争的主要原因，也是造成人生痛苦与不自由的主要根源。

《齐物论》：

> 大知闲闲，小知间间。大言炎炎，小言詹詹。其寐也魂交，其觉也形开。与接为构，日以心斗。缦者、窖者、密者。小恐惴惴，大恐缦缦。其发若机栝，其司是非之谓也；其留如诅盟，其守胜之谓也；其杀若秋冬，以言其日消也；其溺之所为之，不可使复之也；其厌也如缄，以言其老洫也；近死之心，莫使复阳。喜怒哀乐，虑叹变慹，姚佚启态；乐出虚，蒸成菌。日夜相代乎前，而莫知其所萌。已乎，已乎！旦暮得此，其所由以生乎！

众人在大知与小知、大言与小言、大恐与小恐等分别中相互冲突和激荡，不仅造成形体上的损害，且造成精神上的创伤。"其寐也魂交，其觉也形开"，不论梦醒，心神皆摇荡不宁。"喜怒哀乐，虑叹变慹，姚佚启态"，其情感上喜怒无常，悲欣交集。庄子不禁追问究竟是何种原因造成人生如此的困境呢？"一受其成形，不亡以待尽。与物相刃相靡，其行进如驰而莫之能止，不亦悲乎！终身役役而不见其成功，苶然疲役而不知其所归，可不哀邪！人谓之不死，奚益！其形化，其心与之然，可不谓大哀乎？人之生也，固若是芒乎？其我独

---

① 徐复观：《中国人性论史》，上海三联书店2001年版，第346—347页。

芒，而人亦有不芒者乎？"众人一生下来，即与外物相刃相靡，形体疲惫，精神耗损，一直到走向死亡为止，这难道不是人生的大哀吗？众人为何如此昏昧糊涂呢？牟宗三说，这段文字"则低回慨叹，对于现实人生最具'存在之悲感'"①。

首先，万物有分，这主要表现为彼此的分别、物我的分别、物物的分别，各种分别无所不在，有分别即有对立和矛盾，从而产生得失之感、悲喜之情、贪嗔之行；众人陷于物的分别中而不能自由。其次，彼此有分，因而产生成心，有成心而有是非，各有是非之论，相互争辩，是其所是，非其所非，是非之辩无穷无尽，《齐物论》"彼亦一是非，此亦一是非""是亦一无穷，非亦一无穷也"。众人陷于论的分别中而不能自由。再次，物、论是通过名言来表达的，三者纠缠在一起，更添纷繁。庄子认为，名言不能真实地反映物的本身，即言与实有分，且言者有言，言者必有诠辩，言论又不断辩论下去，愈言愈繁，愈辩愈乱，言与实的分歧愈来愈大。《齐物论》有一则寓言：众猴闻说"朝三而暮四"，皆愤怒；听到"然则朝四而暮三"，众猴皆悦。实相同，但名言不同，从而造成猴子的喜怒不同，"名实未亏而喜怒为用，亦因是也"。因此，庄子认为，齐物、齐论，才能从分别中解放出来而获得自由，"彼是莫得其偶，谓之道枢。枢始得其环中，以应无穷"。大道绝对待而泯区别，从而游于无穷。"大道不称，大辩不言"，即无称无言，才能从是非之辩中解脱出来，《齐物论》所谓"圣人怀之，众人辩之，以相示也"，圣人以无分、无言为怀，而众人有分有言。

人间世的险恶，主要在于君主的残暴与政治的混乱。《人间世》有一则寓言，叙述了孔子与弟子颜回的对话。颜回闻听卫国君主的专横残暴之事，"死者以国量乎泽若蕉，民其无如矣"，怀忧患之感而欲救之。孔子叹曰"譆，若殆往而刑耳"。在孔子看来，颜回无论出于何种动机和目的，运用何种方术，采用何种游说的方式，都不能救卫国；而颜回最好的处境不过是免刑而已，其次的处境是恐惧而惊动

---

① 牟宗三：《才性与玄理》，吉林出版集团有限责任公司 2010 年版，第 172 页。

其心，最坏的处境是披刑而死。颜回茫然无措，孔子告之"心斋"，即通过修养的功夫，而彻底地忘却现实世界中的一切，心虚静虚空，木然于世事而无动于衷。孔子谓"绝迹易，无行地难"，郭象注曰"不行则易，欲行而不践地不可能也。无为则易，欲为而不伤性不可得也"。绝迹，即在人间世中彻底地无心无为。要之，此寓言的主旨是，颜回只有逃避人间世，才能保全自己，才能从乱世中解脱出来而获得自由。《人间世》接着叙述了无用之木、无用之人，因其无用而在现实世界中存身的事情。"山木，自寇也；膏火，自煎也。桂可食，故伐之；漆可用，故割之。人皆知有用之用而莫知无用之用也。"山中之木，因为有材而遭受砍伐；膏油燃烧照明，为其有用故被煎烧。世俗之人皆知有用之用，而不知有用给自己带来了灾祸和痛苦，无用乃有大用，《逍遥游》所谓"无所可用，安所困苦哉"。这真是意味深长，若一个人无用，就不能生存；但专制政治中君臣关系、人际关系的险恶，则又使得个体的才能成为一种招致杀身的东西。存身的本领反而成为害身的祸根，这正是人生悲剧性的体现，也是人生无法摆脱的悖论。因此，庄子认为，众人置于人间世中是险恶的，只有通过功夫的修养，而达到无知、无为、无用，才能从现实中解放出来。

时间匆匆流逝，事物急剧变化。一是个体本身的变化，包括生理变化，从婴儿到少年到成年到中年到老年，"死生一大矣"；也包括人生遭遇的种种变化，例如情境的变化、祸福的变化、成败的变化、社会地位的变化等。二是他人他物的变化，包括社会政治环境的变化与自然环境的变化等。尤其在社会政治动荡的时代中，各种人事变化更为急剧，且表现出荒诞性、断裂性的特征。庄子认为，众人置身于变化之流中，"万化而未始有极也"（《大宗师》），总是悲喜无常而难以顺应变化，故不能自由。

《大宗师》主要阐述变化的思想：

> 夫藏舟于壑，藏山（疑为"汕"，捕鱼之网）于泽，谓之固矣！然而夜半有力者负之而走，昧者不知也。藏小大有宜，犹有所遁。若夫藏天下于天下而不得所遁，是恒物之大情也。

所谓藏，即把自己藏起来而逃避变化，这是徒劳的。天下的事物皆暴露于天下，无所藏，故始终处于变化之流中。如果我们抗拒变化，则受到限制而不能自由。

庄子通过道家人物的玄思及行为，表现顺任变化而获得自由的思想。子祀、子舆、子犁、子来四人是道家人物，"相视而笑，莫逆于心"，而成为朋友。子舆有病，变得奇形怪状，"曲偻发背，上有五管，颐隐于脐，肩高于顶，句赘指天"。子祀往问之，而不悲不喜地观化。子舆不悲不喜地物化，"安时而处顺，哀乐不能入也"。观化，即自我面对他物的变化，木然无动于衷。物化，即自我面对本身的变化，木然无动于衷。如何能物化呢？子舆要通过修养的功夫，从齐到忘，即忘却自我，不知自我，则变成什么就是什么，自我与对象完全化为一体，这是消解自我的合一。"浸假而化予之左臂以为鸡，予因以求时夜；浸假而化予之右臂以为弹，予因以求鸮炙；浸假而化予之尻以为轮，以神为马，予因以乘之，岂更驾哉"，自我变成鸡即鸡，像鸡那样报晓；自我变成弹弓即弹弓，像弹弓那样打鸮；自我变成马即马，像马那样奔跑。《齐物论》中庄周梦为蝴蝶，栩栩然蝴蝶也，是因为"不知周也"。因此，人若要真正地与对象为一，则在于自我的无知、不知。自我无知、不知，即彻底地消解自我的主体性，而完全地归结于物自身。要之，道家人物以其无知、不知而与所变的事物合一，从而顺应各种变化，以获得自由，这不同于抗拒变化而受其束缚，也不同于与变化打成一片（两者融通）而游于其中。学人或认为，庄子的顺应变化不是置身于变化中，而是从变化中超脱出来。神人置于时空之外，自然能超脱变化而获得绝对的自由。众人于人间世中通过修养的功夫，忘记各种变化而超脱出来，以获得精神的自由。这是自我无知无识于自我与周遭的变化，是精神性的超脱，但物质的自我仍处于变化中，周围的环境仍处于变化中。

《应帝王》记载，道家人物天根游于殷阳，至蓼水之上，而遭遇无名人，问之为天下的方术。无名人描绘自我的逍遥之游，"厌则又乘夫莽眇之鸟，以出六极之外，而游无何有之乡，以处圹埌之野"，隔绝人间世而不闻治天下。他的内心虚静虚无，"游心于淡，合气于漠",无知无为,故任万物自生自灭,"顺物自然而无容私焉,而天下治矣"。所谓"至人之用心若镜,不将不迎,应而不藏,故能胜物而不伤",即至人之心灵如镜子一样虚静无心,忘知,无知,从而能毫不损伤,以获得精神的绝对自由。

综之,人之逍遥自由,是《庄子》内篇中讨论的基本问题。庄子认为,众人置于人间世中时时处处受到束缚;众人无法改变现实的一切,无法抗拒既定的命;众人只有摆脱现实中的一切,才能获得自由。如何能摆脱现实中的一切呢?众人只有通过修养的功夫而不断地忘却现实世界的各种价值观念,从而获得有限的自由。只有神人彻底地隔绝现实世界,从而获得无限的自由。

三 自由的超越性

庄子之自由的意义相当复杂,这一方面是由于他以神奇、夸张的想象描绘了神人、真人的自由之境,另一方面是由于他又具体地叙述了众人在现实世界中遭遇自由的困境及其解脱的方式。这两方面的内容混合在一起,而导致自由的含义有多种理解,且多种含义之间也难以获得贯通性的解释。

学人对庄子的自由思想多有阐述。

陈鼓应说:"《逍遥游》提供了一个心灵世界——一个广阔无边的心灵世界;提供了一个精神空间——一个辽阔无比的精神空间。人,可以在现实存在上,开拓一个修养境界,开出一个精神生活领域,在这领域中,打通内在重重的隔阂,突破现实种种的限制网,使精神由大解放而得到大自由。"[1] "自我无穷地开放,向内打通自己,向外与他人他物相感通、相融合。"[2] 这是以神人的自由之境阐述庄子的自由思想,不能贯通于《大宗师》中子桑户、孟子反等道家人物的自由之境。陈先生所描述的神人之境似与儒家的圣人、仁人相同,即圣人从自我为中心的局限性中突破出来而与天地万物为一体,

---

[1] 陈鼓应:《老庄新论》,商务印书馆2008年版,第201页。
[2] 陈鼓应:《老庄新论》,商务印书馆2008年版,第205页。

即具有宇宙的胸怀而包容天地万物，即与天地万物相融相通，从而能游于天地万物中。这种广阔人生境界的修养，不是通过自我不断地遗忘世俗价值来实现，而是通过自我不断地践行世俗价值而最终豁然贯通以完成。朱熹《大学章句》："所谓致知在格物者，言欲致吾之知，在即物而穷其理也。盖人心之灵莫不有知，而天下之物莫不有理，惟于理有未穷，故其知有不尽也。是以《大学》始教，必使学者即凡天下之物，莫不因其已知之理而益穷之，以求至乎其极。至于用力之久，而一旦豁然贯通焉，则众物之表里精粗无不到，而吾心之全体大用无不明矣。此谓物格，此谓知之至也。"① 圣人不断地格物致知而最终豁然贯通。因此，这不是庄子的神人之游。庄子之神人是彻底地隔绝现实世界，彻底地抛弃现实世界的各种观念，虚静无为，从而无所限制，游于无穷。笔者认为，陈先生是以郭象的圣人逍遥思想以解释庄子的神人逍遥思想。

韩林合说："庄子认为，在一个人通过心斋、齐物、安命的途径而最终与道同而为一之后，也即在其将自己由世界之内的一个对象而升格为与世界整体同一的至人之后，他此前所面临的所有终极的人生问题便可以一劳永逸地获得最终的解决或消解。""对这个结论我们也可以这样来论证：至人的意志同于作为整体的世界的意志，因而世界中发生的任何事情均必然与他的意志相符合，这样在他的意志与世界中的事情之间便具有了一种必然的联系，也可以说他控制了世界中的事情。所以他是绝对独立或自由的。"② 韩先生认为，一个人心斋、坐忘后则能体道，体道即自我与作为整体的世界融为一体，故没有任何对待和分别，而绝对地游于世界之中。在现实世界中，个体总是与各种事物产生对立和分别，从而受其束缚而不能自由。至人通过心斋的修养功夫，即忘却世俗之知而上达体道之知，从而与道或世界的整体内在地结合为一。笔者认为，这种体道的自由之境不合理性：个体忘却各种世知，而有至知，至知又落到现实世界中而与世知相融合；

---

① （宋）朱熹：《四书章句集注》，中华书局2011年版，第8页。
② 韩林合：《虚己以游世：〈庄子〉哲学研究》，商务印书馆2014年版，第239—240页。

既然至知是从抛弃世知中获得，即有超越性，则超越性的至知不可能再与世知相融合。按韩先生的理解，神人之逍遥游即游于现实世界中，即与现实世界的任何事物打成一片，世人追求名利，神人也追求名利，世人有是非之辩，神人也有是非之辩，一切同于世人及其俗知。这如何能表现神人之超越的逍遥游呢？这不过是俗人的生活态度和行为。庄子"虚己以游世"（《山木》），是个体通过遗忘的功夫，而心斋，即心虚静虚空，无知无为，从而木然于现实世界中的一切，故不受任何影响而获得自由。

刘笑敢认为，"庄子之逍遥是游于尘世之外、无何有之乡、无极之野，是追求精神的超越，摆脱现实的精神束缚"。"庄子的逍遥所达到的是精神境界的提升和个人的摆脱束缚的自由的体验以及与宇宙万物融为一体的感受，是一种无我的经验和无差别境界的实现。"① 庄子之逍遥是游于尘世之外的逍遥，这可以从庄子之神人的描述中表现出来。庄子之逍遥是精神境界的提升，是自我与万物融合为一的境界，这又跌回到现实世界中。要之，刘先生的说法未免前后矛盾而难以统一。他又认为："庄子的《逍遥游》是在安命的基础上追求的一种超越现实的纯精神的自由。这种纯精神的自由是庄子在无可奈何的现实境遇中所找到的精神家园，同时对现实世界中的价值标准和价值方向有一种提升和指引的功能"。"这种境界是在承认和接受现实的'既定境遇'的不自由状态下对超现实的精神自由的追求，是对自由的精神家园的向往和探索。"② 这些说法较为混乱。刘先生理解的庄子之安命，是承认和接受现实的既定境遇，则如何能超越呢？超越是对现实境遇的抛弃或隔绝。既然逍遥是超越现实的精神自由，那么为何能提升现实世界中的价值呢？

杨国荣说："庄子以合乎人性或人性化的存在方式为人'在'世的应然形态，逍遥的意义，首先便在于它体现了如上价值趋向。作为合乎人性的理想存在方式，逍遥既展开了现实的、此岸的性质，又具

---

① 刘笑敢：《庄子哲学及其演变》，中国人民大学出版社2010年版，第349—350页。
② 刘笑敢：《庄子哲学及其演变》，中国人民大学出版社2010年版，第323、327页。

有超越的维度。在'乘天地之正'的形式下，循乎普遍天道与合乎内在人性相互统一，逍遥则超越了被限定与有所待的存在方式而展现了自由的品格。"① 杨先生认为，人的逍遥即人的存在方式能遵循天道、合乎本然的人性；逍遥具有在世的品格，也不否认其提升在世生活的理想性（超越性）。他认为："如果说，'乘天地之正'表现为本于自身之性与循乎必然法则的统一，那么，以上语境中的'安命'则使逍遥与社会领域的'合当然'联系起来。以'循必然'与'合当然'为前提，逍遥进一步区别于单纯的任性。"② 笔者认为，这种逍遥是郭象所谓的任性逍遥，郭象之性即命即理，即性命理合一，这种逍遥显然是入世的。杨先生又说："作为逍遥的实现方式，与天地为一所体现的，首先是对统一、整体的关注，后者可以看作是'道通为一'的原则在逍遥之域的引申。""'与天地精神往来'表现了逍遥的境界，'独'则强调了精神的逍遥以自我为主体。"③ 杨先生先后叙述的两种逍遥之境存在着矛盾，且后一种逍遥之境有不合理性，"道通为一"，即自我消融于天地万物之中，则自我的主体性也消解了，如何能独与天地精神相往来呢？合理的解释是，神人的自由之境，是通过自我的修养功夫而心斋、坐忘，从而与天地万物互不相干地混而为一，则自我具有超越性，即"独与天地精神往来"。

综之，学人对庄子自由思想的阐述多陷入自我的矛盾中，且往往以郭象的逍遥思想解释庄子的逍遥思想，从而混淆了二者思想的异同，消解了庄子自由思想的出世性或超越性。

我们理解庄子的自由思想，一要注意其自由之境的有限性和无限性，二要把握其自由思想的基本特性，即出世性或超越性。

庄文主要描述两类人的自由之境，一是神人、真人、至人的自由之境，神人等是庄子最高理想人格的代称，庄子有时又用具体的人名代指神人，如《应帝王》中的"无名人"、《在宥》中的"鸿蒙"

---

① 杨国荣：《庄子的思想世界》，华东师范大学出版社2009年版，第252页。
② 杨国荣：《庄子的思想世界》，华东师范大学出版社2009年版，第254页。
③ 杨国荣：《庄子的思想世界》，华东师范大学出版社2009年版，第260页。

等；一是置身于人间世中道家人物的自由之境。

第一类人隔绝现实世界，游于山林江湖，而彻底地抛弃现实世界的各种价值观念及追求。因此，神人的逍遥是出世的、超越的。神人有没有价值追求呢？若有，则为其束缚而不能自由，故神人没有价值追求。神人的自由是存在的方式，而不是神人所追求的价值。赵汀阳说："如果把自由看成是某种价值，这仍然是对自由的贬低，因为'某种价值'听起来好像是能够有最好但可要可不要的东西。这种谈论自由，恐怕不够严肃。自由是人必须具备的性质，所谓人的存在就是自由的存在。"[①]

《在宥》叙述云将东游而遇到鸿蒙一事。"鸿蒙方将拊髀雀跃而游"，云将遇之而求问。鸿蒙拊髀雀跃不辍，对云将曰："游！"云将问天下之事。鸿蒙曰："吾弗知！吾弗知！"云将不得问。三年，云将东游，又遇到鸿蒙，而问之。鸿蒙答曰："浮游不知所求，猖狂不知所往，游者鞅掌，以观无妄。朕又何知！"云将再问，鸿蒙不得已而告："意！心养！汝徒处无为，而物自化。堕尔形体，吐尔聪明，伦与物忘，大同乎涬溟。解心释神，莫然无魂。万物云云，各复其根，各复其根而不知。浑浑沌沌，终身不离。若彼知之，乃是离之。无问其名，无窥其情，物故自生。"游，即鸿蒙的存在方式和人生终极目的。如何能游呢？鸿蒙心境虚空，对于世事混沌无知无为而超脱出去。这是超越现实世界的自由。

第二类人是道家的具体人物，《大宗师》中叙述了道家人物子祀、子舆等与子桑户、孟子反等事迹。他们置身于人间世中，其思想和行为与众人截然不同。众人悦生恶死，不能顺应生死之变；他们通过命的观念和齐的玄思，以生死为一，从而顺应生死之变。众人悲死，而有一整套的丧礼丧仪；他们相和而歌，不悲不喜。众人之朋友是相互关心和帮助，他们之朋友是彼此相忘。因此，他们也是不断地摆脱现实世界的价值观念及追求，从而获得自由，其自由也具有出世性。但他们摆脱现实世界的价值观念及追求时，运用了玄思玄智，例如把生

---

① 赵汀阳：《论可能生活》，中国人民大学出版社2004年修订版，第114页。

死变化看成命，且以生死一齐。这种运用玄思玄知以摆脱现实观念的束缚，一方面不能根本上摆脱，另一方面又不免受到玄思玄知的束缚。因此，道家人物尚要继续其修养功夫，从玄思玄知走向无思无知，从齐生死走向忘生死。要之，道家人物的自由是有限的，有待于上达神人的无限自由；其修养的功夫是从玄思玄知走向无思无知。

《大宗师》：

> 颜回曰："回益矣。"仲尼曰："何谓也？"曰："回忘礼乐矣。"曰："可矣，犹未也。"他日，复见，曰："回益矣。"曰："何谓也？"曰："回忘仁义矣。"曰："可矣，犹未也。"他日，复见，曰："回益矣。"曰："何谓也？"曰："回坐忘矣。"仲尼蹴然曰："何谓坐忘？"颜回曰："堕肢体，黜聪明，离形去知，同于大通，此谓坐忘。"仲尼曰："同则无好也，化则无常也。而果其贤乎！丘也请从而后也。"①

庄子借孔子与颜回谈论修养的功夫与体道的境界。体道的境界，即忘的境界，即精神自由的境界。修养的功夫是忘的功夫，先忘"礼乐"，次忘"仁义"，再忘生命的欲望，达到无所不忘的"坐忘"境界。体道之人一切皆忘，心至虚至静，无知无识，从任何事物中解放出来而获得绝对的自由。心之忘境，即"心斋"。王夫之曰："消者，向于消也，过而忘也。摇者，引而远也，不局于心知之灵也。"② 消即消解而忘，摇即精神不受限制而自由。

我们如何能忘呢？忘并不是一件容易的事情。作为儿女，难以忘记自己的父母；作为父母，难以忘记自己的儿女；作为丈夫，难以忘记自己的妻子；作为兄长，难以忘记自己的兄弟姐妹；等等。我们也难以忘记现实世界的功名与利禄。因此，忘的修养功夫，是非常困难的；自我有无可奈何之命的观念，有从物、论的相对性中而齐物、齐

---

① 陈鼓应：《庄子今注今译》（上），中华书局2009年版，第225—226页。
② （清）王夫之：《庄子解》，中华书局2009年版，第75页。

论的玄思，从而不断地加强忘的功夫。忘既是对现实世界的价值观念及追求的抛弃，也是对玄思玄知的抛弃。忘得愈多，自由愈多，一切皆忘，则获得绝对、无限的自由。

要之，子祀、子舆、子桑户、孟子反等道家人物，从人间世中获得自由，其自由是超越性的，且是有限的，而有待于进一步升进为绝对的自由，即鸿蒙的自由、神人的自由。因此，庄子的自由之思在本质上是出世、超越的。

有学者认为，庄子之忘的境界即精神自由的境界，与伯林所谓的"退居内在城堡"有一定的相似性。① "退居内在城堡"，即我希望成为自己疆域的主人，但我的疆域漫长而不安全，故我缩短疆域的界限以消除脆弱的部分。我欲求名利富贵权力，但又无法把握它们，则我干脆不追求它们，以避免挫折、阻碍、损失。我仿佛做了一个战略性的退却，而退回到内在城堡，即我的理性、我的灵魂、我的不朽自我中。不管是外部的社会政治力量，还是人类的恶意，都无法靠近。我退回到我自己中，在那里也只有在那里，我才是安全的。② 退居内在城堡而获得的自由，是自我做主的"积极自由"。退居内在城堡，也是自我的修养过程，即自我通过理性的力量，不断地破除和抛弃世俗的名利、权力等。退居内在城堡，是自我的封闭保守，可寻求自我的安全与心灵的慰藉。尤其是在社会政治动乱的时代中，自我往往横遭各种强权的压制、威逼、灾祸，又无力改变之，故退居内在城堡，以保持自己的独立而获得自由。要之，庄子的退居内在城堡，是不断地遗忘现实世界中价值观念及追求，而缩小自己的疆域；疆域愈小，自由愈多。庄子之自由，并不是真正意义的自由解放，不过是精神的自由，形体上仍受到现实世界的各种限制。例如，退居内在城堡的人，通过修养的功夫而虚无，木然于周围的事情；周围的事情也与他发生一定的作用，不免在形体上遭受伤害；但他安于所伤，即木然于伤害，故在

---

① 刘笑敢：《庄子哲学及其演变》，中国人民大学出版社2010年版，第352—355页。
② ［英］以赛亚·伯林：《自由论》，胡传胜译，凤凰出版传媒集团、译林出版社2011年修订版，第184页。

精神上不受伤害而自由。王中江说，庄子之游，是神游，是在精神世界中无限地漫游和逍遥；庄子之游，是一种内省的活动，是自我对绝对者的体认，这是与道合一的超越性境界，是一种神秘的体验；庄子之游是一种游戏，是内在的"自戏"；庄子之游，是不受外物约束的在精神世界中达到一种随心所欲的境界。① 王先生所说的庄子之游，主要是阐述神人之游的境界。庄子之游是精神世界的自由，这揭示了庄子之游的本质特征。

《至乐》有一则寓言：

> 庄子妻死，惠子吊之，庄子则方箕踞鼓盆而歌。惠子曰："与人居，长子、老、身死，不哭亦足矣，又鼓盆而歌，不亦甚乎！"庄子曰："不然。是其始死也，我独何能无概然？察其始而本无生；非徒无生也，而本无形；非徒无形也，而本无气。杂乎芒芴之间，变而有气，气变而有形，形变而有生。今又变而之死。是相与为春秋冬夏四时行也。人且偃然寝于巨室，而我噭噭然随而哭之，自以为不通乎命，故止也。"

这展现出庄子之精神境界的发展历程。其妻方死，庄子自有悲戚之感；接着，他通过理性的认知，而认为生死乃是一气的聚散而生死齐一；进而，他认识到，生死是命，不可抗拒，故顺应生死之变。以上三层，心皆发生作用，精神境界不断地提升。庄子不能不面对妻死的境遇，但以提升其精神境界，而从生与死的对立中解放出来。庄子有待于通过更高的修养功夫，最终一切皆忘，心虚静虚空，无知无识，而木然于任何变化，从而从任何变化中彻底地解放出来。

综上所述，庄子之自由思想有三种特质：一是庄子之自由有两种，即有限自由和无限自由；二是庄子之自由具有超越性或出世性；三是庄子之自由是精神境界的自由。

---

① 王中江：《道家学说的观念史研究》，中华书局2015年版，第325—326页。

第三节 郭象的足性逍遥

郭象的足性逍遥，是其哲学思想的中心内容，也是最为后人津津乐道的思想。庄子的逍遥游是没有任何凭借的自由，郭象的足性逍遥是凭借本性而自由，二者有根本上的不同。

一 任性逍遥

魏晋是个体自觉的时代；所谓个体自觉，即自觉为一精神独立的个体，且处处表现一己的独特之所在。这必然重视个性及其差异性，要求自我的个性得到充分的尊重和实现。任性逍遥，是魏晋时人的价值观念及追求。嵇康在《与山巨源绝交书》中指出"循性而动，各附所安""夫人之相知，贵识其天性，因而济之"。竹林之士放任自己的本性而旷达逍遥。向秀、郭象标举任性逍遥，是对庄子之逍遥思想的创造性解释，自有其时代的重要意义。《世说新语·文学》："《庄子·逍遥篇》，旧是难处，诸名贤所可钻味，而不能拔理于郭、向之外。"刘孝标注曰："向子期、郭子玄《逍遥义》曰：'夫大鹏之上九万，斥鷃之起榆枋，小大虽差，各任其性。苟当其分，逍遥一也。……则同于大通矣。'"[1]

本性，是郭象哲学的核心观念；任性逍遥，是郭象哲学的基本思想，也是最为精彩的思想。郭象认为，天下万物的本性各不相同，但皆可任性逍遥；人间世众人的个性不同，但皆可任性逍遥。所谓任性，即本性得到充分而自由的实现，即得性、适性、足性逍遥。

《逍遥游》题注：

> 夫小大虽殊，而放于自得之场，则物任其性，事称其能，各得其分，逍遥一也，岂容胜负于其间哉！

---

[1] 余嘉锡：《世说新语笺疏》，中华书局1983年版，第220页。

郭象认为，蜩与大鹏之性分有小大不同，但放于自得之场而顺其本性，皆能逍遥自由，没有胜负的分别。自得之场，即事物得其本性的存在之境。万物各有自得之场，他们在自得之场中任性逍遥。鸟的自得之场是山林，而非鸟笼，鸟在山林中得性逍遥。《养生主》有一则寓言："泽雉十步一啄，百步一饮，不蕲畜乎樊中。神虽王，不善也。"庄子认为，泽雉虽谋生艰难，也不求笼中豢养，这不自由而不快乐。郭象认为，泽雉谋食于水边是其本性的要求，这是它的自得之场、养生的妙处，故能逍遥。人世间众人不论生活于何种境遇中，皆能逍遥自由。农民生活在乡村，耕作于田间，生活艰难而任性逍遥。工人生活于城市，劳作于工厂，也任性逍遥。

《齐物论》有一则寓言云：

> 故昔者尧问于舜曰："我欲伐宗脍胥敖，南面而不释然，其故何也？"舜曰："夫三子者，犹存乎蓬艾之间。若不释然，何哉！昔者十日并出，万物皆照，而况德之进乎日者乎！"

三子的生存之境偏僻而恶劣，尧欲伐其君主而救其民众，但心中不悦。庄子之意是批评尧舜之有为。郭象认为尧之所以心不释然，是因为未弘安任之道，即三子的存在之境是其自得之场，"夫物之所安无陋也，则蓬艾乃三子之妙处也"，三子皆能任性逍遥，故圣人不要剥夺三子的蓬艾之愿而伐使从己，"若乃物畅其性，各安其所安，无远迩幽深，付之自若，皆得其极，则彼无不当，而我无不怡也"。

《逍遥游》注曰：

> 鹏鲲之实，吾所未详也。夫庄子之大意，在乎逍遥游放，无为而自得。故极小大之致，以明性分之适。

郭象总括庄子之大意，即"逍遥游放，无为而自得"。小大之物皆适性逍遥。无为，不是不为，而是顺应本性而为，即没有超出于本性之外的非分之为。

《逍遥游》注曰：

> 苟足于其性，则虽大鹏无以自贵于小鸟，小鸟无羡于天池，而荣愿有余矣。故小大虽殊，逍遥一也。

足性逍遥，大鹏不要自贵于小鸟，小鸟也不必自卑而羡慕大鹏。大鹏与小鸟在足性自由上是齐一的，即价值上是平等的。郭象从足性自由上肯定事物的平等，否定事物之间的贵贱之分、胜负之别，这有批评西晋时代门阀制度的意识。门阀制度主要表现为庶族与豪族上下等级之间的显著分别。西晋著名诗人左思，有《咏史》诗八首，名为咏史，实为咏怀，抒写寒士之不平与对门阀制度的批评和抗争。

郭象认为，事物若有突破本性之外的非分之想、非分之为，即不能任性，则将陷入穷困之境，失其本性而不能自由。

《逍遥游》注曰：

> 此皆明鹏之所以高飞者，翼大故耳。夫质小者，所资不待大；则质大者，所用不得小矣。故理有至分，物有定极。各足称事，其济一也。若乃失乎忘生之生，而营生于至当之外，事不任力，动不称情，则虽垂天之翼不能无穷，决起之飞不能无困矣！

资，凭借。定极，确定的极限，超过本性规定的极限，即有意有为。"失乎忘生之生"：失于自然而然之生；自然而然之生，即顺应本性而生，即"忘生"。营生，即谋生，有意为之。至当之外，即本性之外，从而有非分之想、非分之为，即突破自己本性的限制。因此，若追求本性之外的有知有为，无论是大鹏还是蜩和学鸠，都将陷入困境。

《逍遥游》注曰：

> 夫年知不相及，若此之悬也。比于众人之所悲，亦可悲矣。而众人未尝悲此者，以其性各有极也。苟知其极，则豪分不可相

第七章 从老庄到郭象的自由之思

跂，天下又何所悲乎哉！夫物未尝以大欲小，而必以小羡大。故举小大之殊，各有定分，非羡欲所及，则羡欲之累可以绝矣。夫悲生于累，累绝则悲去，悲去而性命不安者，未之有也。

事物的本性各有极限，例如朝菌的生命是一天（朝生暮死），蟪蛄的生命是一季。因此，事物要安于本性，顺于本性。但在现实的人生中，往往小羡慕大，大羡慕更大，且嘲笑小，以致小大相倾相胜。羡欲之类，即非分之想、非分之为，这越出自己的本性，则不仅不能实现，反而陷入困境和悲苦中。

《逍遥游》注曰：

各以得性为至，自尽为极也。向言二虫殊翼，故所至不同。或翱翔天池，或毕志榆枋，直各称体而足，不知所以然也。今言小大之辩，各有自然之素，既非跂慕之所及，亦各安其天性，不悲所以异，故再出之。

"自然之素"，即自然之本性或天性（生而即有）。本性各有分别和差异，不可相互跂慕。

《养生主》注曰：

夫举重携轻，而神气自若，此力之所限也。而尚名好胜者，虽复绝膂，犹未足以慊其愿，此知之无涯也。故知之为名，生于失当而灭于冥极。冥极者，任其至分而无毫铢之加。是故虽负万钧，苟当其所能，则忽然不知重之在身；虽应万机，泯然不觉事之在己。此养生之主也。

人的能力有限度，合于性分，举重携轻，神气自若；超过其能力所限，即使断其脊梁骨也不能如愿。人的欲望往往无涯，总是贪得无厌，从而失当而越出于性分之外，使自己陷入困境而不能自由。冥极，即暗合性分的极限。合于性分的行为，是不知不觉的。要之，任性逍遥乃是养生之主也。

综之，郭象之任性逍遥有创新的含义。

第一，任性，不是放任、驰骋自己的本性，而是限制在本性的分域之内，即不要超出于本性之外而失性；同时，任性，是足性、尽性，即让自己的本性得到充分的实现。要之，事物安性、足性，性分得到充分而自由的实现，即任性逍遥。

第二，事物是在"自得之场"中任性逍遥。自得之场，即存在之境，是事物存在和发展的境域。事物及其性分是在自得之场中形成的。自得之场有独特性、差异性，故事物及其性分也有独特性、差异性。事物是在自得之场中存在和发展的。事物在自得之场中能充分而自由地实现自己的本性，故能逍遥自由。就人的存在之境而言，社会关系构成重要的内容，从而规定个体的社会地位、角色等，故个体要安分守己，在其独特的存在之境中任性逍遥。

第三，事物是自然而然、无心无为地实现其性分，即"冥极"。"极"，性的分域和极限；"冥"，暗合。事物的生存和发展暗合性的分域和极限。物本无心（根本没有心），顺应性分是天然本能，是自然而然的。人有心，但心的作用止于性分之内，也是无心无意、自然而然。要之，郭象以"冥极"强调主体之暗合性分，以否定礼法对本性的外在强制作用；一方面把本性置于首位，另一方面也避免自然本性与名教礼法的对立。

第四，郭象认为，万物之所以失性而陷入困境是因为心的作用，即心的作用荡出于性分之外。万物得性逍遥，尤其是众人得性逍遥，不仅是任其本性，即本性或本能的作用，也是心的作用，即心的作用止于性分之内。我们不能认为众人完全是任其本能的驱动而自由。

郭象之性命合流，性即命即理，故任性逍遥，即安命、循理逍遥。在郭象看来，食色之性、道德之性、社会之性等内容，皆是天理，不可改变和抗拒，故个体要完全沉浸于其中而与之打成一片，从而获得自由。

二 有待与无待逍遥

郭象注《庄子》，是一种哲学性的理解和解释，即重视庄子之义理思想的阐释，重视基本观念的概括，例如"本性""自得之场""有待""无待"等。

郭象从庄文"犹有所待者也""彼且恶乎待哉"，提炼出"有待""无待"的观念。待的意义，是凭借、依靠，有所待，即有凭借、依靠，无所待，即没有凭借、依靠；这是字面义的解释。因此，有所待、无所待，在庄文中不是观念。凡是观念，一般要有突破字面意义的确定内涵。

郭象《逍遥游》注中有两段文字，集中阐述了"有待""无待"观念的内涵：

> 故乘天地之正者，即是顺万物之性也；御六气之辩者，即是游变化之途也。如斯以往，则何往而有穷哉！所遇斯乘，又将恶乎待哉！此乃至德之人玄同彼我者之逍遥也。苟有待焉，则虽列子之轻妙，犹不能以无风而行，故必得其所待然后逍遥耳，而况大鹏乎！夫唯与物冥而循大变者，为能无待而常通，岂独自通而已哉！又顺有待者，使不失其所待，所待不失，则同于大通矣。故有待无待，吾所不能齐也。

> 物各有性，性各有极，皆如年知，岂跂尚之所及哉！自此已下至于列子，历举年知之大小，各信其一方，未有足以相倾者也。然后统以无待之人，遗彼忘我，冥此群异，异方同得而我无功名。是故统小大者，无小无大者也。苟有乎小大，则虽大鹏之与斥鷃，宰官之与御风，同为累物耳。齐死生者，无死无生者也。苟有乎死生，则虽大椿之与蟪蛄，彭祖之与朝菌，均于短折耳。故游于无小无大者，无穷者也；冥乎不死不生者，无极者也。若夫逍遥而系于有方，则虽放之使游，而有所穷矣，未能无待也。

郭象之有待，即一物有特定的凭借，即一物凭借某种特定的事物或情境，即一物与某种特定的事物或情境融合，故一物在某种特定的事物或情境中任性逍遥。某种特定的事物或情境即一物的自得之场。鱼凭借江湖之水，而与江湖之水相融合，故鱼在江湖中任性自由，江湖是鱼的自得之场。一物只能凭借某种特定的事物或情境，而不能凭借其他事物或情境，即与其他事物或情境相分别而不能融合，故不能任性自由。这是郭象"有待"的哲学含义。待略有两义：一是凭借而融合；二是对立而分别。因此，有待者只能逍遥于一方，其所凭借而融合的，是特定的事物或情境。宋荣子、列子、大鹏、蜩、学鸠等众人和万物，皆是有待之逍遥，"亦犹鸟之自得于一方也"（《逍遥游》注）。

郭象之无待，不是庄子所谓"无所凭借"，而是"所遇斯乘""唯无所不乘者，无待耳"（《逍遥游》注），即无所不凭借，即凭借任何事物或情境，即与任何事物或情境相融合，而逍遥于任何一方，即逍遥于无方。圣人是无待者。无待者不仅自己能逍遥于无方，也能让有待者逍遥。无待者遇到任何有待者，即与任何有待者相融合，从而让任何有待者顺应自己的本性发展，故任何有待者皆任性自由。"夫唯与物冥而循大变者，为能无待而常通，岂独自通而已哉！"无待者"与物冥"，即与物相融合；"循大变者"，即顺应任何事物的变化。无待者不仅"自通"，即自己逍遥，且"常通"，即让有待者任性自由。有待者与无待者皆能逍遥，即"大通"。

所谓"异方同得而我无功名"，即无待者能冥合任何事物，而顺应任何事物的本性及其变化，从而助成任何事物的足性逍遥；但有待者认为这是自我的足性自得所致，而非受到无待者的帮助，不会感谢无待者，故无待者没有功名。

所谓"统小大"，即齐小大。这首先承认事物有小大的不同，其次认为事物之小大的不同是基于本性，再次认为小大之物皆能足性自由。无小无大，有两义。一是事物之小大恰好符合其本性，没有超出本性规定的大，也没有不足本性规定的小。《骈拇》："长者不为有余，短者不为不足。是故凫胫虽短，续之则忧；鹤胫虽长，断之则悲。"长短合于本性。二是事物皆能足性自由，没有价值上的小大胜负之分，即在价值上是平等的，故小大之物不要彼此羡慕或矜夸。无待者因为有齐小大的智慧，故能忘小大，从而能游于任何小大之物中。要之，统小大，齐小大，忘小大，冥小大，游小大。

所谓"齐死生"，即齐寿夭。这首先承认事物的生命有长短的不同；其次认为它们皆出于自己的本性；再次认为事物虽生命的长短不同，但在足性逍遥上是齐一的。无寿无夭有两义。一是事物生命的长短恰好符合其本性，没有超出本性规定的年限，即寿，也没有不足本性规定的年限，即夭。众人之长寿、短折的评价，是错误的。二是事物虽有生命长短的不同，皆能足性逍遥，在价值上是平等的，即无寿无夭，故生命长的不要自我矜夸或羡慕更长的，生命短的也不要羡慕生命长的。要之，齐死生，忘死生，冥死生，游死生。

《刻意》描述了几种人的形象，一是山谷之士，二是平世之士，三是朝廷之士，四是江海之士，五是导引之士，六是圣人。前面五种人各有自己的追求，神人"无不忘也，无不有也"，心斋无为而任从天地万物。

郭象注曰：

> 此数子者，所好不同。恣其所好，各之其方，亦所以为逍遥也。然此仅各自得，焉能靡所不树哉！若夫使万物各得其分而不自失者，故当付之，无所执为也。

郭象认为，前面五子，所好不同，皆能自得逍遥，是有待之逍遥；圣人能冥合万物而任万物的本性，是无待之逍遥。郭象注曰："若厉己以为之，则不能无极而众恶生。""厉己"，即自己卓然独立，与众不冥合，则招致众人的厌恶而不能游于无方。

《秋水》有一则寓言，"夔怜蚿，蚿怜蛇，蛇怜风，风怜目，目怜心"，它们或一足行，或万足行，或无足行，或肩胁行，或蓬蓬然起于北海而入于南海；这皆是天机所动，即天然本性所为。风自夸其大而嘲笑小者，且羡慕更大者。

郭象注曰：

> 恣其天机，无所与争，斯小不胜者也。然乘万物，御群才之所为，使群才各自得，万物各自为，则天下莫不逍遥矣。此乃圣人所以为大胜也。

郭象首先认为，夔、蚿、蛇、风、目、心的本性各不相同，但皆任性逍遥，彼此无争而不分胜负高下，这是有待之逍遥，即"小胜"；其次认为，圣人是无待者，即"大胜"，能顺应群才的本性而使群才任性逍遥，自我也逍遥，这是无待之逍遥。

在人生境界上，有待逍遥与无待逍遥有显著的分别，郭象从事实上承认它们的小大、高下之别。但有待、无待逍遥皆出于本性的要求，有待者有有待之性，无待者有无待之性，故有待者是足性逍遥，无待者也是足性逍遥，在足性逍遥上是齐一的，而没有价值上的胜负之分，所谓"故有待无待，吾所不能齐也。至于各安其性，天机自张，受而不知，则吾所不能殊也"。

《逍遥游》注曰：

> 庖人尸祝，各安其所司；鸟兽万物，各足于所受；帝尧许由，各静其所遇；此乃天下之至实也。各得其实，又何所为乎哉？自得而已矣！故尧许之行虽异，其于逍遥一也。

郭象认为，尧是无待之人，许由是有待之人，这皆出于其本性的要求；他们虽有有待与无待的分别，但足性而自由，是齐一的。

《世说新语·文学》：

> 《庄子·逍遥篇》，旧是难处，诸名贤所可钻味，而不能拔理于郭、向之外。支道林在白马寺中，将冯太常共语，因及《逍遥》。支卓然标新理于二家之表，立异义于众贤之外，皆是诸名

第七章　从老庄到郭象的自由之思

贤寻味之所不得。后遂用支理。①

刘孝标注引支遁《逍遥论》：

> 夫逍遥者，明至人之心也。庄生建言人道，而寄指鹏、鷃。鹏以营生之路旷，故失适于体外；鷃以在近而笑远，有矜伐于心内。至人乘天正而高兴，游无穷于放浪；物物而不物于物，则遥然不我得，玄感不为，不疾而速，则逍然靡不适。此所以为逍遥也。若夫有欲，当其所足；足于所足，快然有似天真。犹饥者一饱，渴者一盈，岂忘蒸尝于糗粮，绝觞爵于醪醴哉？苟非至足，岂所以逍遥乎？②

支遁之所谓逍遥，同于庄子之逍遥，即至人无待而逍遥。他否定向、郭之众人任性逍遥的思想。他认为，众人不能任性自足逍遥，例如饥者一饱、渴者一盈不能逍遥，因为他们在得到一顿饱餐、痛饮之后仍然向往和追逐更加精美的食物、饮品，而不能满足。

牟宗三认为，向、郭之逍遥义与支遁相差不远，即"明至人之用心也"；向、郭之万物任性逍遥，并非客观存在的"真实之逍遥"，而是一观照之境界。观照的主体是至人之心，至人之心是逍遥的，以之观照万物，则万物亦足性逍遥也，所谓一逍遥一切逍遥也，而不能脱离此"主体中心"也，程明道所谓"万物静观皆自得"。对于万物自身而言，这不是修养的境界，因为草木无心，而是一艺术境界，属于主体之观照，如庄子游于濠梁之上，自我逍遥自得，则以此心观照鱼，鱼也悠游自得。要之，"故能直就至人之心越此依待而显各物圆满自足之逍遥，此所以道家能直接开艺术境界"③。

笔者认为，牟先生之解释，并不合理。郭象之足性逍遥是可在当

---

① 余嘉锡：《世说新语笺疏》，中华书局1983年版，第220页。
② 余嘉锡：《世说新语笺疏》，中华书局1983年版，第220—221页。
③ 牟宗三：《才性与玄理》，吉林出版集团有限责任公司2010年版，第160—161页。

下实现的，众人皆可当下自足，得性逍遥，这是"真实之逍遥"，而不是至人之心的观照之境界。牟先生的解释似合于庄子，即庄子有艺术观照之心，但这只是暂时的，庄子不可能以自我的无待逍遥，而观照世人，以为众人也能逍遥。庄子深切地认识到众人生活于人间世中的痛苦和不幸，《齐物论》云"一受其成形，不亡以待尽。与物相刃相靡，其行进如驰，而莫之能止，不亦悲乎！终身役役而不见其成功，苶然疲役而不知其所归，可不哀邪"。因此，庄子之逍遥，不是以神人之心观照万物，而万物皆逍遥；郭象之逍遥也不是以至人之心观照万物，而万物皆足性逍遥。

我们的经验是，当置于饥渴的困境中，疏食饮水即可当下自足，而无意于精美食品的追求。笔者在20世纪八九十年代曾在农村中生活，每年暑天的"双抢"时节，气温高达三十六七度，非常炎热。父母与我头顶烈日，脚踩热水，在农田中弯腰割稻或插秧，非常劳累和痛苦，曾子曰"胁肩谄笑，病于夏畦"（《孟子·滕文公》下）。那时，我只求在田埂上坐一坐或在路边树荫下凉一凉，即可当下自足，并不妄想坐在宽敞明亮的房舍中吹着空调，喝着冷饮。因此，人在不同的语境中会有不同的要求，皆可当下自足，这是非常现实的自由。

王中江认为，郭象之足性逍遥存在理论上的困境。本性是事物存在和发展的内在根据和动力，万物的存在状态和展开过程是万物性分的不断实现和满足。本性支配着事物的存在和发展，由此足性自得。实际的情况是，事物往往不能得性逍遥，而失性陷入困境中。万物之突破本性要求的力量来自何处呢？王中江说："这样，万物务外和不安分的原因，在郭象的哲学中，只能从万物本身的'自性'中去寻找，也就是说，事物的'不安分'，也是事物的'性分'，不管是哪方面的性分。既然不安分是万物自身的'性分'，郭象批评万物'不安分'和'越分'就陷入了困境之中。……根据以上讨论，郭象的'不安分说'与'适性说'是不能两立的。"[①] 学人或认为，郭象的哲学突出本性的基本作用，本性即本能，其实现是无意识的、自然而然

---

① 王中江：《道家学说的观念史研究》，中华书局2015年版，第385页。

的，从而否定人的主观意志及作为，即消解心的反省作用。我们认为，郭象不否定心的作用，而认为心的作用止于性分之内。事物的存在和发展，是心之力量与本性力量的共同作用，心的作用顺着本性的要求，则本性得到实现，任性自得；心之力量越出本性的要求，则失其本性。因此，郭象以性为本，以心合性。

三 庄子与郭象自由之思的异同

从自由的性质来看，庄子之逍遥是以不断地离开世俗世界、不断地摆脱或抛弃各种世俗观念及追求为基础，这种自由是出世或超越的自由。超越的自由是精神境界的自由，有不同的层级，个体要不断地自我超越而上达自由的最高境界。因此，庄子的自由分有限自由与无限自由。一方面众人皆可部分地超越，而获得有限的自由；另一方面神人才能彻底地超越而获得无限的自由。郭象之逍遥，分有待逍遥与无待逍遥，而皆是足性逍遥。有待逍遥，肯定万物和众人皆能足性自由。众人各有自己的本性，顺应本性的要求，则能自由。这种自由是以顺应自我的自然之性与社会之性为基础的，是入世的自由。无待逍遥，是神人的足性自由，神人顺应世俗世界的各种观念，顺应任何事物及其变化，这也是入世的自由。要之，庄子与郭象之逍遥在性质上截然不同，一是出世之逍遥，一是入世之逍遥。

从自由的实现方式来看，庄子之自由的获得特重视个体的修养功夫。首先是知之，即知各种世俗观念使众人陷于矛盾和纷乱中而不自由，进而以玄思玄知破除各种世俗的观念，最后忘却或抛弃各种世俗观念。其次是守之，即把玄思玄知内化到自己的生命中，展现于生活实践外，"合内外之道"，以形成不同层级的精神自由的境界。不同的个体，因为生活境遇的不同、所禀气质的分别、修养功夫的不同，则其突破世俗限制而获得超越自由的层次是不同的。最高的精神自由境界，值得众人永恒追寻。因此，庄子之自由的获得，是非常艰难的。因为一方面，超越的自由与现实世界格格不入，而众人无不生活于世俗世界中，从小到大到老，无不受到世俗观念的濡染，庄子谓"绝迹易，无行地难"（《人间世》），故隔绝世俗世界、斩断世俗情缘、抛弃各种世俗观念是非常艰难的；另一方面，最高的精神自由境界，需要个体不断自我超越，而永无止境，死而后已。郭象之有待自由，是众人顺应自己本性的自由，虽有一定的修养功夫，但并不困难。其修养的功夫主要表现在，摒弃非分之想、非分之为，而安于本性，顺于本性。《逍遥游》："而彭祖乃今以久特闻，众人匹之，不亦悲乎！"人生百年，如果众人要与彭祖的长生相比，则不能不感到人生短暂，而悲从中来。《逍遥游》注："而众人未尝悲此者，以其性各有极也。"郭象认为，众人不悲此者，因为众人知道自己人生百年，从而安于性命的要求。无待自由也是任性自由。圣人有无待之性，只要安于本性，顺于本性，则能够实现无待之逍遥。无待逍遥是逍遥的最高境界，但非价值世界，众人不能追求之，因为众人本没有无待之本性。要之，庄子之逍遥强调个体的功夫修养，其修养的历程是崎岖的；郭象之逍遥弱化个体的修养功夫，其修养的历程是较为平坦的。

从自由的主体来看，庄子之超越自由，只有少数人能实现，即山林、江湖中的隐士或少数的知识分子，他们所获得的是有限自由，而大多数世人沉沦于世俗世界中，基本上不能自由。郭象之任性自由，尤其是有待逍遥，是面向广大的众人和万物，它们皆能任性、足性逍遥，故自由的主体是相当广泛的。郭象之无待逍遥，是对于圣君而言，他们有无待之性，从而冥合群生，不仅自我能逍遥，也能助成群生逍遥。众人不能追求圣君的无待逍遥，因为众人只有有待之性。

从自由的意义来看，庄子之超越自由，有重要的价值意义，引导众人不断地摆脱现实世界各种观念及追求的束缚，而获得自由。尤其对于知识分子或士大夫而言，他们像陶渊明那样离开官场，回归山林田园，而追求人格的独立和精神的自由。郭象之任性逍遥，最具有现实的意义，众人和万物皆能任性逍遥，从而构成一个稳定有序的社会政治的整体。庄子和郭象皆生活在动乱的时代中，皆有强烈的"存在之悲感"。庄子"退居内在城堡"，隔离现实世界，抛弃现实世界的各种观念，主要追求的是自我的解放和自由。郭象面向社会群体，以众人之有待自由、圣人之无待自由，来改变现实社会政治的纷争和混乱，而建立一个有序谐和的整体。郭象之任性自由，尤具有现实的意义。当今社会，我们重视个体本性的独特性、差异性，从而重视个体的权利、个体的责任、个体的自由、个体的创造力等，而相对轻视传统儒家之共同性、群体性的思想。因此，追求个性之充分而自由的发展，已成为当今社会的主流意识。但是，郭象之任性自由包括身份地位、角色等社会属性；因此，安于此，顺于此，则易导致社会阶级、阶层的固化，从而阻碍众人上升竞争的通道，使社会逐渐丧失生生不息的活力。

综上所述，自由的思想实贯穿于人类过去、现在、未来的历史长河中。老子、庄子与郭象皆是从现实存在的困境中，展开其异彩纷呈的自由之思：老子主要谈论政治上的"消极自由"；庄子主要谈论个体的"积极自由"，其自由之思具有超越性；郭象标举任性自由，最具有现实的意义。

第四节　从庄子到郭象的命运论

任何个体存在于人间世中皆有"命运"的感受，尽管其所感受的命运程度和范围有轻重小大的不同。在历史文化的长河中，先秦两汉魏晋的思想家皆对人生的命运展开理性的反思。《论语·雍也》："伯牛有疾，子问之，自牖执其手，曰：'亡之，命矣夫！斯人也而有斯疾也！斯人也而有斯疾也！'"孔子颇有命运的感受。子夏曰："死生有命，富贵在天。"（《颜渊》）子夏闻之于孔子，死生、富贵是命是天，自我无能为力。孔子曰："不知命，无以为君子也。"（《尧曰》）君子知命不忧。《周易·乾象传》曰："大哉乾元，万物资始，乃统天……乾道变化，各正性命。"天地万物皆有性命；命，即生命历程的展现，包括寿夭、祸福、贵贱、穷达等主要的人生遭遇。[①]

古人认为，命的力量来自天帝、鬼神。国之命运、君之命运多与

[①]《说文解字》从词源上把"命"分为"令"与"口"两部分，定义为"使"，其本义即"下令，使执行"。《尔雅》释为"告"。《广雅》释为"呼"。"命"后来逐渐用以指称限定社会存在的某些特殊情况：寿夭、禄位、福寿——不仅是一时"命运"，也是"生命"本身。

天命相联系,所谓君权神授,受命于天,而普通人的命来自鬼神。孔孟皆有天命的思想。孔子曰:"君子有三畏:畏天命,畏大人,畏圣人之言。"(《季氏》)孟子曰:"夫天,未欲平治天下也;如欲平治天下,当今之世,舍我其谁也?吾何为不豫哉?"(《孟子·公孙丑》下)天命不欲平治天下,故自我无可奈何。孟子曰:"行或使之,止或尼之。行止,非人所能也。吾之不遇鲁侯,天也。臧氏之子焉能使予不遇哉?"(《梁惠王》下)自我与鲁平公的遇合,不是自我与嬖人臧仓者所能支配的,而是天命所决定的。司马迁是一位历史学家,也有命的感受,有时以天命、命解释历史人物的成败得失。《史记·六国年表序》曰:"秦始小国僻远,诸夏摈之,比于戎狄,至献公之后常雄诸侯。论秦之德义不如鲁卫之暴戾者,量秦之兵不如三晋之强也,然卒并天下,非必险固便形势利也,盖若天所助焉。"根据儒家之仁义可王天下的道理,秦的德义者连鲁卫的暴戾者都赶不上;根据兵力强盛可夺天下的道理,秦没有三晋之强;险固便、形势利只是秦得天下的一个原因;因此,秦夺天下还有天命的力量。《外戚世家》是一篇具有浓厚宿命色彩的人物传记。在此登场的妃嫔,受到神秘之命的支配,失去了人生的主体性。"人能弘道,无如命何?……孔子罕称命,盖难言之也。非通幽明之变,恶能识乎性命哉?"个体对于自己的道德修养,能发挥主体性的作用,孔子谓"为仁由己""我欲仁,斯仁至矣";但个体不能决定穷通得失的遭遇。命是神秘的,孔子尚难以言说,一般人如何能知"命"的实情呢?

一 庄子的忘命、安命

庄子置身于战国中期的动乱时代中,对社会政治的非理性、荒诞性有敏锐而清醒的认识,对人们无可奈何的人生遭遇有深切的感受和悲悯,故对命展开了理性的反思和探究。

《大宗师》:

> 死生,命也,其有夜旦之常,天也。人之有所不得与,皆物之情也。

人之死生是命，一方面死生是天生注定的，不可逃避；另一方面死生是不可预知的；再一方面死生不是自我所能支配的；因此，我们总有生死是命的感受。在战国动乱的时代中，许多人因遭受饥饿、疾病、瘟疫、战争等而不能正命而死，更有生死无常的感受。庄子说，生死如同于夜旦之常，不可抗拒，且不能知与为。

《德充符》：

> 死生、存亡、穷达、贫富、贤与不肖、毁誉、饥渴、寒暑，是事之变命之行也。日夜相代乎前，而知不能规乎其始者也。故不足以滑和，不可入于灵府。

生死寿夭是命，穷达、贫富、毁誉等主要的人生遭遇也是命。命运，即命的运行，即人生遭遇的展现，自我不能知其始终。庄子要求我们不要被命扰乱内心的宁静。

《人间世》：

> 仲尼曰："天下有大戒二：其一命也，其一义也。子之爱亲，命也，不可解于心；臣之事君，义也，无适而非君也，无所逃于天地之间。……知其不可奈何而安之若命，德之至也。"

子之爱父母，即子与父母的自然关系是命；臣之事君，即臣与君的社会政治关系是义，也是命，人无所逃于天地之间，是无可奈何之事，故要安之若命。《达生》："达生之情者，不务生之所无以为；达命之情者，不务知之所无奈何""不知吾所以然而然，命也"。命对于个体而言无所不在，无可奈何，无所逃避。

要之，庄子之命的内容主要有三：一是寿夭、生死之生命；二是吉凶、祸福、成败等人生遭逢；三是贤愚、才与不才等素质。

《大宗师》：

> 子舆与子桑友。而霖雨十日，子舆曰："子桑殆病矣！"裹饭

而往食之。至子桑之门,则若歌若哭,鼓琴曰:"父邪!母邪!天乎!人乎!"有不任其声而趋举其诗焉。子舆入,曰:"子之歌诗,何故若是?"曰:"吾思夫使我至此极者而弗得也。父母岂欲吾贫哉?天无私覆,地无私载,天地岂私贫我哉?求其为之者而不得也!然而至此极者,命也夫!"

道家人物子桑贫病交加,又遭连绵的大雨,若歌若哭。他自思这不是出于天地,因为天地厚德,无所不覆,无所不载;也不是出于父母,因为父母爱子而善之,故是出于命。这显示出命的非道德性和非理性,且自我对命无法抗拒,不能知与为。

《大宗师》:

> 俄而子来有病,喘喘然将死。其妻子环而泣之。子犁往问之,曰:"叱!避!无怛化!"倚其户与之语曰:"伟哉造化!又将奚以汝为?将奚以汝适?以汝为鼠肝乎?以汝为虫臂乎?"子来曰:"父母于子,东西南北,唯命之从。阴阳于人,不翅于父母。彼近吾死而我不听,我则悍矣,彼何罪焉!……今一以天地为大炉,以造化为大冶,恶乎往而不可哉!"

人生之变,莫大于生死之变,这是命,"唯命之从",即顺应命的变化。不管命把自己变成鼠肝或虫臂,皆顺之。这如同于一物,在天地的大熔炉中,万化而未始有极,顺之而无不可也,变成狗即狗,变成猫即猫,变成人即人,不悲不喜。就物化而言,自我的形体不得不发生变化,但自我在精神上无知于这些变化,即木然于这些变化,"恶乎往而不可哉"。

《德充符》:

> 知不可奈何而安之若命,唯有德者能之。游于羿之彀中,中央者,中地也,然而不中者命也。

第七章　从老庄到郭象的自由之思　271

游于羿之彀中,不中箭者,是偶然的;这揭示出命的偶然性。

我们如何理解庄子之顺命、安命的思想呢?

刘笑敢认为,庄子哲学的思想体系,是以安命为起点或基础,以逍遥为终点或目标,而齐物论和真知论是方法论,是从安命之起点到逍遥之终点过渡的桥梁。① 安命,实际上就是安于"既定境遇",即承认和接受既定境遇。在此前提下,每个人皆有不同的生活态度和追求,故安命仍承认每个人的自我努力。例如对于白天与黑夜的更替,人们可以顺之而安排自己的工作。因此,安命是沉沦于命中,即与命打成一片,这如何能表现庄子超越现实世界的逍遥游呢?刘笑敢说:"庄子之逍遥游的实现是一个纵向的追求和提升的过程,是从顺应到超脱再到终极的超越之体验的过程。安于既定境遇和实现逍遥游是两个层次、两个阶段的不同,是条件和目标的不同。"② 这种观点并不合理,沉沦根本不能走向超越,超越是对既定境遇的完全背离。如果庄子之安命是承认和接受命,则与众人之顺命、安命相同。

韩林合说:"庄子向人们指出了回归于道的唯一途径。其最终的环节是要安命。这里所谓'命'是指独立于经验主体的意志的作为整体的世界(发生于其内的所有或任何事情)或者说道。上面我们谈到,作为整体的世界或道本来构成了人的本质和内在的命运,但是随着人心的认识官能的成熟,人们逐渐背离了这种本质和内在的命运,这样内在的命运变成了完全外在的命运。因而要回归于道(重新与道同而为一),只有再次将这个似乎是外在的命运内在化,无条件地接受它——无条件地接受发生于世界之内(特别是发生于自己身上的)的任何事情(饥渴寒暑、穷达贫富、生老病死、祸福寿夭等),也即安命。如果一个人真正地做到了这点,那么他便与作为整体的世界或道同而为一了。"③ 所谓安命即归于道,安命即体道,二者是一,故安命不是刘笑敢所谓的起点,而是终点。安命,即无条件地接受发

---

① 刘笑敢:《庄子哲学及其演变》,中国人民大学出版社2010年版,第324页。
② 刘笑敢:《庄子哲学及其演变》,中国人民大学出版社2010年版,第327—328页。
③ 韩林合:《虚己以游世:〈庄子〉哲学研究》,商务印书馆2014年版,第56页。

生于世界之内的一切事情，包括自己之穷通得失、生老病死的一切生命历程或遭遇，从而与现实世界完全打成一片而融为一体。这与刘笑敢所谓承认和接受既定境遇没有根本上的不同，与芸芸众生在安命中"好死不如赖活着"没有根本上的不同。因此，这种安命的逍遥，不是超越于现实世界之上的逍遥，而是游于现实世界之中的逍遥；这种观点正是郭象之顺命、安命的思想。学人不加分辨庄子与郭象之安命思想的不同。

安命的根本原因是什么呢？如果道是天地万物的本原，命是由道所主宰的，则安命即向道的回归。韩林合说，道是作为世界的整体，具有内在的统一性，则安命即向道的回归。笔者认为，这两种道皆不具有超越性（与现实世界隔绝）。庄子之道是指世界的原初状态，即万物混而为一的状态，万物皆质朴无知而按照自己的本来面目存在和发展，彼此互不相干。因此，原初状态的万物混而为一，并不是具有内在统一性的整体，而是彼此无知无为的混沌状态。万物只有质朴无知，才能回归混而为一的原初状态。

庄子之顺命、安命，不是与命相融合，即不是与命打成一片而随命沉浮。自然之命即自然规律，例如白天与黑夜的更替，不能为人的理性所认知，而支配人的生活；社会人生之命是非理性的、荒诞性的、偶然性的，不能为人的理性所认知，而支配人的生活；自我之夭寿生死的生命历程也不能为自己的理性所认知，且不能为自我的意志和行为所主宰。因此，自古以来，人们即开始否定命，要求挣脱命的罗网以获得解放。接着，自我在命运的罗网中左冲右突而最终无法挣脱，无可奈何而悲观无望，心有不服而不得不服从命运的安排，所谓怨命、认命。进而有两种情况，一是自我心甘情愿地沉沦于命中，即与命打成一片，即与命相融合而游于其中；另一种是自我对于命麻木不仁，木然于命的变化。

庄子"安之若命"，主要是忘命，即自我回归内在的城堡，通过修养的功夫而忘命，从而对于命无知无情无为，木然无动于命的安排和变化。质言之，庄子从忘命达至安命。《德充符》所谓"故不足于滑和，不可入于灵府"，命不进入心灵（灵府），即心对于命无知，无知自然无情，不悲不喜地保持宁静，陶渊明所谓"纵浪大化中，不喜亦不惧"。如果我们有命的观念，即不能忘命，则我们必然与命有间，不能安命。忘命还有一种含义，即自我与命完全地融合而忘，即命存于心中而不知，从而游于命中，这是郭象的忘命、安命。庄子之忘命是彻底地遗忘，心虚无虚空，即心斋、坐忘，从而无知无识地与天地万物混而为一，包括与命混而为一，这是自我与命两不相干的混而为一。因此，忘命、安命与心斋、坐忘紧密地联系在一起。忘命、安命，即回到原初的混沌状态，即回归道。这与韩林合所谓安命即体道的内涵不同。韩林合之安命即承认和接受现实世界的一切而回归具有内在统一性的整体大道中。我们认为，庄子之安命，即对于命无知无为而回归万物混而为一的混沌状态中。

庄子之忘命、安命的思想，蕴含着对现实世界之非理性、荒诞性的控诉，表现出"回归内在城堡"而自我养心养神的愿望。对于现实世界的非理性、荒诞性，庄子开始持批判的态度，即今日所谓的"愤青"。庄子对现实世界的非理性、荒诞性有敏锐、深刻的认识，例如《胠箧》"诸侯之门而仁义存焉"，揭示出统治阶级所标榜的仁义价值之虚伪性、工具性。《人间世》中庄子痛斥卫君之行独（独夫），轻用其国，轻用民死，"死者以国量乎泽若蕉，民其无如矣"。对此，孔子与颜回虽有忧患意识和担当精神，但无能为力，这是普通民众的命。孔子、颜回开始决不能认同，展开批评和救治，但无疑会遭受刑戮的结果，"必死于暴人之前矣"。因此，他们最终通过修养的功夫，忘记现实世界的一切而虚空虚无，即"心斋"，从而无知无识无为，木然于命的运行，自我明哲保身。这是庄子从抗命到忘命、安命的历程，我们不能认为庄子认同和接受"既定境遇"。

综之，庄子深刻地认识到现实世界的荒诞性、非理性，以之为天为命；"且夫物不胜天久矣，吾又何恶焉"（《大宗师》），抗拒命会给自己带来更大的痛苦，沉沦于命则心有不甘，故忘命而木然于命，即安命，即在精神上越出于命运的变化之外。

二　王充的怨命、认命

东汉思想家王充消解了天的宗教性，因而也消解了天之意志和目的性，主张天是气与由气形成的体所构成的，气是基本的质料，天即自然之天。因此，人之受命于天，即禀天地之气而成。《论衡·无形》："人禀气于天，气成而形立，则命相须以至终死。"[1] 天地之气具体化为父母之气。《命义》："凡人受命，在父母施气之时，已得吉凶矣。"父母施气，即父母交媾合气，从而形成吉凶之命，所谓"气命"，故命决于母胎。《初禀》："人之性命当富贵者，初禀自然之气，养育长大，富贵之命效矣。"初禀之气是指父母交媾时合气。合气，即阴阳之气的结聚或聚合。合气而形成贵贱之命，在此后的生命历程中展现出来。气命之结聚，关涉父母之气的强弱、多少、厚薄、清浊等，也涉及父母合气时具体的情境、父母合气的结构方式等。因此，夫妻交媾之合气具有驳杂性：由气之强弱言夭寿之命，由气之厚薄言富贵之命，由气之清浊言贵贱之命，由气之清浊言善恶、智愚之性。气命一方面有复杂的内容，另一方面又有层级性、等级性。牟宗三说："总之，结聚之气性有善恶一面，有智愚一面，有才不才一面，一是皆决之于所禀之气之多少、厚薄与清浊，故皆可总之曰气性，或才性，或质性。善恶、智愚、才不才，在其中互相渗透，混融而为一。"[2] 父母之合气所形成的气命是具体的、特殊的，故有较大的偶然性。《偶会》："命，吉凶之主也，自然之道，适偶之数，非有他气旁物厌胜感动使之然也。"在今日看来，王充之气命有一定的合理性，父母之合气对个体之命所产生的影响是确定的，例如父母基因之组合对个体之命的作用，父母身体强弱、性情知愚善恶之聚合对个体之性命的影响。

王充认为性与命同时禀气而形成，《无形》"用气为性，性成命

---

[1] （汉）王充著，张宗祥校注，郑绍昌标点：《论衡校注》，上海古籍出版社2013年版，第33页。
[2] 牟宗三：《才性与玄理》，吉林出版集团有限责任公司2010年版，第6页。

定",《初禀》"命谓初所禀得而生也。人生受性则受命矣。性命俱禀,同时并得,非先禀性后乃受命也"。但性与命有分别。王充从善恶、智愚上来言性,这是继承前人说性的内容。《率性》"禀气有厚泊(薄),故性有善恶也"。人之所禀之气有厚薄,则性有善有恶。《率性》:"人之善恶,共一元气。气有多少,故性有贤愚。"性也包含智愚的内容。从《本性》看,王充认同周人世硕的观点:"人性有善有恶,举人之善性,养而致之则善长;性恶,养而致之则恶长。"人性是善恶混(扬雄持这种观点),即人性中含有善与恶两方面的内容;因气性的驳杂性,故不同个性中善恶的成分比例不同。王充已注意到不同个体善恶之性的差异性、独特性,这与先秦儒家主要从共同性、普遍性上讨论人性的善恶有别。王充之气性是对汉人思想的继承和发展。董仲舒说:"今世暗于性,言之者不同,胡不试反性之名。性之名非生欤?如其生之自然之资谓之性……天两有阴阳之施,身亦两有贪仁之性。天有阴阳禁,身有情欲栣,与天道一也。"(《春秋繁露·深察名号》)天有阴阳之气,人受命于天而有仁贪之性。天道是阳主阴从,故人性是善主恶从(性未全善),基本上是值得肯定的,这异于善恶混。要之,王充之论性,突出了禀天地之气而形成的"气性",且重视气性的差异性、独特性,这是对先秦两汉思想的发展。

王充更重视命。传统之命的内容,一是寿夭生死之命,二是贵贱祸福吉凶的人生遭遇。子夏谓"死生有命,富贵在天",荀子亦谓"节遇之谓命"(《荀子·正名》),命即人生的遭遇。王充之命的内容承此而来。他说:"凡人遇偶及遭累害,皆由命也。有死生寿夭之命,亦有贵贱贫富之命。……故夫临事知愚,操行清浊,性与才也;仕宦贵贱,治产贫富,命与时也。"(《命禄》)前者是"寿命",后者为"禄命"。

王充认为,善恶、贤愚之性与祸福寿夭之命,并没有正向的确定关系。《命义》:"夫性与命异,或性善而命凶,或性恶而命吉。操行善恶者,性也;祸福吉凶者,命也。或行善而得祸,是性善而命凶;或行恶而得福,是性恶而命吉也。性自有善恶,命自有吉凶。使命吉之人,虽不行善,未必无福;凶命之人,虽勉操行,未必无祸。"善恶之性向外表现为善恶的行为，贤愚之性表现为智愚的行为，皆与祸福、贵贱之命没有关系。这一方面表明，命是天生注定的，个人的行为不论善恶贤愚皆无能为力，这是否定人之意志及行为对命运的支配作用；另一方面说明，善恶之性及行为与祸福之命无关，否定了行为之道德性、伦理性的意义；再一方面说明，贤愚之性与祸福之命无关，则个人向上的努力与不断磨砺的才能失去了意义。《异虚》："故人之生死，在于命之夭寿，不在行之善恶；国之存亡，在期之长短，不在于政之得失。"《累害》曰："修身正行，不能来福；战栗戒惧，不能避祸。祸福之至，幸不幸也。"祸福是天生注定的，与人之修身正行无关。

王充有正命、随命、遭命之说：

> 传曰："说命有三，一曰正命，二曰随命，三曰遭命。"正命，谓本禀之自得吉也。性然骨善，故不假操行以求福而吉自至，故曰正命。随命者，戮力操行而吉福至，纵情施欲而凶祸到，故曰随命。遭命者，行善得恶，非所冀望，逢遭于外，而得凶祸，故曰遭命。(《命义》)

正命、遭命之说，是彻底地否定人为的力量对于禀气而成之命的改变作用。人之力量不论是操行的贤愚与善恶，皆对命不发生任何作用。随命，是肯定后天人为的作用以支配命。王充并不承认随命之说，这突出地表现其命定的思想。要之，王充是彻底的命定主义，彻底地否定后天的人为（道德性、合理性）以改变自己的命运。徐复观说："但在他的人格中，在他的著作中，人伦道德的观念，实际是很薄弱的。换言之，在王充的心目中，并没有真正的人伦道德的问题。"[1] 牟宗三说："盖彼只是气性之一层，其书中并无真正之道德意识也，故只落于材质主义之命定主义，而不能进至道德的理想主义。"[2] 王

---

[1] 徐复观：《两汉思想史》第2卷，华东师范大学出版社2001年版，第357页。
[2] 牟宗三：《才性与玄理》，吉林出版集团有限责任公司2010年版，第34页。

充否认行善而得到福报,最终可能走向胡作非为。

王充对于命,是满腔的怨恨,一是怨恨自己之命的不幸;一是嫉恨他人之命的幸运;一是抱怨俗人根据命之遇与不遇而毁誉他人。《逢遇》:"今俗人既不能定遇不遇之论,又就遇而誉之,因不遇而毁之,是据见效、案成事,不能量操审才能也。"因此,王充的命运之说多愤激之词,《四库全书总目提要》"盖内伤时命之坎坷,外疾俗之虚伪,故发愤著书,其言多激"。他不能顺命、安命,也否认自我的行为能改变命,《论衡》一书未出现"安命""顺命"等词。王充之命定主义,未能走向顺命、安命。他的一生是抗命,但最终不能改变命运,既悲愤填膺又无可奈何地听从命运的安排。《自纪》自述他年渐七十,依然慨叹其命运不济,"仕路隔绝,志穷无如。事有否然,身有利害。发白齿落,日月逾迈,俦伦弥索,鲜可恃赖。贫无供养,志不娱快"。

王充之命定主义,与前人相比是彻底的。孔孟有天命、命的感受,承认天命、命对人的重要作用,但少言命,且要求"知命",而肯定自我对命的一定能动作用。《先进》:"回也其庶乎,屡空。赐不受命,而货殖焉,亿则屡中。"孔子认为,颜回安于贫贱之命,且努力修为而近于道;子贡不安于贫贱之命,尽力货殖,也可致富。

孟子对性与命作出重要的区分:

> 孟子曰:"口之于味也,目之于色也,耳之于声也,鼻之于臭也,四肢之于安佚也,性也,有命焉,君子不谓性也。仁之于父子也,义之于君臣也,礼之于宾主也,智之于贤者也,圣人之于天道也,命也,有性焉,君子不谓命也。"(《尽心》下)

耳目的能力与欲望,是性,又展开于贵贱、贫富等生命的历程中,也有命,这不是君子所能支配的,故君子不谓性也。仁义礼智,是命,又展开于生命的历程中,也有性,这是君子能通过自我的修为而实现的,故君子不谓命也。因此,性与命有相通性,但其内容及其实现的方式不同,性是"求则得之,舍则失之,是求有益于得也,求在我者也",而肯定人之主体性的作用,命是"求之有道,得之由命,是求无益于得也,求在外者也"(《尽心上》)。命非自我能求,但依然强调求之有道,而肯定人之行为的道德性、合理性;且孔孟也认为求之有道而自然能得到福禄寿之报,孔子所谓"仁者寿"。这与王充之命定论显然不同。

荀子之天是自然之天,他轻视天、命,而尤其强调后天人为的能动作用。《天论》:"故人之命在天,国之命在礼。君人者隆礼尊贤而王,重法爱民而霸,好利多诈而危,权谋、倾覆、幽险而尽亡矣。大天而思之,孰与物畜而制之?从天而颂之,孰与制天命而用之?望时而待之,孰与应时而使之?因物而多之,孰与骋能而化之?思物而物之,孰与理物而勿失之也?愿于物之所以生,孰与有物之所以成?故错人而思天,则失万物之情。"[①] 这最终走向人之不畏天命而无所不为的另一极端,而王充是走向一决于命而无所作为或妄为非为的另一极端,这皆不符合孔孟关于天命、命所坚守的中庸之道。

牟宗三在《才性与玄理》书中讨论王充的气命而认为,命由初禀之气而成,这是"垂直线之命定",所谓"性成命定","以'垂直线之命定'为骨干,与环境相关涉,而有'水平线之命定'"[②]。《气寿》云:"凡人禀命有二品:一曰所当触值之命,二曰强弱寿夭之命。"前者为"水平线之命定",后者为"垂直线之命定"。命在实现的过程中总是与周围的环境发生联系,这是"水平线之命定"。无数他人所构成的社会和政治力量,成为个体的存在之境,必然对个体的命运产生深刻的影响。其中,时代的力量是一个时代所形成的历史发展趋势,政治的力量是其中的最为重要的力量。对个体来说,自我的人力所不能及(不能知,不能行)的外在力量,且对自我产生直接的影响,这即"水平线之命定"。自我所能及的不是命,与自我不产生直接关系的也不是命。

任何个体都有命运感,因为个体的力量总是有限的,且社会和政

---

① (清)王先谦:《荀子集解》(下),中华书局1988年版,第317页。
② 牟宗三:《才性与玄理》,吉林出版集团有限责任公司2010年版,第5页。

治的力量复杂矛盾，有许多非理性和偶然性的因素，很难为个体所能认知和把握。但是，不同个体之命运感有程度和范围的不同，这涉及两个原因，一是每个人的智慧与努力程度各不相同，二是社会政治有治与乱的差别。具体言之，如果个体的智力较高，且努力程度较大，则个体对社会政治力量的认知和把握的程度和范围较深较大，受到的限制较小，则个体感知命的力量也较小。反之，个体感知命的力量较大。如果社会政治有秩序而稳定，则个体能更多地通过理性而认知和把握，则感受命的力量就小。反之，命运感就更为强烈。换言之，个体的智慧愈低下、付出的努力愈少，则他的限制愈大，受到命运的播弄愈强；社会政治愈混乱，非理性和偶然性的因素愈多，则个体的命运感愈为深重。因此，就水平线之命定而言，这肯定了个体的能动作用；但水平线之命定最终收摄于垂直线之命定中，"性成命定"不可改变；个人的智慧和努力也许能暂时或部分地改变其遭逢，但最终还是不能挣脱垂直线之命定的罗网。

王充在水平线之命定中部分承认个体的能动性，但最终收摄于垂直线之命定中，故个体的意志和作为所发生的作用受到严重削弱。因此，牟宗三认为，王充的命运观，实是"材质主义之命定主义"[1]。徐复观说："王充之所谓命……但因为他把人生的主体性，政治的主动性，完全取消了，而一凭命运的命来加以解决、解释，这便形成他的命运论特色。"[2]

综之，个体之命即生命历程的展现，主要受到两方面因素的影响，一是外在的因素，从最初的天帝、鬼神的力量，到荀子自然之天的规律，再到社会和政治的力量；二是内在的因素，即禀气而成的气命。个体之命的形成原因与命的内容神秘难知；命一旦形成后即有必然性，注定性，个体对命无能为力，即无法改变和抗拒命的运行。对于个体而言，命具有非理性、偶然性，命在未验之前，人生是茫然的；在验证之后，又感到人生是突然的，故个体所感知的命始终是偶

---

[1] 牟宗三：《才性与玄理》，吉林出版集团有限责任公司2010年版，第30页。
[2] 徐复观：《两汉思想史》第2卷，华东师范大学出版社2001年版，第384—385页。

然性的。我们的命运感主要源自三方面的原因：一是个体的人生遭遇动荡曲折，有断裂性的特征；二是形成命的原因有非理性（不合理、非道德）、偶然性；三是个体不具有命运的主体性，行为不遂，即个体的意志和作为总是与行为的结果相反。孟子曰："故天将降大任于是人也，必先苦其心志，劳其筋骨，饿其体肤，空乏其身，行拂乱其所为，所以动心忍性，增益其所不能。"（《告子》下）拂，戾。行为及其目的与结果相反，即"行拂乱其所为"。因此，个体的生死、成败、贵贱等，都由神秘的命运丝丝编织而成。

徐复观在《我的教书生活》一文中说：

> 我由教室走上战场，再由战场走进教室，这些一波三折的人生，只有用糊涂官打糊涂百姓的哲学才能加以解释。……但糊涂官打糊涂百姓的人生，配上糊涂官打糊涂百姓的时代，一切都是偶然。因此，我的任天而动的生活性格，正和我的人生哲学及时代哲学相配合，用不上多作盘算的。[①]

"糊涂官打糊涂百姓"的时代及人生，即非理性、偶然性的时代及人生。徐复观生活于20世纪最为混乱动荡的中国，这样的时代没有理性可言，个体被抛入其中，其人生轨迹是动荡曲折，沉浮不定，充满着偶然性和荒诞性。

三　郭象的顺命、安命

郭象之注《庄子》，学人或谓"庄子注郭象"，从庄子到郭象的思想有显著的差异。郭象表面上承继庄子之安命的观念，但实质上已转化其安命的内涵。

《养生主》有一则寓言，公文轩见右师而惊问，右师为何仅有一足，是先天即有还是后天人为造成的呢？右师答曰，先天即有。郭象

[①] 徐复观：《无惭尺布裹头归·生平》，《徐复观文集》，九州出版社2014年版，第61—72页。

认为，右师之一足，乃是命，"是以达生之情者，不务生之所无以为；达命之情者，不务命之所无奈何也。全其自然而已"。命是无可奈何之事，是自然之事、必然之事，全之、顺之而已，即安于命之所为，不要有非分之想之为，而追求两足，这既不可能实现，又会造成形神的损伤。《则阳》注："夫物皆先有其命，故来事可知也。是以凡所为者，不得不为；凡所不为者，不可得为；而愚者以为之在己，不亦妄乎！"物皆有命，不可抗拒，故安命，只有愚者以为能知而为之。

在郭象看来，命是如何形成的呢？庄子之命主要是指外在力量的支配作用，包括自然规律与人力所不可及的社会政治力量等。郭象认为，事物之命是天地之气依据自然之理聚合而成，既无因，又无意识和目的。命的形成没有本原，具有偶然性、神秘性。命内在于事物本身中，是事物存在和发展的根据；命注定后，即不可改易。因此，众人要顺命、安命。

《人间世》：

> 自事其心者，哀乐不易施乎前，知其不可奈何而安之若命，德之至也。为人臣子者，固有所不得已。行事之情而忘其身，何暇至于悦生而恶死！夫子其行可矣！

郭象注曰：

> 知不可奈何者，命也。而安之则无哀无乐，何易施之有哉！故冥然以所遇为命，而不施心于其间，泯然与至当为一，而无休戚于其中。虽事凡人，犹无往而不适，而况于君亲哉！事有必至，理固常通，故任之则事济，事济而身不存者，未之有也，又何用心于其身哉！理无不通，故当任所遇而直前耳。若乃信道不笃，而悦恶存怀，不能与至当俱往，而谋生虑死，吾未见能成其事者也。

郭象认为，命是无可奈何之事，安之而无哀无乐。这似乎同于庄子之安命，但实质上截然不同。所谓"冥然""泯然"，即自我与命融合为一，即自我完全地沉浸于命中。所谓"无休戚于其中"，不是自我无喜无悲即无情，而是安命自有悲喜，但悲喜不要超出于命之外。因此，这与庄子根本上否定休戚之情不同，而是承认合于命之内的休戚而反对越出于命之外的休戚。"事有必至，理固常通"，命是自然之理、必然之理，无可抗拒而遵循之，则事济（成功）；这是积极地参与命而让命得到充分的实现。这与庄子忘命而木然置之不同。所谓"又何用心于其身哉"，不是心不发生作用，如庄子之心斋，而是心的作用止于命之内。要之，郭象之安命，不是心之中止思虑而虚静虚空，无知无为，从而木然于命的运行；而是自我与命相冥合而助成命之自由而充分的实现。因此，安命，一是尽命之所禀赋，二是不突破命的极限。

《德充符》"游于羿之彀中，中央者，中地也，然而不中者命也"，郭象注曰：

> 夫利害相攻，则天下皆羿也。自不遗身忘知与物同波者，皆游于羿之彀中耳。虽张毅之出，单豹之处，犹未免于中地。则中与不中，唯在命耳。而区区者，各有所遇，而不知命之自尔。故免乎弓矢之害者，自以为巧，欣然多己；及至不免，则自恨其谬，而志伤神辱。斯未能达命之情者也。夫我之生也，非我之所生也。则一生之内，百年之中，其坐起行止，动静趋舍，情性知能，凡所有者，凡所无者，凡所为者，凡所遇者，皆非我也。理自尔耳，而横生休戚乎其中，斯又逆自然而失者也。

郭象认为，一生之内的一切遭遇，皆是命，皆是理，早已注定；自我要与性命相融合，而顺命、安命。"而横生休戚乎其中，斯又逆自然而失者也"，对于命的遭逢，不要认为自我能够支配，从而产生越出于性分之外的休戚之情与有知有为。

《德充符》注曰：

第七章　从老庄到郭象的自由之思

其理故当，不可逃也。故人之生也，非误生也；生之所有，非妄有也。天地虽大，万物虽多，然吾之所遇适在于是，则虽天地神明、国家圣贤、绝力至知而弗能违也。故凡所不遇，弗能遇也；其所遇，弗能不遇也；凡所不为，弗能为也；其所为，弗能不为也。故付之而自当矣。夫命行事变，不舍昼夜，推之不去，留之不停。故才全者，随所遇而任之。夫始非知之所规，而故非情之所留。是以知命之必行、事之必变者，岂于终规始、在新恋故哉？虽有至知而弗能规也。逝者之往，吾奈之何哉！苟知性命之固当，则虽死生穷达，千变万化，淡然自若，而和理在身矣。灵府者，精神之宅也。夫至足者，不以忧患经神，若皮外而过去。

郭象的忘言之辩略有三层意义：一是命不可逃也，生死是命，人生的各种遭遇是命；二是众人欲逃命，"故才全者，随所遇而任之"，即精神充足的人与命相融合，而能安命；三是命即性即理，安之而和理在身，安命即任性、适性、得性。《在宥》注："存亡无所在，任其所受之分，则性命安矣。"王晓毅说："郭象反复指出，按本性的自然需求生活，平静地面对各种人生际遇，将其视为不可改变的命运，愉快地接受一切既成事实，便达到了逍遥之境。在郭象的人生哲学术语中，'安命'与'逍遥'异名同实。"[①]

其一，郭象之性与命合流，不同于前人把性与命相分别——性，指道德上的善恶与才能上的智愚；命，指生命的寿夭与祸福、贵贱等人生遭遇。郭象之性命，包括自然之性（生命本能、生理欲望等）、道德之性、社会之性（身份地位与穷通得失的遭逢）等内容。郭象注文中，"性命"并称，约有三十三处。《逍遥游》注："故举小大之殊，各有定分，非羡欲所及，则羡欲之累可以绝矣。夫悲生于累，累绝则悲去，悲去而性命不安者，未之有也。"《养生主》注："以有系者为悬，则无系者悬解也。悬解而性命之情得矣。此养生之要也。"

[①] 王晓毅：《郭象评传》（下），南京大学出版社2011年版，第324—325页。

人生的一切遭逢皆是性命。刘笑敢说:"因此,与庄子及其学派不同的是,郭象常将'命'与'性'和'分'联系起来,以'性命'、'性分'作为万物独化的根据和安命、逍遥的基础。"① 郭象把性命作为人生之固当,是必然之理,故性即命即理,从而肯定性命的合理性,异于庄子把命看作非理性、荒诞性。《寓言》注:"理必自终,不由于知,非命如何?不知其所以然而然谓之命,似若有意也,故又遣命之名以明其自尔而后命理全也。"命即理,即自然之理。《天下》注:"其言通至理,正当万物之性命。"至理,即性命。

其二,任性逍遥是郭象的基本思想,性命一也,故安命逍遥。《齐物论》注:"苟足于天然而安其性命,故虽天地未足为寿而与我并生,万物未足为异而与我同得,则天地之生又何不并,万物之得又何不一哉!"安其性命,即任性安命。《秋水》注:"命非己制,故无所用其心也。夫安于命者,无往而非逍遥矣。"郭象之安命逍遥,是游于命中而让命得到充分实现的逍遥。因此,安命有正面的价值。世人往往以安命为负面的价值,即受到命的束缚而不能自由,而肯定抗命而挣脱命的罗网以获得自由解放。郭象认为,那些抗拒命的人,不仅是徒然的,也造成失命的痛苦。例如对于死亡的到来,自我抗拒,不仅不可能,且在抗拒的过程中更加造成形体和精神的双重损伤,反而加速死亡的到来,即不能正命而死。因此,郭象之安命、顺命,即完全地沉浸于命中,游于命中,通过自我的知与为而让命得到充分而自由的实现。

其三,学人多认为,郭象的安命足性说是相当保守的,削弱了个体有意志和作为的能动作用。例如刘笑敢指出,郭象之命包括个人的身份地位,安命即安于自我的身份地位,"如果性分侧重于社会身份,那么不能'中易其性'就否定了社会各阶层的升迁和流动。就此来说,郭象的理论是相当保守的,他抹杀了庄子哲学原有的对现实的批判和不满,也取消了庄子向上、向外、与道为一、与天地万物为一的精神境界的追求,因此,郭象的逍遥已经没有多少主体之自由的意

---

① 刘笑敢:《庄子哲学及其演变》,中国人民大学出版社2010年版,第329页。

味。就此来说,郭象哲学比庄子哲学就消极、保守得多了。"① 我们大致承认这种说法的一定合理性,但有几点要辨明。

一是郭象之性命有范围和极限,即有潜在的可能性之伸展,至于可能性之小大,有待于个体发挥自己的主观能动作用而最大限度地达至性命的极限,这为个体的后天人为留下相当的空间。《齐物论》注:"和之以自然之分,任其无极之化。寻斯以往,则是非之境自泯,而性命之致自穷也。"穷,尽,即尽性命之情,即最大限度地达至性命的极限。《在宥》注:"取于尽性命之极,极长生之致耳。身不夭,乃能及物也。"

二是自我之命是不断敞开的,当下的遭遇(包括社会角色、身份地位等)未必是自己的命,也许是暂时性的,而在将来会向其他角色转化、向更高的地位升进;在敞开之前,自我不能知;因此,自我可通过自己的努力转化自己的身份地位。

三是郭象之安命不是彻底否定心的作用,而是肯定心的作用止于性命之内;也不是否定人的作为,而是所作所为止于性分之内;这无疑部分肯定了人在性命之内的意志和作为。我们认为,过分强调庄子哲学对现实的批判精神是有误的。若庄子果真如此,则他是今日所谓的"愤青者",满腔怨愤,不仅自寻烦恼而形神憔悴,也会遭到政治权贵者的迫害和打击。庄子是通过忘的功夫,逐渐地忘却现实世界的一切,尤其是现实世界的各种弊端和罪恶,从而木然置之。

其四,韩林合讨论了郭象之安命的思想。他把郭象之安命,分为常人之安命与圣人之安命。圣人之安命,是"无条件地顺应进而接受万物万事""无条件地顺应进而接受万化万变"②,这未能揭示圣人之命的内容和特征。众人之命,即性,即理。性是性分,即众人之性命各有分别和分域,彼此不能相通。众人安命足性,而获得有待之逍遥。圣人之性命,是全,即整体无分,即涵融众人之性命以为一,即统摄万理而为至理。因此,圣人之安命,就有冥合万事万物及其变化

---

① 刘笑敢:《庄子哲学及其演变》,中国人民大学出版社 2010 年版,第 333—334 页。
② 韩林合:《游外以冥内:郭象哲学研究》,商务印书馆 2016 年版,第 87、89 页。

的功用，从而获得无待之逍遥。

综上所述，任何个体存在于人间世中皆有"命运"的感受，任何思想家皆要对命运展开理性的反思和探究。孔子曰："不知命，无以为君子也。"(《尧曰》)我们的命运感主要源自三方面的原因：一是个体的人生遭遇是动荡曲折的，有断裂性的特征，所谓传奇性的人生；二是形成命的原因有非理性（不合理、非道德）、偶然性；三是个体不具有命运的主体性，即行为不遂，即个体的意志和作为总是与行为的结果相反。庄子之安命，即通过修养的功夫，回归自我的内在城堡，不断地遗忘，终至忘命，从而木然于命运的变化，即在精神上摆脱命运的束缚而获得自由。王充之命运观，是典型的命定主义，命禀自然之气而成，所谓气命；人性及行为的善恶、智愚，对于命之吉凶、祸福等遭遇无能为力，从而否定人之意志和行为对结果的决定作用，轻视人之行为的伦理性、合理性。王充对命心怀愤恨，但又无力挣脱，故无可奈何地认命。郭象之性命合流，性命是禀气而成的，不可改变和抗拒。个体要与性命相冥合，而完全地沉浸于性命中，一方面尽命，另一方面又不要突破命的极限，从而能顺应命运的安排和变化，故任性安命而逍遥。

第八章　从庄子到郭象的齐物论

众人重视物（包括人与事）的分别，重视是非、善恶等论的分别，重视物我的分别。孟子曰："夫物之不齐，物之情也；或相倍蓰，或相什百，或相千万。子比而同之，是乱天下也。巨屦小屦同价，人岂为之哉？从许子之道，相率而为伪者也，恶能治国家？"（《孟子·滕文公》上）但是，庄子要齐之，即泯除物、论、物我的分别，所谓"大道绝对待而泯区别"，这是超越俗知的玄思玄知。

"齐物论"是庄子的核心思想，是最具有智慧的思想。其思想的表达主要集中在《齐物论》《秋水》等。《齐物论》是《庄子》"内篇"中最重要的文章，其内容之丰富和理解之困难，实超过了《庄子》其他任何的篇章。牟宗三说："而《齐物论》虽亦芒忽恣纵，'犹河汉而无极'，而义理丰富，不似《逍遥游》之单纯，各段俱有其本身之义理，亦有其理论之发展，此为庄子书中最丰富、最具理论性之一篇，此非向、郭之学力所能及。"[1] 陈少明有《〈齐物论〉及其影响》专著，选择《齐物论》这一经典文本，探讨此文本的思想结构及其在后世不断解释的过程中所展示的脉络。[2] 郭象《庄子注》随文作注，对庄子的齐物论思想展开了创造性的诠释。刘笑敢说，《庄子注》对《庄子》文本的诠释，不是顺向的诠释，而是异向的诠释（与文本方向不同）、逆向的诠释（与文本方向相反）；此诠释违背了原作精神或基本否定原作精神，而以自己的精神和理论表达为定向，

---

[1] 牟宗三：《才性与玄理》，吉林出版集团有限责任公司2010年版，第172页。
[2] 陈少明：《〈齐物论〉及其影响》，北京大学出版社2004年版。

也可称为自我表现式诠释。① 因此，从庄子到郭象之齐物论思想有发展、转折和创造，郭象重新建构了庄子的齐物论思想。

第一节　庄子的齐物论

我们如何理解庄子之齐的思想呢？按照通常的解释，庄子之齐，有齐物、齐物论两种意义，齐物即泯除物的分别，齐物论即泯除是非等物论的分别。"齐物论"的标题，含有两种读解，即"'齐物'论""齐'物论'"。钟泰说："'齐物论'者，齐物之不齐，齐论之不齐也。言论先及物者，论之有是非、然否，生于物之有美恶、贵贱也。刘勰《文心雕龙·论说篇》云：'庄周齐物，以论为名。'后人因之，遂谓庄子有齐物之论。此大谬也。"② 此言得之。"齐物论"之"齐"贯通于"物""论"，即齐物、齐论。陈少明说，庄子之齐的思想有三义，一是齐万物，二是齐是非、善恶等物论，三是齐物我，"要齐论、齐物，从根本上讲还要齐（物）我，也即无心"③。齐万物，即自我作为主体而齐万物，但自我与万物不能齐，因而尚须一跃，即齐物我。齐物我即无心，物我无别，从而"消除追逐外物的念头，度过安详的人生"④。杨国荣说："就其本来意义而言，'齐物'似乎首先指向物与物的关系（使物与物的分化所导致的界限趋向消解），而人作为对象世界的'他者'，则并不归属于上述的齐物过程。相对于物与物之分（'物际'），物与人之别，常常被视为更根本的'际'，所谓究'天人之际'，便指向人与对象世界的如上关系。"⑤ 人作为主体，齐万物相对容易，但人与万物是根本的际，而难以一齐。二家皆以齐物我为至难之境。

---

① 刘笑敢：《诠释与定向——中国哲学研究方法之探究》，商务印书馆2009年版，第136页。
② 钟泰：《庄子发微》，上海古籍出版社2002年版，第26页。
③ 陈少明：《〈齐物论〉及其影响》，北京大学出版社2004年版，第25页。
④ 陈少明：《〈齐物论〉及其影响》，北京大学出版社2004年版，第26页。
⑤ 杨国荣：《庄子的思想世界》，华东师范大学出版社2009年版，第69页。

第八章 从庄子到郭象的齐物论

物有广义和狭义之分，广义之物包括人与狭义之物；齐物（广义），即自我与他人、万物（狭义）一齐，故齐物包括齐万物、齐物我。物之论有两方面的内容，一是事实之知，即主体对事物的性质和功用的认知判断，这是主客相分离的认知；二是价值之知，即主体对客体是否符合自身目的性之判断，这是主客相结合的认知。先有物之不齐，后有物之论不齐，故齐物较齐论更为根本。①

要之，庄子之齐物论略有两义，一是齐物，一是齐论。

一 齐的原因和目的

庄子之齐的主要原因和目的是什么呢？

其一，庄子认为，世界之原初的状态是混而为一，无知无言，这是本然的存在状态及其认知之境，也是理想的存在状态及其认知之境。庄子之齐即向理想之境的回归。

《齐物论》：

> 夫道未始有封，言未始有常，为是而有畛也。请言其畛：有左有右，有伦有义，有分有辩，有竞有争，此之谓八德。六合之外，圣人存而不论；六合之内，圣人论而不议；春秋经世，先王之志，圣人议而不辩。

这是描述存在形态及其认知之境由齐一到分别的历程。封，即封域、界限。道指最初的存在形态，这是天地万物混而为一的存在形态，故无知无言。原初的存在形态分化和裂变，故有知有言，有辩有竞。

《齐物论》：

> 古之人，其知有所至矣。恶乎至？有以为未始有物者，至

---

① 齐物、齐论之间有时并没有严格的界限，尤其是事实之论。例如生与死是指事物存在的两种状态或两种事物，生与死之名是对这两种存在状态或两种事物的认知判断，故齐生死，既是齐物，又是齐论。

矣，尽矣，不可以加矣！其次以为有物矣，而未始有封也。其次以为有封焉，而未始有是非也。是非之彰也，道之所以亏也。道之所以亏，爱之所以成。

这叙述了认知之境从高到低的不同层级：古人之至知，是心中忘物，无物；其次是心中有物，混而为一；再次是心中有物，且有分别；最下是心中有物，物有分别且有是非之论。是非彰显，大道亏损。认知之境与存在之境是一致的，最初的存在之境是自我与天地万物混而为一，接着自我与天地万物相分，继而以我为中心而分别万物，最后以我为中心不仅分别万物且予以是非、善恶的价值判断。理想的存在之境堕落为现实之境。因此，天地万物混而为一的存在之境及其认知之境是原初的理想之境，庄子标举齐物论，即向原初的理想之境回归，即向大道的回归。

《天下》：

天下大乱，贤圣不明，道德不一。天下多得一察焉以自好。譬如耳目鼻口，皆有所明，不能相通。犹百家众技也，皆有所长，时有所用。虽然，不该不遍，一曲之士也。判天地之美，析万物之理，察古人之全。寡能备于天地之美，称神明之容。是故内圣外王之道，暗而不明，郁而不发，天下之人各为其所欲焉以自为方。悲夫！百家往而不反，必不合矣！后世之学者，不幸不见天地之纯、古人之大体。道术将为天下裂。

这是描述春秋战国时代中百家争鸣的状况。百家皆是一曲之士，其学说皆是片面之见，彼此不能相知相通，道术将为天下裂。所谓道术，即融通性、整体性的大道。百家分析大道之全体，各自执守一偏之论，是其所是，非其所非，相互对立，愈辩愈繁，愈辩愈乱。因此，齐论即向融通性、整体性之大道的回归。

《大宗师》：

泉涸，鱼相与处于陆，相呴以湿，相濡以沫，不如相忘于江湖。与其誉尧而非桀也，不如两忘而化其道。

鱼处在江湖之中舒适自由，彼此相忘，不需要仁义、誉非相互救助，自然也不存在仁义、誉非等论。湖水干涸，鱼陷入生存的困境中，互相吐湿气、吐水沫润湿以相互救助，仁义、誉非等论也由此而生。因此，无誉尧而非桀的社会形态，是大道流行的理想社会形态。有誉有非、有善有恶的社会要回归无誉无非、无善无恶的理想社会。

其二，庄子认为，物之分、论之分，导致了政治、社会、人生的对立、矛盾、纷争，齐物、齐论即从对立分别中解放出来。

《齐物论》描绘了风吹山林而万窍怒号的情景，众窍的形状多种多样，风吹发出的音声异彩纷呈；接着叙述了众人在各个方面的错综分别，认知之异、言语之异、寤寐之异、交接之异、恐悸之异、动止之异、性情之异、事变之异等，种种情状日夜相继。

《齐物论》：

非彼无我，非我无所取。是亦近矣，而不知其所为使。……一受其成形，不亡以待尽。与物相刃相靡，其行进如驰而莫之能止，不亦悲乎！终身役役而不见其成功，苶然疲役而不知其所归，可不哀邪！人谓之不死，奚益！其形化，其心与之然，可不谓大哀乎？人之生也，固若是芒乎？其我独芒，而人亦有不芒者乎？

众人执着于彼我之分，而陷入了无穷无尽的摩擦、冲突中，终身劳役辛苦而不见成功，疲惫一生而无足其志，死而后已。其形体憔悴疲惫，其精神煎熬消损，但众人始终茫昧不醒。"不亦悲乎""可不哀邪""可不谓大哀乎"，这是庄子对众人之生存境遇的悲慨和怜悯，最具有"存在之悲感"[1]。

---

[1] 牟宗三：《才性与玄理》，吉林出版集团有限责任公司2010年版，第172页。

论是通过言来表达的，二者往往纠缠不清，更添纷繁。庄子认为，言并不能真实地反映物的本身，即言与实有分别；且言者有言，言者必有诠辩，言论又不断地辩论下去，愈言愈纷，愈辩愈乱，则言与实的分歧愈来愈大。《齐物论》有一则寓言，众猴闻听狙公"朝三而暮四"之言，皆愤怒；听说"然则朝四而暮三"之言，皆悦。实相同，但名言不同，从而造成了众猴的喜怒不同，"名实未亏而喜怒为用，亦因是也"。

《齐物论》：

> 天地与我并生，而万物与我为一。既已为一矣，且得有言乎？既已谓之一矣，且得无言乎？一与言为二，二与一为三，自此以往，巧历不能得，而况其凡乎？

万物混而为一，则无知无言；万物分别，则有知有言；言之有言，言之成二，二成三，三成万。言论纷纭，更助长万物之分别的愈细愈繁，且言论与事物的距离和分歧愈大愈多，从而愈加严重地造成了社会政治的纷争和混乱。

要之，庄子齐物、齐论之目的，是消解人世的纷争和混乱，解除众人的倒悬之苦。

《吕氏春秋·贵公》：

> 荆人有遗弓者而不肯索，曰："荆人遗之，荆人得之，又何索焉？"孔子闻之曰："去其荆而可矣。"老聃闻之曰："去其人而可矣。"故老聃则至公矣。[1]

不齐则有私，齐则有公。某荆人把荆国人看成一家人，即没有人我之别，故遗弓没有得失之感，没有求索之苦。孔子以天下人为一家，境界更高，没有人我之分，没有得失之感。老子以天下人与万物为一

---

[1] 许维遹撰，梁运华整理：《吕氏春秋集释》，中华书局2016年版，第18页。

家，境界最高，没有物我之分。这皆是齐，但齐的范围和程度有大小高低的分别。齐，即齐人我而泯得丧，故无私而公。要之，《吕氏春秋》以庄子之齐物的思想来作为公而忘私的理论根据。

《大宗师》："夫藏舟于壑，藏山（疑为'汕'，捕鱼之网）于泽，谓之固矣！然而夜半有力者负之而走，昧者不知也。"人之所以藏，是因为有人我之分，因而有得失之念；若无人我之分，则无得失之念，故无所藏。

《红楼梦》中主人公贾宝玉对众姐妹有亲疏远近的情感。宝玉对黛玉和湘云的感情尤为深厚，但情感的内容有分别，对黛玉之爱有亲情，更多的是恋情；对湘云之爱有恋情，更多的是亲情。他欲保护这两份情感：一是平等地奉献对黛玉和湘云的怜爱；二是欲在黛玉和湘云中间调停，让黛玉和湘云和谐相处，不生嫌隙。结果是，湘云怨宝玉偏爱黛玉，黛玉恨宝玉偏爱湘云，且湘云与黛玉彼此冲突。宝玉付出了许多心力，注定不能成功，不免心灰意冷。"我恼她，与你何干？她得罪了我，又与你何干？"黛玉之言唤起了宝玉之齐的玄思玄知，宝玉填了一支《寄生草》：

> 无我原非你，从她不解伊。肆行无碍凭来去。茫茫着甚悲愁喜，纷纷说甚亲疏密。从前碌碌却因何，到如今回头试想真无趣！（《红楼梦》第二十二回）[1]

因为有你我她的分别，故陷入了彼此摩擦、冲突的困境中。如果齐人我，则自然没有你我她之间的相互不理解。自我无心虚静，自然没有远近疏密的关系，也没有悲喜之情，更没有周旋其中的辛苦造作，则能自由自在。因此，宝玉深悟以前忙忙碌碌，悲喜无常，在你我她之间的对立中左右冲突，费心劳力，实在无趣。

我们的经验是，在一个家庭中，自我（丈夫）有一个妻子和四个孩子，这略有四种存在形态。第一，自我与妻子、孩子无分，即一家

---

[1]（清）曹雪芹：《红楼梦》（上），人民文学出版社2008年版，第298页。

人（从人与人的亲疏关系上）；第二，自我与妻子、孩子有分，而看妻子与孩子是一样的；第三，自我与妻子、孩子有分，看妻子与孩子各不相同；第四，自我与妻子、孩子有分，看妻子与孩子不同，看四个孩子各不相同。这四种形态，层级递进而下，家庭愈来愈矛盾、纷乱。由此可知，庄子之齐的思想实有现实的意义，而决非空谈奇想。

其三，庄子认为，齐祸福、吉凶、穷达、生死等，从而顺应其变化，不悲不喜。

庄子生当战国中后期的乱世之中，事物之变繁多而急剧，人生遭遇种种变故，祸福、穷达、吉凶、生死等变化无常，有显著的非理性、荒诞性特征。人无法抗拒种种变化，无法理解和认同种种变化，更无法改变种种变化，从而产生了深重的痛苦。

《大宗师》：

> 且夫得者，时也；失者，顺也。安时而处顺，哀乐不能入也，此古之所谓悬解也，而不能自解者，物有结之。且夫物不胜天久矣，吾又何恶焉！

人生变化无常，"安时而处顺"，即顺应各种变化；"哀乐不能入也"，即内心宁静，不悲不喜地顺应变化，即陶渊明所谓"纵浪大化中，不喜亦不惧"（《神释》），从而解除倒悬之苦。如何能顺应生死、祸福、吉凶的变化呢？齐之则能顺应之。

西汉贾谊被贬为长沙王太傅时，意不自得，作《鵩鸟赋》，发挥老庄之齐物的思想，以消解他贬谪的痛苦。《鵩鸟赋》曰："万物变化兮，固无休息。斡流而迁兮，或推而还。形气转续兮，变化而嬗。沕穆无穷兮，胡可胜言！祸兮福所倚，福兮祸所伏；忧喜聚门兮，吉凶同域。"万物变化，无穷无尽，祸福、忧喜、吉凶迅速相转，且祸中有福，福中有祸，故忧喜聚门，吉凶同域，从而顺应其变化，不悲不喜。

综上所述，庄子之齐乃是一种玄思玄智，其积极的意义是消解人间世的对立、纷争、混乱，其消极的意义是不悲不喜地顺应社会、政治和人生的各种变化，其价值的意义是向大道流行的理想世界回归。

二 齐物：无知之齐与有知之齐

齐物（物与人），即齐物我，齐万物包含于齐物我，故讨论齐物不必从齐万物与齐物我两方面。《齐物论》云"古之人，其知有所至矣。恶乎至？有以为未始有物者，至矣，尽矣，不可以加矣"，至知，即无知，忘知，故无物（不识物），从而与万物混而为一；"其次以为有物矣"，有知即有我，有我即有物，物我有相同性、相通性而齐一。前一齐物之境即自我无知而齐；后一齐物之境即自我有知而齐，这已落到第二境界了。因此，我们将从无知之齐与有知之齐讨论庄子之齐物，这是与学人的不同之处。

庄子在《齐物论》等篇中谈论齐的问题，即表明庄子是有知有识的，是"众人辩之，以相示也"，没有达到"圣人怀之"的物我齐一境界，即"故曰辩也者，有不见也"。郭象《庄子序》曰："然庄生虽未体之，言则至矣。"庄子是有知而言大道，因而未能无知而体证大道。因此，自我有知有识之齐的境界，并未达到道境（即齐之至境）。道境为何呢？所谓"大道不言"，即大道不能言说，言之非道。但庄子还要言说，其言说的方式有两种，一是概念性的空言，道与空言的间距性大；二是寓言，即通过具体的形象烘托、暗示大道，此时的主体已遁去、撤去而成为无我之境了，与道相切近。《齐物论》的开端和结尾有南郭子綦"嗒焉似丧其耦"与庄周"栩栩然蝴蝶也"的形象描绘，这是无我之境。

我们所理解的齐物我，即物我两忘而主客齐一的境界，最典型的例子是《齐物论》结尾中庄周梦蝶的境界："昔者庄周梦为蝴蝶，栩栩然蝴蝶也，自喻适志与！不知周也。"庄周梦为蝴蝶，与蝴蝶融合为一，庄周即蝴蝶，栩栩然蝴蝶也。庄周消融于蝴蝶中，失去了自我，自我之知也失去了，即忘知，故不知自我，也不知蝴蝶，自我与蝴蝶当下融为一体。因此，不知、无知是自我与蝴蝶相融合的基本要求。"俄然觉，则蘧蘧然周也。不知周之梦为蝴蝶与？蝴蝶之梦为周与？"庄周觉醒，自我有知，则自我与蝴蝶必然有分，因而有选择之见、爱憎之情。要之，自我不知，无知，物我才能浑然为一。

《齐物论》开篇描述了南郭子綦之体道的形象，"南郭子綦隐几而坐，仰天而嘘，嗒焉似丧其耦"，这是物我齐一的至境，自我完全失去了，从而与天地万物混而为一。弟子颜成子游惊醒了子綦的道境，师徒二人开始言说，所谓"众人辩之，以相示也"。子游问曰"形固可使如槁木，而心固可使如死灰乎"，即心中止思虑而无知，忘知，自然不会识别万物，也不会识别自我。子綦答曰"今者吾丧我"，丧即忘，一切皆忘，忘物忘我，则自我与物混而为一。郭象的注文颇契合庄文之义："吾丧我，我自忘矣。我自忘矣，天下有何物足识哉！故都忘外内，然后超然自得。"子綦通过长期艰苦的修养功夫，方能达到心如死灰而物我齐一的境界，即"心斋""坐忘"，这是体道的人生境界。因此，庄子之道的境界，即自我无知之忘境，从而能与天地万物混而为一，即齐之至境。无知而齐即混沌之德。《应帝王》有一则寓言故事：中央之帝混沌本无七窍之分，无知，不知，故能长生不老；南海之帝儵、北海之帝忽为了感谢混沌之德，"日凿一窍，七日而浑沌死"，有分则有知，有知则伤形劳神而死。《逍遥游》描述了藐姑射山的神人形象，"肌肤若冰雪，绰约若处子。不食五谷，吸风饮露。乘云气，御飞龙，而游乎四海之外。其神凝，使物不疵疠而年谷熟"。神人虚无，从而与天地万物混而为一，故自我能游于无穷，万物也能自生自成。

要之，无知之齐，是齐之至境，即道境，即《齐物论》所谓"天地与我并生，而万物与我为一"。这虽与亘古洪荒的混而为一相同，但因为自我通过修为的功夫而达至，故具有重要的人文意义。

无知之齐的境界下落到有知之齐的境界，即自我有知，以寻求我与物之间的共同性、相通性，从而泯之、齐之。有意齐之，则不能真正地齐。

事物之间有相异性，也有相同性；突出和夸大相同性的一面，而忽视和遮蔽相异性的另一面，则可泯除事物之间的分别。《德充符》曰："自其异者视之，肝胆楚越也；自其同者视之，万物皆一也。"万物有同也有异，"自其同者视之"，则齐物。张松辉说："而庄子则不然,他虽然知道万物之间有不同的一面,但他偏偏要把这一面搁置一边,弃之不顾,而只盯着并无限夸大相同的一面,从而抹杀万物之间的差别。"[1]

《齐物论》:

> 以指喻指之非指,不若以非指喻指之非指也;以马喻马之非马,不若以非马喻马之非马也。天地一指也,万物一马也。

"指""马",是代指公孙龙的指物论与白马论,皆斤斤计较于事物的分别及其相互关系的辩论。庄子认为,万物实有共同性,"天地一指也,万物一马也"。

《知北游》:

> 东郭子问于庄子曰:"所谓道,恶乎在?"庄子曰:"无所不在。"东郭子曰:"期而后可。"庄子曰:"在蝼蚁。"曰:"何其下邪?"曰:"在稊稗。"曰:"何其愈下邪?"曰:"在瓦甓。"曰:"何其愈甚邪?"曰:"在屎溺。"东郭子不应。

万物虽有高下不同,但道寓于万物中而无所不在,故万物为一。

《知北游》:

> 生也死之徒,死也生之始,孰知其纪!人之生,气之聚也。聚则为生,散则为死。若死生为徒,吾又何患!故万物一也。是其所美者为神奇,其所恶者为臭腐;臭腐复化为神奇,神奇复化为臭腐,故曰"通天下一气耳"。圣人故贵一。

气是构成万物的基本质料,"通天下一气耳"。万物皆是一气所化,故万物一齐;从气之聚散看生死之变,生死一也;从气之聚散看神奇

---

[1] 张松辉:《庄子研究》,人民出版社2009年版,第188页。

与臭腐之变,神奇即臭腐,臭腐即神奇。"圣人贵于一",即圣人寻求物的相通性而齐之。

要之,有知之齐物,即自我认识到物与我之间的共同性、相通性,祸福相转,突出而夸大之,从而泯除物我的分别;有知之齐物,物我之间的相合程度不高,所谓欲为虚而不能虚也,有待于升进为无知之齐物。

齐物的观念,要与自我的生命和生活紧密地结合在一起,从而成为人生的智慧,但从知到能尚须一跃。不可否认,有心有知之齐物有时或是观念的游戏,而难以践行,或只能暂时践行而不能久长。西晋大将刘琨在承平时本好老庄,后遭中原动乱而投身于军旅,兵败被俘时,写下《答卢谌书》:

> 昔在少壮,未尝检括,远慕老庄之齐物,近嘉阮生之放旷,怪厚薄何从而生,哀乐何由而至?……和氏之璧,焉得独耀于郢握?夜光之珠,何得专玩于随掌?天下之宝,当与天下共之。但分析之日,不能不怅恨耳。然后知聃周之为虚诞,嗣宗之为妄作也。①

刘琨在被俘下狱时始明白,老庄之齐物(包括齐生死),阮籍之放旷,是虚诞、妄作。"天下之宝,当与天下共之",所谓齐人我而泯得丧也,这是自己少壮时的看法;在国家分崩离析之际,他颇以之为荒谬不经,故北伐中原,保家卫国。

祸福吉凶之事是世人最为关注的。世人认为,祸福、吉凶截然对立分明。世人置于祸中悲愤欲绝,置于福中得意忘形。因此,祸福转变,众人也喜怒无常。老子云:"祸兮,福之所倚;福兮,祸之所伏。"(《老子》第五十八章)祸中潜有福,福中藏有祸,祸福之间有相通性,祝福相转;突出而夸大之,则祸福同门、吉凶同域,从而能不悲不喜地顺应祸福的变化。贾谊为长沙王太傅时,作《鹏鸟赋》以

---

① 刘盼遂、郭预衡主编:《中国历代散文选》(上),北京出版社2002年版,第503页。

消解其贬谪的痛苦。他夸大祸福、吉凶之迅速转化，而否定其相对静止，故祸福、吉凶的存在是短暂的，从而泯除祸福、吉凶的差别以顺之。这是有心有知而齐祸福、吉凶，而难以践行。朱熹《楚辞集注》曰："谊以长沙卑湿，自恐寿不得长，故为赋以自广。太史公读之，叹其同死生，轻去就，至为爽然自失。以今观之，凡谊所称，皆列御寇、庄周之常言，又为伤悼无聊之故，而借之以自诳者，夫岂真能原始反终，而得夫朝闻夕死之实哉！"[①] 朱熹认为，贾谊《鵩鸟赋》不过是称述列子、庄子之常论，而以之"自诳"，并没有落实到自己的生活实践中，非孔子谓"朝闻道，夕死可矣"（《论语·里仁》），即朝闻道，夕则行道。由此可知，有知之齐，不能真正地齐，故难以践行。

《齐物论》：

> 其分也，成也；其成也，毁也。凡物无成与毁，复通为一。唯达者知通为一，为是不用而寓诸庸。庸也者，用也；用也者，通也；通也者，得也，适得而几矣。因是已，已而不知其然谓之道。劳神明为一而不知其同也，谓之朝三。何谓朝三？狙公赋芧，曰："朝三而暮四。"众狙皆怒。曰："然则朝四而暮三。"众狙皆悦。名实未亏而喜怒为用，亦因是也。是以圣人和之以是非而休乎天钧，是之谓两行。

万物有分，则有成有毁；众人见物的分别，而不见其相通性和整体性，只有通达之人才明晓道通为一。"朝三而暮四""朝四而暮三"之言说明，事物本是一样的，但世人予以区分，从而产生喜怒之用。"圣人和之以是非而休乎天钧"，圣人无知、忘知而齐物，即与万物混而为一，这是存在的最初状态，也是认知的最高状态，即"休乎天钧"；无心无知，而任从万物之自为自成，即"为是不用而寓诸庸""是之谓两行"。

[①] （宋）朱熹：《楚辞集注》，《朱子全书》第 19 册，上海古籍出版社 2002 年版，第 169 页。

综之，世界原初的存在形态，是混而为一，自我茫昧无知而未独立出来，没有自我的观念，也没有天地万物的观念。其次，自我从天地万物中独立出来，与天地万物相分别，自我有知而形成认知之域；不仅认识到自我与万物相分，也认识到万物相分。庄子之齐，首先指向无知之齐，即自我与万物混而为一；其次指向有知之齐，即自我作为主体，在主客二分的情形中寻找自我与万物的相通性，从而齐之。有知之齐有待于升进到无知之齐。众人可通过修为而层层上达，从有知之齐走向无知之齐。

我们具体讨论庄子之齐生死的思想。

齐生死，是齐物的中心内容。生死是人之存在的不同形态，或不同的事物，截然对立分明；生是活在人间，是乐；死是活在阴间，是苦。因此，众人悦生恶死，抗拒死的到来，而不能顺应生死之大变。庄子如何能发挥玄思玄智而齐生死呢？

《知北游》"人之生，气之聚也。聚则为生，散则为死。若死生为徒，吾又何患！故万物一也"，生死乃是一气之聚散，气聚气散，气散气聚，从生到死，从死到生，相续无穷，这有生死轮回之意。生死轮回，迅速相转，则其界限自可泯除。《齐物论》曰："虽然，方生方死，方死方生；方可方不可，方不可方可；因是因非，因非因是。"方生方死，方死方生，生死轮回，迅速相转，则生死一也。一般认为，运动是绝对的，静止是相对的；在相对静止的状态下，事物的根本性质不变，也有量变；相对静止的时间愈长，则事物保持其根本性质愈长。如果忽视事物的相对静止，则事物只有迅速的质变运动，任何事物的存在皆是瞬间的，从而混淆事物之间的界限。《知北游》："人生天地之间，若白驹之过隙，忽然而已！"生死迅速转化，生与死的存在是短暂的，生命没有确定的规定性，则生死一齐。

众人认为，生与死的最大差别是生乐死苦。庄子认为，生不知死，故众人以死为苦，也许是错误的，死或许是乐。

《齐物论》：

予恶乎知悦生之非惑邪！予恶乎知恶死之非弱丧而不知归者

邪！丽之姬，艾封人之子也。晋国之始得之也，涕泣沾襟，及其至于王所，与王同筐床，食刍豢，而后悔其泣也。予恶乎知夫死者不悔其始之蕲生乎？梦饮酒者，旦而哭泣；梦哭泣者，旦而田猎。方其梦也，不知其梦也。梦之中又占其梦焉，觉而后知其梦也。且有大觉而后知此其大梦也，而愚者自以为觉，窃窃然知之。"君乎！牧乎！"固哉！丘也与汝皆梦也，予谓汝梦亦梦也。是其言也，其名为吊诡。万世之后而一遇大圣知其解者，是旦暮遇之也。

悦生恶死者也许是一种迷惑。庄子用丽姬之事说明，前不知后，生不知死，梦不知觉。众人在生时以死为苦，或许是错误的，死也许是乐。死的真知是什么呢？真人、大圣才有真知，这是万世之一遇。但众人在梦中自以为觉，而窃窃然自以为得死之真知，这是荒谬的。弱丧者，少而失其故居，遂安于所在，而不知归于故乡。所谓"梦饮酒者，旦而哭泣；梦哭泣者，旦而田猎"，以梦觉譬喻生死，说明梦不知觉。因此，庄子以生不知死来论证生死也许同乐，从而齐生死。

《大宗师》：

> 夫大块载我以形，劳我以生，佚我以老，息我以死。故善吾生者，乃所以善吾死也。

大块，即造物者。造物者善生善死，即对于万物之生与死皆为善；以此论之，生死皆乐，而没有生乐死苦之分别。

《至乐》有一则寓言，庄子之楚，见路旁有一空髑髅，而与之对话。髑髅说，死是非常快乐的。庄子欲使髑髅复生。髑髅蹙眉说："吾安能弃南面王乐而复为人间之劳乎！"寓言的寓意似是乐死恶生，但实际上是生死同乐，庄子为了破除众人之生乐死苦的观念，而矫枉过正。

综之，庄子之齐生死，有两种理由，一是生死迅速轮回，二是生死同乐；这是有知之齐，有待于走向无知之齐，即从齐生死走向忘生死。

齐生死的观念，要内化到自我的生命和生活中，从而成为人生的智慧。但从知到能，尚须一跃；大多数人实际上难以践行。当我们面对死亡时，生死一齐的观念往往化为虚有，我们留恋生而抗拒死，不能顺应生死的变化。王羲之《兰亭集序》：

> 古人云："死生亦大矣。"岂不痛哉！每览昔人兴感之由，若合一契，未尝不临文嗟悼，不能喻之于怀。固知一死生为虚诞，齐彭殇为妄作。后之视今，亦犹今之视昔，悲夫！[①]

东晋文人面对山水美景与富贵生活，不能不贪生恶死，故认为老庄之齐生死、齐彭殇乃是虚诞、妄作。

《大宗师》：

> 俄而子来有病，喘喘然将死。其妻子环而泣之。子犁往问之，曰："叱！避！无怛化！"倚其户与之语曰："伟哉造化！又将奚以汝为？将奚以汝适？以汝为鼠肝乎？以汝为虫臂乎？"子来曰："父母于子，东西南北，唯命之从。阴阳于人，不翅于父母。彼近吾死而我不听，我则悍矣，彼何罪焉！……今之大冶铸金，金踊跃曰：'我且必为镆铘！'大冶必以为不祥之金。今一犯人之形而曰：'人耳！人耳！'夫造化者必以为不祥之人。今一以天地为大炉，以造化为大冶，恶乎往而不可哉！"成然寐，蘧然觉。

道家人物子来将死，说了一番道理以齐生死，这是有知之齐。他首先说，生死是命，不能抗拒，故只好顺从，这是被动地接受；其次认为造物者是善生善死的，即生与死同乐，故生死一也，这是理性的自觉。有知之齐，可走向无知之齐，即从齐死生走向忘生死。最后，子

[①] 刘盼遂、郭预衡主编：《中国历代散文选》（上），北京出版社2002年版，第506页。

来在忘生死中安然自适。

《至乐》记载，庄子妻死，惠子吊之，庄子方箕踞鼓盆而歌。惠子认为庄子的行为不合人情。庄子有一番话语，以叙述其齐生死的认知历程。这是有知之齐，庄子有待于从齐生死走向忘生死。

众人在特殊情形下也可暂时忘生死而齐之。《庚桑楚》："胥靡登高而不惧，遗死生也。"徒役之人，饱受耻辱痛苦，生不如死，能暂时忘生死，故登高而不畏惧。神人、至人、真人无知不知，故真正地齐生死，忘生死，而无死无生。《齐物论》：

> 王倪曰："至人神矣！大泽焚而不能热，河汉冱而不能寒，疾雷破山、飘风振海而不能惊。若然者，乘云气，骑日月，而游乎四海之外，死生无变于己，而况利害之端乎！"

至人无知，忘生死，故能从生死之变中彻底地超脱出来。

要之，庄子之齐生死，即泯除生死的分别，从而顺应生死之变；庄子以生死轮回、生死同乐来齐生死，这是有知之齐；神人虚静无知而忘生死，这是无知之齐。

三　齐论

齐论包括两方面的内容：一是齐是非、小大、善恶等二元对立的观念，二是齐众人关于是非、小大、善恶等辩论。齐论，有无知之齐与有知之齐两种之境。

我们讨论小大观念及其而来的辩论。

《齐物论》：

> 天下莫大于秋毫之末，而太山为小；莫寿乎殇子，而彭祖为夭。天地与我并生，而万物与我为一。

众人认为，秋毫为小，太山为大。就小大的观念而言，秋毫为小、太山为大，是确定的；就众人的小大辩论而言，秋毫为小、太山为大，也不容置辩。庄子首先一反众人的见解，以秋毫为大、太山为小，这足以惊人心目；庄子接着标举小大一齐，这不可理喻。

小大的观念，首先指向事实之域，即事实上的小大。小大的观念是置于特定的比较语境中得出的，例如在秋毫与太山的比较语境中，太山是大，秋毫是小。如果事物脱离比较语境或置于不定的语境中，则事物的小大不定。例如秋毫与更小的事物相比是大，与更大的事物相比是小；太山与天地相比是小，与秋毫相比是大；因此，秋毫是小又是大，太山是大又是小。这皆说明小大的观念具有不定性、相对性。众人的小大之辩，往往夸大其绝对性、确定性，而忽视其相对性、不确定性，从而小大分明。庄子的小大之辩，夸大其相对性、不确定性，而遮蔽其绝对性、确定性，从而小大一齐。现实世界中的小大事物异彩纷呈，我们无从以确定的内容认定小大，故小大有不确定性；我们往往从比较的语境中言说小大，故小大有相对性。但在无数的比较语境中，我们可以大致形成小大的确定看法，即秋毫为小、太山为大，故小大的相对不定性中又具有一定的普遍性、确定性。因此，从辩证的角度看，小大的观念是相对性与绝对性的统一；众人偏向绝对，庄子偏向相对，皆非中庸之道。要之，庄子正是突出小大观念的相对不定性而齐小大，故从小大之域中解放出来。

小大的观念，其次指向价值之域，即价值上的胜负。

《逍遥游》谈论小大之辩的内容，包括事物形体的小大及生存空间的小大、生命长短的小大、人生境界的小大等事实认知，也包括对小大事物作出胜负（小大）的价值判断。在特定的比较语境中，小大的事实问题易于确定，主体之间一般少有争议。小大有分，小不知大，是否就能推出小不如大或崇大抑小的价值判断呢？这难以确定。或以为小不如大，或以为大不如小，或以为两者没有胜负之分。因此，小大的价值判断，更有相对性、不定性。关于《逍遥游》的主旨，学人多认为是小大有分而崇大抑小。郭象认为，小大在事实上有分，而皆能任性逍遥，在价值上是平等的。笔者认为，《逍遥游》是在特定的比较语境中讨论小大的事实问题，故小大之分是确定的，但可能从价值上齐小大。"朝菌不知晦朔，蟪蛄不知春秋"，小年与大年有分，且小年不知大年，这是事实上的小大；但从万物平等的角度来看，它们在价值上是齐一的，即没有小大胜负之分。《齐物论》是脱离特定的比较语境谈论小大之分，则小大有相对不定性，从而在事实上齐小大，事实一齐，则价值自齐。

学人多认为，《逍遥游》《秋水》主张小大有分且崇大抑小，《齐物论》主张齐小大，两者相互矛盾。尚永亮先生说：

> 《逍遥游》强调的是"小大之辩"，是"小知不及大知，小年不及大年"，而《齐物论》强调的是"小"亦"大"，"大"亦"小"；终至"无小无大，无寿无夭"。于是，庄子两篇最重要的文章围绕"小"、"大"问题呈现出深刻的矛盾，便是不可避免的了。
>
> 如何理解上述《逍遥游》与《齐物论》在"小"、"大"问题上的矛盾？笔者认为：这种矛盾是由庄子之理论与实践存在的矛盾决定的，换言之，现实的庄子和理想的庄子并不统一；而由于这种矛盾和不统一，遂导致庄子对外物的评价产生悖论。在理论上，庄子力主同是非、等贵贱、齐小大，从天性自然的角度，认为无论小大，只要能安其位、适其性，皆可自得自乐。而在实践中，庄子又是承认小大之别并崇大抑小的。从活动的地域、眼界的大小、胸怀的阔狭、离大道的远近等方面来看，小皆不及大。[①]

笔者认为，《逍遥游》《齐物论》《秋水》要保持思想的统一性；理论（知）与实践（行）的不统一是平常的，因为知未必能行，从知到能（行），尚须一跃，但不能以知与行的不统一来解释知（理论）的矛盾性。

《逍遥游》在特定的比较语境中讨论小大之分，正是说明小大的

---

① 尚永亮：《矛盾的庄子与庄子的悖论——〈逍遥游〉的"小大之辩"及其它》，《苏州大学学报》（哲学社会科学版）2001年第1期。

比较性、相对性；其言外之意是，置于另一种比较语境中，大鹏飞上九万里高空也是小。这自然过渡到《齐物论》脱离比较的语境而论小大。因此，这两篇文章关于小大之辩的观点是一致的，即在事实和价值上齐小大。《逍遥游》叙述人生境界的小大时，从知效一官、行比一乡、德合一君、而征一国者，到宋荣子，再到列子，境界从小向大逐渐升进。最后推出神人、至人之游于无穷的最高境界。学人认为，这难道不是庄子标举神人之大境吗？这难道不是崇大抑小吗？笔者认为，小大观念是建立在分别的基础上，有范围和极限，则是有限的；若没有范围和极限，则是无限的，无限超越小大之分，即至大，至大则无小无大。因此，神人之境不能与前面几种人置于比较语境中，神人不是大，而是超越小大之分的至大，至大无大，无小无大。神人之心虚静虚空，无心无知，不知自我，不识万物，即忘小大，从而与天地万物混而为一。要言之，庄子是从众人的小大之境中最终推向神人无小无大的境界。

《秋水》开篇描述河伯与北海若之小知与大知的分别。秋水时至，百川灌河，泾流之大，两涘渚崖之间，不辨牛马。河伯欣然自喜，"以天下之美为尽在己"。他来到东海，感叹说："今我睹子之难穷也，吾非至于子之门则殆矣，吾长见笑于大方之家。"这是小不知大。河伯基于小大之分，始而自我矜夸，终而自以为小，喜悲无常。北海若曰："而吾未尝以此自多者，自以比形于天地，而受气于阴阳，吾在于天地之间，犹小石小木之在大山也。方存乎见少，又奚以自多！"北海若并不自我矜夸，深知天外有天。

> 河伯曰："然则吾大天地而小毫末，可乎？"北海若曰："否。夫物，量无穷，时无止，分无常，终始无故。……由此观之，又何以知毫末之足以定至细之倪，又何以知天地之足以穷至大之域！"

河伯代表小知，以天地为大，毫末为小，小大分明。北海若开始代表大知，认为天地比自己更大。最终，北海若认为大小难以确定（事物不可量度，小大不定；时间没有止期，长短不定；得中有失，失中有得，得失不定），而齐小大。庄子的观点是超越小大之知，齐小大，忘小大，《秋水》"万物一齐，孰短孰长"。

要之，《逍遥游》《齐物论》《秋水》等篇的致思方式相同：从事物的分别（包括小大之分）开始讨论，这是基于众人的常见常情；最终达至齐物、齐小大，这是基于神人的超越性。因此，这三篇文章皆主张齐小大，其思想有内在的一致性，读者是出于误读而认为庄子的思想有矛盾。

我们讨论善恶、美丑（恶）的观念及其而来的论辩。

善恶、美丑是物论的重要内容。众人认为，善恶、美丑的观念，有确定的规定性，二者分明。这也构成了准则，众人以之判断事物，而获得善恶、美丑的共识，故执着于善恶、美丑之论。

庄子认为，善与恶或美与丑的观念有相通性。

《老子》第二章："天下皆知美之为美，斯恶已；皆知善之为善，斯不善已。"善恶或美丑相互转化，故具有相通性。《知北游》："是其所美者为神奇，其所恶者为臭腐；臭腐复化为神奇，神奇复化为臭腐。"美与丑相互转化，神奇与臭腐相互转化，你中有我，我中有你。庄子突出和夸大其相通性，突出和夸大其转化的无条件性和急剧性，则善与恶或美与丑的界限可以泯除，即齐善恶或美丑，终而忘善恶或美丑。

庄子认为，善与恶或美与丑没有确定的规定性，这主要是因为现实世界的丰富多样与主体之间不同的成心成见所致。《齐物论》中有一段"正处""正色""正味"的讨论，这兼具善恶与美丑的内容，属于事实和价值的判断。

什么是"正色"即美呢？人以西施为美，但鱼、鸟、麋鹿以之为丑。这表明人与鸟兽们是站在各自的立场上来判断美丑，它们的审美标准不同，即它们对美没有形成共识，故美与丑没有确定的规定性，彼此相交相通，从而抹杀美丑的分别。

什么是"正处"呢？万物站在各自的立场说正处，泥鳅以潮湿的地方为正处，民众居于潮湿的地方就要生病而以干燥的地方为正处，猿猴以树上为正处。不同的事物有不同的正处，甚至截然相反，故没有共同的正处，即没有"同是"。没有同是，即没有共同的标准，即没有确定的内容，则正处失其确定的规定性，正处与非正处的内容相交相通，界限可以泯除。众人的正处之论，没有标准可以依据，则各人的正处之论皆是一偏之见，而非正处之普遍性的真知，故可以止息众人的正处之论。

什么是"正味"呢？《齐物论》曰："民食刍豢，麋鹿食荐，蝍蛆甘带，鸱鸦嗜鼠，四者孰知正味？"不同的事物有不同的正味，这表明正味没有确定的规定性，因而没有统一的标准，众人根据自己的成心成见而论正味，从而得出不同的结论。

学人多认为，庄子是以异类之物对正色、正处、正味的判断，来夸大其相对不定性，从而泯除正与不正的分别，进而齐论、止论，这是诡辩，因为只有同类主体之间才能比较。笔者认为，庄子不过是以之为寓言、寄言来说明是非等物论的相对不定性，从而齐论。

《齐物论》：

> 可乎可，不可乎不可。道行之而成，物谓之而然。恶乎然？然于然；恶乎不然？不然于不然。物固有所然，物固有所可；无物不然，无物不可。故为是举莛与楹，厉与西施，恢诡憰怪，道通为一。

莛与楹，即小草与梁柱，小大截然分别；西施与厉（癞），美丑截然不同；平常之物与稀奇古怪之物，截然分明。庄子认为"道通为一"。事物本身包含着可与不可、然与不然两个方面，或谓之可，或谓之不可，或谓之然，或谓之不然，故事物之称不确定，是相对的，则可与不可，然与不然齐一。利与害也是如此，有利有害，利中有害，害中有利，利害不定，故齐利害。这是庄子有意混淆事物内部对立双方的主从地位，从而齐之。实际上，某一时期，事物虽存在可与不可两方面的内容，但可是主要的，则事物的性质由可确定；另一时期，不可是主要的，则事物的性质由不可确定。因此，庄子之齐的玄思有合理性，也有诡辩性。

仁义是世人物论的重要内容，主要指向价值的维度。价值观念基于这样的预设，仁义是普遍的、绝对的原则，有确定的规定性。任何人皆能根据普遍的仁义原则，来判断某一具体的事物，从而形成价值共识。

《胠箧》：

> 彼窃钩者诛，窃国者为诸侯，诸侯之门而仁义存焉，则是非窃仁义圣知邪？

圣人标举的仁义价值，往往为统治者窃取，与他们的私利相结合，成为统治者满足私欲的工具。窃钩者本是小罪，但触犯了统治者的私利，故加以诛杀；窃国者，把仁义也窃去，则他们的窃国也是仁义的。庄子突出仁义的特殊性、相对性，而否定仁义的普遍性、绝对性，这是抹杀仁义与非仁义的分别。

《外物》：

> 儒以《诗》《礼》发冢，大儒胪传曰："东方作矣！事之何若？"小儒曰："未解裙襦，口中有珠。""《诗》固有之曰：'青青之麦，生于陵陂，生不布施，死何含珠为？'接其鬓，压其顪，而以金椎控其颐，徐别其颊，无伤口中珠。"[①]

儒者与一般盗贼皆是盗窃，但用《诗》《礼》来缘饰其盗掘坟墓的合理性、正当性；这暴露出《诗》《礼》的虚伪性、工具性、相对性。众人认为，《诗》《礼》具有普遍性、绝对性而尊崇、信奉之。

《齐物论》：

> 自我观之，仁义之端，是非之途，樊然淆乱，吾恶能知其辩！

---

① 陈鼓应：《庄子今注今译》（下），中华书局2009年版，第755页。

因为仁义之论的相对性、特殊性，故仁义与不仁不义混乱难分，从而揭示出仁义之论的虚伪性，终而忘仁义及其而来的仁义之论。

陈鼓应认为："各家囿于所见，以自己为价值核心，形成封闭的心灵，把精神困缚在狭窄的圈子里。'以明'是透过虚静的功夫，去除'成心'，扩展开放的心灵，使心灵达到空明的境地，一如明镜，可以如实地呈现外物的实况。……下面再从事物的对待与转换，说明价值判断的相对性以及是非争论之无意义，并提出破除主观价值判断的方法——'照之于天'。"[1] 王博说："庄子一定是厌倦了这世界上的争论。他要从根本上来摧毁这些争论的基础，他要给出停止争论的理由。这个理由主要地就是对于事物相对性的揭示。"[2] 学人一般认为，相对性是庄子破除物论之是非、美丑等差别的主要方法。实际上，物论有相对性，也有普遍性，把相对性与普遍性统一起来才是辩证的。如果夸大普遍性而忽视相对性，或夸大相对性而忽视普遍性，则走上极端的一面，将滑向绝对主义或相对主义的泥潭。庄子有见于物论的相对性，而忽视或遮蔽其普遍性，从而走向相对主义。因此，庄子是有心有意以相对主义论证物论的一齐，以止息众人的善恶、是非等物论，而非主张相对主义。

我们讨论是非观念及其而来的论辩。

是非之辩是物论的中心内容，指向事实和价值之域。世人执着于是非，以为是非有确定性的内容而截然分明，且认为是非之辩愈辩愈明，能把握是非的真知，这是把是非之辩加以绝对化。庄子一反众人的俗知常见，认为是非没有确定性的内容而难以分别，且是非之论愈辩愈乱，不能把握真是真非，故是非之辩没有意义，而止息是非之辩。这是把是非之辩加以相对化、齐一化。众人与庄子各执一端，皆非中庸之道。钟泰在论述庄子之齐的思想时说："齐之为言，非如《孟子》'比而同之'之云也。美者还其为美，恶者还其为恶；不以恶而掩美，亦不以美而讳恶，则美恶齐矣。是者还其为是，非者还其

---

[1] 陈鼓应：《老庄新论》，商务印书馆2008年版，第215页。
[2] 王博：《庄子哲学》，北京大学出版社2004年版，第84页。

为非；不以非而绌是，亦不以是而没非，则是非齐矣。《至乐篇》：'名止于实，义设于适。'止者不过其当，适者不违其则。不过当，不违则，此齐物、齐论之要旨也。"① 这是误解庄子之齐是非、美恶的思想。人间世中果真有是有非乎？庄子果真要还其真是真非乎？

庄子的是非之辩，要从两个方面讨论：一是纯粹的是非观念，二是众人的是非之论。第一个方面讨论是非观念有没有确定性的问题，第二个方面讨论主体对于事物的是非判断有没有普遍性的问题；这两个方面既有联系又有分别，众人的是非之论以是非观念为依据，且也影响是非观念的确定性。众人的是非之论关涉主体与对象，甚为复杂。齐是非更为根本，是非一齐，则没有众人的是非之论；众人是非之论的相对不定性，也证成是非观念的模糊不清。

是非如果指向事实之域，即主体的认知是否合于事物的本身，则主体的选择性、自由性较小；如果指向价值之域，即客体之事物是否合于主体目的性之判断，则主体的选择性、自由性较大。齐是非，即认为是非没有确定性的内容，而具有相通性，突出而夸大之，以泯除是非的分别。

《齐物论》主要讨论众人的是非之论：

> 未成乎心而有是非，是今日适越而昔至也。

"成心"，即以自我为中心的见解，成玄英疏曰"执一家之偏见者，谓之成心"，成心是一家之见，一偏之见。成心，即《人间世》所谓"师心"。众人各有成心，故有是非之论。是非及其论辩是建立于分别的基础上，不仅是对象之物的分别，也是主体之人的分别，而庄子尤其强调主体之人的分别。

《齐物论》：

> 故有儒墨之是非，以是其所非而非其所是，欲是其所非而非

---

① 钟泰：《庄子发微》，上海古籍出版社2002年版，第26页。

其所是，则莫若以明。

儒者、墨者各有是非之论，截然对立，儒者所是，墨者非之，儒者所非，墨者是之。他们之间不能相知相通。这把百家争鸣引向绝对的对立，有你无我，有我无你。"莫若以明"，即庄子认为，儒墨的是非之论皆是站在自己立场上的一偏之见，是整体中的一部分，是执着于部分而不明整体。若从整体之明的立场上来看，他们皆是为治天下提供一种可行的方术，并不存在谁是谁非（谁对谁错）的问题，即无是无非，即齐是非。

《齐物论》：

> 物无非彼，物无非是。自彼则不见，自是则知之。故曰：彼出于是，是亦因彼。彼是方生之说也。虽然，方生方死，方死方生；方可方不可，方不可方可；因是因非，因非因是。是以圣人不由而照之于天，亦因是也。是亦彼也，彼亦是也。彼亦一是非，此亦一是非。果且有彼是乎哉？果且无彼是乎哉？彼是莫得其偶，谓之道枢。枢始得其环中，以应无穷。是亦一无穷，非亦一无穷也。故曰：莫若以明。

人间世中，彼是（此）是二元对立的观念，相因而成，相对而出，彼此对立，不能相通。生死、可与不可、是与非皆是二元对立的观念。"彼亦一是非，此亦一是非"，彼有其是非之论，此有其是非之论，不能相通，甚至截然相反。"是亦一无穷，非亦一无穷也"，众人执着于自己的是非之论，相互对立，不能达成普遍的共识，故无穷无尽地辩论下去。"莫若以明"，即庄子从整体而齐的立场上来看，彼我的是非之论皆是一偏之见，故无是无非。因此，庄子之目的是止息众人的是非之论。

《齐物论》有一段话叙述你我的辩论只有胜负，而没有是非（对错）。"既使我与若辩矣，若胜我，我不若胜，若果是也？我果非也邪？我胜若，若不吾胜，我果是也？而果非也邪？"你胜我，不是你的辩论为是而我的辩论为非；我胜你，不是我的辩论为是而你的辩论为非。因此，你我的辩论虽有胜负之分而无是非之别，请他人来主持辩论也不能断定是非。其主要原因是你我他皆不知是非的真实内容，故不能断定你我辩论的对错。"我与若不能相知也""然则我与若与人俱不能相知也，而待彼也邪"，学人或理解为你我他相异，皆不能相知，不能形成普遍的共识，"彼此之间永远不能获得真正的理解"①。笔者认为，其意义是你我他皆不知是非的真实内容，即人间世根本没有真是真非。《齐物论》："是若果是也，则是之异乎不是也亦无辩；然若果然也，则然之异乎不然也亦无辩。"人间世果有真是真非，则也不会产生是非之论的纷纭。庄子揭示出是非观念的不确定性、相对性，从而齐是非。

《徐无鬼》：

> 庄子曰："射者非前期而中谓之善射，天下皆羿也，可乎？"惠子曰："可。"庄子曰："天下非有公是也，而各是其所是，天下皆尧也，可乎？"惠子曰："可。"庄子曰："然则儒墨杨秉四，与夫子为五，果孰是邪？"

射者没有标靶，则人人皆能射中目标，皆像羿一样善射。天下没有共同的是非标准，则众人各是其所是，皆像尧一样正确。既然如此，你们五家为何要争论是非呢？郭象注曰："若皆尧也，则五子何为复相非乎？"庄子深刻地揭示出人间世之是非之辩的相对不定性，从而齐是非、忘是非以止息是非之辩。

要之，庄子之齐是非，一种意义是，是与非有相通性，是中有非，非中有是，且是与非相互转化，故是与非不易分别；夸大其相通性，则是与非的分别可泯除，而齐是非。另一种意义的齐是非，是齐众人的是非之论。众人各有其是非之论，彼此不同，皆一偏之见，而非真是真非，从而相对不定而齐之。这两种齐是非之目的，是从是非

---

① 王博：《庄子哲学》，北京大学出版社2004年版，第85页。

之境中解脱出来以获得自由。

《齐物论》：

> 果且有成与亏乎哉？果且无成与亏乎哉？有成与亏，故昭氏之鼓琴也；无成与亏，故昭氏之不鼓琴也。昭文之鼓琴也，师旷之枝策也，惠子之据梧也，三子之知几乎，皆其盛者也，故载之末年。唯其好之也以异于彼，其好之也欲以明之。彼非所明而明之，故以坚白之昧终。而其子又以文之纶终，终身无成。若是而可谓成乎？虽我亦成也；若是而不可谓成乎？物与我无成也。是故滑疑之耀，圣人之所图也。为是不用而寓诸庸，此之谓"以明"。

昭氏鼓琴，有成有亏，成一部分音乐，也遗另一部分。惠子等三位思想家成就自己的一家之说，也遗失其他诸家学说而不能全。如同某人只要有言论，就是片面的，说出某一方面的观点，就遗失其他方面的观点而不全。无成与亏，则昭氏之不鼓琴也；只有不说，才能无成无亏。庄文具体地叙述昭文、师旷、惠子三位精英人物，或善于鼓琴，或精通音律，或善于辩论，知尽虑穷，形劳神倦，终身无成。他们的学说皆一偏之见，辩论不休，无所定论，不能彼此相通而构成纯一性的真知。他们的辩论不是真知，并不表明庄子要求他们在现实世界中追求真知。庄子认为现实世界根本不存在真知，故止息论辩，止息求知，而归向无知。"是故滑疑之耀，圣人之所图也。为是不用而寓诸庸，此之谓'以明'"，圣人抛弃知识及其而来的是非、善恶等论辩，而走向无知，从而与天地万物混而为一。

《齐物论》：

> 故分也者，有不分也；辩也者，有不辩也。曰：何也？圣人怀之，众人辩之，以相示也。故曰辩也者，有不见也。夫大道不称，大辩不言，大仁不仁，大廉不嗛，大勇不忮。道昭而不道，言辩而不及，仁常而不成（应为"周"），廉清而不信，勇忮而

不成。五者园而几向方矣。故知止其所不知，至矣！孰知不言之辩，不道之道？若有能知，此之谓天府。注焉而不满，酌焉而不竭，而不知其所由来，此之谓葆光。

圣人怀之，即圣人忘知而齐，故无知无言；众人有知，有分有辩而相互夸示，实皆整体中的一部分，彼此不能相通。大道即超越称与不称的分别而为一，大辩即超越言与不言的分别而为一，大仁即超越仁义与残忍的分别而为一，大勇即超越勇与怯之分而为一，大廉即超越廉贪之分而为一。五者无弃，则近大道，谓之天府、葆光。天府、葆光，即指体道之人的虚静无知。

综之，庄子之齐论思想的深刻之处有二。第一，夸大一组组二元对立观念的相通和相转，从而齐之。齐之，即是非不分，祸福不分，这是否定是非、祸福的确定性，从而否定和抛弃世俗之知，回到万物齐一的无知状态。第二，夸大主体之间的分别，众人之论是站在各自的立场上而形成的一偏之见，是相对的、特殊的，故无是无非，从而止息众人的物论，回到无知无辩的最初状态。

第二节 郭象的齐物论

郭象的哲学思想是面对现实世界来展开的，而不再像老庄追慕原初时期大道混而为一的存在形态。他重新建构了庄子之齐物、齐论的思想体系。

一 齐物：从事实不齐到价值一齐

"齐"在郭象的注文中出现六七十次。齐的本义，是同、一。《齐物论》注："世皆齐其所见而断之，岂尝信此哉！"世人齐其所见，即形成同一的见解。《逍遥游》叙述了"知效一官，行比一乡，德合一君，而征一国者"等人的知与为，郭象注曰"亦犹鸟之自得于一方也"。这几种人的性命各不相同，但皆能得性逍遥。宋荣子笑之，郭象注曰"未能齐，故有笑"。宋荣子认为自我的境界高于这几种人滞于爵禄的境界，故崇大抑小。郭象认为，宋荣子与这几种人的境界虽有大小不同，但皆能任性逍遥，故没有胜负之分而齐一，即价值平等。《逍遥游》题注："夫小大虽殊，而放于自得之场，则物任其性，事称其能，各得其分，逍遥一也，岂容胜负于其间哉！"因此，郭象以任性逍遥来齐物。

《逍遥游》注：

> 苟足于其性，则虽大鹏无以自贵于小鸟，小鸟无羡于天池，而荣愿有余矣。故小大虽殊，逍遥一也。

小鸟、大鹏之本性不同，故其形体有小大的不同，其存在空间有阔狭的不同，这不能齐，但皆能足性逍遥而有平等的价值，这是齐一的。

《逍遥游》注：

> 物各有性，性各有极，皆如年知，岂跂尚之所及哉！自此已下至于列子，历举年知之大小，各信其一方，未有足以相倾者也。

众人之年知有大小之差（事实上），各信其一方，皆能任性自得，没有胜负之分，故各安其性，不可相跂，不可相倾。

《逍遥游》注：

> 故有待无待，吾所不能齐也。至于各安其性，天机自张，受而不知，则吾所不能殊也。夫无待犹不足以殊有待，况有待者之巨细乎！

有待者与无待者的人生境界不同，这不能齐，但皆能足性逍遥，这是齐。有待者与无待者的差距显著，皆能齐，更何况有待者之小大呢？

《秋水》注：

第八章　从庄子到郭象的齐物论

　　若如惑者之说，转以小大相倾，则相倾者无穷矣。若夫睹大而不安其小，视少而自以为多，将奔驰于胜负之境而助天民之矜夸，岂达乎庄生之旨哉！

郭象批评世人不能齐小大，或自夸其大而笑小，或自卑其小而慕大，从而奔走于胜负竞争之场，不能安于本性、顺于本性。

要之，郭象之齐物或齐小大之物，不是泯除小大之物的分别，而是承认其性分不同及其而来的各种分别，从任性逍遥而有平等的价值上来齐之。

《齐物论》描述了山林的风声千变万化，纷繁乱耳，其主旨是齐声同音。

郭象注曰：

　　夫声之宫商，虽千变万化，唱和大小，莫不称其所受而各当其分。

　　言物声既异，而形之动摇亦又不同也。动虽不同，其得齐一耳，岂调调独是而刁刁独非乎！

郭象认为，音声丰富多彩，千变万化，皆得其性分，得其性分皆能逍遥而齐一。音声、形动不同，不能齐；各当性分，得性逍遥，不能不齐；因此，音声、形动没有胜负之分，"岂调调独是而刁刁独非乎"。是非，是价值判断，即臧否（肯定或否定）。

《齐物论》有一则寓言，尧将讨伐三个僻远的小国，但心中不宁；舜宽慰说，"夫三子者，犹存乎蓬艾之间"，讨伐他们是救民众于水火中，是盛德的表现，为何不释然呢？

郭象注曰：

　　于安任之道未弘，故听朝而不怡也。将寄明齐一之理于大圣，故发自怪之问，以起对也。

　　夫物之所安无陋也，则蓬艾乃三子之妙处也。

> 而今欲夺蓬艾之愿而伐使从己,于至道岂弘哉!故不释然神解耳。若乃物畅其性,各安其所安,无远迩幽深,付之自若,皆得其极,则彼无不当,而我无不怡也。

郭象认为,尧之讨伐三子,是不明齐一之理。三子生活于蓬艾之间,是任性逍遥。尧与三子虽境遇不同,但皆足性逍遥而有平等的价值,没有胜负、卑贱、大小之分,故不要自夸其大而讨伐三子。否则,三子因尧之讨伐,而失其性分以陷入困境;尧因与三子相对立,也不能任性自得。因此,尧要顺应三子的性分,则尧与三子皆得性逍遥。

《齐物论》注:

> 此五者,皆以有为伤当者也。不能止乎本性,而求外无已。夫外不可求而求之,譬犹以圆学方、以鱼慕鸟耳。虽希翼鸾凤,拟规日月,此愈近彼愈远,实学弥得而性弥失,故齐物而偏尚之累去矣。

道昭、言辩、仁常、廉清、勇忮五者皆不能止于性分,而求外无已,譬如鱼羡鸟、鸟慕鸾凤等,最终失其性分而陷于困境。其原因是不能齐物,不明万物不同而皆足性逍遥之理;明白此理,则逐物之累去。

综之,郭象之齐物,首先承认万物的分别,万物的分别依据于性分的差异,"物各有性,性各有极",这是事实上不齐;其次认为万物的性分不同,而皆能任性逍遥,故没有胜负、大小(价值上)、贵贱的分别,即价值平等,这是价值上一齐。质言之,郭象之齐物是从事实之不齐而走向价值一齐,即事物各有其性质和功用,其存在的价值是平等的,故人无弃才,物无弃用;否则,"是道有所不存,德有所不载,而人有弃才,物有弃用也,岂是至治之意哉"(《骈拇》注)。这与庄子之齐物有分别,庄子之齐是从事实上泯除物的分别,即事实之齐,价值之齐自是题中之义。

二　从有待者齐物到无待者冥物

郭象之齐物分为有待者之齐物与无待者之齐物，各有其内涵和意义。有待者，即众人与万物，其性有分，即性有分别性、分域性、部分性而各偏于一端，不能相知相通。有待者只能自得于一方，即在其自得之场中任性逍遥。无待者，即圣人，其性是全（齐一性、无限性、整体性），而涵融众人与万物之性分，逍遥于无方。

有待者之齐物，即有待者明白齐一之理，既不追慕他者而舍己逐物，又不自我矜夸而伐物从己，从而安于本性，顺于本性，得性逍遥。自我与他物性分不同，各有性质和功用，不能相知相通，但各安其性，彼此相忘，互不关心和帮助。例如鱼有鱼性，鸟有鸟性，彼此不通，皆任性自由；若鱼慕鸟，则越出于性分之外，故失其性分而陷入困境。有待者之齐物阻断了万物竞争、奔驰于胜负之途。因此，郭象之齐物的思想是对现实世界的提升，一是众人通过修养的功夫，知行齐一之理；二是人间世从奔走于胜负之场的竞争无序，到各安其性的和谐有序。王中江说："与庄子相反，郭象在《庄子注》中，把庄子'重估一切价值'的方向，完全逆转为'认同一切价值'的方向。如果说，庄子的逻辑是'一切现实的都是非合理的'话，那么，郭象的逻辑则是'一切现实的都是合理的'。"[①] 这否定了郭象对现实世界的批判和改造精神。在现实世界中，崇大抑小是普遍性的观念，小羡慕、追逐大，大矜夸其大而笑小，且追慕更大。郭象从价值上齐小大无疑是对现实世界的突破和提升。

无待者从齐物，走向冥物。首先，无待者齐物，即明白齐一之理，即自我与万物的本性不同，但皆能任性自得而有平等的价值，不会舍己从人或伐人从己。《逍遥游》注："故尧许之行虽异，其于逍遥一也。"尧是无待者，许由是有待者，本性不同，但任性逍遥是一。其次，无待者从齐物走向冥物。冥物，即无待者与万物相融合而助成万物的任性自得，这与有待者彼此相忘不同。因为无待者之性是全，

---

① 王中江：《道家学说的观念史研究》，中华书局2015年版，第338页。

即涵融万物之性以为一而虚灵不昧,故能与任何事物相融合,而顺应任何事物的本性。

要之,有待者之齐物,与无待者之冥物不同,有待者之齐物即自我任性逍遥,无待者之冥物,不仅自我任性逍遥,也助成万物任性逍遥,这是"独善其身"与"兼济天下"的统一。

庄子谈齐物,并不说冥物。郭象谈齐物,也说冥物。齐物与冥物的内涵是否相同呢?王晓毅说:"该书(向秀《庄子注》)超越了阮籍以无差别的元气去'齐物'的方法,建立了以'性分'说为基础的'冥物'(齐物)方法,以消除'入世与出世''无为与有为''名教与自然'的对立。"① 齐物即冥物。杨立华说,"郭象《庄子注》虽然也讲'齐物',但更为常见的表达则是'冥物'",这主要有两个层次,首先是冥忘万物之间形体的差异;其次是根本上冥忘彼我之间的分别,《逍遥游》注"遗彼忘我,冥此群异"②。冥,即冥忘。"由此可知,'齐物'或'冥物'是最终达至'无待逍遥'的前提。"③ 冥物即齐物。要之,这两家认为郭象之齐物即冥物。笔者认为,把"冥"释为"冥忘"是不当的,"冥"即"冥合";齐物、冥物的意义有分。郭象之冥物的主体是圣人。圣人无心而冥物或与物冥,是郭象之圣人的基本品格。这强调圣人无心而与任何事物相融合,以助成任何事物本性的实现。有待者能齐物,但不能冥物,即有待者明白万物齐一之理,而各安其性,但不能助成他物之性的实现。庄子之齐物分为有知者之齐、无知者之齐。有知者之齐,即有知者发现事物的共同性、相通性且夸大之而齐。无知者之齐,即神人无知,不知,从而与万物混而为一,万物任其天然;这是神人对万事万物木然置之而齐物,老子所谓"圣人不仁,以百姓为刍狗"(《老子》第五章),故庄子之神人不能从齐物走向冥物。郭象之圣人冥物,是与万物同命运、共作为。儒家之圣人对万物有亲疏远近的仁爱,其承担

---

① 王晓毅:《郭象评传》(上),南京大学出版社2011年版,第96页。
② 杨立华:《郭象〈庄子注〉研究》,北京大学出版社2010年版,第145—147页。
③ 杨立华:《郭象〈庄子注〉研究》,北京大学出版社2010年版,第145页。

的责任感和作为有等差,且按自我的知为以治理万物而多违背事物的本性,不能齐物,也不能冥物。

因此,庄子之神人齐物,是自我的养心养神,而任万物自生自灭。郭象之圣人从齐物走向冥物,这是圣人以养心养神与治国平天下为一。有待者之齐物是安于本性,这是内在的修养,若君主干涉,则有待者会失其本性。因此,有待者之逍遥,一方面要求自我践行齐一之理;另一方面要求圣人从齐物走向冥物。

圣人之冥物,是因为圣人之无心全性,即空灵的心性。无心,不是心之中止思虑而虚无虚空,而是心涵融天下万物万理以为一而空灵不昧。心性是一,整体无分,不动而虚静,不变而永恒。当圣人未感物时,虚静为一;当感物时,则与物融合而表现为此物此理,而此物此理皆打上圣人的烙印而助成物之心性自得。要之,圣人之无心全性是冥物的根据,故圣人之冥物是任性自得。圣人之冥物,是圣人消融于万物中,而消解了圣人的主体性,突出了万物的主体性,故万物的知为得以充分地彰显。换言之,圣人没有独知独为,而以万物的知为作知为,但万物的知为皆打上圣人的烙印。若圣人不能冥物,即圣人有自己的知为,众人也有自己的知为,皆能任性逍遥,则圣人与众人不能相通相融,不能发生血肉相连的紧密联系,即圣人不能从齐物走向冥物。

《逍遥游》注:

> 然后统以无待之人,遗彼忘我,冥此群异,异方同得而我无功名。

无待之人"遗彼忘我,冥此群异",即冥物,即自我与万物相融合,从而助成万物之得性逍遥。万物得性逍遥,以为是自为,故不会感谢圣人。

《大宗师》注:

> 夫真人同天人,齐万物。万物不相非,天人不相胜,故旷然

无不一，冥然无不任，而玄同彼我也。

真人同天人，齐万物，即冥合万物，玄同彼此。

综之，郭象的有待者之齐，是有待者彼此不知不通，但皆能任性逍遥，独化于玄冥之境而互不相涉；郭象的圣人之齐，是圣人从齐物走向冥物，即融通万物为一体。庄子之齐物是根本上泯除物的分别，即泯人我而齐得丧。郭象之齐是承认万物的分别，即各有性分（性质和功用），但皆能任性逍遥而有平等的价值。其意义是，一方面肯定天下万物的丰富多彩及其独立存在的价值；另一方面要求万物各安其性以逍遥自由；再一方面要求圣人冥物，而让万物任性自由，且圣人也任性逍遥。因此，齐物、冥物是万物任性逍遥的前提。

齐生死是齐物的中心内容，我们具体讨论郭象之齐生死的思想。

众人执着于生与死的分别，一是认为生与死截然不同，且生乐死苦，二是认为死者永不可复生。因此，他们悦生恶死，抗拒死的到来，不能顺应生死之变。庄子以齐生死来破除众人之执。他以一气之聚散来说明生死之变，方生方死，方死方生，生与死相互转化或生死轮回，且生与死同乐，从而泯除生与死的界限。

郭象认为，生与死的存在形态是不同的，各有其独特的本性。

《知北游》注：

> 夫死者独化而死耳，非夫生者生此死也。生者亦独化而生耳。

> 死与生，各自成一体。

死不是生生成的，而是独化而死，即死是独立于生的另一种完整的存在形态，死与生各有其独特形态，彼此相互分别。这是否认生与死的相通相转性。

《齐物论》注：

> 一生之内，情变若此。当此之日则不知彼，况夫死生之变，

恶能相知哉!

生与死截然不同,即生不知死,死不知生。因此,众人生时哀死,死时悦生,从而以生死好恶萦怀,是错误的。

《齐物论》注:

> 夫时不暂停,而今不遂存,故昨日之梦,于今化矣。死生之变,岂异于此,而劳心于其间哉!方为此则不知彼,梦为蝴蝶是也;取之于人,则一生之中,今不知后,丽姬是也。而愚者窃窃然自以为知生之可乐、死之可苦,未闻物化之谓也。

生不知死,故以生之可乐,死之可苦,是不明白物化之理。物化之理,即事物之变不同,但皆能任性自得。

《齐物论》注:

> 方其梦为蝴蝶而不知周,则与殊死不异也。然所在无不适志,则当生而系生者,必当死而恋死矣。由此观之,知夫在生而哀死者,误也。

这是以梦觉譬喻生死,梦觉即生死虽形态不同,但无不适志,任性逍遥一也。"在生而哀死者",即生时以为死是痛苦,这是错误的,实际上,死也适志而快乐。

《大宗师》注:

> 死与生,皆命也。无善则死,有善则生,不独善也。故若以吾生为善乎,则吾死亦善也!

生与死之情状不同,但皆善,即任性逍遥。

《齐物论》注:

> 此寤寐之事变也。事苟变，情亦异，则死生之愿不得同矣，故生时乐生，则死时乐死矣。死生虽异，其于各得所愿，一也，则何系哉！

死生不同，生时乐生、死时乐死一也，皆得所愿，足性逍遥，故蜕然无系，而顺应生死之变。

《列御寇》注：

> 乐生者畏牺而辞聘，髑髅闻生而矉蹙，此死生之情异，而各自当也。

死生之情不同，但皆任情自得。

《至乐》注：

> 旧说云庄子乐死恶生，斯说谬矣！若然，何谓齐乎？所谓齐者，生时安生，死时安死，生死之情既齐，则无为当生而忧死耳！此庄子之旨也。

要之，郭象之齐生死，首先承认生与死的情状不同，生是活在人间，死是活在阴间，这是不齐；其次认为不管是活在人间还是活在阴间，皆能自得其乐，而有平等的存在价值，这是齐。生死如同梦觉，梦不知觉；但在梦中自喻适志，在觉中也自喻适志，这是齐。

众人通过修养的功夫而知行齐生死之理，当生则生，安于生，乐于生，不念死恶死；当死则死，安于死，乐于死，不念生悦生，从而真正地顺应生死之变。《齐物论》注："由此观之，当死之时，亦不知其死而自适其志也。当所遇，无不足也，何为方生而忧死哉！"生死不同，但皆能自足适志，何必方生而忧死。《大宗师》注："死生梦觉，未知所在，当其所遇，无不自得，何为在此而忧彼哉！"所谓顺应，即两者完全融合而沉浸其中。个体安生、乐生，即完全沉浸于生中，尽生之理，这就必须忘却死的观念；否则，死的观念萦绕于心，则不能与当下之生完全融合。个体安死、乐死，即完全沉浸其中，尽死之理，根本不念生悦生。生时安生，死时安死，则生时忘死，死时忘生，从而生死的观念皆忘。

圣人之齐生死如何呢？圣人观天地，万物只有迁化，没有生灭，只是一物化成另一物再化成他一物，无穷无尽，无生无死。《至乐》"种有变"注："此言一气而万形，有变化而无生死也。"《知北游》"无古无今，无始无终"注："非唯无不得化而为有也，有亦不得化而为无矣。是以夫有之为物，虽千变万化，而不得一为无也。不得一为无，故自古无未有之时而常存也。"有不能化为无，生不能变成死。因此，圣人站在整体无分的立场上认为，万物无生无死，从而涵融生死以为一，冥合和助成众人的生死之变。

《齐物论》注：

> 言能蜕然无系而玄同死生者，至希也！
> 夫忘年，故玄同死生；忘义，故弥贯是非。是非死生荡而为一，斯至理也。至理畅于无极，寄之者不得有穷也。

圣人无生无死，而玄同众人之生死，以顺之。

《齐物论》注：

> 夫死生之变，犹春秋冬夏四时行耳。故死生之状虽异，其于各安所遇，一也。今生者方自谓生为生，而死者方自谓生为死，则无生矣；生者方自谓死为死，而死者方自谓死为生，则无死矣。无生无死，无可无不可。

生死的情状不同，众人要安于所遇，生时安生，死时安死。众人基于性分而有生死之论，生死之名相对不定，生者以生为生，以死为死；死者以死为生，以生为死。圣人基于性全而无死无生，从而冥合众人的生死之论。由此，生死问题不仅指向齐物，也指向齐论。

综之，郭象之齐死生，一是承认生与死不同，而皆得性逍遥；众人之齐生死，即生时安生，死时安死；圣人从齐生死走向冥生死，而顺应、助成众人的生死之变。

三　齐论

论包含两个方面的内容，一是善恶、美丑、是非等纯粹的观念，二是主体对于事物之善恶、美丑、是非等的判断。

我们讨论郭象之齐善恶的问题。

庄子之齐善恶，一是认识到人间世的善恶观念没有确定的规定性，故善恶的界限模糊不分；二是认识到不同主体对于同一事物有不同的善恶判断，善恶之论相对不定。因此，善恶观念及其论辩不具有确定性、普遍性，从而齐善恶，终而忘善恶，一方面使众人从善恶对立的观念中解脱出来，不执着于善恶；另一方面也使众人止息善恶之论，走向不辩不论。庄子之齐善恶，表面上是从现实世界中善恶不定得出的，实际上是向大道的回归。

如何理解郭象之齐善恶呢？这有两方面内容：一是众人的善恶行为；二是善恶的观念及其而来的善恶之论。

《养生主》"为善无近名，为恶无近刑"注：

> 忘善恶而居中，任万物之自为，闷然与至当为一，故刑名远己，而全理在身也。

成玄英疏解曰："故为善也无不近乎名誉，为恶也无不邻乎刑戮。是知俗智俗学未足以救前知，适有疲役心灵，更增危殆。"陈鼓应注云："做善事不要有求名之心，做恶事不要遭受刑戮之害。"[①] 郭象认为，圣人忘善恶，"居中"，即中空，即无心，而无善恶（不施惠于物，亦不加害于物），从而顺应万物的善恶，故刑名远已而全身。这是认为众人的善恶行为出于性分，故圣人忘善恶而顺之。要之，众人之性是分而有善恶，圣人之性是全而无善无恶，圣人顺应众人的善恶。

---

① 陈鼓应：《庄子今注今译》（上），中华书局2009年版，第104页。

郭象的善恶之论立足于本性的基础上。众人各有性分，彼此不能相知相通，由此产生成心成见，以合于自己性分的为善，不合于自己性分的为恶，故有不同的善恶之论，不能形成普遍的共识，皆不是真善真恶之论。郭象特重视性分的独特性、差异性，故突出众人的善恶之论纷纭。郭象如何齐众人的善恶之论呢？一是认为众人的善恶之论不同，这是不齐；二是认为众人的善恶之论皆出于本性，是任性自得，故有平等的存在价值。圣人之性是全体无分，故无善恶及其而来的论辩。

如何理解众人的齐善恶呢？众人认识到善恶之论皆出于性分的要求而相分别，皆任性自得而有平等的价值，故安于自己性分的善恶之论，不干涉他人的善恶之论。

郭象主要讨论圣人的齐善恶。圣人的心性是全体无分而无善无恶，故认为众人的善恶之论是基于性分的一偏之见，而非真善真恶之论，但皆任性自得，故顺应和助成众人的善恶之论。因此，圣人不仅平等地看待众人的善恶之论，且冥之而助成众人善恶之论的实现。

《大宗师》注：

> 夫非誉皆生于不足，故至足者忘善恶，遗死生，与变化为一，旷然无不适矣，又安知尧桀之所在邪！

众人之性是分，皆求全而不足，故产生非誉；圣人之性是全，即至足者，故忘善恶、遗生死而无心，从而能顺应众人的非誉、善恶、生死之念及其而来的辩论和行为，故能游于无穷。

《寓言》注：

> 善恶同，故无往而不冥。此言久闻道，知天籁之自然，将忽然自忘，则秽累日去以至于尽耳。

圣人若有善恶之心，则必然与物产生冲突，而不能游于物中。圣人齐善恶、忘善恶，则能与任何事物相冥合，即"无往而不冥"，而游于无穷。

综之，郭象与庄子之齐善恶思想存有重要的差异。首先，庄子之齐善恶观念及其善恶之论，是在事实上泯除其分别。郭象承认众人的善恶观念及其善恶之论的分别，而从任性逍遥上肯定其平等价值，这从事实不齐走向价值之齐。相对于事实之齐，价值之齐较易于实现。其次，郭象之圣人齐善恶，似与庄子之神人齐善恶相同，但有实质的分别：神人之齐善恶、忘善恶，是心虚空虚无，从而木然无动于众人的善恶之论；而圣人之齐善恶、忘善恶，是涵融善恶以为一，从而顺应和助成众人的善恶之论。

我们讨论郭象之齐美恶（丑）的问题。

齐美恶的意义有二，一是齐美恶之物，这是齐物；二是齐美恶之论，这是齐论。

《齐物论》注：

> 夫莛横而楹纵，厉丑而西施好。所谓齐者，岂必齐形状同规矩哉！故举纵横好丑，恢恑憰怪，各然其所然，各可其所可。则理虽万殊，而性同得，故曰"道通为一"也。

厉（癞）丑而西施好，是不能齐的，但其美丑皆合于其性，没有超出性分的美或不足性分的丑，故皆能足性逍遥，这是齐。因此，众人要安于其美或丑，不要自夸其美而嘲笑丑，也不要自卑其丑以羡慕美。这是从美丑之事实上不齐走向价值上齐一。

要之，郭象之齐事物的美恶与齐物是一致的，即肯定事物的美恶之分，且出自性分的要求而任性逍遥，故有平等的价值。众人安于自己的美恶，任性逍遥；圣人平等地包容事物的美恶，而顺之。

郭象更多地讨论美恶的观念及其而来的判断。美恶问题也是价值问题，涉及主体的价值判断，而有较强的主观性。众人根据自己的审美标准，对事物之美恶的断定各有分别。郭象之齐美恶之论是立足于性分的基础上。众人各有性分，彼此分别而不能相通，故其美恶观念及其美恶之论截然分别。

《齐物论》题注：

> 夫自是而非彼，美己而恶人，物莫不皆然。然故是非虽异，而彼我均也。

众人有彼此之分，不能相知相通，故以己为美，以人为恶，人人皆同。这表明众人的美恶之论皆基于性分而站在各自的立场上，以合于自己性分的为美，以悖于自己性分的为恶，故"美己而恶人"。因此，众人的美恶之论皆是一偏之见，而非真美真恶之论。

就某一事物而言，有人以为美，有人以为恶，美恶之论不定，是因为他们各自基于其性分来立论。《齐物论》注："此略举四者，以明美恶之无主。"美恶无主，即美恶不定，不能形成普遍的共识。庄子从美恶的相对不定性来齐美恶。郭象认为，众人的美丑之论是一偏之见，而皆出自性分的要求，是任性逍遥，故要尊重和顺应众人的美丑之论。

《知北游》注：

> 各以所美为神奇、所恶为臭腐耳。然彼之所美，我之所恶也；我之所美，彼或恶之，故通共神奇，通共臭腐耳。死生彼我岂殊哉！

彼我之美恶相反、神奇与臭腐相反，这是基于彼我之性分的差别。美恶不定，神奇与臭腐不定，站在神人之性全的角度，则无美无恶，无神奇无臭腐。要之，众人性分，有美丑的观念及其而来的论辩；圣人性全，无美无丑。

《德充符》注：

> 虽所美不同，而同有所美。各美其所美，则万物一美也；各是其所是，则天下一是也。夫因其所异而异之，则天下莫不异。而浩然大观者，官天地，府万物，知异之不足异。故因其所同而

> 同之，则天下莫不皆同；又知同之不足有，故因其所无而无之，则是非美恶莫不皆无矣。夫是我而非彼，美己而恶人，自中知以下，至于昆虫，莫不皆然。然此明乎我而不明乎彼者尔。若夫玄通泯合之士，因天下以明天下，天下无曰我非也，即明天下之无非；无曰彼是也，即明天下之无是。无是无非，混而为一，故能乘变任化，迕物而不慑。

万物各有性分，彼此不能相知相通，故各以己为美，以己为是，以彼为恶，以彼为非。这皆是出自性分的要求，是任性自得。圣人站在无心全性的角度，则万物之所谓美恶、是非皆是一偏之见，实是无美无恶，无是无非。圣人无美无恶、无是无非，即忘美恶、是非，而涵融万物之美恶、是非以为一，从而能顺应万物之美恶、是非。圣人之无美无恶、无是无非，即表明理想之境是涵融美恶之分以为一，而不是抛弃美恶。

《天运》注：

> 彼以为美而此或以为恶，故当应时而变，然后皆适也。

众人美恶之论相对不定，圣人无美无恶，而顺众人的美恶之论，故众人与圣人皆任性逍遥。《田子方》注："至美无美、至乐无乐故也。"圣人无美无恶，即涵融美恶以为一，这是整体无分的至美至乐。《德充符》注："宜生于不宜者也。无美无恶则无不宜，无不宜，故忘其宜也。"圣人无美无恶，故与任何事物相融合，而游于其中，心无不宜则忘宜。

综之，齐美恶首先是齐物，即某物或美或恶是确定的，这是出自性分的要求，皆能任性逍遥（齐）；众人安于自己的美或恶，圣人无美无恶而冥之，顺之。齐美恶其次是齐论，即众人的美恶观念及其而来的辩论不同，是出自性分的要求，故予以平等地承认。圣人无心全性，涵融众人的美恶之论以为一，从而顺应众人的美恶之论。

我们讨论郭象之齐是非的问题。

是非之辩是论或物论的核心内容。是非之论，一是指纯粹的是非观念；二是指众人的是非之论，即人作为主体对于事物之是非的认识和判断，这是重点。是非问题，既关涉事实的维度，又指向价值的维度。事实维度的是非即讨论主体的认识是否合于事物本身的问题，故主体的自由性、主动性小。价值维度的是非即讨论事物之合于主体目的性问题，是应然的问题，故主体的自由性、主动性大。庄子、郭象的是非之辩，往往是事实与价值不分。

郭象的是非之辩，主要立足于本性。是非之辩基于分别。众人之性是分，有独特性、分别性、部分性，则基于性分的是非之论皆是一偏之见，合于自我性分的见解为是，悖于自我性分的见解为非，彼此对立分明。

《齐物论》注：

> 此略举三者，以明万物之异便。此略举四者，以明美恶之无主。此略举四者，以明天下所好之不同也。不同者而非之，则无以知所同之必是。
>
> 夫利于彼者或害于此，而天下之彼我无穷，则是非之境无常，故唯莫之辩而任其自是，然后荡然俱得。

万物异便，突出万物的独特性、差异性；美恶无主，突出美恶之论的相对性，不定性；是非之境无常，即是非之论相对不定；这一切皆基于万物性分的差异。

《齐物论》注：

> 我以为是，而彼以为非；彼之所是，我又非之；故未定也。未定也者，由彼我之情偏。

对于某一观点，我以为是，彼以为非；或彼以为是，我以为非。因此，某一观点的是非之论不定，这主要是因为个人的性情偏颇。"由彼我之情偏"，强调主体的性分各有独特性、差异性、分别性。

《齐物论》注：

> 天下之情不必同，而所言不能异①，故是非纷纭，莫知所定。

情，即性情、性分，天下万物性分不同，其是非之论各是一偏之见，相分相异，故是非纷纭不定，不能达成共识，即没有普遍性的是非之论。

《齐物论》注：

> 夫物之偏也，皆不见彼之所见，而独自知其所知。自知其所知，则自以为是。自以为是，则以彼为非矣。故曰"彼出于是，是亦因彼"。彼是相因而生者也。

物之偏即物之性有分别性、差异性，自我能知性分之内的事，以之为是；不能知性分之外的事，以彼为非。彼我相分，是非不定。

《齐物论》注：

> 此亦自是而非彼，彼亦自是而非此，此与彼各有一是一非于体中也。

彼此各有不同的是非之见，不能相知相通。

儒家从人性的共同性上提出仁义的观念，即"己所不欲，勿施于人""夫仁者，己欲立而立人，己欲达而达人"等。郭象以性分立论，特强调本性的独特性、差异性、分别性，故众人不能相知相通，且否定学习、教育的作用，则彼此无法理解。

《齐物论》注：

---

① 这是郭象注文常用的句式之一，较为难解。其意或为天下之情不同，而其言皆合于其情（即言与情相一致，而不能不同）；或为天下其情不同，故是非之论（所言）也不能同。

> 儒墨更相是非，而天下皆儒墨也。故百家并起，各私所见，而未始出其方也。
>
> 夫有是有非者，儒墨之所是也；无是无非者，儒墨之所非也。今欲是儒墨之所非而非儒墨之所是者，乃欲明无是无非也。欲明无是无非，则莫若还以儒墨，反覆相明。反覆相明，则所是者非是，而所非者非非矣。非非则无非，非是则无是。

儒墨更相是非，即以自我的见解为是，以他人的见解为非，即《史记·老子韩非列传》"世之学老子者则绌儒学，儒学亦绌老子。'道不同不相为谋'"。百家争鸣，是非分明，是非对立，辩论无穷，但徒劳无益，不能获得真是真非。

真是真非，具有普遍性，是众人或百家形成的普遍共识。郭象以性分立论，否定众人能获得真是真非，故百家的是非之论皆无是无非。无是无非，是儒墨等诸家无法理解的，因为他们是非分明。如何论证无是无非呢？"还以儒墨，反覆相明"，儒者以某观点为是，而墨者以某观点为非，则某观点既是是又是非，是非不定。是非不定，则具有相对性，非真是真非；非真是真非，则无是无非。

要之，众人的性分各不相同，基于其上的是非之论皆是一偏之见，相对不定，而非真是真非，即无是无非。

如何对待众人基于性分的是非之论？郭象认为，众人的是非之论各不相同（不齐），但皆出自性分的要求，是得性逍遥，故有平等的存在价值（齐）。

《齐物论》注：

> 故儒墨之辩，吾所不能同也；至于各冥其分，吾所不能异也。

儒墨各有是非之辩，各是一偏之见，相互分别对立，这是不齐；但皆出自性分的要求，"各冥其分"，得性逍遥，这是齐。

《齐物论》注：

> 明夫是非者，群品之所不能无，故至人两顺之。
> 任天下之是非。

群品皆有是非，这是出自性分的要求，是得性逍遥，故有存在的平等价值；至人顺应天下的是非之论。"至人两顺之"，既顺应儒者之是，也顺应墨者之非。

《齐物论》注：

> 理无是非，而惑者以为有，此以无有为有也。惑心已成，虽圣人不能解，故付之自若，而不强知也。

理无是非，即从整体上来看，众人出自性分的是非之论皆是一偏之见，非真是真非，即无是无非；但众人之性是分，而有是非之论，这是任性自得，故承认其存在的价值，从而顺之，不强求众人从有是有非走向无是无非。

《齐物论》注：

> 是若果是，则天下不得复有非之者也；非若信非，则亦无缘复有是之者也。今是其所同，而非其所异，异同既具，而是非无主。故夫是非者，生于好辩而休乎天均，付之两行而息乎自正也。

真是真非具有普遍性，若真是，则天下无非；若真非，则天下无是。众人的是非之论不是真是真非，故彼此的是非之论纷纭不止。众人的是非之论"休乎天均"，即止于天理——无是无非，故顺之而自正。

要之，郭象之齐是非，即承认众人的是非之论不同，但皆得性逍遥而有平等的存在价值。

郭象认为，众人有是非，而圣人无是非。这是基于不同的本性。相对于众人之性分，圣人之性是全，即全体无分。郭注有"性全"

之说，即性得到充足的实现，而没有"全性"之词。① 性全是相对于性分而言，即圣人之性整体无分，即涵融天下之性分以为一。性全不是空无，也不是集合众人之性分的实有，而是涵融众人之性分以为一而空灵不昧；一是整体无分，一是常，一是虚静。性落到心，性全即无心，即心涵融万物万理以为一（一以贯之的至理）。《德充符》注"夫神全心具，则体与物冥"，神全，即性全；心具，即心涵融万理而为一。圣人之性全，故没有是非、善恶、美恶等分别，即无是无非，无善无恶，无美无恶。韩林合认为，圣人之心性是整体不分，"就圣人而言，他们无心，玄同彼我、万物，心中不存有任何区别（无小无大、无是无非、无善无恶、无美无丑、无生无死等等）"②。从圣人整体无分的视域看，众人基于性分的是非之论是片面的，非真是真非，即无是无非。

  圣人之全性无心的基本作用，是冥合万物万理，这包括冥合众人的是非、善恶、美恶之论等。冥合的依据是什么呢？凡是冥合，双方必须同情共感。首先，圣人之性全无心是涵融天下万物万理而为一，故能与万物万理相融合。其次，圣人之性全无心是一，故能随物成形，而适应任何事物及其变化；这就同水一样，因是无形之纯一，故置于各种容器中能变成各种形体。因此，圣人之无是无非的心性能顺应众人之是非。冥合的状态如何呢？圣人之性全，故有冥合天下是非的自然要求，即任性自得，故无心无意（作用义）、自然而然，而非圣人有心有意冥合众人的是非。凡是有心有意，则表明心与物有分而不能完全地融合。圣人的性全无心，表明心是虚静的，且冥物也是任性自得，故能养心养神，从而与治国平天下融合为一体。我们认为，郭象之圣人的心性无是非、忘是非，不是心之空无，从而对众人之是非木然无动于衷。

  《齐物论》注：

---

① 郭象之性全即性足之意。众人之性分得到充分的实现，即性全。《马蹄》注"众马之性全矣"，《知北游》注"人生而遇此道，则天性全而精神定"，《天下》注"故古人不随无崖之知，守其分内而已，故其性全"等。

② 韩林合：《游外以冥内：郭象哲学研究》，商务印书馆2016年版，第107页。

> 夫怀豁者，因天下之是非而自无是非也。故不由是非之途，而是非无患不当者，直明其天然而无所夺故也。

怀豁者即圣人，胸怀空阔，涵融天下之是非以为一，因而顺应天下之是非，故天下之是非皆能任性自得地展现出来。

《齐物论》注：

> 无是非，乃全也。
>
> 天下莫不自是而莫不相非，故一是一非，两行无穷。唯涉空得中者，旷然无怀，乘之以游也。
>
> 夫是非反覆，相寻无穷，故谓之环。环中空矣，今以是非为环而得其中者，无是无非也。无是无非，故能应夫是非；是非无穷，故应亦无穷。

圣人涵融天下之是非以为一，无是无非，即是全。圣人"涉空得中者，旷然无怀"，即心之虚静而无是非；"乘之以游也"，即顺应天下之是非，而游于无穷。"环中空矣"，即圣人之无心，故无是非，从而能顺应众人之是非。

要之，郭象之谓圣人涉空得中，即指圣人之无心，但非空无，而是涵融天下万物万理以为一之空灵的心性，这是虚静的，感而后动以冥物、顺物。

郭象之圣人与庄子之神人皆无是无非，而顺应众人之是非；二者表面上似同，但有实质上的分别。庄子之神人一切皆忘，心虚无虚空，忘是非，从而不能与众人的是非之论发生任何关系，即木然"顺应"天下之是非。郭象之圣人涵融天下之是非以为一，即突破是非的分别而统一，故能顺应和助成众人之是非，即顺应和助成天下万物的任性逍遥。庄子之神人"顺应"，不是真正意义上的顺应——两者同情共感的融合。这是不管不问的"顺应"，则天下之是非有可能趋于放纵，而越出于本性之外。郭象之圣人顺应天下之是非，是融合而顺应，一方面对万物之是非承担责任感而助之实现；另一方面也有节制天下之是非的作用，即不让天下之是非越出于性分之外。

《齐物论》注：

> 夫自是而非彼，彼我之常情也。故以我指喻彼指，则彼指于我指独为非指矣，此以指喻指之非指也。若复以彼指还喻我指，则我指于彼指复为非指矣，此以非指喻指之非指也。将明无是无非，莫若反覆相喻。反覆相喻，则彼之与我既同于自是，又均于相非。均于相非，则天下无是；同于自是，则天下无非。何以明其然耶？是若果是，则天下不得复有非之者也；非若果非，则天下亦不得复有是之者也。今是非无主，纷然淆乱，明此区区者，各信其偏见而同于一致耳！仰观俯察，莫不皆然。是以至人知天地一指也，万物一马也，故浩然大宁，而天地万物各当其分，同于自得，而无是无非也。

众人以己为是，以彼为非，即以合于性分为是，以违于性分为非；同于自是，均于相非；这是常情常理。因此，众人有是非。圣人站在整体无分的立场上认为，众人的是非之论皆是出自性分的一偏之见，相对不定，非真是真非，但皆任性自得。圣人"浩然大宁"，即涵融天下之是非以为一，从而顺应天下的是非之论。"同于自得，而无是无非也"，即圣人认为天下之是非皆任性自得，而平等地承认之，不以臧否论之。

众人能不能齐是非呢？郭象认为，众人只要安于自己性分之内的是非之论，且不干涉他人的是非之论，即齐是非。众人通过修养的功夫，认识到是非之论出于性分，彼此不能相通，皆能任性自得，从而安于性分之内的是非之论，不要越出于性分之外而失性作伪。

圣人从无是非，即齐是非、忘是非，走向冥是非。圣人之齐是非，是基于性全而涵融天下是非以为一，故无是非、忘是非；进而冥是非，即与众人的是非之论相融合，从而顺应和助成众人的是非之论，故圣人与众人皆能任性逍遥。

综之，郭象的善恶、美丑、是非等物论，皆是基于本性。众人的本性具有独特性、差异性、分别性、部分性，故众人的善恶、美丑、是非之论，皆是一偏之见，有相对不定性，而非真知，故彼此物论纷纭。圣人之心性整体无分，故涵融天下的善恶、美丑、是非等物论以为一，而无善无恶，无美无丑，无是无非，从而与众人的物论相冥而助成其物论的实现，则众人与圣人皆能任性逍遥。

第三节　郭象的玄冥论

"冥"在《庄子》中只是一个字或词，并不具有观念的意义。"冥"在郭象《庄子注》中出现七十余次，且有"冥极""冥物""冥然""玄冥"等重要的观念。

有的学者较重视郭象之冥的观念。王晓毅专门论述郭象之"冥物""冥极"的思想。他说："'冥'是一个多义词，有昏暗、幽深、暗合等意思，经郭象开发，成为重要认识论范畴。……多指放弃一切情欲与知识，消除与外物的边界，以无知无欲的混沌心态，回归自然本性，与宇宙万有和谐为一的最高境界，'凡得之不由于知，乃冥也'。"[①] 这颇能引发学人的思考。康中乾认为，郭象之玄冥，即心与物一体同在，浑然冥合。[②] 冥，即冥合，即自我与万物相融合。杨立华说，郭象之冥物的意义有二，一是冥忘万物之间形体的差异；二是根本上冥忘彼我之间的分别，《逍遥游》注"遗彼忘我，冥此群异"，冥，即冥忘。[③] 笔者认为，庄子重视齐物，而郭象更重视冥物，从齐物到冥物，展现出郭象对庄子思想的转化和创造。郭象之冥然、冥极、冥物、玄冥等观念的内涵及其意义，有待于进一步讨论。

一　"冥然"义

《说文·冥部》曰："冥，幽也。"《说文·玄部》曰："玄，幽远

[①] 王晓毅：《郭象评传》（下），南京大学出版社2011年版，第289页。
[②] 康中乾：《从庄子到郭象——〈庄子〉与〈庄子注〉比较研究》，人民出版社2013年版，第332页。
[③] 杨立华：《郭象〈庄子注〉研究》，北京大学出版社2010年版，第145—147页。

第八章　从庄子到郭象的齐物论　　339

也。"冥、玄的本义是幽深、幽远,是状词。

《老子》第二十一章:"道之为物,惟恍惟惚……窈兮冥兮,其中有精;其精甚真,其中有信。"窈冥,即深远、幽远,是描述道之幽深不知的状态。王弼注曰:"窈冥,深远之叹。深远不可得而见,然而万物由之。"[①] 王弼注释《老子》第一章曰:"玄者,冥默无有也,始、母之所出也。"[②] 玄、冥,无形无名,是万物的本原。王弼注释《老子》第五十一章"长而不宰,是谓玄德"云:"有德而不知其主也,出乎幽冥,故谓之玄德也。"[③]

《庄子》也出现冥、玄冥等词。《在宥》有"至道之精,窈窈冥冥;至道之极,昏昏默默""入于窈冥之门矣",这是承《老子》而来。《天地》:"视乎冥冥,听乎无声。冥冥之中,独见晓焉;无声之中,独闻和焉。"《秋水》:"始于玄冥,反于大通。"

综之,冥之字面义或本义,有幽深、高远、昏暗不明等意义。冥出现于《老子》《庄子》甚少。老庄以窈冥描述大道的无形无名而深远不知。王弼发展老子之意,以玄与冥互释,意指本原大道无形无名的状态。玄、冥因与大道相结合,而有神圣性、神秘性。

郭象解构了老庄本原大道的思想,玄冥的神圣性、神秘性也解消了,回到了本然的状态。冥的本义,是幽深、幽远而不可知,是状词,故有"冥然"。郭象的注文中,"冥然"一词出现十余次,具有观念的意义。

《齐物论》注:

> 夫物有自然,理有至极,循而直往,则冥然自合,非所言也。故言之者孟浪,而闻之者听荧。

物有自然之理即性,性理有范围和极限;物任其性理,无知无言,自

[①] （魏）王弼注,楼宇烈校释:《老子道德经注校释》,中华书局 2008 年版,第 52 页。
[②] （魏）王弼注,楼宇烈校释:《老子道德经注校释》,中华书局 2008 年版,第 2 页。
[③] （魏）王弼注,楼宇烈校释:《老子道德经注校释》,中华书局 2008 年版,第 137 页。

然而然地合于理。冥然是描述物与理相合的状态,即自然而然、不知不觉的状态,这是物与理完全融合的状态。若物与理有间,则物有心有意求合,非冥然。"冥然自合",即"冥合"。不知不觉有两义,一是根本不知、无知;一是心有知而忘。郭象之冥然不知兼含两义,不可不辩。就根本无心的万物而言,冥然自合是出于本性或本能,是下意识、无意识的。就万物之灵的人类而言,冥然自合是有知有识的,即心发生作用,而非纯粹根据本性或本能,不过是心的作用止于性分之内而已。王晓毅把万物(包括人)的存在和发展一归于本性或本能之无意识的力量,而忽视心灵的作用,这对于人尤为不合理。他认为,"那么事物'独化'的根本动力从何而来呢?只能来自自己内在的本能即本性。……所谓本性,是生来俱有的本能,后天的混沌。它不受自身意志控制,具有自发性"[1]。

《养生主》注:

> 今玄通合变之士,无时而不安,无处而不顺,冥然与造化为一,则无往而非我矣!

"玄通合变之士"即圣人,造化,即万物及其性理。圣人与造化相合,是自然而然、不知不觉的,这是圣人与造化的完全融合,故能游于造化之中,无时而不安,无处而不顺。圣人之冥然而合,主要是出于心性的要求;出于心性的要求则自然而然地融合万物。圣人任其全性而冥合万物,不是只跟着本能走,还有圣人之神全心具的作用。要之,圣人的言行是出自心性的作用,且以心合性,即心的作用合于本性的要求。因此,冥然不能理解为昏昧无知。

《人间世》注:

> 知不可奈何者,命也。而安之则无哀无乐,何易施之有哉!故冥然以所遇为命,而不施心于其间,泯然与至当为一,而无休

---

[1] 王晓毅:《郭象评传》(下),南京大学出版社2011年版,第249页。

咸于其中。

冥然与性分为一，即事物的知为自然而然地合于性分；顺应性分的要求，则逍遥自由。"而不施心于其间"，不是中止心的作用，而是心的作用止于性分之内。"泯然"同于冥然。

《人间世》注：

> 不瞻前顾后，而尽当今之会，冥然与时世为一，而后妙当可全，刑名可免。

圣人的知为冥然与时世为一，即圣人的知为暗合于时世，即自然而然地合于时世，从而与时世完全融合，而游于其中，不会产生对立冲突而遭受压制和打击。

《大宗师》注：

> 夫真人同天人，齐万物。万物不相非，天人不相胜，故旷然无不一，冥然无不任，而玄同彼我也。

真人同天人，齐万物，即与众人、万物相融合，所谓"旷然无不一"，从而能自然而然地顺应万物的本性。"玄同彼我"，即真人与众人不知不觉地融合为一。

冥然而合，即"冥合"。

《则阳》注：

> 都无，乃冥合。

圣人"都无"，即无独知独见而涵融万物万理以为一，故能与万物相融合。

由于"冥然"主要是描述事物之间相合的状态，即不知不觉、自然而然，且事物之间达到完全的融合，即"冥然而合"，故郭象注有时用"冥然""冥"表现冥然而合之义。
《知北游》注：

> 物有际，故每相与不能冥然，真所谓际者也。

物与物之间有分别、对立而不能相合。"冥然"即冥然而合。
《达生》注：

> 冥然与变化日新。

圣人冥然与变化为一，即与变化相融合，而顺应日新之变化。
《秋水》注：

> 约之以至其分，故冥也。

约，依据。冥，即冥合，即物暗合其性，即自然而然地合于性分的要求。性分如何，非物能自知自为，心之知为顺性而尽之。
《刻意》"守而勿失，与神为一"注：

> 常以纯素守乎至寂，而不荡于外，则冥也。

冥，即冥合性分。
郭象的注文中，与冥合相同的词语有玄合、玄同等。
《齐物论》注：

> 故圣人付当于尘垢之外，而玄合乎视听之表，照之以天而不逆计，放之自尔而不推明也。
> 言能蜕然无系而玄同死生者，至希也！

《秋水》注：

故玄同也。

玄合、玄同，即玄然而合、冥然而合，即冥合。

综之，"冥然"是描述事物相合的自然而然、不知不觉的状态；这有两种理解，一是无心之万物任其本能而合，二是有心之人类有知而忘相合；其结果皆是完全地融合。"冥然相合"，即冥合，即冥然，即冥，故冥然、冥有暗合之义。《知北游》注："凡得之不由于知，乃冥也。"冥，即不知，兼含两义。《养生主》注："暗与理会。"暗合于理，即不知忘知而合于理，这是完全融合之境。杨立华依据《逍遥游》注"遗彼忘我，冥此群异"，而释"冥"为"冥忘"，这是由"遗彼忘我"而来。笔者认为，冥，非冥忘，而是冥合。

二 "冥极"义

郭象创造了"冥极"一词。极，即指性、命、理的范围、极限。任何事物皆有独特的性分，有确定的范围、极限，不可变易，不可突破；否则，失其性分而陷入困境。任何事物皆不能预知其性分的限度，而只能在具体的语境中证成；某物不知不觉、自然而然地暗合性分的范围、极限，即冥极。因此，冥，即冥合。冥极，即冥合性分。

《养生主》注：

> 冥极者，任其至分而无毫铢之加。是故虽负万钧，苟当其所能，则忽然不知重之在身；虽应万机，泯然不觉事之在己。

冥，即冥然而合，即冥合，即暗合。冥极，即暗合性理的分域，而不能有毫铢越出于性分之外；个体的知为暗合性分的要求，则所知所能泯然不觉。

《齐物论》注：

> 夫以形相对，则太山大于秋毫也。若各据其性分，物冥其极，则形大未为有余，形小不为不足。苟各足于其性，则秋毫不

独小其小，而太山不独大其大矣。

"冥其极"，即冥极，即暗合性分。形大是合于性分的要求，没有超出性分的有余，即不大；形小合于性分的要求，没有不足性分的不足，即不小。因此，无小无大。郭象之无小无大，是承认事物之性分及其形体有小大之分，但皆能任性逍遥而有平等的价值。

《骈拇》注：

> 若知迹之由乎无为而成，则绝尚去甚而反冥我极矣。尧桀将均于自得，君子小人奚辩哉？

"反冥我极"，即尧与桀的知为与其性分之域暗合，则皆能任性逍遥；从任性逍遥上来说，尧与桀是齐一的，君子与小人是齐一的。郭象更重视任性逍遥，而轻视道德上的君子和小人之分别。

《齐物论》注：

> 故儒墨之辩，吾所不能同也；至于各冥其分，吾所不能异也。

儒墨的是非之辩彼此对立，儒者以为是，墨者以为非，儒者以为非，墨者以为是，故其是非之辩不齐，但皆冥合其性、任性自得是齐一的。冥其分，即冥合性分，即冥极。

《胠箧》注：

> 夫圣人者，诚能绝圣去知而反冥物极。物极各冥，则其迹利物之迹也。

圣人绝圣去知，即没有独知独见而涵融万物万理以为一，故能自然而然地冥合万事万物之性分，顺应万物之性分，则万物之性分得以实现，而任性逍遥。因此，圣人冥物之性分，而留下万物任性逍遥的功迹。

综之，冥极，既指众人、万物暗合自己的性分，又指圣人冥合众人、万物的性分。王晓毅认为，众人冥极，圣人冥物。① 这是不确的。

三 "冥物"义

郭象的注文中一再出现"冥物""与物冥"等观念。冥物、与物冥的主体是圣人，而非众人、万物，即圣人与众人、万物相冥合、融合。众人之性是分，各有所美，各有所是，彼此不能相通，《德充符》注"夫是我而非彼，美己而恶人，自中知以下，至于昆虫，莫不皆然。然此明乎我而不明乎彼者尔"；众人之是非、美恶之论不同，但皆自得其性。圣人"浩然大观者，官天地，府万物"，即圣人性全，涵融天下万物万理以为一，故无是无非，无美无恶，从而能够冥合万物万理，《德充符》注"若夫玄通泯合之士，因天下以明天下，天下无曰我非也，即明天下之无非；无曰彼是也，即明天下之无是。无是无非，混而为一，故能乘变任化，逵物而不慑"。要之，圣人冥物，即冥然与物相合，即自然而然、不知不觉地与众人、万物相融合。

《大宗师》注：

> 知天人之所为者，皆自然也，则内放其身而外冥于物，与众玄同。任之而无不至者也。

天之所为，乃自然之理，不可变易，圣人"内放其身"，即任性、足性；"外冥于物""与众玄同"，即与众人、万物相冥合、融合；因为完全融合，故圣人能游于万物之中而无穷无尽，众人、万物也能任性自由。

《应帝王》注：

---

① 王晓毅：《郭象评传》（下），南京大学出版社2011年版，第291、293页。

> 与万物为体，则所游者虚也。不能冥物，则逐物不暇，何暇游虚哉！

圣人与万物融合一体，则游于万物中，如入虚境。冥物，即与物冥合、玄同，而非与物相对立、冲突。因此，圣人游于虚，不是虚空虚无，游于真空中，而是游于众人、万物中，前提是与众人、万物相融合。

《知北游》注：

> 明夫自然者，非言知之所得，故当昧乎无言之地。是以先举不言之际，而后寄明于黄帝，则夫自然之冥物，概乎可得而见也。

自然之冥物，即自然而然、无心无意地融合万物；如此，圣人与万物才能完全融合；有心有意、自觉地求合万物，则二者之间必有嫌隙，圣人与众人、万物皆受到阻碍而不能自由。

《齐物论》注：

> 彼是相对，而圣人两顺之，故无心者与物冥，而未尝有对于天下也。此居其枢要而会其玄极，以应夫无方也。

圣人无心，而与物冥合，即冥合物之性分，顺任物之性分。

圣人，是郭象的理想人格，虽用儒家的圣人之名，但圣人之实已发生根本的转变。圣人无心而冥合万物，即与万物相融合。一方面，万物皆能任性逍遥；另一方面，圣人也能任性逍遥，而游于无穷。圣人如何能冥合、玄同万物呢？学人一般认为，圣人绝圣去知，无知无识，虚静虚无，则能冥合万物，这是错误的。果真如此，这是以空对实，以无对有，二者没有同情同理，则如何能融合呢？只能是圣人虚空，木然无动于衷于万物的存在和变化。因此，圣人之冥合万物，基于圣人性全心具，即无自己的独知独识而涵融天下万物万理以为一，从而能与任何事理相冥合、玄同。

《齐物论》注：

> 夫神全形具而体与物冥者，虽涉至变而未始非我，故荡然无蛋介于胸中也。

神全，即全性，即涵融万物之性分以为一，从而能与万物相融合而没有任何蒂介存于心中而不畅。

《德充符》注：

> 夫神全心具，则体与物冥。与物冥者，天下之所不能远，奚但一国而已哉！

神全心具，不是虚空虚无之心，而是涵融万物万理之心，从而冥合、玄同于万物万理。天下皆为圣人所有，即圣人与天下万物发生血肉相连的联系。

《德充符》注：

> 体夫极数之妙心，故能无物而不同。无物而不同，则死生变化无往而非我矣。故生为我时，死为我顺。时为我聚，顺为我散，散聚虽异，而我皆我之。则生，故我耳，未始有得；死，亦我也，未始有丧。

极数，即至理。圣人之心涵融至理，故与万物相冥合，则万物皆为我所有。生死也是我，故无得无失。

《人间世》注：

> 神人无用于物而物各得自用，归功名于群才，与物冥而无迹，故免人间之害，处常美之实，此支离其德者也。

神人无为，任物之自为，但非不管不问，了不相干，而是与物融合，任万物之自为；圣人没有留下自为、独为的足迹，即无迹；无迹，即以万物之迹为迹，则万物不能效法，也无从贬斥，"故免人间之害，处常美之实"。

《大宗师》注：

> 夫与物冥者，物萦亦萦，而未始不宁也。

神人与物冥合，不与物对立、分别，则安宁自由。

《逍遥游》注：

> 夫唯与物冥而循大变者，为能无待而常通，岂独自通而已哉！又顺有待者，使不失其所待，所待不失，则同于大通矣。

神人与物冥合，而顺应各种变化，则无所不凭借，无所不融合，故能常通而游于无穷。

王晓毅对郭象之冥物的思想多所阐释，富有一定启发性。他说："郭象认为，圣人心性空灵，'大智若愚'，表现为无知无情，永远处于'冥'的混沌状态。"[1] 既说神人心性空灵，又说处于冥的混沌状态，前后矛盾。圣人神全心具，涵融万理，与万物相融合，其融合的状态，是冥然，即不知不觉，自然而然，非有心有为。这种冥然的结合，意谓两者的结合是完全融合。如果圣人出于有心有意地结合万物，则二者必有分别，有对待有矛盾。圣人之心并非混沌不知，而是涵融天下万物万理以为一而空灵不昧，在感物之前，虚静无为；感物而应，呈现出任何物理；感物之后，心又归于虚静，而不留下任何痕迹，如雁过长空，影沉碧水。王晓毅未突出郭象之冥物的意义，一是万物皆能任性自由，而自得于一方；二是圣人也能任性自由，而游于无穷。

---

[1] 王晓毅：《郭象评传》（下），南京大学出版社2011年版，第293页。

第八章　从庄子到郭象的齐物论　　349

综之，只有圣人才能冥合万物；圣人神全心具，涵融万物万理以为一而空灵不昧，从而能与万物相融合、冥合；一方面圣人无独知独为，而包容众人之有知有为；另一方面，万物皆能展现自己的有知有为，而任性逍遥。

四 "玄冥"义

郭象的注文有"玄冥"一词。老子单独出现"玄"或"冥"；王弼的《老子注》也未把玄冥构成一词。《大宗师》有一则寓言，出现"玄冥"；玄冥是指玄冥之人，形容此人的认知之境深远难知，玄冥之人的上面还有参寥之人、疑始之人。

郭象之玄冥是一个重要的观念，有特定的哲学含义，这与"冥然""冥合""冥物"等观念具有相通性。玄冥，即玄同冥合，原是一个动词。《应帝王》注："问为天下，则非起于太初，止于玄冥也。"庄文之天根问无名氏"请问为天下"。为天下，则我与天下相对。郭象认为，这不合于玄冥之道；所谓玄冥，即自我与天下相融合、玄合，故无对。郭象主要把玄冥转化为一个名词，即玄同冥合之场域，即玄冥之境，而成为哲学的概念或观念。刘笑敢说："为什么要讨论'无'是不是名词的问题呢？因为一个词是否名词化是判断它是否已经转化为哲学概念的第一步。"[①]

郭象注《大宗师》"玄冥闻之参寥"曰：

> 夫阶名以至无者，必得无于名表。故虽玄冥，犹未极，而又推寄于参寥，亦是玄之又玄也。

> 玄冥者，所以名无而非无也。

玄冥之境，名无而实非无也，即不是至无，至无即空无。《知北游》注："吾以至道为先之矣，而至道者乃至无也。既以无矣，又奚为

[①] 刘笑敢：《诠释与定向——中国哲学研究方法之探索》，商务印书馆2009年版，第39页。

先?"至道，即至无，即空无。

《齐物论》注：

> 是以涉有物之域，虽复罔两，未有不独化于玄冥者也。

玄冥，即玄冥之境。玄冥之境是有物之域，即使罔两也独化于玄冥之境。玄冥之境是万物自生和独化的场域。自生、独化，强调事物之生化不是从无到有的过程，而是从有到有的过程，且生化无因而又无目的，是依据自然之理偶然而生，且顺应自然之理而化。[①]

《徐无鬼》注：

> 意尽形教，岂知我之独化于玄冥之境哉？

言教无益，自我之独化依据自然之理而展开于玄冥之境中，这否定了自我意志的主观作用。

《大宗师》注：

> 况乎卓尔独化，至于玄冥之境，又安得而不任之哉！

事物自生、独化于玄冥之境，故顺应之。

郭象没有明确揭示"玄冥之境"的内涵，故学人言说纷纭。[②]我们认为，玄冥之境，即气、人、物之万有所构成的丰富而复杂的境遇或场域：万有各自任性自得，彼此之间形成和谐有序的有机统一体，即玄同冥合之统一体，这不是出于造物者的意志，也不是出于万有的意志，而是自然而然、不知不觉地暗合、冥合。

《大宗师》注：

[①] 参见拙文《郭象自生、独化说新释》，《湖北大学学报》2020年第1期。
[②] 参见康中乾《从庄子到郭象——〈庄子〉与〈庄子注〉比较研究》，人民出版社2013年，第323页注①。

> 人之生也，形虽七尺，而五常必具。故虽区区之身，乃举天地以奉之。故天地万物，凡所有者，不可一日而相无也。一物不具，则生者无由得生；一理不至，则天年无缘得终。

人之生也，与天地万有构成相济相维的关系；一物不具，则生者无由得生，一理不至，则天年无由得终。万有构成了一个丰富复杂的网络，每个事物即是一个网结，与其事物结成有机统一的关系。

《大宗师》注：

> 夫体天地冥变化者，虽手足异任，五藏殊官，未尝相与而百节同和，斯相与于无相与也；未尝相为而表里俱济，斯相为于无相为也。若乃役其心志以恤手足，运其股肱以营五藏，则相营愈笃而外内愈困矣。故以天下为一体者，无爱为于其间也。

玄冥之境是宇宙之有（气、人、物）所构成的谐和整体，就像人的生命统一体那样，各种器官独立发生作用，且自发地相互协作而成为有机的生命体。个体皆要顺应自然之理，而不要以主观的意志和作为越出于性理的范围和极限；否则，玄冥之境会崩坏。

郭象注《天运》"至仁无亲"：

> 无亲者，非薄德之谓也。夫人之一体，非有亲也，而首自在上，足自处下，府藏居内，皮毛在外。外内上下，尊卑贵贱，于其体中，各任其极，而未有亲爱于其间也，然至仁足矣。故五亲六族，贤愚远近，不失其分于天下者，理自然也，又奚取于有亲哉！

人的生命体与社会的统一体同，各人任其性分的要求，且自然而然地相济相维，以构成有序和谐的统一体，不必有心有意施行仁爱，从而越出于性分之外，以破坏统一体的运行。

《秋水》注：

> 天下莫不相与为彼我，而彼我皆欲自为，斯东西之相反也。然彼我相与为唇齿，唇齿者未尝相为，而唇亡则齿寒。故彼之自为，济我之功弘矣，斯相反而不可以相无者也。故因其自为而无其功，则天下之功莫不皆无矣；因其不可相无而有其功，则天下之功莫不皆有矣。若乃忘其自为之功而思夫相为之惠，为之愈勤而伪薄滋甚，天下失业而情性澜漫矣，故其功分无时可定也。

玄冥之境中，个体以自为、独化为主，也对他物产生一定的作用，即个体以自为为中心，又产生彼此协作的关系，而非因果关系。这种复杂有序的关系是自然而然、不知不觉的。王晓毅说："一千年前的哲学家郭象，当然可以用生理学上的事实，证明事物之间客观上互相参与'相与'和互相作用'相为'，完全是无意识、无动机、无目的的自然过程，即'相与于无相与也'、'相为于无相为也'。"[①] 笔者认为，玄冥之境的万有，尤其是万物之灵的人类，自然不能以无意识或下意识的本性或本能解释其生命的过程，人的生命过程还有心的作用，心的作用是有意识的。因此，玄冥之境的万有自然而然地冥合为有序的统一体，并不否认心的作用，只是心的作用止于性分之内，即以心合性。

玄冥之境是理性思辨的止境，既说明其复杂性，又表明其理想性；玄冥之境不是现实世界，而是理想世界。韩林合说："通常意义上的独化之境不一定就是玄冥之境，因为独化之物可以是彼此冲突的，而玄冥之境则是充满内在的和谐的独化之境。不过，郭象意义上的独化之境必定是玄冥之境。"[②] 但玄冥之境与现实世界是不即不离的关系，即玄冥之境是从现实世界中发展而来，而非西方哲学的超越世界与现实世界截然隔绝。玄冥之境也可谓之"绝冥之境""无名之境""自得之场"等。[③]

[①] 王晓毅：《郭象评传》（下），南京大学出版社2011年版，第246—247页。
[②] 韩林合：《游外以冥内：郭象哲学研究》，商务印书馆2016年版，第45页。
[③] "绝冥之境"见于《逍遥游》注；"自得之场"多次出现，见于《逍遥游》注等；"无名之境"见于《天运》注。

综之，个体在玄冥之境中自生、独化，如果其知为任其性命之理，则能逍遥自由，也有利于玄冥之境的和谐有序；如果其知为越出性命之理，则失其性分而陷入困境，也有害于玄冥之境的和谐有序。个体自生、独化于玄冥之境中，玄冥之境是万有的存在之场，而不是生成者。王晓毅认为，万物本性的集合构成了玄冥之境，支配着现象世界中万物的自生、独化，即玄冥之境乃是万物自生、独化的根本动因，"显然，'玄冥'的本性，在郭象哲学中具有'本体'的意义"[①]。这是把事物的本性与其生命过程的展现分成内外本末的关系，且把本性作为生命过程的根本动力。笔者认为，事物的性命即生命过程的显现，二者是一；人的生命过程的展现，并不只是本性或本能的无意识推动，还有心的作用，不过心的作用止于性分之内而已。《齐物论》注："夫心之足以制一身之用者，谓之成心，人自师其成心，则人各自有师矣。人各自有师，故付之而自当。"

[①] 王晓毅：《郭象评传》（下），南京大学出版社2011年版，第253页。

第九章　从庄子到郭象的理想人格

　　理想人格是一种人生哲学中体现人生价值、完成人生目标的人物形象，是一种人生哲学的首要标志。庄子的人生哲学有神人、至人、真人的理想人格。郭象《庄子注》以文本注释的形式，对庄子的思想予以继承、发展、转化、改造而创构一个新的思想体系，学人或谓"庄子注郭象""六经注我"。郭象《大宗师》注曰："宜忘其所寄以寻述作之大意，则夫游外冥内之道坦然自明，而庄子之书，故是涉俗盖世之谈矣。"[1] 郭象所阐释的庄子之意，即他自己的思想体系，是"游外冥内之道"，则《庄子》之书由方外之书转化为"外内相冥"之书。汤用彤说："郭序曰，《庄子》之书'明内圣外王之道'……由此言之，则《庄子》养性之学，即治天下之术也。"[2] 内圣，即养心养性之学，所谓方外之道；外王，即治国平天下之术，所谓方内之道；二者相融合，即"内圣外王之道"。因此，郭象是把庄子的养心养性之学，转化为养心养性即治天下之术；他创构思想体系的首要标志，是重新建构其理想人格。因此，从庄子到郭象之理想人格的发展和演变，成为我们讨论的基本问题。

　　如何理解庄子的理想人格呢？学人一般把庄文中出现的神人、真人、至人、圣人等作为理想人格的名号。对于这些不同的名号，学人或认为它们所指称的人物在人生境界上处于不同的层次；或认为它们

---

[1]　(晋)郭象注，(唐)成玄英疏：《庄子注疏》，中华书局2011年版，第147页。
[2]　汤用彤：《魏晋玄学论稿》，上海人民出版社2015年增订版，第85—86页。

处于同样的层次而有共同的人生境界,即体道者。[1] 韩林合说:"庄子将体道者称为'至人'、'神人'、'真人'、'德人'……有时他也将其称为'圣人'。"[2] 我们认为,这些不同名号的运用,一方面是因为庄文的异质性所致,另一方面是因为庄文的寓言性质所致;不必过分重视理想人格之名号的异同,而大致认为神人、真人、至人是庄子的理想人格,且着重讨论理想人格的基本内涵。崔大华认为,庄子理想人格的精神境界是指一种安宁、恬静的心理环境,这包含三方面的内容,一是"死生无变于己",二是"游乎尘垢之外",三是"哀乐不入于胸次"[3]。韩林合说:"按照庄子的观点,一个人可以通过心斋、齐物、安命这样的步骤而进入与道同体的境界,即将自己从作为世界中的一个对象的经验主体而升格为与作为整体的世界同体(或同一)的至人。"[4] 经验主体上升为超验主体,其人生境界颇为神秘。郭象的理想人格是圣人,也有神人、无待之人、至人等名号。王晓毅认为,"在辨名析理的魏晋时代,这些名称不是可有可无的,按形名学规则,这些名称,反映了'神人'在不同领域活动的形迹,从不同角度揭示了其人格的各个侧面"[5]。本章将在学人研究的基础上阐述庄子与郭象之理想人格的内涵及其异同。

第一节　庄子的方外之人

庄文中有许多具体的道家人物,如许由、连叔、南郭子綦、啮缺、南伯子葵、女偊、子祀、子桑户等;虽然他们的姓名、事迹多是虚构而真假难分,但其具体的言论、行为体现了道家的思想观念。他们是否是庄子的理想人格呢?他们与神人、真人的关系如何呢?学人在讨论庄子的理想人格时往往混而不分。

---

[1]　崔大华:《庄学研究》,人民出版社1992年版,第152—153页。
[2]　韩林合:《虚己以游世:〈庄子〉哲学研究》,商务印书馆2014年版,第160页。
[3]　崔大华:《庄学研究》,人民出版社1992年版,第156—159页。
[4]　韩林合:《虚己以游世:〈庄子〉哲学研究》,商务印书馆2014年版,第207页。
[5]　王晓毅:《郭象评传》(下),南京大学出版社2011年版,第297页。

我们首先讨论庄文中的方外之人。道家人物是方外之人,世人是方内之人,方外与方内相分别。方外之人坚守方外之道,方内之人坚守方内之道。方内之道即儒家的基本观念,方外之道即道家的基本观念。道家主要是破除儒家的基本观念,故其标举的基本观念与儒家截然相反,老子所谓"正言若反"(《老子》第七十八章),即其言论是正言,合于大道而反于世俗之观念。价值观念是思想和行为的基础,故方外之人与方内之人的行为态度和方式也截然相反。

《大宗师》叙述了子桑户、孟子反、子琴张等道家人物相与为友的事情。子桑户死,未葬。孔子使子贡协助处理丧事。子贡看到孟子反、子琴张或编曲,或鼓琴,相和而歌。子贡趋而进曰:"敢问临尸而歌,礼乎?"二人相视而笑曰:"是恶知礼意!"道家之礼意,即生死一齐、生死是命,故不悲不喜地顺应生死之变,这不同于世人处理丧事时内心悲戚且实行一整套繁缛的外在礼仪。方外与方内之人的价值观念及其行为相反。孔子自我反省说:"彼游方之外者也,而丘游方之内者也。外内不相及,而丘使汝往吊之,丘则陋矣!"所谓"外内不相及",即方内与方外相隔绝。

《逍遥游》叙述了尧让天下于许由而许由不受的事情。许由是道家人物,尧是方内的君主。他们的价值观念及其行为方式截然相反:方内之人求名利,治国平天下;方外之人无名少欲,"偃鼠饮河,不过满腹",且以养心养神为目的。庄文崇方外而贬方内,一是方内之人不知方外之人,即小不知大,且方内之人尊崇方外之人(尧认为许由的智慧就像太阳普照万方,而自己不过是小火把映照一隅);二是方外之人能知方内之人,即大能明小,而嘲讽方内之人的愚昧。方外之人本是世人,而后通过修养的功夫抛弃方内之道而追求方外之道,这是对现实价值观念的突破和超越,故其人生境界高于方内之人。《逍遥游》中肩吾不能理解道家人物接舆讲述的藐姑射之山神人的事情,认为是"大有径庭,不近人情焉",这是小不知大;道家人物连叔批评肩吾是心智之聋盲,这是大能明小。

《大宗师》中,道家人物子祀、子舆、子犁、子来四人相视而笑,莫逆于心,遂相与为友。世俗之朋友是相互关心和帮助,但道家之朋友是彼此相忘。子舆有病，形体变得挛缩不伸，"曲偻发背，上有五管，颐隐于脐，肩高于顶，句赘指天"。子舆正经历身体的重大变化，子祀往问之。子舆能安于形体的变化而不悲不喜。他说："且夫得者，时也；失者，顺也。安时而处顺，哀乐不能入也，此古之所谓悬解也，而不能自解者，物有结之。且夫物不胜天久矣，吾又何恶焉！"子祀也能观化，即不悲不喜地观照子舆之化。这显然与世人之不能顺应变化相反。人生之变莫大于生死。子来将死，其妻子环而泣之，这是人情之常。子犁往问之，斥其妻子，以为这妨碍子来的生死之化。子犁认为，造物者不管把子来变成鼠肝或虫臂皆顺之。子来心领神会，瘩寐自若。要之，道家人物不悲不喜地安于、顺于生死等各种变化，故从生死等变化中解脱出来，获得了自由。

方外之人为何能顺应生死等变化呢？

一是认为生死等变化是命、天，不可抗拒，"且夫物不胜天久矣，吾又何恶焉"。《大宗师》："死生，命也，其有夜旦之常，天也。人之有所不得与，皆物之情也。"人之死生是命是天，如同白天与黑夜的更替，自我不能知，也不能为，所以顺命、安命。但道家之安命，不是刘笑敢所谓承认和接受"既定境遇"，即沉沦于世俗中。[①] 若是，则与世人之安命没有不同，这如何能表现道家人物对现实的突破和超越呢？《德充符》："死生、存亡、穷达、贫富、贤与不肖、毁誉、饥渴、寒暑，是事之变命之行也。日夜相代乎前，而知不能规乎其始者也。故不足于滑和，不可入于灵府。"人生的一切遭遇皆是命，不可抗拒；个体对于命不能规乎始，也不能规乎终，故木然置之，无知无为，"不可入于灵府"；这不是沉浸其中，而是置身命外。但众人之顺命、安命是承认和接受命而沉浸其中，是自我与命打成一片，随命沉浮，命中作乐。因此，道家人物之安命，是对命木然无动于衷，即在精神上与命互不相干。但安命究竟是理性的认知，自我与命尚有间隔而受束缚，只有忘命，自我与命才能混而为一，故安命有待于走向忘命，即从有知走向忘知、无知。

---

① 刘笑敢：《庄子哲学及其演变》，中国人民大学出版社2010年版，第324页。

二是认为生与死一齐,从而顺应生死之变,以破除众人之贪生恶死的观念和行为。道家人物认为,死是不可经验的,众人以死为痛苦或许是错误的,死也许快乐,《齐物论》"予恶乎知悦生之非惑邪!予恶乎知恶死之非弱丧而不知归者邪"。生死皆乐而齐生死。齐生死是理性的认知,自我与生死尚有间隔,有待于走向忘生死,则自我与生死混而不分。齐生死是齐物、齐物论的重要内容。齐物,即泯除万物的分别而万物一齐。众人以万物为分,且分别愈细愈繁。道家人物从万物的分别中发现共同性,进而遮蔽万物的差异性,而夸大共同性以齐之。齐万物,则自我对万物不会产生分别、拣择、好恶和贪嗔,从而顺应万物及其变化。但齐万物究竟是理性的认知,自我与万物有分;只有从齐万物走向忘万物,即自我对于万物无知无识,从而与天地万物混而为一。

综之,道家人物坚守安命、齐物的观念及其而来的行为态度和方式,这是与世人截然不同的。方内与方外相隔,方内之道与方外之道相反,方内之人不解方外之人,方外之人嘲讽方内之人。方外之人有玄思玄知,不免劳形伤神,且在与方内之人的冲突和矛盾中不免遭受嫉妒和打击,不仅被束缚而不自由,也受到伤害。因此,方外之人要通过修养的功夫而上达理想之境。换言之,子祀、子桑户等道家人物不是神人、真人、至人的具体化,不是理想人格,而是一群正行进在理想人格之征程的方外之人。方外之人与理想人格尚须一跃。这就如同于儒家的理想人格是圣人,儒家人物即君子,需要通过修身的功夫,下学而上达,孔子曰"若圣与仁,则吾岂敢"(《论语·述而》)。

第二节 庄子的理想人格

我们接着讨论庄文中神人、真人等理想人格。

庄子在《逍遥游》中描述几种人物形象:

> 故夫知效一官,行比一乡,德合一君,而征一国者,其自视也,亦若此矣。而宋荣子犹然笑之。且举世而誉之而不加劝,举

世而非之而不加沮，定乎内外之分，辩乎荣辱之境，斯已矣。彼其于世，未数数然也。虽然，犹有未树也。夫列子御风而行，泠然善也，旬有五日而后反。彼于致福者，未数数然也。此虽免乎行，犹有所待者也。

第一种人是君主、官员，世人之佼佼者，沉沦于各种世俗价值观念和俗务中，受其限制而不能自由。宋荣子不以毁誉、荣辱为意，"且举世而誉之而不加劝，举世而非之而不加沮"，但能分别二者，部分地突破世俗价值观念的限制，而获得有限的自由。列子乘风而行，轻妙美善，有时仍不能忘却俗世，大部分地突破世俗价值观念的限制，而获得更大的自由；"犹有所待者也"，尚有凭借而受限制。他们的精神境界从低到高，层层向上，依据其摆脱世俗观念和俗务之束缚而获得自由之小大的限度。

庄子最终推出至人、神人、圣人：

若夫乘天地之正，而御六气之辩，以游无穷者，彼且恶乎待哉！故曰：至人无己，神人无功，圣人无名。

神人彻底地隔绝世俗世界，彻底地抛弃世俗世界的各种观念，无所凭借，无所限制，而游于无穷；这即庄子的理想人格。

庄子所标举的理想人格即藐姑射之山的神人：

藐姑射之山，有神人居焉。肌肤若冰雪，绰约若处子。不食五谷，吸风饮露。乘云气，御飞龙，而游乎四海之外。其神凝，使物不疵疠而年谷熟。

之人也，之德也，将磅礴万物以为一，世蕲乎乱，孰肯弊弊焉以天下为事！之人也，物莫之伤，大浸稽天而不溺，大旱金石流土山焦而不热。是其尘垢秕糠将犹陶铸尧舜者也，孰肯以物为事！

从荒诞、夸饰的言辞中，我们大概明白，神人居于悠远的山林之中，长生不老，娴静婉好如少女一样；神人不食五谷，吸风饮露；乘风云，游于四海之外；神人精神宁静，万物自生自成自毁；神人无知无识，与天地万物混而为一；神人不能为任何事物所伤害，大水淹不死，大旱热不死。

《大宗师》有数段文字描绘真人的形象。真人，即神人，即庄子的理想人格。

> 何谓真人？古之真人，不逆寡，不雄成，不谟士。若然者，过而弗悔，当而不自得也。若然者，登高不栗，入水不濡，入火不热。是知之能登假于道者也若此。

真人"能登假于道者"，即体道者。真人与众人完全相逆，庄文用一连串"不"。"登高不栗，入水不濡，入火不热。"真人不会遭受任何伤害。"古之真人，其寝不梦，其觉无忧，其食不甘，其息深深。"心如死灰，寝而不梦，觉而不忧。"若然者，其心志（应为'忘'），其容寂，其颡頯。凄然似秋，暖然似春，喜怒通四时，与物有宜而莫知其极。"心寂无情，与四时、万物混而为一。"古之真人，不知悦生，不知恶死。其出不欣，其入不拒。翛然而往，翛然而来而已矣。"真人不知生死而忘生死，故能解脱出来而获得绝对的自由。这有别于道家人物之齐生死，因为齐生死仍要理性的认知，尚未达至忘境，故与生死不免有间而受到一定的束缚。"故其好之也一，其弗好之也一。其一也一，其不一也一。其一与天为徒，其不一与人为徒，天与人不相胜也，是之谓真人。"道家人物齐万物为一，这是有意为一，有意为一则不能一；真人忘一，而彻底地与万物混而为一。

理想人格的核心是心灵境界。孟子曰："耳目之官不思，而蔽于物，物交物，则引之而已矣。心之官则思，思则得之，不思则不得也。此天之所与我者，先立乎其大者，则其小者弗能夺也。此为大人而已矣。"（《孟子·告子》上）因此，我们首要的任务是把握庄子之理想人格的心灵世界。

《齐物论》开篇描述南郭子綦的形象：

> 南郭子綦隐几而坐，仰天而嘘，嗒焉似丧其耦。颜成子游立侍乎前，曰："何居乎？形固可使如槁木，而心固可使如死灰乎？今之隐几者，非昔之隐几者也？"子綦曰："偃，不亦善乎而问之也！今者吾丧我，汝知之乎？……"

子綦是道家人物，正通过修养的功夫而升进。"形如槁木，心如死灰"，是描述形与心的存在状态。心者，形之君也。心存有而中止不动，无思无虑，如同无心。心止则形枯，若槁木一样。心止则失去自我，即"吾丧我"，也不识天地万物，从而消解物我之对立，与天地万物混而为一，"嗒焉似丧其耦"。要之，道家人物的修养功夫主要是养心。

《大宗师》有两则寓言描述养心的功夫和境界。第一则是道家人物南伯子葵与女偊关于闻道、体道的对话。第二则是兼通儒道的孔子与弟子颜回关于"坐忘"的对话。

《大宗师》：

> 南伯子葵问乎女偊曰："子之年长矣，而色若孺子，何也？"曰："吾闻道矣。"南伯子葵曰："道可得学耶？"曰："恶！恶可！子非其人也。夫卜梁倚有圣人之才而无圣人之道，我有圣人之道而无圣人之才。吾欲以教之，庶几其果为圣人乎？不然，以圣人之道告圣人之才，亦易矣。吾犹告而守之，三日而后能外天下；已外天下矣，吾又守之，七日而后能外物；已外物矣，吾又守之，九日而后能外生；已外生矣，而后能朝彻；朝彻而后能见独；见独而后能无古今；无古今而后能入于不死不生。杀生者不死，生生者不生。其为物无不将也，无不迎也，无不毁也，无不成也。其名为撄宁。撄宁也者，撄而后成者也。"

女偊是闻道之人，故长生不老。修养的功夫是养心的功夫，养心的关键是能"忘"。忘，即心之遗忘。第一层次是"外天下"，外即忘，即忘却天下的各种价值观念，例如仁义、富贵、功名等；第二层次是"外物"，即忘物，郭象注曰"物者，朝夕所须，切己难忘"。第三层次是"外生"，即遗忘生理的欲求。这三层忘的功夫，是从外至内，层层深入，愈忘愈难。最终，一切皆忘，心虚静明，像朝阳初启那样寂静、明澈。"独"即道，"见独"即体道，即具有道的境界，从而无古今、无生死、无迎送、无成毁。

《大宗师》中，孔子及其弟子颜回成为道家人物的代表。他们谈论如何通过不断修养的功夫以达到"坐忘"。"回益矣"，颜回的养心功夫层层升进。第一层次是"忘礼乐"。第二层次是"忘仁义"。礼乐在外，仁义在内，皆是世俗的价值观念，所以从外向内逐渐地忘却。第三层次是"离形去知"，形，即耳目形体的欲望，离形，即去除各种欲望；知，即心知，去知，即去除心知。这三层修养的功夫，是愈忘愈难。最终达到"坐忘"，内外一切皆遗忘，心虚静虚空，而获得绝对的自由，所谓"大通"。因此，颜回修养的功夫是养心，养心即心之遗忘，而终至忘境。

《人间世》有一则寓言，颜回闻卫君残暴，准备到卫国游说，临别辞行孔子；孔子批评他有师心，不能化卫君，颜回请问方术。孔子回答曰："若一志，无听之以耳而听之以心，无听之以心而听之以气。听止于耳，心止于符。气也者，虚而待物者也，唯道集虚。虚者，心斋也。"颜回本有师心，师心即成心，有成心则有是非。《齐物论》："夫随其成心而师之，谁独且无师乎？奚必知代而心自取者有之？愚者与有焉！未成乎心而有是非，是今日适越而昔至也。"有是非，则有矛盾冲突。个体如何通过修养的功夫达至心斋呢？志在心斋；耳不闻，眼不见，即关闭耳目；心逐渐地忘却外在和内在的各种对象；最终，心遗忘一切对象，中止思虑，无知无情，虚静虚空，即心斋。心斋即气虚，气虚即精神境界的虚空（心形结合）。因此，心斋，是谈论心的修养功夫及其精神境界。

要之，道家人物的修养功夫是养心，心不断地遗忘，而最终心斋、坐忘，这即是理想人格的心灵境界、精神境界。我们进一步讨论的问题是，体道者之心是遗忘一切而达至虚无虚空的忘境，还是虚室生白而大道止于心呢？

刘笑敢说，庄文"心斋"中"唯道集虚"费解。他引郭象注文"虚其心，则至道集于怀也"而说："历来注家多因循其说，此说之集乃聚集、结集之义，原道乃不可分之绝对，独一之道怎能聚集于怀？故此解于义未惬。……'唯道集虚'即得道方能虚静，亦即达到虚静的心境。"① 张松辉说："刘先生刚好把大道到来与虚静心境的前后关系弄颠倒了，不是得道方能虚静，而是虚静方能得道，郭象的解释没有错。做到了'心斋'，把所有的个人俗见排除得干干净净，使自己的所有行为'一宅而寓于不得已'，顺物而为，庄子说这样'则几矣'。"② 一谓得道方能虚静，一谓虚静方能得道，二者针锋相对，但皆把心斋与体道打成两截。从刘先生之说，得道是虚静的前提，这贬损得道的根本性意义；且如何解释道家人物之修养的功夫是心之逐渐遗忘而最终一切皆忘呢？从张先生之说，虚静方能得道，但一方面心之虚静未必即能得道，因为心之虚静对大道没有必然的欲求；另一方面所谓的大道是什么呢？张先生没有阐明道之体，而述说道之用，即体道者的所有行为是"顺物而为"。此"顺物而为"是神人与万物相融合而顺应，还是神人与万物互不相干而顺应呢？韩林合说，神人是体道者，首先完全地停止心灵的正常活动（经验主体之心），不去知觉、思考、感受、意欲等，即心斋，心达到至虚至无的境地，"经过这样的过程，他便可重新获得本然之心或常心（所谓'得其心'），这时他便升格为体道者了"③。这也是虚静方能得道。体道者停止正常的心灵活动而付之于本然之心；本然之心是什么呢？本然之心有超越之知吗？

笔者认为，体道者之心即理想人格的心灵是"心斋""坐忘"，心中止思虑，而至虚至静，无知无识，不识自我，不识天地万物，从

---

① 刘笑敢：《庄子哲学及其演变》，中国人民大学出版社2010年版，第168页。
② 张松辉：《庄子研究》，人民出版社2009年版，第109页。
③ 韩林合：《虚己以游世：〈庄子〉哲学研究》，商务印书馆2014年版，第128页。

而与天地万物混而为一，《天地》所谓"忘乎物，忘乎天，其名为忘己。忘己之人，是之谓入于天"；心之忘境即道境，道境即忘境，二者是一。这不是儒家所谓仁者与天地万物血脉贯通的融合为一，而是体道者与天地万物毫不相干的混而为一，即老子所谓"圣人不仁，以百姓为刍狗"（《老子》第五章），不仁，即麻木不仁，不相交通联系，万物自生自灭，神人自养心神。因此，一方面体道者不受天地万物的任何牵连而获得绝对的自由；另一方面天地万物顺其本然而自成自毁，也可看作体道者之功，但体道者实际上对于天地万物不思不为。《齐物论》"天地一指也，万物一马也""天地与我并生，而万物与我为一"，神人之心至虚至静，不识天地万物，不知一指一马，从而与天地万物混而为一。颜回之"同于大通"，即体道者对于天地万物无知无为，而获得绝对的自由。①

庄子的理想人格是体道者；体道，即与道为一体。这似表明自我通过修养的功夫而把握超越之大道。老庄之道，学者多以为是本原之道，而创生天地万物，这是生成论之大道；或认为大道生成万物之后而支配万物，即大道寓于万物之中，而成为天地万物的根据，这是本体论之大道。笔者认为，庄子之大道是指最初的理想状态，即天地万物混而为一，天地万物皆质朴无知，彼此按其本然存在和发展，互不相干，即老子谓"邻国相望，鸡犬之声相闻，民至老死不相往来"的状态。大道将为天下裂，即混而为一的大道分裂，万物有知有识，有分别有是非，彼此形成各种各样的联系，钩心斗角，从而造成天下纷乱，大道往而不返。理想人格之体道即心斋、坐忘，无知无识，而与万物混而为一；换言之，体道者心斋，即达到自我与天地万物混而为一的大道之境。

综上，我们得出三点结论。

其一，道家人物对于神人、真人的理想人格尚须一跃。道家人

---

① 笔者认为，"大通"有两种基本形态，一是彼此相融相通，一是彼此毫不相干而自由，前一种大通是积极有为，后一种大通是消解无为。儒家主张积极的大通，即仁者与天地万物为一，这是血脉贯通、血肉相连的大通；道家坚守消极的大通，即麻木不仁，与天地万物互不关联。

物持守一种不同于世俗世界的新观念,如齐物、安命等;他们有玄思玄知,与人间世的众人不免产生冲突和矛盾,而引起众人的不解、嫉恨和打击。这无疑消损他们的形神,也带来价值观念及其行为相冲突的束缚。理想人格心斋、坐忘,彻底地抛弃世俗世界的各种观念,也彻底地忘却道家人物所持守的一种新观念,从而与天地万物混而为一。

其二,神人之理想人格的塑造,是庄子之消极避世思想的集中表现。置身于荒诞非理性的现实世界中,既无心无力改变,又不能随之沉沦,所以"退居内在城堡"①,养心养神而虚静虚空,在精神上与外在世界不发生任何关系和作用。他们是一个"多余人""畸零之人"②。他们也许会受到众人的不解、嫉恨和打击,但木然无动于衷。万物有知有识,有分有别,"与接为构,日以心斗"(《齐物论》),必然干涉体道者。体道者虽自我麻木,也不能做到"之人也,物莫之伤"(《逍遥游》),有时也难逃损害、杀戮的命运。山中之木是无心之物,因对于世人有用而遭砍伐;故人之雁是无心之物,因对世人无用而致杀戮。但是,神人在形体上或不能免于所伤,而在精神上安于所伤,即木然于所伤。郭象《逍遥游》注曰:"夫安于所伤,则伤不能伤。伤不能伤,而物亦不伤之也。"理想人格只有回到原初的存在形态,才能任其本然,彼此相忘,《大宗师》所谓"鱼相忘乎江湖,人相忘乎道术"。

其三,女偊、颜回对体道之境界的叙述,并不表明他们已达至理想人格,因为"大道不称""大辩不言""知者不言""言者不知",他们是一群行进在理想人格之征程上的道家人物,任重道远,死而后已;而且理想人格如同儒家之圣人,令人"高山仰止",道家人物与众人只能通过修养的功夫不断地上达,而永无止境。

---

① [英]以赛亚·伯林:《自由论》,胡传胜译,凤凰出版传媒集团、译林出版社2011年修订版,第183页。

② (清)曹雪芹:《红楼梦》(下),人民文学出版社2008年版,第876页。

第三节　郭象的理想人格

郭象《庄子注》如何重建庄子的理想人格呢？《逍遥游》注中，郭象提出有待者、无待者两类人，以无待者代表理想人格。

郭象从庄文"犹有所待者也""彼且恶乎待哉"凝结成"有待""无待"的观念，包括有待者和无待者、有待之逍遥和无待之逍遥。庄文之待，即凭借而限制。众人有凭借而有限制，故不能自由；神人无凭借而无限制，故能逍遥。郭注之待，即凭借而融合。有待者即凭借某一特定的事物或境遇而与之融合，从而游于一方。鸟待山林，即鸟与山林融合而游于其中，山林是鸟的自得之场；鸟置于笼中，则陷于困境。无待者即凭借任何事物或境遇而与之融合，从而游于无方。《逍遥游》注："唯无所不乘者，无待耳。"乘，凭借而融合，无所不乘，即无所不凭借，无所不融合，无所不逍遥。因此，无待者既能游于山林江湖，又能游于人间世的任何境遇。

《逍遥游》注：

> 夫唯与物冥而循大变者，为能无待而常通，岂独自通而已哉！又顺有待者，使不失其所待，所待不失，则同于大通矣。

无待者"与物冥"，即与任何事物（有待者）相融合，不仅自己能常通（自通）；且因与事物相融合而顺应事物的本性及其变化，则事物也能足性自由。这是无待者、有待者皆能逍遥自由的"大通"。因此，无待者之逍遥是有待者之逍遥的必要前提。

有待者，包括方内之人（众人）与方外之人（山林江湖之士）。无待者，即圣人，代表理想的人格。郭象把许由等方外之人看成有待者，只能游于山林而不能游于人间世；把方内之人尧舜等看成无待者。《逍遥游》注："夫自任者对物，而顺物者与物无对。故尧无对于天下，而许由与稷契为匹矣。……若独亢然立乎高山之顶，非夫人有情于自守，守一家之偏尚，何得专此！此故俗中之一物，而为尧之外臣耳。若以外臣代乎内主，斯有为君之名而无任君之实也。"郭象认为，尧是无待者，与天下万物相融合，而游于无穷，故为天下之君；许由独立于高山之顶，而与人间世相对待，是尧的方外之臣。

《齐物论》有一则寓言，叙述尧将讨伐三个偏远小国，南面临朝而内心不悦，故问舜。舜认为，尧讨伐三个野蛮之国，是替天行道，救民于水火中，其德像十日并照，而给天下万民带来德辉和福祉。尧舜代表儒家的圣君，其心中不乐，正是说明有为之害。因此，庄文的寓意是标举道家之君主的无为思想。郭象之注文把尧舜塑造为自己的理想人格："于安任之道未弘，故听朝而不怡也。将寄明齐一之理于大圣，故发自怪之问，以起对也。"郭象认为，这则寓言是寄言，即托尧阐明齐一之理，尧实际上明白齐一之理。齐一之理即万物所处不同、性分相异，而皆能任性逍遥，"夫物之所安无陋也，则蓬艾乃三子之妙处也"。圣人须冥合万物，顺应其性分，"若乃物畅其性，各安其所安，无远迩幽深，付之自若，皆得其极，则彼无不当，而我无不怡也"。今尧伐三子，是剥夺其蓬艾之愿，而伐使从己，不合于至道，故心中不悦。因此，圣人冥合万物，顺应万物，不仅自己游于无穷，万物也任性逍遥。

要之，郭象以尧舜代表自己的理想人格；但尧舜并非儒家的尧舜；尧舜之名同，而其实异。郭象之尧舜是无待者，既能游于山林又能游于人间世，而不同于儒家之尧舜只能游于人间世。郭象之尧舜冥合万物，顺应万物，以助成万物之本性的实现，其作为是顺应万物本性之为，即无为。儒家之尧舜积极有为，标举仁义礼乐等价值观念，引导和驱使众人突破自己的自然本性，这是有为，庄子批评说"夫尧既已黥汝以仁义，而劓汝以是非矣，汝将何以游夫遥荡恣睢转徙之途乎"（《大宗师》）。

庄文所塑造的孔子，是从方内之道向方外之道升进的复杂人物；郭象把孔子建构为"外内相冥"的圣人，以代表自己的理想人格。

《大宗师》注中有集中的阐述：

> 夫理有至极，外内相冥，未有极游外之致而不冥于内者也，

未有能冥于内而不游于外者也。故圣人常游外以冥内，无心以顺
有。故虽终日见形而神气无变，俯仰万机而淡然自若。夫见形而
不及神者，天下之常累也。是故睹其与群物并行，则莫能谓之遗
物而离人矣；睹其体化而应务，则莫能谓之坐忘而自得矣。岂直
谓圣人不然哉，乃必谓至理之无此。是故庄子将明流统之所宗，
以释天下之可悟，若直就称仲尼之如此，或者将据所见以排之，
故超圣人之内迹，而寄方外于数子。宜忘其所寄以寻述作之大
意，则夫游外冥内之道坦然自明，而庄子之书，故是涉俗盖世之
谈矣。

"外内相冥"是至理，展现至理的典范人物是圣人孔子。孔子能游于外，即与方外融合，所谓"冥外"，又能游于内，即与方内融合，所谓"冥内"；这是圣人"游外以冥内"的表层意义。从深层意义来看，"游外以冥内"即融通方内之道与方外之道，"无心以顺有"即以无心来处理世俗事务，"故虽终日见形而神气无变，俯仰万机而淡然自若"，把养心养神和治国平天下融合为一。

郭象之圣人的心境如何呢？这是理解其理想人格的关键。庄子的理想人格是心斋，而郭象的理想人格是无心。无心是从心斋转化而来，但两者的内涵已发生重要的改变。

郭象的注文：

> 彼是相对，而圣人两顺之。故无心者与物冥，而未尝有对于
> 天下也。枢，要也。此居其枢要而会其玄极，以应对无方矣。
> （《齐物论》注）
> 神人者，无心而顺物者也。（《人间世》注）
> 象天德者，无心而偕会也。（《刻意》注）
> 是以圣人无心而应物，唯变所适。（《外物》注）

圣人无心而顺物、冥物。从存有义来看，无心或指像草木那样根本没有心；或指心存有而中止不动，"心若死灰"，等于无心，这是庄子

之神人的心斋。庄子之神人心斋，不知自我和万物，而与万物混而为一，这是对万物漠不关心、无所作为，不可谓顺物、冥物。因为真正的顺物、冥物，是彼此相通相融的；决非一方无情无意，而另一方有情有意。这表明从庄子之神人心斋推不出顺物、冥物。

郭象的注文：

> 无心而无不顺。夫神全形具而体与物冥者，虽涉至变而未始非我，故荡然无蛮介于胸中也。(《齐物论》注)
> 夫神全心具，则体与物冥。与物冥者，则天下之所不能远，奚但一国而已哉！(《德充符》注)

这表明，郭象之圣人无心，不是心斋、坐忘，而是神全心具，即心具备万物万理。无心是否能理解为，圣人没有成心而包容天下万物之心，即圣人以天下万物之心为心，则圣人自能与任何事物相融合、冥合。笔者认为，假若圣人之无心，是无成心而包容万物万理，则万物万理纷然杂乱地集合于圣人之心，故圣人之心充实且纷乱而不能虚静，如何能养心养神呢？

因此，圣人之无心是一种涵融万物万理以为一的空灵之心，一方面圣人之心把万物万理一以贯之而为至理；至理是一，一是纯，一是虚，则可消除万物万理纷然杂陈之实；另一方面，圣人之心是空灵之体，不呈现任何物理而虚静，能化为万物万理而灵妙。空灵之心未感之时虚静为一，感而后动，遇到一物即化为一物一理，而与一物一理相融合，以顺应和助成一物一理之自得，《逍遥游》注"是以无心玄应，唯感之从"。感物之后，圣人之心又归于虚静为一，任何物理在心上不留下任何痕迹，如同雁过长空，影沉碧水。这就如同水，未感之时虚静无形；感而后动，置于一形器，则化为一形器之形；感物之后，又回归到虚静无形。因此，圣人无心而冥物，即与任何事物相融合而游于无穷，既养心养神，又助成万物之任性自得而治国平天下。《逍遥游》注："夫圣人之心，极两仪之至，会穷万物之妙数，故能体化合变，无往不可；磅礴万物，无物不然。世以乱，故求我，我无心也。我苟无心，亦何为不应世哉！"圣人之心会通、穷尽万物之理，即涵融天下万物万理以为一（至理）而虚灵不昧，从而能顺应任何事物及其变化，无往不可，无物不然。

综上所述，庄子的理想人格是神人、真人等，其心境是心斋、坐忘，心至虚至静而无知无识，从而与天地万物混而为一。忘境即道境，这是神人对天地万物无知无为的混而为一，故无所凭借（离人离物）而获得逍遥游，且养心养神。方外之人是一群正行进在理想人格征程上的道家人物，即从玄思玄智走向无思无知。郭象的理想人格是圣人，代表人物是儒家的尧舜、孔子等，名同而实相异。其基本品格是游外以冥内：第一，圣人是无待者，既能游于山林江湖，又能游于人间世的任何境遇；第二，圣人无心而冥物。圣人之无心是涵融万物万理以为一（至理）而空灵不昧，一方面不呈现任何物理而虚静，另一方面又化为万物万理而灵妙。圣人无心而冥物，即与任何事物或情境相融合，而游于无穷，既能冥物而获得逍遥游，且养心养神，又能助成万物之任性自得而治国平天下。郭象之圣人对于天下万事万物有忧患意识、责任感和作为，但圣人之心是顺应众人之心，故心动而不伤；圣人之为是顺应事物的本性而为，故作为而不劳。这与儒家之仁者以天地万物为一体有所不同：一方面仁者与天下万物血脉贯通，具有强烈的忧患意识、责任感，"居庙堂之高，则忧其民；处江湖之远，则忧其君；是进亦忧，退亦忧"（范仲淹《岳阳楼记》）；另一方面，仁者标举仁义礼乐等价值观念，转化、改造、提升众人和万物的自然心性，"化性起伪"，不仅自我费心劳神，众人也遭遇扰乱、矫饰情性的痛苦。

第四节 《庄子》中的孔子形象

先秦时代，孔子是儒家的代表人物。首先，他创立了儒家，在继承传统礼乐文化的基础上进行哲学的突破，标举仁的价值观念，以之为礼乐的内在精神实质；他是一位开宗立派的得道者。其次，他设立了私学，传授知识和儒家之道，使平民子弟有了接受教育的机会，为社会培养一个以知识和德能为主的新阶层——士；他是教育家。再次，他述而著作，对"六艺"文化典籍予以整理和解释，赋予其新义，奠定了古代文化在典籍上的根据；他是一位学术大家。最后，他带领弟子游说诸侯，"干七十余君"，宣扬和推行儒家的学说，知其不可而为之；他是一位政治家。孔子的弟子对孔子评价甚高。宰我曰："以予观于夫子，贤于尧舜远矣。"子贡曰："见其礼而知其政，闻其乐而知其德。由百世之后，等百世之王，莫之能违也。自生民以来，未有夫子也。"有若曰："圣人之于民，亦类也。出于其类，拔乎其萃，自生民以来，未有盛于孔子也。"[1] 孟子赞之曰："孔子，圣之时者也。孔子之谓集大成。集大成也者，金声而玉振之也。"(《孟子·万章》下)。西汉武帝时，立《五经》博士，采纳董仲舒"诸不在'六艺'之科、孔子之术者，皆绝其道，勿使并进"(《天人三策》)的建议，崇儒更化，"罢黜百家，独尊儒术"，建立了以孔子及五经为中心的为政、立言和做人的基本准则。孔子被称为"素王"、圣人，其所修《春秋》被视为"为汉立法"。《庄子》一书是庄子及其后学的作品，多以孔子虚构寓言故事。他们解构了孔子的儒者形象，孔子形象具有复杂矛盾性。郭象《庄子注》对《庄子》中孔子的人格形象进行重新塑造，以作为其理想人格，表现出儒与道相结合的特征，代表了魏晋玄学家对理想人格的期待。我们分为三个部分论述，一是讨论《庄子》中孔子的形象，二是讨论郭象所塑造的孔子形象，三是讨论郭象塑造孔子形象的基本方法。

陈少明说，"说来有些不可思议，《庄子》中关于孔子的故事竟有46则之多，而《庄子》中关于庄子本人的故事，则只有26则。毫无疑问，作为《庄子》寓言主角的孔子，与《论语》中君子的形象大异其趣，甚至可以说他是表达道家观念的玩偶。……但是，这也不是一个完全凭空虚构的形象，他与《论语》中的孔子在身份甚至人

---

[1] 宰我、子贡、有若之言见于《孟子·公孙丑》上，参见朱熹《四书章句集注》，中华书局2011年版，第218页。

格的某些方面有承继关系。"①

《庄文》中的孔子形象复杂,大约分为三类:一是儒家的代表人物;二是从儒入道而兼通儒道两家的人物;三是道家人物。孔子作为儒家人物,往往受到道家人物的批评和指责,是以受教育或受折辱的对象出现。孔子兼通儒道,已认识到道家之道的高妙,而欲抛弃方内之道,自觉地追求方外之道。孔子作为道家人物,向弟子或他人宣讲道家之道,是一个教育者和引导者。孔子的形象之所以复杂,或有两个原因。第一,这是《庄子》文本的复杂性和异质性所致,《庄子》文本分为内篇、外篇、杂篇,内篇主要是庄子本人所著,外篇、杂篇主要是庄子后学所著,且庄子后学分为三派:述庄派、无君派、黄老派,各派思想多有差异和不同。② 第二,《庄子》是"以谬悠之说,荒唐之言,无端崖之辞,时恣纵而不傥,不以觭见之也。以天下为沉浊,不可与庄语。以卮言为曼衍,以重言为真,以寓言为广"(《天下》),故庄文所叙述的孔子之事虽有历史的面影,但主要是寓言,真假难辨。庄子及其后学以一种游戏或反讽的态度来塑造孔子形象,一方面批评孔子,另一方面又通过孔子来表达他们自己的思想。司马迁《老子韩非列传》:"故其著书十余万言,大抵率寓言也。作《渔父》、《盗跖》、《胠箧》,以诋訾孔子之徒,以明老子之术。《畏累虚》、《庚桑子》之属,皆空语无事实。然善属书离辞,指事类情,用剽剥儒、墨。"钟泰认为,庄子相对于老子而更尊重孔子,其所传主要是儒家之学,"故窃谓庄子为孔门颜子一派之传,与孟子之传自曾子一派者,虽同时不相闻,而学则足以并峙"③,这恐不可信。

《庄子》内七篇中,只有《人间世》《德充符》《大宗师》谈到孔子。

《人间世》共有三则寓言述及孔子。第一则寓言是开篇所叙,文本量大,详细记述孔子与弟子颜回之间的对话,这是《人间世》的

---

① 陈少明:《经典世界中的人、事、物》,上海三联书店2008年版,第30页。
② 刘笑敢:《庄子哲学及其演变》,中国人民大学出版社2010年版,第240页。
③ 钟泰:《庄子发微》,上海古籍出版社2002年版,第3页。

主要内容。卫君威猛残暴,视民如草芥,民置于死地,不可称数。颜回欲到卫国,劝诫卫君,救民于水火中。颜回临走,请问孔子以何术可游说卫君,师徒二人有数番往来的对话。这则故事并没有历史事实的依据,颜回未去过卫国,只有子路曾在卫国做官,最终"结缨而死",其寓言的性质显然。

颜回代表的是儒者,积极用世,有心有为,欲以仁义法术规谏卫君,有救治卫国的责任感,"乱国就之,医门多疾",也有游说卫君的方术。孔子认为,颜回有矜名好知之心,将招致卫君的嫉恨和打击,恐有受刑之祸。颜回曰:"端而虚,勉而一,则可乎?"孔子谓不可。颜回又提出"与天为徒,与人为徒,与古为徒"的方术,孔子也谓不可。孔子认为,颜回带有成心成见,"犹师心者也",不能虚静无为,故不能感化卫君。颜回曰:"吾无以进矣,敢问其方?"孔子提出了"心斋"之术。

颜回曰:"敢问心斋?"仲尼曰:

> 若一志,无听之以耳而听之以心,无听之以心而听之以气。听止于耳,心止于符。气也者,虚而待物者也,唯道集虚。虚者,心斋也。

心斋,即心通过忘的功夫而虚静。"听止于耳,心止于符",即耳听不闻,眼看不见,心虚静而不反映(符)事物。一般而言,虚静之心的作用有二,一是心先虚静而后专门集中于某事,专心致志;二是心虚静不动,心如死灰,与任何事物不发生关系,而听从任何事物之自为自成。孔子要颜回先心斋,然后告之道术,便于颜回专心听取自己的教诲,这是第一种心的作用。"若一志",即专心于某事。"虚而待物者也",即心虚静而待事物,即专心于某物。颜回之心虚是等待孔子教诲的道术,郭象注曰"虚其心,则至道集于怀也"。要之,心斋的第一种意义,是忘记某对象之外的任何事情,从而专注于某对象。那么,孔子的道术是什么?"若能入游其樊而无感其名,入则鸣,不入则止。无门无毒,一宅而寓于不得已,则几矣。"游于卫君之廷,不为卫君的名位所动；卫君能接纳的意见则说，不能接纳的意见则不说；不立门户，不设壁垒；言说是不得已而应之，非有意强之；这近于道。因此，孔子告诉颜回游说卫君，不要以己意强加于卫君，而要随机应变，顺从卫君的意志。由此可知，颜回游说卫君之心斋，即心虚静明而能顺应卫君之意以开导之。"瞻彼阕者，虚室生白，吉祥止止。"心虚静明而能应万事。"夫徇耳目内通而外于心知，鬼神将来舍，而况人乎！"耳目不闻不见（卫君之外的事情），心虚静不知（自我的动机和目的与卫君之外的事情）；鬼神尚且能舍止，更何况卫君呢？要之，心斋，即心通过忘的功夫而虚静，一方面能专注于某对象，另一方面能顺应某对象。孔子之心斋基本上是道家的思想，孔子是一位道家人物。他对于弟子颜回阐述道家的心斋之道，是一位教育者和引导者。

如何理解虚静之心呢？一是虚静之心即心无思无虑，心如死灰，从而对于万事万物不知不识，不管不问，任其自生自灭，这也可称为顺应万物。譬之于颜回劝谏卫君，即颜回到卫国，心虚静虚空，无思无虑，对于卫君之事不管不问，而任其胡作非为。二是虚静之心即忘却对象之外的任何事情，一方面能专注于对象，另一方面能顺应其对象。三是虚静之心即涵融天下万物万理以为一（至理）而虚灵不昧，则与事物相接时，随感而应，而能应对和处理各种事情，所谓心具众理而应万事。拟之于颜回，一方面能对卫国承担责任，另一方面也能以事理应对、处理卫君的事情，从而真正地救治卫国。庄文虚静之心的意义含混，"周将处夫材与不材之间"（《山木》）。

第二则寓言叙述楚叶公子高出使齐国，请教孔子。子高出使之前，心惊恐不定，"今吾朝受命而夕饮冰，我其内热与"。孔子教导他，臣之侍奉君主，无逃于天地之间，乃是天命，"自事其心者，哀乐不易施乎前，知其不可奈何而安之若命，德之至也"，即心不悲不喜，以所遇为命而安之顺之。孔子告诉子高，游说时要遵从基本法则"传其常情，无传其溢言"，即临时之过言（溢美或溢恶）不传，而传其常情。"且夫乘物以游心，托不得已以养中，至矣。"心虚静而顺应人主之意，不得已而行之。孔子是一位传道解惑的道家人物。

第三则寓言叙述孔子至楚，楚狂接舆歌而感发孔子，此事依据于《论语》。

《论语·微子》：

> 楚狂接舆歌而过孔子曰："凤兮！凤兮！何德之衰？往者不可谏，来者犹可追。已而，已而！今之从政者殆而！"孔子下，欲与之言。趋而避之，不得与之言。

《史记·孔子世家》：

> 楚狂接舆歌而过孔子，曰："凤兮凤兮，何德之衰！往者不可谏兮，来者犹可追也！已而已而，今之从政者殆而！"孔子下，欲与之言。趋而去，弗得与之言。

这本于《论语》，内容相同。道家人物接舆譬孔子为凤鸟，应待圣君而见；委婉地批评孔子在乱世周行求遇，其德衰也；劝诫孔子避乱隐居，以保身尽年。显然，孔子是儒家人物而受到道家人物的批评。

《人间世》：

> 孔子适楚，楚狂接舆游其门曰："凤兮凤兮，何如德之衰也！来世不可待，往世不可追也。天下有道，圣人成焉；天下无道，圣人生焉。方今之时，仅免刑焉。福轻乎羽，莫之知载；祸重乎地，莫之知避。已乎，已乎！临人以德。殆乎，殆乎！画地而趋。迷阳迷阳，无伤吾行。吾行郤曲，无伤吾足。"

庄文在《论语》的基础上予以丰富。当时的社会政治是极端的混乱无道，福轻祸重，但孔子不知避世，而周行求合，是德之衰也。庄文批评孔子"临人以德""画地而趋"，以仁义礼法救治乱世，不仅不能成事，且给自己带来了危殆。"迷阳迷阳，无伤吾行。吾行郤曲，无伤吾足。"这以到处都是荆棘譬喻乱世无时无地不伤害众人，故要回避荆棘而行，方能不伤已足，颇为形象生动。《人间世》中接舆对孔子的批评较为激烈，但批评的目的是出于保护孔子的善意；孔子是一位儒家人物，受到道家人物接舆的劝诫和批评。

要之，《人间世》中的孔子，一是作为道家人物出现，二是作为儒家人物出现。在同一篇文章中，孔子的形象相矛盾，可见出其寓言的性质。

《德充符》有两则寓言，一是叙述孔子与常季谈论鲁国的兀者王骀之事；二是载录孔子与鲁国兀者叔山无趾之间的对话。兀者王骀、叔山无趾，是德全（神全）形残的人物。庄文推重他们，或是表明道家重视德全、神全，而忘形体，一改众人重视形体而轻视精神的常见常识；或是认为大道像天地那样覆载万物，不遗弃任何物类；或是认为形残无用之人，正有大用，"无所可用，安所困苦哉"（《逍遥游》），以保身尽年，这是对世人崇尚有用之用的批评。孔子对王骀的人生境界颇为了解和欣赏，且许之为圣人。孔子曰："夫子，圣人也。丘也直后而未往也。丘将以为师，而况不若丘者乎！奚假鲁国，丘将引天下而与从之！"孔子不仅自己要以之为师，还要率领天下众人以之为师。因此，作为儒家的孔子，欲抛弃儒家之道，而追求道家之道。庄文通过孔子之言行宣扬道家的思想。叔山无趾见孔子，请学，孔子轻视其形残而拒之。《论语》也有相关之事，子羽状貌甚恶，欲从孔子学习，孔子嫌其貌恶而以为材薄。后来，子羽受业，修行有成。孔子感叹曰："吾以言取人，失之宰予；以貌取人，失之子羽。"（《史记·仲尼弟子列传》）由此可知，庄文所述的孔子之事与《论语》中孔子有一定的联系。无趾认为，自己形残而德可全，怨怪孔子不能像天地那样覆载。孔子自我反省云"丘则陋也"。无趾出，与老聃有一段对话。无趾认为，孔子并非至人，故勤勉地学于老聃（孔子曾问礼于老子），以追求非常之名。"彼且蕲以諔诡幻怪之名闻，不知至人之以是为己桎梏邪？"这是批评孔子因为追求非常之名而被束缚，而且认为孔子的天性愚顽，"天刑之，安可解"。因此，孔子是一位儒家人物，受到道家人物的严厉批评。

要之，《德充符》中两则寓言的孔子形象是相矛盾的，前者孔子虽是儒家人物，但欲抛弃儒家之道而追求道家之道；后者孔子是一位儒家人物，而受到道家人物的批评。两则寓言叙述的孔子之事，与《论语》中孔子有一定的联系，但具体的情节是虚构的。这基本上是出于游戏的态度和笔墨，孔子成为庄子表达其思想的玩偶。

《大宗师》有三则寓言，叙述孔子之事。第一则寓言，道家人物子桑户去世，孔子使子贡帮助料理丧事。子贡去后，见子桑户的朋友临尸而歌，不行世俗的丧礼，甚为不解，回来告之孔子。孔子自我反省云"彼游方之外者也，而丘游方之内者也。外内不相及"，且对道家的存在形态展开诗意的描述，"茫然彷徨乎尘垢之外，逍遥乎无为之业"。孔子最终欲抛弃方内之道，追求方外之道。"鱼相忘乎江湖，人相忘乎道术"，是孔子对道家道术的深入把握。孔子被重塑为兼通儒道且以道为主的人物。庄子之意一是说明道家之道的高妙，而能感召圣人孔子；二是借孔子宣扬方外之道，而易为众人所信服。第二则寓言，叙述颜回与孔子谈论孟孙才居丧的事情。孟孙才居丧不哀，但众人谓之善居丧，颜回甚为不解。孔子认为，孟孙才齐生死，能顺应生死之变，故居丧时不悲不喜；且其无心而行世俗之礼，混同方内，"孟孙才特觉，人哭亦哭，是自其所以宜"。孟孙才的形象兼通儒道而以道为主。孔子对孟孙才的人格有深切的把握，暗示他也有这样的人格。第三则寓言，描述孔子与颜回谈论如何达到坐忘的境界。颜回通过不断的修为，忘礼乐，忘仁义，离形去知，一切皆忘，心虚静虚无，同于大通，最终达到坐忘的境界。这是道家所追求的最高人生境界，即体道。孔子曰"丘也请从而后也"。孔子是一位儒者，最终欲抛弃儒家之道，而追求道家之道。这则寓言以颜回为体道者，其境界高于孔子，孔子从而学之，颠覆了通常的看法。

要之，《大宗师》中孔子形象基本上是统一的，即一位儒者，最终抛弃儒家之道，而追求道家之道。

从《庄子》内篇来看，孔子的形象是一位兼通儒道且以道为主的人物；他欲抛弃方内之道而向方外之道升进；他对道家之道有深切的理解和把握，俨然一位道家人物，而成为道家的代言人；他是一位教育者、教导者，而向弟子和他人宣扬道家之道。由此，郭象以孔子为理想人格，孔子游外以冥内，即以道家之道为主而统一儒家之道，这在庄文中得到一定的暗示和证实。

内篇中，孔子有时作为儒家人物，受到道家人物的批评，但批评较为温和，且出于爱护的善意。与之不同的是，在外、杂篇中，庄文以寓言的形式诋毁孔子之徒，孔子主要是一位儒者，而成为被折辱、教训的形象。

《胠箧》更为激烈地批评儒家的圣人，所谓"圣人不死，大盗不止""掊击圣人，纵舍盗贼，而天下始治矣"；抨击儒家所提倡的仁义礼法，而要求绝圣弃智。这篇文章虽没有明确地指出孔子，但暗指尧舜、孔子等儒家的圣人。《渔父》中，渔父是江海之士，是方外之人，孔子是方内之人；渔父批评孔子不能闻大道，不能"法天贵真"。孔子曰："故道之所在，圣人尊之。今渔父之于道，可谓有矣，吾敢不敬乎！"孔子接受渔父的批评，且受到渔父的感召，而尊崇方外之道。因此，孔子是一位受教育和教训的对象。《盗跖》中，盗跖对孔子展开严厉的批评和尽情的嘲弄，远较渔父激烈。盗跖乃是暴徒，不同于渔父是一位隐士。"孔子再拜趋走，出门上车，执辔三失，目芒然无见，色若死灰，据轼低头，不能出气"，孔子被骂得晕头转向。孔子是一位儒者，是凌辱的对象。要之，在上面的三篇中，孔子是一位儒者形象，地位卑下，受到道家人物的严厉批评和指责。

《史记·老子韩非列传》叙述"孔子适周，将问礼于老子"的事情。① 《庄子》有不少寓言敷衍此事，意在表明老子先于孔子、老子之道高于孔子之术。一般的情节是，孔子恭敬地拜见老子，作为一位儒者而聆听老子的教诲和训斥。《天道》有一则寓言，叙述孔老谈论仁义之事。孔子自说其思想的核心内容"要在仁义"。老子批评他标举仁义是私而非公，且认为仁义损害万物的本性，"意，夫子乱人之性也"。《天运》也有一则寓言，"孔子见老聃而语仁义"。老子认为仁义扰乱人的质朴之性，"夫仁义憯然，乃愤吾心，乱莫大焉。吾子

---

① 《庄子》记载孔子向老子请教之事，约有八次，例如《天地》一次、《天运》四次、《田子方》一次、《知北游》一次等。

使天下无失其朴",这是批评孔子及其仁义之道。老子云:"泉涸,鱼相与处于陆,相呴以湿,相濡以沫,不若相忘于江湖。"鱼在江湖中自得逍遥,彼此相忘,而无须仁义礼乐的救助,这是理想的大道世界。孔子闻听老子之言,敬佩而追慕,以老子为龙,而自我卑怯。

孔子游说诸侯,干七十二余君,困顿不遇,"累累若丧家之狗",而且数次被人驱逐或围困。孔子"再逐于鲁,伐树于宋,削迹于卫,穷于商周,围于陈蔡之间"(《山木》)的人生遭遇,是《庄子》一再铺陈、渲染的故事,而散落在不同的篇章中。或是出于庄子后学中不同派别之手,或是出于庄文的寓言性质,孔子的形象复杂多变。

《秋水》有一则寓言,孔子游于匡,宋人围之数匝,孔子弦歌不衰,弟子颇不理解。孔子讲了一番大道理,主要是道家之顺时安命的思想,"知穷之有命,知遇之有时,临大难而不惧者,圣人之勇也",有异于儒家之安贫乐道的思想。孔子是一位道家人物。《山木》有两则寓言,叙述孔子困于陈蔡之间。第一则,孔子及其弟子七日不生火吃饭,几乎饿死。道家人物太公任吊之,对孔子的思想和行为进行批评。他说:"子其意者饰知以惊愚,修身以明污,昭昭乎如揭日月而行,故不免也。"一是指出孔子以有才有用而近死;二是认为孔子标举自己的智慧和高洁,求功求名而近死。孔子在太公任的一番训斥和教导下幡然明白,辞其交游,去其弟子,逃于大泽中,与鸟兽同群。孔子的形象,是一位被道家人物训斥和教导的对象,最终醒悟,抛弃方内之道,而践行方外之道。第二则,孔子困于陈蔡之间,与弟子颜回有一段对话,发挥道家天道自然的思想。孔子成为道家的代言人。《让王》有一寓言,孔子穷于陈蔡之间,七日不火食,颜色疲惫,而弦歌于室。子路、子贡皆有怨言,唯颜回安然。孔子与弟子有一大段对话。孔子曰:"君子通于道之谓通,穷于道之谓穷。今丘抱仁义之道以遭乱世之患,其何穷之为?故内省而不穷于道,临难而不失其德。天寒既至,霜雪既降。吾是以知松柏之茂也。"孔子是一位大儒,阐发其君子固穷、安贫乐道的思想。"吾是以知松柏之茂也",出于《论语·子罕》"岁寒,然后知松柏之后凋也"。要之,《庄子》即使叙述同一类的事情,孔子的人格形象也呈现出驳杂矛盾的特征。

综上所述，孔子的形象在《庄子》诸篇中颇为不同，一是作为道家人物，向弟子和他人谈论道家之道；二是作为儒家人物，受到道家人物的批评和指责；三是作为从儒者向道者升进而兼通儒道的人物。孔子的地位也不相同，一是作为论道的教育者，地位较高；一是作为被教育、批评和训斥的人物，地位卑微。因此，《庄子》文本中的孔子地位和形象呈现出复杂矛盾的特征。其主要原因有二，一是《庄子》文本具有异质性的特征，二是庄文主要以寓言叙事说理，所谓"寓言十九"。寓言，具有暂时寄托性，其事未必是真是信，不过是托意而已。陈少明说："道家大概缺少这种资源（即师徒之间的行道和论道之事），老子本人没有授徒行教，事迹飘渺，形象太虚。这迫使《庄子》的作者们要挖空心思，改画孔子的形象。"① 这或是一说。

第五节　郭象对孔子形象的再塑造

郭象之诠释《庄子》，面临两个重要问题，一是孔子之统一性的人格形象是什么？二是用何种方法建构其统一形象？

《大宗师》有一则寓言，文本量大，着力塑造了最具有典型意义的孔子及其弟子的形象：

> 子桑户、孟子反、子琴张相与友，曰："孰能相与于无相与，相为于无相为？孰能登天游雾，挠挑无极，相忘以生，无所终穷？"三人相视而笑，莫逆于心。遂相与为友。莫然有间，而子桑户死，未葬。孔子闻之，使子贡往侍事焉。或编曲，或鼓琴，相和而歌，曰："嗟来桑户乎！嗟来桑户乎！而已反其真，而我犹为人猗！"子贡趋而进曰："敢问临尸而歌，礼乎？"二人相视而笑曰："是恶知礼意！"子贡反，以告孔子，曰："彼何人者邪？修行无有而外其形骸，临尸而歌，颜色不变，无以命之。彼何人者邪？"孔子曰："彼游方之外者也，而丘游方之内者也。内

---

① 陈少明：《经典世界中的人、事、物》，上海三联书店2008年版，第109页。

外不相及，而丘使汝往吊之，丘则陋矣！彼方且与造物者为人，而游乎天地之一气。彼以生为附赘悬疣，以死为决疣溃痈。夫若然者，又恶知死生先后之所在！假于异物，托于同体；忘其肝胆，遗其耳目；反覆终始，不知端倪；芒然彷徨乎尘垢之外，逍遥乎无为之业。彼又恶能愦愦然为世俗之礼，以观众人之耳目哉！"子贡曰："然则，夫子何方之依？"孔子曰："丘，天之戮民也。虽然，吾与汝共之。"子贡曰："敢问其方。"孔子曰："鱼相造乎水，人相造乎道。相造乎水者，穿池而养给；相造乎道者，无事而生定。故曰：鱼相忘乎江湖，人相忘乎道术。"子贡曰："敢问畸人。"曰："畸人者，畸于人而侔于天。故曰：天之小人，人之君子；天之君子，人之小人也。"[1]

庄文提出"游方之内者""游方之外者"，可析为三组观念：一组是方之内与方之外，一组是方内之道与方外之道，一组是方内之人与方外之人。方之内是指现实世界，方之外是指与现实世界隔绝的超越世界，如江湖、山林之"广漠之野，无何有之乡"（《逍遥游》）。方内之道，是指儒家在现实世界中坚守的人伦道德；方外之道，是指老庄标举的道家之道。方内之人即众人，孔子、子贡是方内之人，行方内之道；子桑户等道家人物是方外之人，行方外之道。方内与方外隔绝，方内之道与方外之道截然分别，方内之人不能理解方外之人，即所谓"内外不相及"。庄文推崇方外之道，方外之道是大，方内之道是小；方内之人即小知不能理解方外之人即大知，是"小知不及大知"（《逍遥游》）。

这则寓言主要是说明儒道两家对待生死的不同态度和行为。世人贪生恶死，难以顺应生死之大变。儒家为此制定了丧礼，内有悲戚之心，外有一系列的丧仪，以慎终追远。子桑户等认为，生死是命，不可抗拒，且生死一齐，故要顺应生死之变，不悲不喜。子桑户死，孟子反等人或编曲，或鼓琴，临尸相和而歌；他们庆幸子桑户之死是反

---

[1] （晋）郭象注，（唐）成玄英疏：《庄子注疏》，中华书局2011年版，第145—148页。

其真，自己未死是不幸尚为人。"彼以生为附赘悬疣，以死为决疣溃痈"，似是恶生乐死。实际上，庄文为了破除世人悦生恶死的观念和行为，而矫枉过正。道家既非贪生恶死，又非乐死恶生，而是不悲不喜地顺应生死之变。

子贡不理解孟子反等人的行为而质问："敢问临尸而歌，礼乎？"二人相视而笑："是恶知礼意！"如何理解"是恶知礼意"呢？

郭象注曰：

> 夫知礼意者，必游外以经内，守母以存子，称情而直往也。若乃矜乎名声，牵乎形制，则孝不任诚，慈不任实。父子兄弟，怀情相欺，岂礼之大意哉！

丧礼本是内外合一，即内有悲戚之心而外有礼仪节文，但丧礼在现实的运行中渐生流弊，表现为礼仪节文的形式化、虚伪化。郭象批评后世之人在行礼时内外不一，孝不任诚，慈不任实。陈鼓应解释说，这段文字透露出儒道两家对待礼仪的不同态度；在庄子眼中，儒家讲究的是外化仪节，而道家看重的是礼的内质及人的真情流露，所谓"礼意"，这表明庄子肯定正常运行的礼——外在礼仪和内在情实的合一，而批评儒家之流于形式的异化之礼。① 笔者认为，郭象、陈鼓应的解释并不符合庄文的本义；作为孔门的高足，子贡当然知道丧礼是礼义与礼仪的内外合一；孟子反等人也并非批评世俗之丧礼的虚伪性、形式性。所谓"是恶知礼意"，即孟子反等人反问子贡，你怎么知道我们道家的礼意。道家的礼意，即指内在的情质（齐生死，忘生死，不悲不喜），与外在的形式（或编曲，或鼓琴，相和而歌）的内外合一。子贡不能理解孟子反等人的礼意，"无以命之，彼何人者邪"，这是小不知大，人生境界低的方内之人不能理解人生境界高的方外之人。孔子也承认，方内之人是天之戮民，即为仁义礼法等世俗观念桎梏而损伤其天然面目；方外之人是"畸人"，即不受仁义礼法的限制

---

① 陈鼓应：《先秦道家之礼观》，《中国文化研究》2000年夏之卷，第4页。

而顺任其天性，即"天之君子，人之小人"。孔子最终认为，方外之道高于方内之道，且欲抛弃方内之道，而皈依于方外之道。

如何向方外之道升进呢？孔子提出"鱼相忘乎江湖，人相忘乎道术"。鱼生活于江湖之中，顺应天性，舒适自由，彼此至足相忘。人生活于道术中，自由舒适，彼此至足相忘。《大宗师》还有一段文字："泉涸，鱼相与处于陆，相呴以湿，相濡以沫，不如相忘于江湖。"江湖干涸，鱼陷入生存的危机中，"相呴以湿，相濡以沫"，互相吐水沫润湿，以苟延残喘，不如鱼在江湖中彼此相忘。显然，鱼相忘于江湖，乃是鱼之理想的存在状态。在大道崩坏的衰世中，人人陷入生存的困境中，迫切需要仁义来相互救助和爱护，以苟延残喘。因此，大道是理想的状态，标举仁义礼乐的时代乃是衰世。子桑户等道家人物置于衰世中，虽不能改变乱世，但可通过修养的功夫，提高自己的精神境界，不断地忘却或抛弃仁义等价值观念，彼此相忘，从而获得更多的自由。

要之，庄文在这则寓言中指出，孔子、子贡所代表的儒家是方内之人，孟子反诸人所代表的道家是方外之人，方内之人与方外之人截然分别；孔子最终受到道家人物之高妙的精神境界的感召，欲弃方内之道而向方外之道升进。因此，孔子的人格形象，是从儒家人物而逐渐变成道家人物。

郭象为了重新塑造孔子的人格形象，写出一段长长的忘言之辩，其主要内容："夫理有至极，外内相冥，未有极游外之致而不冥于内者也，未有能冥于内而不游于外者也。故圣人常游外以冥内，无心以顺有。"外内相冥略有三种意义，一是方之内与方之外冥合；二是我之内与物之外冥合；三是心之内与形之外冥合。一般而言，方内与方外相隔绝，我与物相分别，心之养与形之劳相冲突。儒家所谓"合外内之道"（《中庸》），即内在德性与外在德行的合一，即内圣与外王的合一，这是容易理解的。但郭象所谓"内外相冥"是至理，与平常之理相背反，故众人不能解释。

郭象认为，孔子是圣人，外内相冥，游外以冥内。一方面，孔子既能游于方内，又能游于方外，是无待之人。另一方面，孔子能把方内之道与方外之道相统一，方外之道即虚静无为，养心养神，自由逍遥；方内之道即有心有为地行世俗之事，标举仁义礼法，治国平天下；孔子把养心养神与治国平天下合一，即心之养与形之劳的内外合一。再一方面，孔子无心而冥物，"无心以顺有"，即自我与任何事物相冥合，即自我与外物的合一。《应帝王》题注："夫无心而任乎自化者，应为帝王也。"圣人无心而冥合各种事物及其变化。

庄子所标举的道家理想人格，是虚静无为，即心虚静虚无，无思无虑，木然无动于天下万事万物，这是养心养神。因此，庄子之书主要是谈论神人、方外之人（山林江湖之人等隐士）的事情，并不涉及人间世之事。郭象把孔子作为理想人格的典范，其基本特征是游外以冥内，无心以顺有，养心养神即治国平天下，而把庄子之书转变为"涉俗盖世之谈矣"，故对于人间世的众人有重要意义。

孔子游外以冥内，即以无心无为处理人间世之事，即"无心以顺有"。圣人也行世俗之事，但以虚静之心行之。从行为上来看，圣人与世人似相同；但从心境上来看，圣人的心境是虚静（遗物而离人，坐忘而自得），不同于世人之有心。人的心境主导行为，同样的行为可由不同的心境所发出；心境不同，所发出的行为具有不同的意义。不同的心境所主导的行为表面上相似，但深层上有分别（世人难以分辨）。郭象把孔子之言行称为"迹"，孔子之无心称为"所以迹"。迹在外而易见，所以迹在内而难知；所以迹是迹之产生的内在根据。圣人因心境与精神的高妙，其行为的意义比世人高远宏大。

《大宗师》"丘，天之戮民也"注：

> 以方内为桎梏，明所贵在方外也。夫游外者依内，离人者合俗，故有天下者，无以天下为也。是以遗物而后能入群，坐忘而后能应务，愈遗之愈得之。苟居斯极，则虽欲释之，而理固自来，斯乃天人之所不赦者也。

方内之人崇奉礼法，损伤其自然本性，所谓"天之戮民"。方外之人，保持其自然本性，所谓"天之君子"。儒家崇方内而贬方外，道家崇方外而贬方内。郭象认为，孔子是游外者依内，即游外以冥内，即把方内与方外相统一，把方外之离人与方内之入群相统一。这是把儒家和道家相统一，且以道家为主、儒家为辅，以无心离人为主，以有心入群为辅。

《大宗师》"畸人者，畸于人而侔于天"注：

> 夫与内冥者，游于外也。独能游外以冥内，任万物之自然，使天性各足而帝王道成，斯乃畸于人而侔于天也。

圣人冥内外之道，自我任性自得，万物也任性自得，帝王之道成也。

从丧礼而言，方内之人是内有悲戚之心，外行丧葬礼仪；方外之人是不悲不喜，临尸相和而歌。郭象认为他们所执持的皆是一偏之道，而主张以不悲不喜之心行方内之丧礼。

《大宗师》有一则寓言：

> 颜回问仲尼曰："孟孙才，其母死，哭泣无涕，中心不戚，居丧不哀。无是三者，以善处丧盖鲁国。固有无其实而得其名者乎？回壹怪之。"仲尼曰："夫孟孙氏尽之矣，进于知矣，唯简之而不得，夫已有所简矣。孟孙氏不知所以生，不知所以死；不知孰先，不知孰后；若化为物，以待其所不知之化已乎！且方将化，恶知不化哉？方将不化，恶知已化哉？吾特与汝，其梦未始觉者邪！且彼有骇形而无损心，有旦宅而无情死。孟孙氏特觉，人哭亦哭，是自其所以宜。且也相与'吾之'耳矣，庸讵知吾所谓'吾之'乎？且汝梦为鸟而厉乎天，梦为鱼而没于渊。不识今之言者，其觉者乎？其梦者乎？造适不及笑，献笑不及排，安排而去化，乃入于寥天一。"

弟子颜回据方内之道，不明白孟孙才居母丧时"哭泣无涕，中心不戚，居丧不哀"。孔子告之，孟孙才已超出方内之道，而进于方外之道，通达生死变化之理：生死如春夏秋冬而不可逃避，则安之若命；

齐生死，则不悲不喜地顺应生死之变。庄文显然推崇孟孙才所持守的方外之道。这则寓言表明，孔子虽是方内之人，但已把握和追求方外之道。

郭象认为孟孙才游外以冥内。他注释曰："尽死生之理，应内外之宜者，动而以天行，非知之匹也。"他注释"孟孙氏特觉，人哭亦哭，是自其所以宜"曰："夫常觉者，无往而有逆也。故人哭亦哭，正自是其所宜也。"孟孙才宜于内，亦宜于外，即以无心无意实行世俗之丧礼，内外皆宜。

《德充符》有一则寓言，鲁国兀者叔山无趾见孔子，请学，孔子轻视他为形残之人而拒之。无趾离开孔子，与老聃有一段对话，严厉批评孔子追求幻怪之名，背离人之质朴的天性，且认为"天刑之，安可解"。郭象的注释，一方面回护叔山无趾对孔子的批评，另一方面又重建孔子的理想人格。

郭象注"彼且蕲以諔诡幻怪之名闻，不知至人之以是为己桎梏邪"曰：

> 夫无心者，人学亦学。然古之学者为己，今之学者为人，其弊也遂至乎为人之所为矣。夫师人以自得者，率其常然者也。舍己效人而逐物于外者，求乎非常之名者也。夫非常之名，乃常之所生，故学者非为幻怪也。幻怪之生，必由于学礼者，非为华藻也。而华藻之兴，必由于礼，斯必然之理，至人之所无奈何。故以为己之桎梏也。

首先，孔子无心而冥物，人学亦学。其次，孔子之学是为己，是任性自得，非舍己逐人而求为人之名。但众人浅知而认为孔子是求幻怪之名，圣人无可奈何，这是回护太公任对孔子的批评。

郭象注"天刑之，安可解"曰：

> 今仲尼非不冥也。顾自然之理，行则影从，言则响随，夫顺物则名迹斯立。而顺物者，非为名也。非为名则至矣，而终不免

乎名，则孰能解之哉！故名者，影响也。影响者，形声之桎梏也。明斯理也，则名迹可遗。名迹可遗，则尚彼可绝。尚彼可绝，则性命可全矣。

首先，孔子冥合万物万理。其次，太公任批评孔子是因为孔子留下名迹，而众人追逐孔子的名迹以失性作伪，这不是圣人之过，而是众人崇尚圣人名迹之失。因此，太公任与众人不知孔子之所以迹，乃是无心而冥物。

《知北游》有一则寓言，记述孔子与弟子颜渊之间的对话。颜渊请问，如何理解"无有所将，无有所迎"的道理。这是道家之理，《应帝王》云"至人之用心若镜，鉴物而无情。不将不迎，应而不藏，故能胜物而不伤"。孔子作为一位道家人物，予以阐述。用心若镜，即心虚静无知，对万物木然无动于衷，不送不迎，故心不会受到损伤，而养心养神。孔子谓"古之人，外化而内不化"，即内心虚静不化，而无动于外在的变化。"今之人，内化而外不化"，即心嘈杂扰攘而动，而与外在的变化发生冲突，从而与外在的变化相摩擦。"君子之人，若儒墨者师，故以是非相釐也，而况今之人乎！"儒墨更相是非，相互对立摩擦，君子尚且如此，众人更是如此。

郭象之注侧重于圣人无心而顺化，即圣人无心而与任何变化相融合，这不是庄子之虚静而木然于变化。郭象注曰：

> 常无心，故一不化。一不化，乃能与物化耳。
> 化与不化，皆任彼耳，斯无心也。
> 直无心而恣其自化耳，非将迎而靡顺之。
> 言夫无心而任化，乃群圣之所游处。
> 夫儒墨之师，天下之难和者，而无心者犹能和之，而况其凡乎！
> 无心故至顺，至顺故能无所不将迎，而义冠于将迎也。

上面注文的核心观念是"无心"。郭象把道家之虚静而不将不迎，转化为无心而顺物、应变,即无所不将不迎。

郭象之孔子人格是无心而冥物,与庄子的心斋、坐忘表面上相同,但实质上有别。庄子之心斋、坐忘,是心彻底地忘记一切,不思不虑,心如死灰,从而与万物不发生任何联系(既不承担责任感又没有任何的知为活动);这是养心养神,与治天下无涉。① 郭象之无心,是涵融天下万物万理而为一的虚灵不昧之心灵,感物之前之后皆虚静,万物在心中不留下任何痕迹,感物之中而顺物冥物,应对和处理任何事情。因此,郭象在注释庄文之心斋、坐忘时突出无心而冥物、无心而顺化的内容。

《人间世》有则寓言,记述孔子与颜回的对话,孔子批评颜回"犹师心者也",而谈论"心斋""虚室生白"。郭象注曰:

> 不虚心以应物,而役思以犯难,故知其所存于己者未定也。夫唯外其知以养真,寄妙当于群才,功名归物而患虑远身,然后可以至于暴人之所行也。
>
> 是故至人不役志以经世,而虚心以应物。
>
> 如其不尔,往必受害。故以有心而往,无往而可;无心而应,其应自来,则无往而不可也。
>
> 遣耳目,去心意,而付气性之自得,此虚以待物者也。虚其心,则至道集于怀也。

郭象之注文,一再强调颜回要"虚心以应物""无心而应""虚以待物"。虚心、无心是应物、待物,即与物相感而处理各种物事,而不是虚心、无心以离物离人;这是庄文之虚心与郭象之无心的根本不同。无心而冥物、游外以冥内的圣人之道正是孔子人格的基本内容。

《渔父》中渔父是一位隐居江湖的隐士,批评孔子无君侯之势,

---

① 心斋、坐忘之人,若存在于现实世界中,不免在形体上被动地遭受周围人的知为作用,但他们在精神上不受其任何影响,即木然于这些作用,即安于这些作用。周围人见其麻木,也就不再对其施加作用了。

无大臣之位,"擅饰礼乐,选人伦,以化齐民,不泰多事乎"。孔子信服渔父之言。郭象通篇只有一注于篇末:

> 此篇言无江海而闲者,能下江海之士也。夫孔子之所放任,岂直渔父而已哉?将周流六虚,旁通无外,蠕动之类,咸得尽其所怀,而穷理致命,固所以为至人之道也。

渔父是方外之人,只能游于方外;孔子是"无江海而闲者",即与江海没有间隔,既能游于方外又能游于方内的无待之人。无待之人即"游外以冥内"的圣人,其境界至高,能感召方外之人,即"下江海之士"。渔父小不知大,胸怀狭小一偏,哪里知道圣人孔子之阔大的宇宙胸怀呢?故他对孔子的批评和指责是错误的。

综上所述,郭象对《庄子》中孔子的人格展开了一以贯之的诠释,孔子是一位"游外以冥内"的圣人,其基本的内容有三:第一,孔子是无待之人,既能游于山林,又能游于人间世;第二,孔子无心而冥物;第三,孔子养心养神即治国平天下。

郭象对孔子"游外以冥内"之圣人形象的塑造有重要的理论价值和现实意义。

其一,力图把魏晋的名教与自然加以统一。所谓名教,主要指仁义礼法与三纲等社会政治制度,是儒家所标举的价值观念。所谓自然,即人的自然本性,是道家所推崇的。阮籍、嵇康等把名教与自然相对立,即仁义礼法限制人性的自然自由。这实际上是把儒家的价值观与道家的自然观相对立。庄子少言性,而重视自然的天为,反对人为,这无疑为魏晋玄学家畅谈人性提供了基础。时代进入了西晋,现实的社会政治与学术都要求把名教与自然统一起来,即要求把孔子与庄子的思想整合起来。郭象"游外以冥内"的思想回应了时代的课题。仁义礼法出于自然本性的要求,名教与自然相统一;这种统一,是以任性逍遥为基础的,即以自然为主、名教为辅的统一。儒家的名教礼法是人性中的内容,则行仁义礼法也是任性逍遥。由此,"名教与自然"问题得到了崭新的解释。

其二，庄文中，方内之道与方外之道截然分别；郭象的注文中，方内之道与方外之道相即相离。庄子之道本是方外之人追求的超越之道，与现实世界及其价值观念截然分别；郭象的解释，使庄子之道一方面有超越性（理想性），另一方面又有内在性，世人可在现实世界中实行方外之道，而进入更高的理想境界。

第六节　郭象再塑孔子形象的方法

《庄子》中的孔子形象是复杂矛盾的，郭象之诠释是融贯性的诠释，即建构一个具有内在统一性的孔子人格。郭象所建构的孔子人格不仅与《庄子》中的孔子甚多冲突，且与传统儒家的孔子多有抵牾。我们讨论的问题是，郭象的解释方法是什么呢？再言之，郭象以何种理论确证其解释的合理性、有效性呢？

郭象的主要解释方法，就是"寄言以出意"。寄言，即指庄文之义；出意，即指庄子之意；寄言是工具，出意是目的，所谓"得意而忘言"。言不尽意，即言与意存有一定的差距性，这容易理解。但郭象之寄言以出意，首先是突出言的寄托性、虚假性，轻言甚至废言；其次是夸大寄言与出意的间距性、对立性。因此，郭象往往把寄言与出意打成两截，漠视其一致性，这有利于他忘言以发挥庄子之意；实际上，庄子之意即他自己的思想。寄言以出意，一方面具有方法论的意义；另一方面又具有本体论的意义，即在解释效果上可以消解寄言与出意之间的矛盾冲突，以确证其解释的合理性、有效性。

《秋水》有一则寓言：孔子游于匡，被围，弦歌不衰，弟子甚不理解；孔子讲了一番道理，即从讳穷求通而走向顺时安命。孔子是一位道家人物。郭象的注释，主要把孔子转化成游外以冥内、无心而顺物的圣人。孔子自谓讳穷求通，讳穷，即拒穷；求通，即有心有意追求通达；这不能冥物，背离郭象之圣人的人格。郭象注曰：

将明时命之固当，故寄之求讳。

郭象认为，孔子自谓讳穷求通之久，是寄言，非真非信，即孔子从不讳穷求通，不过是以之为寄言，而表现安时顺命的出意。

庄文之谓孔子顺时安命，郭象解释为孔子无心而冥物：

> 无为劳心于穷通之间。
> 圣人则无所不安。
> 命非己制，故无所用其心也。夫知于命者，无往而非逍遥矣。故虽匡陈羑里，无异于紫极间堂也。

孔子是圣人，无所用心即无心而顺应一切事物，即无心而冥物。匡陈羑里而冥之，则逍遥自由，无异于居住在帝王宫廷或仙人之境而逍遥。因此，安其所遇，所遇之处皆是妙处。

《盗跖》中盗跖是一位大盗，"且跖之为人也，心如涌泉，意如飘风，强足以拒敌，辩足以饰非。顺其心则喜，逆其心则怒，易辱人以言"。盗跖面对孔子的劝谏，摇唇鼓舌，排斥圣迹，呵责尧舜，轻忽夷齐。孔子被骂得茫然失措，色若死灰。郭象对此一律无视，没有任何注释。结尾只有一注曰：

> 此篇寄明因众之所欲亡而亡之，虽桀纣可去也；不因众而独用己，虽盗跖不可御也。

郭象谓此篇所叙之事是寄言，非真非信，孔子不可能违众而见盗跖，不过是托意而已。其寓意是圣人要因众而冥物，因众人欲亡而亡之，故桀纣可去；不因众而独用己知，故盗跖也不可控御。圣人因众冥物，即顺应众人的要求，无心而冥物。寄言之孔子不因众而独用己，结果被盗跖痛骂。可以说，郭象的注释是驴唇不对马嘴。他对盗跖痛骂孔子不出一言，仅从孔子不听盗跖之兄柳下季的劝告而非要劝诫盗跖的事情上，概括大旨。疏多不破注，但成玄英疏曰："若郭注意，失之远矣。"

《人间世》有一则寓言，叙述楚狂接舆行歌而感发孔子之事。接舆指出孔子于乱世中周行求遇，其德衰微；批评孔子"临人以德""画地而趋"，不仅不能以仁义礼法救治乱世，也给自己带来危殆；规劝孔子及时避乱隐居。这代表庄子之意，也说明孔子不论治世与乱世皆投身其中。郭象以孔子为理想人格，其基本品质是无心而冥世，这与儒家的孔子有相似性，但与庄子之意冲突。他以"寄言以出意"的方法曲解庄文之义，发挥"庄子之意"（他自己的哲学思想）。

"凤兮凤兮，何如德之衰也"注曰：

> 当顺时直前，尽乎会通之宜耳！世之衰盛，蔑然不足觉，故曰"何如"。

郭象认为，孔子不论世之盛衰，皆无心而冥合之。无心，即不知不觉。"尽乎会通之宜"即与时世相融合、冥合。这表明，置于乱世，孔子即投身于乱世而治之，不是逃避之。这正违背接舆之意。郭象的释义如何实现呢？一是对"德之衰也"的曲解，这本指孔子在乱世中求遇，是其德之衰，而被曲解为世之衰。一是对"何如"的曲解，这本指询问缘由，被曲解为无心不知。儒家在混世中积极救治，所谓"医门多疾"；道家于乱世中退避自保。因此，儒道两家相互排斥。郭象之孔子人格综贯儒道两家，即在乱世中无心而冥合，即以无心救治乱世，一方面虚静无心，另一方面救治乱世，从而把养心保身与治国平天下相结合。

"来世不可待，往世不可追也"注曰：

> 趣当尽临时之宜耳。

郭象认为，孔子既忘记过去，也不展望未来，而与当下完全融合、冥合，即无心而顺化。接舆之意是，过去不可追及，将来不可等待，当下立即避世。郭象之释义与庄文之义有一定的相似性，但实质上相分别，即"似之而非"。

庄文"天下有道，圣人成焉；天下无道，圣人生焉"的本义是，天下有道，圣人必然成就功业；天下无道，圣人避世而求得生存。郭象注曰：

> 付之自尔而理自生成，生成非我也，岂为治乱易节哉！治者自求成，故遗成而不败；乱者自求生，故忘生而不死。

郭象认为，天下之有道与无道是命，圣人无心而顺之，不会因为世治而参与之、世乱而逃避之；圣人无心而顺成败之变，无心而顺生死之变。这与庄文之义相反。

庄文"方今之时，仅免刑焉"的本义清楚明白，即当今乱世，免刑即可，这是痛斥乱世的无道，而悲悯众人的穷困。郭象注曰：

> 不瞻前顾后，而尽当今之会，冥然与时世为一，而后妙当可全，刑名可免。

郭象认为，孔子与当下时世冥合，任性逍遥，则刑名可免除。这与庄文的本义基本相反。

庄文"福轻乎羽，莫之知载；祸重乎地，莫之知避"的本义是，在动乱中，众人包括孔子的福轻于羽毛，而祸重于厚地，故应避世。

郭象有长长的忘言之辩：

> 足能行而放之，手能执而任之，听耳之所闻，视目之所见，知止其所不知，能止其所不能，用其自用，为其自为，恣其性内而无纤芥于分外，此无为之至易也。无为而性命不全者，未之有也。性命全而非福者，理未闻也。故夫福者，即向之所谓全耳，非假物也，岂有寄鸿毛之重哉！率性而动，动不过分，天下之至易者也。举其自举，载其自载，天下之至轻者也。然知以无涯伤性，心以欲恶荡真。故乃释此无为之至易，而行彼有为之至难，弃夫自举之至轻，而取夫载彼之至重，此世之常患也。举其性内，则虽负万钧而不觉其重也；外物寄之，虽重不盈锱铢，有不

胜任者矣！为内，福也，故福至轻；为外，祸也，故祸至重。祸至重而莫之知避，此世之大迷也。

郭象标举无为。无为即顺其性分而为，不是无所作为。任性而动，动不越出性分，从而足性逍遥，这是福；所谓福至轻，即得福只要任性而动即可，是容易的。人的知为超出性分，则失其性分而陷入困境，故祸重。但众人大迷，往往追逐性分之外的事情，即不知避祸。乍看，郭象的注文完全是无中生有，不仅曲解庄文本义，也不能顺承自己解释的思想脉络。但细加分析，上下注文有一定的相通性。郭象上面的释义主要是孔子无心而冥世；无心而冥世，包含了圣人任性逍遥的思想。此段注文主要说明众人任性逍遥的思想，有一定的相似性。

庄文"已乎，已乎！临人以德。殆乎，殆乎！画地而趋"的本义是，批评孔子标举仁义法术，不仅不能救世，且自己会陷入危殆的境地。郭象注曰：

> 夫画地而使人循之，其迹不可掩矣。有其己而临物，与物不冥矣。故大人不明我以耀彼，而任彼之自明；不德我以临人，而付人之自德。故能弥贯万物而玄同彼我，泯然与天下为一，而内外同福也。

郭象把"临人以德""画地而趋"，作为君主治国留下的行迹，且行迹与众人不冥，故陷入危殆之境；进而标举孔子大人与时世冥合，玄同彼我，与天下为一，则自我逍遥无殆，众人也逍遥无殆，即内外同福。

庄文"迷阳迷阳，无伤吾行。吾行郤曲，无伤吾足"的本义是，规劝孔子避世而行，以免受到乱世的伤害。郭象注曰：

> 迷阳，犹亡阳也。亡阳任独，不荡于外，则吾行全矣。天下皆全其吾，则凡称吾者，莫不皆全也。曲成其形，各自足矣。

"迷阳"，注家多释为"荆棘"，是楚语。① 郭象释为"亡阳"，即无心不知。"任独"，即任其本性，而不荡出于性分之外。"全"即足性。圣人孔子、众人皆安于本性，顺于本性，任性自得自足而逍遥。"吾行郤曲"的本义是，行走曲折以避开荆棘。郭象曲解为曲成、顺应其形而自得自足。

要之，郭象的解释方法及特征，集中地体现在这则寓言的注释中。郭象之解释的方法是寄言以出意；其解释的特征是牵强附会、郢书燕说，是"过度诠释""强制阐释"；其解释的效果是庄文之义与他所阐发的庄子之意（他自己的思想）似之而非，有一定的相似性，但实质上相分别，这也是郭象注文的神秘魅力所在。郭象所建构的孔子人格是无心而冥物，这贯穿于所有的注文中，是融贯性的解释。

《庄子》的外篇和杂篇中，孔子是一位儒家人物，往往受到道家人物的批评和指责；郭象的注文遇到的困难尤多。

《山木》有一则寓言，孔子困于陈蔡之间，几乎饿死；太公任往吊之，对孔子的行为进行严厉批评；孔子最终离开弟子，逃于大泽中，与鸟兽同群。孔子的形象，是一位被道家人物训斥和教导的对象。郭象对孔子的形象予以重新塑造。

太公任问孔子是否悦生恶死，孔子答曰"然"。郭象注曰："自同于好恶耳，圣人无好恶也。"孔子本人没有好恶，而同于世人之好恶，即无心而冥物；这背离庄文的本义。太公任接着批评孔子之饰知、修身而与众人之愚昧、污浊相对立，从而遭到众人的嫉恨和打击。郭象注曰："夫察焉小异，则与众为连矣；混然大同，则无独异于世矣。故夫昭昭者，乃冥冥之迹也。将寄言以遗迹，故因陈蔡以托意。"孔子有迹与所以迹，迹是外在的行迹，所以迹是外在行迹的内在根据，是根本。孔子之迹即饰知、修身，与众人不同，但其所以迹是混然大同，而与众人冥合。众人只知孔子之迹而批评他，但不知其所以迹。因此，读者要从寄言中把握出意。孔子接受太公任的教诲，而隐居山林中。郭象注曰："取于弃人间之好也。若草木之无心，故

---

① 陈鼓应：《庄子今注今译》（上），中华书局2009年版，第155页。

为禽兽所不畏。盖寄言以极推至诚之信,任乎物而无受害之地也。"这是说孔子无好无恶,既能与人间世相冥合,又能与山林相冥合。孔子不同于众人好人间世而拒斥山林,也有别于隐士好山林而拒斥人间世。孔子游于山林,即与山林完全融合,故鸟兽与之游,这表明孔子至诚无心而冥物。要之,郭象的注释,通过寄言以出意、迹与所以迹等相关理论,把孔子塑造成游外以冥世、无心而顺物的理想人格。

《天道》有一则寓言,记述孔子与老聃的对话。孔子作为一位儒者,聆听老聃的训斥和教导。这与郭象之意有冲突,如何化解呢?老聃愿闻孔子思想的核心内容。孔子答曰:"要在仁义。"老聃批评孔子标举仁义之道,是成其私,即爱人而欲人爱己;且认为万物自为自成,根本不需要仁义之道来救治;指出仁义之道反而扰乱天下人的质朴之性。郭象的注释一方面要回护孔子,另一方面也要顺老聃之意。

首先,郭象认为,孔子所谓"要在仁义"乃是众人之所谓仁义,而非圣人之所谓仁义。"此常人之所谓仁义者也,故寄孔老以正之。"这是寄言,非真非信,不过是托意而已。孔子所说众人之仁义,是作为批评对象,而非主张众人之仁义。因此,老聃也非批评孔子,而是批评众人。圣人之仁义是大仁不仁,"夫至仁者,无爱而直前也",即无所偏爱而与任何事物相冥合。其次,"意,夫子乱人之性也",这是老聃批评孔子标举仁义而乱天下之性。郭象注曰:"事至而爱,当义而止,斯忘仁义者也。常念之则乱真矣。"念仁义,即有心有为地行仁义,则越出于性分之外,故乱人性;忘仁义,即自然而然,不知不觉地行仁义,则止于性分之内,故任性逍遥。要之,郭象之释义基本上违背庄文之义,但通过曲折的解释而与庄文之义有一定的相似性、相关性,似之而非。

综之,庄文中的孔子形象矛盾复杂,郭象通过寄言以出意的解释方法,把孔子再塑为游外以冥内、无心而冥世的圣人;庄文中的孔子主要是被批评、被教导、被嘲弄的对象,郭象把孔子变成为世人所景仰的圣人。郭象所建构的孔子人格确实代表了一种新的人格理想,即以道家为主而融合儒家的人格理想。郭象的解释特征是曲解庄文之义,似之而非。

第十章　从庄子到郭象的"忘境"

庄子与郭象皆特别重视"忘"的智慧。忘的主体是心，心之忘大略有两种意义：一是忘某物，即某物不存于心中；二是忘某物，即某物存于心中而不知。"忘境"，特指忘的精神境界，其主体是神人、圣人。本章首先讨论庄子与郭象之忘的基本意义，然后讨论庄子之神人忘境与郭象之圣人忘境的内涵及其异同，再讨论郭象之"无心""有心"的内涵。

第一节　充足舒适而忘

《大宗师》一篇有三处谈论"相忘"的思想和智慧。相忘，即彼此相忘，即互不相干而不发生任何的联系，既不互相憎恨而倾轧，又不互相关心而救助。

《大宗师》：

> 泉涸，鱼相与处于陆，相呴以湿，相濡以沫，不如相忘于江湖。与其誉尧而非桀也，不如两忘而化其道。①

鱼在江湖中充足舒适，不需要相互关心而救助，也无必要相互窥伺而争斗，故彼此相忘。江湖之水干涸，鱼陷于生存的困境中，急切需要相互关心而救助，不能相忘，彼此吹湿气、吐水沫而润湿，以苟延残

---

① （晋）郭象注，（唐）成玄英疏：《庄子注疏》，中华书局2011年版，第133—134页。

喘。在大道流行的社会中，众人充足舒适，而彼此相忘。大道崩坏之后，众人陷入生存的困境中，不能相忘，要么彼此窥伺而争斗，要么相互关心而救助。圣人标举仁义来救世，一方面以仁义勉励众人相互关心而救助；另一方面以非仁义阻止众人相互窥视而争斗，即以非誉促使众人就善而去恶。因此，庄子认为，理想的世界是彼此充足舒适而相忘的世界，根本不存在仁义；仁义是衰世的产物，老子谓"大道废，有仁义"（《老子》第十八章），圣人标举仁义以救治乱世。"与其誉尧而非桀也，不如两忘而化其道"，誉尧而非桀的社会即衰世，而忘非誉的社会即理想世界。

庄子之彼此舒适充足而相忘的思想，表现得较为含蓄。郭象的注文予以明确的揭示：

> 与其不足而相爱，岂若有余而相忘！
> 夫非誉皆生于不足，故至足者忘善恶，遗生死，与变化为一，旷然无不适矣，又安知尧桀之所在邪！

郭象的注文，前一条是揭示庄子之意，即众人充足而彼此相忘；后一条是展开自己的思想创造，即至人至足，故忘善恶、生死，从而与任何事物及其变化融合为一，故能游于任何一方而无不舒适自由。因此，郭象的充足而忘有一种新的意义，即自我愈充足，则愈能忘；愈能忘，则愈能与事物及其变化相融合，因而愈能游于多方而舒适逍遥。郭象之释义，特具有现实的意义，但并未真正地把握庄子"人相忘乎道术"的含义，即在大道流行的理想世界中，众人彼此舒适而不需要仁义来相互关心而救助，仁义是衰世的产物。

《天运》有同样的一段话。郭象注曰：

> 夫至足者忘名誉，忘名誉乃广耳。
> 言仁义之誉，皆生于不足。
> 斯乃忘仁而仁者也。

郭象不是从理想时代众人舒适充足而彼此相忘来解释"不若相忘于江湖"。他认为，至足者忘名誉。我们之所以要求名誉，是因为自己不足，故要通过沽名钓誉来获得不足的东西；这符合常情常理。至足者忘名誉，也可理解为至足者拥有名誉，故忘而不求名誉。"斯乃忘仁而仁者也"，即人在道术中行仁义而忘，即自然而然地行仁义，即仁义存于心中而不知；这不合庄子之意——鱼在江湖中根本不需要仁义，人在道术中根本不需要仁义。

《大宗师》：

> 孔子曰："鱼相造乎水，人相造乎道。相造乎水者，穿池而养给；相造乎道者，无事而生定。故曰：鱼相忘乎江湖，人相忘乎道术。"

庄文借圣人孔子来宣扬道家的思想。鱼在江湖，人在道术，皆舒适自足，故彼此相忘，不需要相互关心而救助。

郭象注曰：

> 各自足而相忘者，天下莫不然也。至人常足，故常忘也。

"各自足而相忘者，天下莫不然也"，是常情常理，符合郭象足性逍遥的思想，但与庄子"人相忘乎道术"的境界相距甚远。"至人常足，故常忘也"，这是郭象发挥他自己的思想，至人常足、至足，不同于众人暂时而足、有限而足；因为至人至足，故一切皆忘，从而与任何事物相融合而游于无方。

《大宗师》有一则寓言，子桑户、孟子反、子琴张相互结为朋友，但道家之朋友与人间世之朋友不同，"相与于无相与，相为于无相为""相忘以生"，即彼此相忘，不需要相互关心和帮助，因为他们皆能充足舒适。

"相忘以生，无所终穷"注曰：

> 忘其生，则无不忘矣。故能随变任化，无所究竟。

一切皆忘，则虚静而顺应生死之化。

"三人相视而笑，莫逆于心。遂相与为友"注曰：

> 若然者，岂友哉？盖寄明至亲而无爱念之近情也。

至亲不亲，至仁不仁，即至亲忘亲疏远近之仁义，而平等地包容众生。

郭象以上的两条注文主要是发挥他自己的思想，即至人至足而忘以顺应万物及其变化，与庄文之义不同。

庄子之彼此舒适而相忘的思想，或本于老子。《老子》第八十章："小国寡民，使有什伯之器而不用，使民重死而不远徙。虽有舟舆，无所乘之；虽有甲兵，无所陈之；使民复结绳而用之。甘其食，美其服，安其居，乐其俗。邻国相望，鸡狗之声相闻，民至老死不相往来。"[1] 小国寡民，民众任其本来面目而生存和发展，彼此舒适而相忘。

要之，郭象之至足相忘有三种意义，一是彼此充足而相互遗忘；二是自我充足而忘，即自我拥有某物而忘却某物；三是至人至足，一切皆忘，忘私而公，从而顺应任何事物及其变化。

《天运》注：

> 夫至仁者，百节皆适，则终日不自识也。圣人在上，非有为也，恣之使各自得而已耳。自得其为，则众务自适，群生自足，天下安得不各自忘哉！各自忘矣，主其安在乎？斯所谓兼忘也。

一是至仁者一切皆适而自忘；二是至仁者与群生皆自足，而彼此相忘；三是至仁者至足，一切皆忘而能顺应群生。至仁者与群生皆充足

---

[1] （魏）王弼注，楼宇烈校释：《老子道德经注校释》，中华书局2008年版，第190页。

相忘，即"兼忘"。

《天运》注：

> 失于江湖，乃思濡沫。

鱼离开江湖而陷于生存的困境中，故思慕救助而不能彼此相忘。

《天运》注：

> 忘乐而乐足，非张而后备。

因为自己乐足，故忘乐。

郭象认为，人之所以求名而不能忘之，是因为自己不及、不足，《天运》注云"凡名生于不及者，故过仁孝之名而涉乎无名之境，然后至焉""所至愿者，适也。得适而仁孝之名都去矣"。至足至愿者，则忘名忘愿。《德充符》注："夫至足者，不以忧患经神，若皮外而过去。"至人至足而忘外，故无忧无虑。

综之，庄子认为，在大道流行的理想世界中，众人与万物皆舒适自由，故彼此相忘，仁义与非誉是衰世的产物，圣人标举之以救治乱世。牟宗三说："我们这个时代是一个没有道术的时代，所以大家都不能相忘，都找麻烦，我给你麻烦，你给我麻烦。"[①] 没有道术的时代，即混乱无序的时代，众人生存于困境中或者彼此争夺，或者彼此救助，故不能相忘。笔者的父母弟妹皆生活在穷困偏僻的乡村。平时，如果没有紧要的事情，则各忙各的，没有多少往来，彼此相忘而不行孝悌慈爱。一旦父母弟妹在农村陷入了困境，我们就不能相忘，电话不断，麻烦不断，迫切需要实行孝悌慈爱来相互救助。因此，庄子的思想是有深刻的社会政治意义的。郭象认为，在现实世界中，众人舒适自足，则能彼此相忘；自我拥有某物，则能忘之；至人至足，一切皆忘，忘私而公，故能顺应群生。因此，庄子"人相忘乎道术"

[①] 牟宗三：《中国哲学十九讲》，上海古籍出版社2005年版，第115页。

的世界乃是理想世界,而与众人不能相忘的现实世界,截然对立。郭象立足于现实世界,标举至足而忘的意义。

第二节 适合融合而忘

忘,也有某事存于心中而不知之义。
《达生》:

> 工倕旋而盖规矩,指与物化而不以心稽,故其灵台一而不桎。忘足,屦之适也;忘腰,带之适也;忘是非,心之适也;不内变,不外从,事会之适也;始乎适而未尝不适者,忘适之适也。

工倕技术高超,得心应手,是因为心不受约束,故能充分自由地发挥技术。心忘足,是因为足与屦融合,即屦正适合足,忘足亦忘屦。心忘腰,是因为腰与带融合,即带正适合腰,忘腰亦忘带。郭象注曰:"百体皆适,则都忘其身也。"心遗忘是非,是因为自我与他物相融合、适合。郭象注曰:"是非生于不适耳。"自我随遇而安,遇到一物即安于一物,遇到一境即安于一境,即自我与物、境相融合,故忘我忘物。自我有舒适之感,说明自我曾有不适,犹未能忘适;从始至终皆适,则忘适,即"忘适之适"①。

《齐物论》最后有"庄周梦蝶"的寓言。庄周梦为蝴蝶,与蝴蝶融合为一体,而欣然自乐,不知蝴蝶是自己所化。不知,即忘。忘的前提是庄周与蝴蝶相融为一体。

要之,适,即适合、融合,即我与物相适合、融合;适的结果是忘我忘物,即存于心中而不知;因此,忘是对适合、融合的描述。

《养生主》有"庖丁解牛"的故事。庖丁解牛从技升道,除了技

---

① 郭象特重视忘适之适。《养生主》注:"夫始乎适而未尝不适者,忘适也。"《大宗师》注:"所造皆适则忘适矣,故不及笑也。"

术的精熟之外，还有忘的功夫修养。开始，其他事皆忘，包括解牛的成败及其利害等，从而专注于解牛之事；忘是忘却，故我不受其他事的影响和限制。进而，解牛之事也忘，即解牛之事存于心中而不知，这是自我与解牛之事高度融合而忘，从而充分发挥解牛的技术，升至道。忘不是忘却解牛之事，若是，则不能解牛；若有心记住解牛之事，则自我与解牛之事有间，从而受其限制。因此，庖丁解牛之忘有前后递进的两层意义：在技术纯熟的基础上，通过忘却他事，而专注于解牛之事；进而忘解牛之事，即自我与解牛之事高度地融合，则自然而然地解牛，不知所以然而然地解牛，无心无意地解牛。这即庖丁所谓"臣之所好者道也，进乎技矣"的含义。

《达生》"佝偻承蜩""梓庆削木为鐻"等寓言，是演绎"庖丁解牛"的故事。

佝偻承蜩的修为，不仅在于反复地练习技术，"五六月累丸二而不坠，则失者锱铢；累三而不坠，则失者十一；累五而不坠，犹掇之也"，以至于技术纯熟；而且在于忘的功夫，"吾处身也，若橛株枸；吾执臂也，若槁木之枝。虽天地之大，万物之多，而唯蜩翼之知，吾不反不侧，不以万物易蜩之翼，何为而不得"，其他事皆遗忘，心专注于蜩翼，这是第一层之忘。忘承蜩之事，这是第二层之忘，即承蜩之事存于心中而不知，这是自我与承蜩之事高度融合而忘，则承蜩是自然而然，无心无意，"见佝偻者承蜩，犹掇之也"。

《达生》：

> 梓庆削木为鐻，鐻成，见者惊犹鬼神。鲁侯见而问焉，曰："子何术以为焉？"对曰："臣工人，何术之有！虽然，有一焉：臣将为鐻，未尝敢以耗气也，必斋以静心。斋三日，而不敢怀庆赏爵禄；斋五日，不敢怀非誉巧拙；斋七日，辄然忘吾有四枝形体也。当是时也，无公朝，其内巧专而外滑消。然后入山林，观天性形躯，至矣，然后成见鐻，然后加手焉，不然则已。则以天合天，器之所以疑神者，其由是与！"

梓庆制成一个"惊犹鬼神"的乐器，是需要道术的。这首先要有技术，其次要有道术。道术的修养过程循序渐进。斋，即心的忘却功夫。首先，梓庆要忘却庆赏爵禄、非誉巧拙、各种生理欲求等，心专注于镰。其次，心与削木为镰的事情高度融合、适合而忘，即存于心中而不知。再次，得心应手而制成镰，即制镰的技术存于心中而忘，从而能充分自由地发挥自己的技术，即技升为道。

《达生》叙述了津人"忘水"而操舟若神的故事。

> 颜渊问仲尼曰："吾尝济乎觞深之渊，津人操舟若神。吾问焉曰：'操舟可学邪？'曰：'可，善游者数习而后能。若乃夫没人，则未尝见舟而便操之也。'吾问焉而不吾告，敢问何谓也？"仲尼曰："善游者数能，忘水也；若乃夫没人之未尝见舟而便操之也，彼视渊若陵，视舟之覆犹其车却也。覆却万方陈乎前而不得入其舍，恶往而不暇！以瓦注者巧，以钩注者惮，以黄金注者惛。其巧一也，而有所矜则重外也，凡外重者，内拙。"

善游者"忘水"，即忘记水的淹人之害，故毫无畏惧而操舟若神。"没人"，即今所谓的"蛙人"，行于水如履平地，彻底地忘水，从而未尝见舟即能操之。这未免言过其实，因为操舟仍要技术的训练。但这说明一个道理，即心若受到利害的约束，则行为的技术不能自由地发挥，故心要忘却一切利害，技术的发挥才能自由无碍。例如，一个赌徒若不能忘记赌注的贵重，即有"矜"而不能忘，则心受束缚而不能发挥最大的赌技。以瓦作为赌资，则能发挥巧技；以较为贵重的钩作为赌资，则畏惧，不能充分而自由地发挥赌的技术；以黄金作为赌资，则心惛而技拙。因此，矜于外在的利害关系，则自我与对象不能相融合而忘，故技术不能充分自由地发挥。

就主客融合之境而言，这有两种情况，一种是以主体融合客体，则客体为主体的精神所涵摄，例如庖丁解牛；一种是以客体融合主体，则主体为客体的精神所融合，例如庄周梦蝶；其基本特征皆是主客融合。津人操舟若神，首先是忘却操舟之外的一切事情，进而忘却操舟行为的动机、目的、结果,终而完全专注于操舟的行为,即自我的精神与之融合,从而能充分自由地发挥操舟的技术。

《达生》:

> 纪渻子为王养斗鸡,十日而问:"鸡已乎?"曰:"未也,方虚憍而恃气。"十日又问,曰:"未也,犹应向景。"十日又问,曰:"未也,犹疾视而盛气。"十日又问,曰:"几矣,鸡虽有鸣者,已无变矣。望之似木鸡矣!其德全矣!异鸡无敢应,见者反走矣!"

养斗鸡,不在于培养其争斗的技术,也不在于培养其好斗的精神和勇气,这显然与通常所养斗鸡的情形不同。庄子认为,养斗鸡主要是培养其虚静的品格,其修养的功夫是忘却虚骄之气、好斗之气,而像木鸡一样。斗鸡因遗忘而虚静无知,才能专注于斗法,充分地发挥斗的技术技巧,因而异鸡见之畏惧而反走。徐复观说,斗鸡"其德全"之全,即忘记其他一切事情,而专注于斗的技术,即孔子所谓"用志不分",从而能充分发挥斗的技术,故异鸡见之畏惧而反走。[1] 这则故事的寓意或谓,斗鸡虚静无知,不知争斗,一方面其精神不受任何约束而自由,另一方面养心养神,即"其德全矣",这与异鸡之有知恃气截然不同,故异鸡惊为神鸡,畏惧而逃走。

《达生》:

> 孔子观于吕梁,悬水三十仞,流沫四十里,鼋鼍鱼鳖之所不能游也。见一丈夫游之,以为有苦而欲死者也。使弟子并流而拯之,数百步而出,被发行歌而游于塘下。孔子从而问焉,曰:"吾以子为鬼,察子则人也。请问蹈水有道乎?"曰:"亡,吾无道。吾始乎故,长乎性,成乎命,与齐俱入,与汩偕出,从水之道而不为私焉,此吾所以蹈之也。"

---

[1] 徐复观:《中国艺术精神》,华东师范大学出版社2001年版,第75页。

蹈水之道，自然有精湛的游泳技术，但技术之充分而自由地发挥，有待于自我忘却其他一切而无私，从而与水高度地融合。水之旋入，则自我与之融合而旋入；水之涌出，则自我与之融合而涌出，即"从水之道而不为私焉"。郭象注曰："任水而不任己。"我们的经验是，当我们落入激流漩涡中，往往凭着自身的力量而与之抗争，最终精疲力竭而为激流所吞没。

《田子方》：

> 宋元君将画图，众史皆至，受揖而立，舐笔和墨，在外者半。有一史后至者，儃儃然不趋，受揖不立。因之舍，公使人视之，则解衣般礴裸。君曰："可矣，是真画者也！"

宋元君将画图，画师并至，受君令命，拜揖而立，准备笔墨；有一半画师在外等候，以争竞绘画。这些画师一是不能忘君之权威，二是不能忘绘画之事。前一种不能忘，则不利于专注于画事；后一种不能忘，则自我与画事有间。因此，这些人皆不是真画者。有一画师后至，从容舒闲，见君不揖，至画舍，解衣箕坐，裸体赤身。他是真画者，心忘却其他任何事情而虚静，自我专注于画事而与之完全地融合而不知。

《田子方》：

> 列御寇为伯昏无人射，引之盈贯，措杯水其肘上，发之适矢复沓，方矢复寓。当是时，犹象人也。伯昏无人曰："是射之射，非不射之射也。尝与汝登高山，履危石，临百仞之渊，若能射乎？"于是无人遂登高山，履危石，临百仞之渊，背逡巡，足二分垂在外，揖御寇而进之。御寇伏地，汗流至踵。伯昏无人曰："夫至人者，上窥青天，下潜黄泉，挥斥八极，神气不变。今汝怵然有恂目之志，尔于中也殆矣夫！"

列御寇的射箭之术已巧妙，手如枯枝，而专注于射箭。伯昏无人的射箭之术更为高妙，不仅手如枯枝，且心如死灰，即心一方面完全地忘记与射箭无关的一切事情，另一方面又与射箭的技术完全地融合而忘，故登高山、履危石而不知。列御寇伏地，惊出一身冷汗，由其可见，心如死灰即忘境乃是修养的最高境界。

综之，这几则寓言之忘，有前后递进的两层意义，一是心完全忘记与特定对象无关的任何事情，包括利害等，而专注于特定的对象；二是心与特定的对象相融合而忘，即存于心中而不知，忘却自我，也忘却对象，故能最大限度地尽己尽物，而至于道境。因此，庄子之舒适、融合而忘，即心与对象完全地融合而忘，忘却自我，也忘却对象，即自我与对象存于心中而不知，故心是自由无碍的；郭象特重视此义（下文详论）。

第三节　庄子之神人的"忘境"

在《逍遥游》中，神人无己，无功，无名，即彻底忘却或抛弃各种世俗价值；神人乘云气，御飞龙，不肯以天下为事，即彻底忘却或抛弃各种世俗事务；因此，神人之心虚静，不受任何束缚而逍遥自由。神人通过忘的功夫而达至虚静的境界，即"忘境"。

《齐物论》开篇即描写南郭子綦的形象："隐几而坐，仰天而嘘，嗒焉似丧其耦。"所谓"嗒"，即相忘貌。"丧其耦"，即忘对象，心没有思的对象；"吾丧我"，丧即忘，自我亦忘；因此，心中止思的活动而虚空，"形如槁木，心如死灰"。

要之，庄子之神人的忘境，即虚静、虚空、虚无，即心中止作用而无思无虑无情；这不是神人与天下万物及其变化完全地融合而忘（忘自我，忘对象），否则，庄子之神人的忘境会丧失超越性。

《大宗师》：

> 南伯子葵问乎女偊曰："子之年长矣，而色若孺子，何也？"曰："吾闻道矣。"南伯子葵曰："道可得学耶？"曰："恶！恶可！子非其人也。夫卜梁倚有圣人之才而无圣人之道，我有圣人

> 之道而无圣人之才。吾欲以教之，庶几其果为圣人乎！不然，以圣人之道告圣人之才，亦易矣。吾犹告而守之，三日而后能外天下；已外天下矣，吾又守之，七日而后能外物；已外物矣，吾又守之，九日而后能外生；已外生矣，而后能朝彻；朝彻而后能见独；见独而后能无古今；无古今而后能入于不死不生。杀生者不死，生生者不生。其为物无不将也，无不迎也，无不毁也，无不成也。其名为撄宁。撄宁也者，撄而后成者也。"

这则寓言是描述道家人物女偊体道的功夫和境界。体道的功夫是"忘"。忘，即忘却、抛弃。忘的功夫是认识和实践的统一，即"告而守之"。第一层次是"外天下"，外即忘，即抛弃天下的各种世俗价值，例如仁义、功名、祸福、利害、善恶等。第二层次是"外物"，即忘物、抛弃物，郭象注曰"物者，朝夕所须，切己难忘"。第三层次是"外生"，即忘却自我的生理欲求。这三层功夫，从外至内，层层深入，愈忘愈难。最后，内外一切皆忘，心虚静明，像朝阳初启那样清澈、明净，从而获得绝对的独立自由。至此，自我超越于时空之外，无生无死，无古无今，无将无迎，无成无毁。内心虚静宁一。要之，体道的修养功夫，即忘的功夫；由忘的功夫达至心之虚静明的境界，即忘的境界，即道的境界。学人或认为，"独"即道，即超越的本原，"见独"即体道，心虚静而能体道。这不免具有宗教神秘性。王中江说："庄子在'神游'中所达到的'体验'，显然是一种'神秘体验'。这种体验遍布于《庄子》一书中，如'坐忘'、'心斋'、'体性抱神'、'见独'、'齐生死'、'玄同'、'天府'、'葆光'等等。可以说，庄子是'内向性神秘体验'或'神秘主义'的大师。"[①] 笔者并不以之为然。

《大宗师》：

> 颜回曰："回益矣。"仲尼曰："何谓也？"曰："回忘礼乐

---

① 王中江：《道家学说的观念史研究》，中华书局2015年版，第325页。

矣。"曰："可矣，犹未也。"他日，复见，曰："回益矣。"曰："何谓也?"曰："回忘仁义矣。"曰："可矣，犹未也。"他日，复见，曰："回益矣。"曰："何谓也?"曰："回坐忘矣。"仲尼蹴然曰："何谓坐忘?"颜回曰："堕肢体，黜聪明，离形去知，同于大通，此谓坐忘。"仲尼曰："同则无好也，化则无常也。而果其贤乎！丘也请从而后也。"①

这则寓言记录孔子与其弟子颜回的对话，颜回叙述其达至"坐忘"境界的修养功夫。"回益矣"，即颜回的精神境界层层向上升进。第一层次是"忘礼乐"，即抛弃人间世礼乐等价值观念。第二层次是"忘仁义"，即抛弃仁义等价值观念。礼乐是外，仁义是内，从外向内逐渐忘却。第三层次是"离形去知"，形，即耳目形体的欲望，离形即去除或减损各种生理欲望；知，即心知，去除心知。心知与欲望往往相互裹挟，多知而多欲，多欲而多知。这三个层次的修养功夫，愈来愈难，最终达到"坐忘"的境界。坐忘，即心一切皆忘而虚静明，从而获得绝对的自由，所谓"大通"。

《人间世》开篇的寓言，记述了孔子与弟子颜回的对话。

> 颜回曰："吾无以进矣，敢问其方。"仲尼曰："斋，吾将语若。有心而为之，其易邪？易之者，皞天不宜。"颜回曰："回之家贫，唯不饮酒不茹荤者数月矣，如此则可以为斋乎？"曰："是祭祀之斋，非心斋也。"回曰："敢问心斋。"仲尼曰："若一志，无听之以耳而听之以心，无听之以心而听之以气。听止于耳，心止于符。气也者，虚而待物者也，唯道集虚。虚者，心斋也。"

孔子认为，颜回的处世之方是"有心而为之"，心不虚静，故不宜，而告之"心斋"。心斋的修养功夫，首先是忘外，"无听之以耳"，即耳目对外在的事物不听不闻不见，故不受其干扰和牵累；再次是忘

---

① 陈鼓应：《庄子今注今译》（上），中华书局2009年版，第225—226页。

内，停止心的认知和情感的作用，"无心""无情"。"徇耳目内通而外于心知"，徇，关闭；外于心知，即停止心的认知活动。最终达至"心斋"的境界，心虚静明，"瞻彼阕者，虚室生白，吉祥止止"，即空明纯白的忘境。

《应帝王》：

> 无为名尸，无为谋府，无为事任，无为知主。体尽无穷，而游无朕。尽其所受乎天，而无见得，亦虚而已！至人之用心若镜，不将不迎，应而不藏，故能胜物而不伤。

神人一切虚无，心虚静明，像镜子那样照映万物，万物在心上不留下任何痕迹，因而心灵不受任何牵累，逍遥自由。

《天道》：

> 圣人之静也，非曰静也善，故静也。万物无足以挠心者，故静也。水静则明烛须眉，平中准，大匠取法焉。水静犹明，而况精神。圣人之心静乎，天地之鉴也，万物之镜也！夫虚静恬淡、寂寞无为者，天地之平而道德之至也。故帝王圣人休焉。

圣人之心虚静恬淡，寂寞无为，一方面能映照万物，另一方面"万物无足以挠心者"，即心不受任何事物的影响而获得绝对的自由。

要之，神人之心如镜，此映照万物完全是无知、无情、无为。

《天运》：

> 故曰：以敬孝易，以爱孝难；以爱孝易，以忘亲难；忘亲易，使亲忘我难；使亲忘我易，兼忘天下难；兼忘天下易，使天下兼忘我难。

庄子认为，个体要通过修养的功夫而不断地遗忘，最终达至一切皆忘的忘境。儿女忘父母较易，父母忘儿女更难；父母忘儿女较易，父母

第十章 从庄子到郭象的"忘境"

忘天下最难。忘天下，即弃万乘如脱屣耳，从而彻底抛弃现实世界，神游无依。汉武帝好神仙，以为黄帝上天乃成仙。他说："嗟乎！吾诚得如黄帝，吾视去妻子如脱屣耳。"（《史记·封禅书》）

综之，庄子之神人的忘境，即心彻底忘却各种事务、观念，一切皆忘而心归于虚静明，其作用有二：一是心不受任何束缚而逍遥自由；二是心像镜子那样明澈，物来即照，物去不留，是纯粹直觉的观照，故没有劳神之伤。众人虽不能完全达至忘境，但可以不断地遗忘，忘得愈多，限制愈少，而自由愈多。

心之忘境与道境有何关系呢？

刘笑敢认为，庄文"心斋"中"唯道集虚"费解。他征引郭象的注文"虚其心，则至道集于怀也"而说："历来注家多因循其说，此说之集乃聚集、结集之义，原道乃不可分之绝对，独一之道怎能聚集于怀？故此解于义未惬。……'唯道集虚'即得道方能虚静，亦即达到虚静的心境。"[①] 刘先生质疑虚静方能得道之说而主张得道方能虚静之意。张松辉说："刘先生刚好把大道到来与虚静心境的前后关系弄颠倒了，不是得道方能虚静，而是虚静方能得道。郭象的解释没有错。做到了'心斋'，把所有的个人俗见排除得干干净净，使自己的所有行为'一宅而寓于不得已'，顺物而为，庄子说这样'则几矣'。"[②] 两者针锋相对，这也是学术界所面临的普遍困惑。得道是庄子之终极目的，刘笑敢之谓"得道方能虚静"，把得道看作心之虚静的手段。张松辉所谓虚静方能得道，即心消除各种见解而虚无，自己的所有行为才能够顺物而为，即得道。两者皆把忘境与道境打成两截。道究竟是什么呢？道即整体无分的存在形态，即自我与万物混而为一的境界。自我如何能与万物混而为一呢？一是自我与万物息息相通，即儒家所谓仁者以天地万物为一体，但儒家之仁者的胸怀对于万物是"亲亲而仁民，仁民而爱物"，即爱有等差，不能完全一齐。一是老子所谓"圣人不仁，以百姓为刍狗"；不仁，即麻木不仁，虚静

[①] 刘笑敢：《庄子哲学及其演变》，中国人民大学出版社2010年版，第168页。
[②] 张松辉：《庄子研究》，人民出版社2009年版，第109页。

无知，从而对于天地万物不知不为而混一。前一种境界的获得，要求主体不断地致知格物，孟子所谓"集义"，而最终豁然贯通。朱熹《大学章句》曰："盖人心之灵莫不有知，而天下之物莫不有理，惟于理有未穷，故其知有不尽也。是以《大学》始教，必使学者即凡天下之物，莫不因其已知之理而益穷之，以求至乎其极。至于用力之久，而一旦豁然贯通焉，则众物之表里精粗无不到，而吾心之全体大用无不明矣。此谓物格，此谓知之至也。"[1] 后一种境界的获得，是主体不断地遗忘而最终一切皆忘，即忘境，则自我无知无识无为，从而与天地万物混而为一。这是老庄的道境，道境即忘境，忘境即道境。神人之虚静无知，是通过不断修养的功夫而成，具有重要的人文意义；虚静无知的神人，令众人高山仰止，且惊为天人。由此可知，神人通过功夫的修养而虚静无知，实具有伟大的人格气象，令万物和芸芸众生敬慕与畏惧不已。我们常有这样的经验，在一寺庙中，佛祖端坐其上而居高临下，静穆无知，众生匍匐其脚下而顶礼膜拜。

第四节　郭象之圣人的"忘境"

郭象《庄子注》特重视阐释庄子之神人忘境的思想。
《齐物论》：

> 古之人，其知有所至矣。恶乎至？有以为未始有物者，至矣，尽矣，不可以加矣！

庄文认为，古之人有至知，"有以为未始有物者"，即心忘记一切事物而归于虚无。
郭象注曰：

> 此忘天地，遗万物，外不察乎宇宙，内不觉其一身，故能旷

---

[1] （宋）朱熹：《四书章句集注》，中华书局2011年版，第8页。

然无累，与物俱往，而无所不应也。

注文的第一层承庄文之义，即圣人忘却一切，而归于虚无；第二层发生转折，圣人与任何事物融为一体，而顺应任何事物的发展变化。第一层意义是照着庄文讲（解释庄文之义），第二层意义是接着庄文讲（发挥自己的思想），这两层意义产生了矛盾。心之虚空虚无，能接纳任何事物，但只作纯粹直觉的观照，事物在心上不留下任何痕迹，如同雁过长空、影沉寒水，故不能相融合，《应帝王》所谓"至人之用心若镜，不将不迎，应而不藏，故能胜物而不伤"。因此，从注文的第一层意义不能推至第二层意义，即照着庄文讲与接着庄文讲发生了矛盾，即庄文的本义与郭象的思想发生了矛盾。

《大宗师》注：

> 夫坐忘者，奚所不忘哉！既忘其迹，又忘其所以迹者。内不觉其一身，外不识有天地，然后旷然与变化为体而无不通也。

庄文之"坐忘"，即忘记一切，心虚无虚空，从而与天地万物混而为一，这是神人与天地万物毫不相干地混而为一，神人逍遥自由，万物自生自灭。郭象的注文首先承庄文之义，坐忘即无所不忘；接着发生转折，圣人与任何变化融合为一体，而无所不通。

《齐物论》开篇描写南郭子綦"形如槁木，心如死灰"的忘境。

郭象注曰：

> 死灰槁木，取其寂寞无情耳。夫任自然而忘是非者，其体中独任天真而已，又何所有哉！故止若立枯木，动若运槁枝，坐若死灰，行若游尘，动止之容吾所不能一也，其于无心而自得，吾所不能二也。
>
> 吾丧我，我自忘矣。我自忘矣，天下有何物足识哉！故都忘外内，然后超然自得。

注文承庄文之义，子綦忘我，忘万物，一切皆忘，心如死灰，即"无心"，故不知自我，不识天地万物，"天下有何物足识哉"，从而获得绝对的自由，超然自得。

《齐物论》注：

> 然则将大不类，莫若无心。既遣是非，又遣其遣，遣之又遣之，以至于无遣，然后无遣无不遣，而是非自去矣。

这是"无心"的修养功夫。遣，即忘。忘之又忘，一切皆忘，忘之本身亦忘，则心归于虚无虚空。如此，"无心"即心虽有，但虚空而不发生任何作用，等于像草木那样没有心，这是照着庄文讲。圣人之无心有何作用呢？郭象有更多的注文："神人者，无心而顺物者也"（《人间世》注），"彼是相对，而圣人两顺之。故无心者与物冥，而未尝有对于天下也"（《齐物论》注），"夫无心而任乎自化者，应为帝王也"（《应帝王》题注），"是以圣人无心而应物，唯变所适"（《外物》注）。因此，无心即忘境，是与事物相融合，而顺应事物的本性及其变化，这是接着庄文讲，即郭象阐发自己的思想。

要之，郭象之无心，在照着庄文讲与接着庄文讲之间发生了矛盾。韩林合讨论郭象之无心时认为，圣人之心根本不包含众人之心的内容，是无知、无觉、无思、无情，达于至虚至静之境，"不过，郭象不承认无心的圣人同于死灰和槁木，更不承认他同于土块"[①]。这在阐释郭象之无心思想时也发生了矛盾。

《齐物论》注：

> 夫是非反覆，相寻无穷，故谓之环。环中空矣，今以是非为环而得其中者，无是无非也。无是无非，故能应夫是非；是非无穷，故应亦无穷。
>
> 天下莫不自是而莫不相非，故一是一非，两行无穷。唯涉空

---

① 韩林合：《游外以冥内：郭象哲学研究》，商务印书馆2016年版，第151—152页。

得中者，旷然无怀，乘之以游也。

忘是非，是圣人之忘境的重要内容。注文第一层：圣人忘是非，即得中，即涉空，即抛弃是非之辩，"旷然无怀"，这是照着庄文讲。注文第二层：圣人顺应众人的是非之辩，这是接着庄文讲。因此，郭象对庄子之忘是非的解释同样出现了矛盾。

学人多不能分别庄子之神人的忘境与郭象之圣人的忘境，以为二者有相同的意义，即一切皆忘，心之虚无虚空。其主要原因是郭象的注文首先照着庄文讲，其次接着庄文讲；从照着庄文讲来看，二者是相同的；从接着庄文讲来看，若不能彰明心之虚空不能与物融合的道理，则难以理解郭象思想的转化和创新。

要之，郭象的《庄子注》一方面要照着庄文讲，以解释庄文的本义，另一方面又要接着庄文讲，以发挥自己的哲学思想，这造成了二者的紧张冲突，导致了学人之理解的困惑。

庄子重视神人之忘境，郭象承庄文义，也讲圣人之忘境，更突出圣人之"无心"。郭象之忘境、无心的真正意义是什么？与庄子之忘境有何不同？

郭象之圣人的忘境、无心，是要与万物相融合，而顺应万物的本性及其变化。凡是两者相融合，皆有同理同情，从而相互理解而获得一致性。郭象之圣人与万物相融合，则圣人须涵融万物万理。例如，某物某理要与圣人融合，则圣人之心须有某物某理。因此，圣人之忘境，不是忘记一切而虚空虚无；圣人之无心，不是无思无虑而不发生任何作用，即死心；圣人之忘是非，不是彻底抛弃是非之辩而归于虚静。

笔者认为，郭象之圣人的忘境、无心，是圣人忘却自我的成心成见而涵融万物万理以为一的空灵不昧之心。心涵融万物万理以为一，不是心集合万物万理；否则，心因充满万物万理而杂乱、充实，不能虚静养神。一，即一以贯之于万物万理的至理。一，即纯一虚静。未感物时，心虚静虚无；感物而应，心表现为某物某理，与之融合，助成某物某理的实现；感物之后，某物某理在心上不留下任何痕迹，心又归于虚静。因此，圣人之无心、忘境是忘却自我的成心成见而以众人之心为心，故圣人之思是众人之思，圣人之知是众人之知。圣人之无心、忘境，不是心之虚空虚无而中止思的活动，而是心发生作用，以顺应众人的成心。无心，即无知。圣人之无知是没有自己的私知，而以万物之知为知，非根本没有知。《齐物论》注："无心而无不顺""夫唯无其知而任天下之自为，故驰万物而不穷也"。圣人之无心、无知，从而顺应万物。韩林合认为："圣人无分别之心，因而无不顺任，进而无不接受。而且，圣人之心穷尽了天地万物之理。在这两种意义上，圣人可以说是真正意义上的心全或神全者。"①

圣人心全、神全，即涵融天下万物万理以为一，《逍遥游》注"夫圣人之心，极两仪之至，会穷万物之妙数"，故能与天下万物万理相融合而顺应之。《德充符》注："夫神全心具，则体与物冥。"

《逍遥游》注：

> 夫体神居灵而穷理极妙者……遗身而自得，虽淡然而不待。坐忘行忘，忘而为之，故行若曳枯木，止若聚死灰，是以云其神凝也。其神凝则不凝者自得矣。

圣人穷极妙理，决非虚无虚空；神人是灵心妙心，决非死心。所谓"遗身"，即圣人忘却自我一切。"坐忘行忘，忘而为之"，一是万物万理具足于内，至足而忘；二是心与万物万理相适合、融合而忘，即万物万理存于心中而不知，故顺应万物万理是自然而然、无心无意。

《大宗师》有"坐忘"的寓言。颜回自述其修养的功夫是"忘仁义"，即抛弃仁义价值观念。郭象注曰：

> 仁者，兼爱之迹；义者，成物之功。爱之非仁，仁迹行焉；成之非义，义功见焉。存夫仁义，不足以知爱利之由无心，故忘之可也。但忘功迹，故犹未玄达也。

---

① 韩林合：《游外以冥内：郭象哲学研究》，商务印书馆2016年版，第158页。

郭象认为，颜回之忘仁义，是忘仁义之功迹，他实是有心而行仁义；颜回要更进一步，无心而行仁义，即心涵融仁义，因融合而忘，故自然而然地行仁义。

庄子与郭象皆有忘是非的思想。是非观念是物论的基本内容，主要有两种情形：一是对于某一问题，你与我有是非的论辩；二是我对于你或你对于我，有是非的判断：是，即你与我相认同；非，即你与我相拒斥；故是非造成了你与我的好恶对立。

庄子认为，神人之忘是非，是彻底抛弃是非的观念，心虚静虚空；神人木然地映照众人的是非之辩，不劳形伤神，而能逍遥自由。郭象认为，圣人之忘是非，首先是忘却自己的是非之念而平等地包容众人的是非之论；其次是涵融众人的是非之论，顺应和助成众人的是非之论，故众人能任性逍遥，"任天下之是非"（《齐物论》注）。因此，郭象之圣人忘是非，是心涵融众人的是非之论以为一，即从整体来看，众人的是非之论皆是一偏之见，非真是真非，故无是无非。

《齐物论》注：

> 夫有是有非者，儒墨之所是也；无是无非者，儒墨之所非也。今欲是儒墨之所非而非儒墨之所是者，乃欲明无是无非也。欲明无是无非，则莫若还以儒墨，反覆相明。反覆相明，则所是者非是，而所非者非非矣。非非则无非，非是则无是。

儒墨基于各自的性分，儒者所是，墨者所非，儒者所非，墨者所是，是非相对不定。圣人站在性全的立场上认为，理无是非，故抛弃自己的是非之辩；但又认为儒墨之是非基于性分，有存在的合理性，且得性逍遥，故涵融儒墨的是非之辩，顺应儒墨的是非之辩。

要之，圣人之忘是非有两层意义：一是忘自己的是非之念，这是心忘却或抛弃，即心没有自己的是非之成见；二是忘众人的是非之见，这是圣人之心与众人之是非融合而忘，即心有众人之是非而不知，即圣人自然而然地顺应众人之是非。

《养生主》"为善无近名，为恶无近刑"注：

忘善恶而居中，任万物之自为，闷然与至当为一，故刑名远己，而全理在身也。

郭象之圣人"忘善恶"，一是自我无善无恶，即不施惠于事物，不加害于事物，从而平等地看待、包容事物，这与庄子之神人木然于万物不同；二是圣人涵融万物万理以为一，从而与任何事物相融合，故刑名远己，全理自身。

至人之所以能忘己，是因自己至足而忘，忘己，即无私，而平等地包容万物，即公，从而能与任何事物与变化融合为一。《大宗师》注："非誉皆生于不足，故至足者忘善恶，遗生死，与变化为一，旷然无不适矣，又安知尧桀之所在邪！"

综之，庄子之神人的忘境，是通过忘的功夫修养，彻底地忘却或抛弃世俗事务、世俗之知、生理欲望等，达到"坐忘"的境界，一切皆忘，心虚静明。郭象之圣人的忘境，是忘却自我的成心成见，而涵融万物万理以为一；一方面心因至足而忘，另一方面心与万物万理相融合而忘，即万物万理存于心中而不知，《中庸》"不思而得"。庄子之神人忘境的意义，一是神人之心虚空，不受任何限制和束缚，而获得绝对的自由；二是神人之心对事物只作纯粹直觉的观照，无劳神之伤；这是追求自我之逍遥。郭象之圣人忘境的意义，是心与万物相适合、融合而顺应万物的发展变化，万物得性逍遥，自我也得性逍遥，从而构建一个有序和谐的社会政治整体；这是"独善其身"与"兼善天下"的统一。

第五节　郭象之"无心""有心"

徐复观说："中国文化最基本的特性，可以说是'心的文化'。"[1]孟子谓"仁义礼智根于心"（《孟子·尽心》上），心是道德价值的根源。荀子云："心何以知？曰：虚壹而静。"（《荀子·解蔽》）心是知

---

[1]　徐复观：《中国思想史论集》，上海书店出版社2004年版，第211页。

识得以成立的根源。庄子的虚、静、明之心，实际就是一个艺术心灵，心是艺术价值得以成立的根源。① 王阳明诗曰："人人自有定盘针，万化根源总在心。却笑从前颠倒见，枝枝叶叶外头寻。"(《咏良知》) 先秦儒家孟子、荀子皆重视心的作用。孟子之心是认知之心与道德之心的结合；心能思，且有仁义礼智四端；但四端之心微而不著，而有待于心之自反自省的作用以扩充善端。荀子之心没有礼义，只是认知之心，心能通过外在的学习和圣王的教化以知礼义之道，从而化性起伪。荀子较孟子更为重视以知道之心转化人性之恶，这是心在性上而以心治性。庄子之心是虚静之心，其所标举的"心斋""坐忘"，即心不断地遗忘，最终一切皆忘而虚静虚空，木然于天地万物的存在及其变化。这是空寂之心，与知识、道德、艺术皆不能发生任何关系，而非徐复观所谓虚静之心乃是艺术的心灵。西汉"儒者首"董仲舒重视心的作用，"栣众恶于内，弗使得发于外者，心也。故心之为名栣也"(《春秋繁露·深察名号》)，心有禁恶于内的作用，这也是以心治性。东汉思想家王充少言心，多言性命，且轻视心对性命的作用，牟宗三说"惟王充则无向上开辟之希求，根本未自觉到心之地位与作用"②。

郭象的政治学说围绕圣人问题而展开，圣人的基本品格是"无心而冥物"。《大宗师》题注："虽天地之大，万物之富，其所宗而师者，无心也。"《应帝王》题注："夫无心而任乎自化者，应为帝王也。"郭象《庄子注》中出现无心一词，共有五十多次；与无心相对的是有心，注文也多次说到有心，有时把二者相对。郭象的注文中还出现无情、有情之词，情是心之表现，无情与无心同，有情与有心同。"圣人无情"，也是魏晋玄学的重要命题，何晏和王弼曾展开辩论。③ 因

---

① 徐复观：《中国思想史论集》，上海书店出版社2004年版，第214页。
② 牟宗三：《才性与玄理》，吉林出版集团有限责任公司2010年版，第34页。
③ （南朝宋）裴松之注陈寿《三国志·钟会传》引何劭《王弼传》曰："何晏以为圣人无喜怒哀乐，其论甚精，钟会等述之。弼与不同，以为圣人茂于人者神明也，同于人者五情也。神明茂，故能体冲和以通无；五情同，故不能无哀乐以应物。"参见余敦康《魏晋玄学史》，北京大学出版社2006年版，第76页。

此,"无心""有心"是郭象哲学思想的重要观念。

学人对郭象之无心的观念有所论及。韩林合认为,圣人之心不可能再进行常人之心的活动,即无知、无觉、无思、无欲、无情,是心如死灰;圣人之心进入一个更为神妙的活动状态,即能穷尽天下万物之理,体认至理而获得真知,至理、真知就是万物齐同之理;圣人无分别之心,因而无不顺任,无不接受;圣人是真正意义上的心全或神全者。[①] 王晓毅认为,圣人的心性,"空寂而灵妙,可用'空灵'予以概括。圣人之心有通晓宇宙奥秘的大智慧,却表现为'无心'——无知无情,无欲无求。无欲无求,故能适应一切条件,顺应一切变化,因而圣人亦被称之为'无待之人';无知无情,永远处于无心状态,与外物没有边界,即'与物冥',故能顺应时势,使臣民实现自己的本性,即'各冥其极',实现了天下大治"[②]。康中乾认为:"所谓'无心',就是使心进入到一种无思无虑、玄同彼我的境界中,这就是'玄冥'或'玄冥之境'",无心是一种"无思无想的境界性的'天人合一'式",这种精神境界,"即心与对象的玄同一体,这就是'无心'"[③]。我们认为,韩林合所谓郭象之圣人无心是没有常人之知、之思、之欲,而有真知、至理之思,这不合圣人之无心而顺物、冥物的思想。王晓毅所谓圣人之无心是无知无欲,永远处于无心状态,与外物无边界,即"与物冥";实际上,圣人"与物冥"应建立在圣人与众人之同情共感的基础上。康中乾所谓无心即使心进入到一种无思无虑、玄同彼我之天人合一的境界中;但圣人玄同彼我,不是不思不虑,而是思虑因顺对象而与之相融。因此,郭象之无心、有心的观念有待于进一步辩示而澄明。

一 无心、有心之第一种存有义

无心、有心的观念应从存有义与作用义两方面予以解释。

[①] 韩林合:《游外以冥内:郭象哲学研究》,商务印书馆2016年版,第151—158页。
[②] 王晓毅:《郭象评传》(下),南京大学出版社2011年版,第280页。
[③] 康中乾:《从庄子到郭象——〈庄子〉与〈庄子注〉比较研究》,人民出版社2013年版,第324—328页。

从存有义上说，无心，一般是指事物根本没有心或心存有而中止思虑（等于没有心）。庄文出现无心一词，约有三次。例如《知北游》："形若槁骸，心若死灰，真其实知，不以故自持。媒媒晦晦，无心而不可与谋，彼何人哉！"心若死灰，即心中止思虑而虚无虚空。郭象《应帝王》注曰："夫水常无心，委顺外物。"《达生》注曰："夫干将镆铘，虽与仇为用，然报仇者不事折之，以其无心。"《山木》注曰："若草木之无心，故为鸟兽所不畏。"水、镆铘、草木等事物根本没有心。事物之无心的作用大矣，顺物而变，不会遭到他物的损害，也不会招致他物的畏惧。人之无心，正是效法自然万物的无心而来。

从作用义上说，无心，即心发生作用而不造作，这是描述心之发生作用的状态，即无心无意、自然而然的状态。牟宗三说："这个'无心'并不是存在上的否定，这是作用上的否定。作用上的否定就是庄子所说的'忘'……但是天地之心'普万物而无心'，它表现心的方式，是以无心的方式表现，这是作用上的话，把造作去掉。"①

庄子着重标举神人之心斋、坐忘，这是体道的心灵境界。神人之心遗忘一切，心中止思虑，虚无虚空，无知无识，从而与天地万物混而为一。这是神人对于天地万物木然无动于衷而任其自生自灭的精神境界，其基本作用是养心养神。《齐物论》中道家人物南郭子綦隐几而坐，仰天而嘘，形若槁木，心若死灰，"今者吾丧我"。《大宗师》中女偊是闻道者，年长而色若孺子，其心境是一切皆忘而虚空虚静。《逍遥游》中藐姑射山的神人彻底地隔绝现实世界，彻底地抛弃各种世俗事务与观念，无所凭借而获得绝对的自由。庄子以心斋、坐忘命名神人之心，郭象所标举的圣人之无心观念即从此转化而来。

郭象之无心观念主要讨论圣人（包括神人）即理想人格之心的问题。郭象的注文共出现五十余次"无心"，基本上指向圣人、神人，只有少数几处指向万物、众人。

《齐物论》注：

---

① 牟宗三：《中国哲学十九讲》，上海世纪出版集团2005年版，第121页。

彼是相对，而圣人两顺之。故无心者与物冥，而未尝有对于天下也。

《人间世》注：

神人者，无心而顺物者也。

《知北游》注：

言夫无心而任化，乃群圣之所游处。

《外物》注：

是以圣人无心而应物，唯变所适。

圣人无心而顺物、冥物、随化、任化。凡是顺应，一要同命运、共忧乐，彼此有血肉相连的紧密联系；二要同情共理，彼此相知相通；这才是真正的顺应。我们一般所理解的顺应，还包括彼此不相干，没有共同的义务和责任，也不能相知共通；这不是真正的顺应，而是放任自流而不负任何责任。庄子之神人心斋，即心虚空虚静，无知无识，对天下万物不管不问，不负任何责任，也不参与任何事情，"孰肯弊弊焉以天下为事"（《逍遥游》)，其作用是自我养心养神。郭象之圣人无心而冥物、顺化，即与天地万物及其变化相融合，圣人不仅对天地万物承担责任，且与天地万物相通相融。因此，郭象之圣人无心与庄子之神人心斋实有不同的内涵与功用。

我们首先从存有义上讨论无心的内涵和功用。

郭象之圣人无心，不是心之中止思虑而虚空虚无，即庄子之心斋、坐忘。如果是，则不能冥物。郭象之圣人无心，也不是没有成心（独思独知）而包容天下之心。如果是，则圣人之心集合天下之心而充实、混杂，不能虚静。《人间世》题注："宜唯无心而不自用者，为能随变所适而不荷其累也。"这是否定圣人的师心自用，但非主张圣人包容天下之心。无心一方面有虚静的意义（这是继承庄子之心斋的思想），另一方面又涵融天下之心（这是发挥郭象自己的思想）；这两个方面的意义如何能统一呢？

我们认为，圣人之无心，即心涵融天下万物万理以为一而空灵不昧。涵融，即会通、贯通、一以贯之，即会通众理而为至理。至理是一、纯。心是一、纯，整体无分。心是空灵不昧之体，表面上不呈现任何事理而虚静，实质上能化为万物万理而灵妙。质言之，心之体是无形无理，即无，但非空无，而是涵融万物万理以为一而虚无虚静；心之用是有，即心与事物相交接时能呈现出任何事理、物理，从而应付万物万理；体用一如。《天道》注曰："常无心，故王天下而不疲病。我心常静，则万物之心通矣。"

《逍遥游》注：

> 夫圣人之心，极两仪之至，会穷万物之妙数，故能体化合变，无往不可；磅礴万物，无物不然。世以乱，故求我，我无心也。我苟无心，亦何为不应世哉！

《齐物论》注：

> 无心而无不顺。夫神全形具而体与物冥者，虽涉至变而未始非我，故荡然无蛋介于胸中也。

《德充符》注：

> 夫神全心具，则体与物冥。

圣人之心，穷尽万物之妙理。圣人神全心具，会通众理以为一（至理）。因此，圣人能冥合万物，应付万事，而游于万事万物之中。《大宗师》注："夫圣人游于变化之途，放于日新之流。万物万化，亦与之万化；化者无极，亦与之无极，谁得遁之哉！"圣人无心，即心之空灵不昧，故能变化无方，万物万化而与之万化，化者无穷亦与之无穷。《应帝王》注："此皆以其文章技能累其身，非涉虚以御乎无方也。"心之空灵虚静才能应于无方。

《刻意》有一段文字，描述真人的精神气象，即虚静无为。郭象以真人为圣人，真人之精神即为圣人之心灵，涵融天下万物万理而虚灵不昧、纯一而静，从而能冥合万物，化育万物。郭象注曰：

> 夫体天地之极、应万物之数以为精神者，故若是矣。若是而有落天地之功者，任其天行耳，非轻用也。常以纯素守乎至寂，而不荡于外，则冥也。与神为一，非守神也；不远其精，非贵精也；然其迹，则贵守之。苟以不亏为纯，则虽百行同举，万变参备，乃至纯也。苟以不杂为素，则虽龙章凤姿，倩乎有非常之观，乃至素也。若不能保其自然之质而杂乎外饰，则虽犬羊之鞟，庸得谓之纯素哉！

圣人之心是灵动的妙体，在未感之时是虚静的，但又是空灵的，可以随感而动，呈现出任何物理。《应帝王》注："渊者，静默之谓也。夫水常无心，委顺外物，故虽流之与止，鲵桓之与龙跃，常渊然自若，未始失其静默也。夫至人用之则行，舍之则止，行止虽异，而玄默一焉。"心体像水一样不呈现任何事理即无形，从而委顺外物，冥此物则呈现此物之理，冥彼物则呈现彼物之理。心体呈现的事理虽变化无方，但无心玄默是一。

如何理解圣人之无心而冥物的运动历程呢？

圣人之心涵融万物万理以为一（至理）而虚静，这是最初的状态。

圣人置于一情境或与一物发生联系时，无心的妙体与之相感相应而动而思；圣人之心动而思，以一物之心为心，以一物之思为思，从而与一物相融合，表现为一物之理，助成一物之自化、自成。因此，感而后动的圣人之心是动的，但其动其思即物之动之思，而非自我之成心所动所思，故不会损伤精神；这是动中取静。

圣人离开一情境或一物后，其心又归于虚静，一境或一物在其心上不留下任何痕迹，如雁过长空、影沉寒水。

《应帝王》有一则寓言，郑国的神巫季咸，由列子引导，来为列子的老师壶子看相。壶子呈现出数种不同的变体，季咸无从把握，最终自失而走。季咸出而谓列子说："子之先生不齐，吾无得而相焉。试齐，且复相之。"

郭象有两段较长的注文：

> 萌然不动，亦不自正，与枯木同其不华，湿灰均于寂魄，此乃至人无感之时也。夫至人，其动也天，其静也地，其行也水流，其止也渊默。渊默之与水流，天行之与地止，其于不为而自尔，一也。今季咸见其尸居而坐忘，即谓之将死；睹其神动而天随，因谓之有生。诚能应不以心而理自玄符，与变化升降而以世为量，然后足为物主而顺时无极，故非相者所测耳。此应帝王之大意也。

> 变化颓靡，世事波流，无往而不因也。夫至人一耳，然应世变而时动，故相者无所措其目，自失而走。此明应帝王者，无方也。

至人无感之时，心萌然不动，即心涵融万物万理以为一而虚静，一是无思无虑；二是无形无理，即不呈现出任何事理。至人感而后动，其心空灵多变，玄合万理，应变无方。成玄英疏曰："而壶丘示义，义有四重：第一，示妙本虚凝，寂而不动；第二，示垂迹应感，动而不寂；第三，本寂相即，动寂一时；第四，本迹两忘，动寂双遣。"至人之心是妙本虚寂，感物后动，呈现出具体的事理而留下行迹，物去则灭。

要之，圣人之无心，即涵融万物万理以为一而空灵不昧，一方面心虚静空灵，另一方面又能化为任何事理而顺物、冥物。圣人之无心而冥物的作用有三。一是圣人能养心养神，《天道》注曰"常无心，故王天下而不疲病"。二是圣人无心虚静,故与一物相感应时,知觉完全集中、孤立于一物一理上,与之完全融合,从而能尽己尽物之性。《徐无鬼》注:"夫忘天地,遗万物,然后蜩翼可得而知也。况欲知天之所谓,而可以不无其心哉!"三是圣人对天下万物承担责任且助成万物任性自得而治国平天下。《大宗师》注:"无心于物,故不夺物宜。无物不宜,故莫知其极。"万物皆宜,皆能自得其心性,这是治国平天下。《应帝王》注:"夫无心而任乎自化者,应为帝王也。"

与圣人之无心相对的是众人之有心。圣人无心而冥物,众人有心而与物相对,彼此冲突而不能自由。

《人间世》注:

> 故以有心而往,无往而可;无心而往,其应自来,则无往而不可也。

有心,即有一己之偏心,则与他物相分别、对立,无往而可;无心,即心涵融万物万理以为一而虚灵不昧,则与任何事物相冥合,无往不可。《大宗师》注:"夫体道合变者,与寒暑同其温严,而未尝有心也。"体道者即圣人无心,而未尝有心。《应帝王》注曰:"未怀道则有心,有心而亢其一方,以必信于世,故可得而相之。"怀道之人即无心之圣人,众人有心而举于一方,而与他方相对立。

《齐物论》注:

> 夫心之足以制一身之用者,谓之成心,人自师其成心,则人各自有师矣。人各自有师,故付之而自当。

众人有心,即有成心成见,成玄英疏云"夫域情滞著,执一家之偏见者,谓之成心",彼此各有成心而不能相知相通。

《齐物论》注:

今日适越，昨日何由至哉？未成乎心，是非何由生哉？明夫是非者，群品之所不能无，故至人两顺之。理无是非，而惑者以为有，此以无有为有也。惑心已成，虽圣人不能解，故付之自若，而不强知也。

众人各有成心，故有是非之辩，且是非之辩纷纭不定，各是其所非，各非其所是。圣人无心而冥物，故无是无非而顺应众人的是非之辩，即《齐物论》注"任天下之是非"。

要之，从存有义上说，有心，即成心，即一物有一物之心、一物之理。众人有心，即各有成心，故彼此不能相通，而相互对立、矛盾。圣人无心，即涵融万物之心以为一、涵融万物之理以为一，故能冥合众人之有心，顺应万物万理。《齐物论》注"人各自有师，故付之而自当""惑心已成，虽圣人不能解，故付之自若"。

从先秦两汉的思想发展来看，心与性的关系略有两种，一是心与性交通而以心治性，这以孟子的心性思想为代表；二是心与性不通且心在性上，而以知道之心转化性恶，这以荀子的心性思想为代表。郭象之心与性基本相通，且性在心之上，心以性为准的，故无以心治性的思想。① 因此，圣人之无心与众人之有心根据于本性。圣人之性是全，即整体无分；性落实到心，心即全，即涵融万物万理以为一。众人之性是分，各有分域和极限，且相互分别、对立；性落实到心，心有分而偏于一端。圣人性全无心，故能融合众人之性分成心；众人性分有心，故彼此对待冲突。圣人之无心、众人之有心皆出自本性的要求，是任性逍遥；二者有全与偏、虚与实的差别，而其人生境界也有大小的分别（事实上），但皆能足性逍遥，故在价值上是平等的，从而阻断有心之众人向无心之圣人的升进之路。

综之，从存有义上说，圣人无心，即心涵融天下万物万理以为一而空灵不昧，故能冥合万物，而游于无方，即无待之逍遥；众人有心，即有成心私心，只能游于特定的方域（自得之场），即有待之道

---

① 本性是郭象哲学的基本观念，任性逍遥是郭象哲学的基本思想。性的地位高于心。

遥。圣人之无心而冥物，故众人的有待逍遥才能实现。

二 无心、有心之作用义

我们将从作用义上讨论无心、有心的含义。

心之作用于物概略有三种状态，一是自然而然、不知不觉的状态，即自然的状态，即无心，心作用于物而不知，即忘，心与物融合无间，心是自由的，能最大限度地尽物之性而真实无妄（《中庸》之谓"诚"）；二是自觉的状态，即有心造作，心作用于物而有知，有理性的自觉，包括心之动机和目的等心理活动，心与物有间，心受到一定的束缚，其发挥作用的结果往往作伪失真；三是被迫的状态，即心作用于物主要受到外在力量的强制，心与物的间距甚大，心受到相当大的束缚，往往内外不一。

心之作用于物处于自然的状态，即无心，有两种情况，一是出于本性的要求，即出于天然本能的要求，是任性自得；二是出于自我之化自觉为自然，《中庸》所谓"不勉而中，不思而得，从容中道"。儒家之自然乃是从自觉走向自然，肯定心之能动作用。郭象之无心的作用义即率性而动，削弱了心的能动作用。《人间世》注："率性而动，动不过分，天下之至易者也。"任性而动，自然而然，不知所以然而然，天下之至易者。《逍遥游》注："二虫，谓鹏蜩也。对大于小，所以均异趣也。夫趣之所以异，岂知异而异哉？皆不知所以然而自然耳。"鹏蜩之形体与飞行的空间有小大之分，这是出于性分的要求，不知不觉，无心无意，而非有心为之，非自觉为之。《齐物论》注："凡此上事，皆不知所以然而然，故曰芒也。今夫知者皆不知所以知而自知矣，生者皆不知所以生而自生矣。万物虽异，至于生不由知，则未有不同者也，故天下莫不芒也。"这皆是出于性分的要求，自然而然。要之，无心的作用义即自然，是任性而动；与无心自然相对的是有心自觉，即突破本性的要求。郭象反对人的主观意志和作为，而崇尚无心自然的状态。

郭象的哲学思想突出圣人"无心而冥物"，其圣人无心的含义，要从存有义与作用义上予以理解。本文的第一部分主要是分析其存有义，现在讨论其作用义。

《人间世》注："夫无心而应者，任彼耳，不强应也。"这略有两解：第一解是圣人无心，即心涵融万物万理以为一而空灵不昧，故能应物、冥物，这是无心的存有义；第二解是圣人之应物、冥物是出于自然而然、无心无意、不知不觉的状态，不是"强应"，即勉强而应，不是"造作"，即有意而作，这是无心的作用义。郭象的这条注文兼含两义，偏重于无心的作用义。圣人之所以能无心无意、自然而然地应物、冥物，是出于全性无心（存有义）的要求，是率性而动，任心而为。《知北游》注曰："直无心而恣其自化耳，非将迎而靡顺之。"圣人顺物而任其自化，完全出于无心无为，非有心有为。"非将迎而靡顺之"，即圣人不将不迎，没有任何心机及作为，这侧重于无心的作用义。

圣人无心之作用义，一方面强调圣人之冥物是任性逍遥；另一方面也突出圣人与万物是高度地融合，从而能最大限度地尽物之性、尽己之性，且诚实无妄。

《天地》"荡荡乎！忽然出，勃然动，而万物从之乎！此谓王德之人"注曰：

> 忽、勃，皆无心而应之貌。动出无心，故万物从之，斯荡荡矣。故能存形穷生，立德明道，而成王德也。

王德之人动出无心，即行动出于无心无意、自然而然的状态；无心应物，即应物出于无心无意，即心之应物而不知，即忘，这是无心的作用义。圣人应物无心，故能立德明道，而成就王者之德。如果圣人动出有心，则不仅作伪不真，且自我受到约束，也干扰和限制万物，使万物不能存形穷生而得其本性。

《逍遥游》注：

> 夫与物冥者，故群物之所不能离也。是以无心玄应，唯感之从，泛乎若不系之舟，东西之非己也。故无行而不与百姓共者，

亦无往而不为天下之君矣。

"无心玄应，唯感之从"包括存有义与作用义，一是圣人之心涵融万物万理以为一而虚灵不昧，故能冥物；二是圣人应物、冥物没有任何心机和目的，完全是任性自得，不知不觉，自然而然，无心无意。

要之，圣人之无心而冥物兼含两义，从存有义上说，圣人之无心是涵融万物万理以为一而虚灵不昧，从而冥合任何物理，而与他物之理相隔；从作用义上说，圣人之无心是出自全性的要求，是任性自得而无心无意、自然而然。众人有心而游于一方，从存有义上说，有心即有成心，其成心冥合自我之理，而与他物之理相隔；从作用义上说，众人之有心是出自性分的要求，是任性自得而无心无意、不知不觉、自然而然。因此，圣人之无心、众人之有心（存有义），如果皆能任性自得（全性或性分），则皆自然而然、不知不觉（无心的作用义）；如果突出于本性之外，则皆失其本性而作伪失真（有心的作用义）。

三 无心、有心之第二种存有义

人如何能无心自然呢？郭象认为，任性而动，率性而为，即能达到无心自然的状态。心与性相通，且心以性为依据。因此，任性而动，即心的作用止于性分之内，故不知不觉，自然而然。有心自觉，即心的作用荡出于性分之外，故失其本性而陷入困境。由此，我们得到郭象之无心、有心的第二种存有义：无心，即心的作用止于本性之内；有心，即心的作用荡出于性分之外。

《列御寇》注：

> 有心于为德，非真德也。夫真德者，忽然自得而不知所以德也。

有心为德，即自觉地行德，心与德有分，故为德作伪失真；无心为德，即自然而然、不知不觉地行德，心与德融合无间，故为德真实无妄。这是从作用义上理解有心、无心。从第二种存有义上理解有心、无心：有心为德，即心之作用于德越出于性分之外；无心为德，即心之作用于德止于性分之内。因此，有心、无心之作用义本于有心、无心之第二种存有义。

《天地》注：

> 有心则累其自然，故当刳而去之。

有心为之，即自觉为之，有意为之，不是无心自然；这是有心的作用义。有心为之，则心之作用于物荡出于性分之外而失性作伪，故当挖去有心（第二种存有义）。

《庚桑楚》注：

> 任其自然，天也。有心为之，人也。

任其自然，即顺其天然，顺自然之理，顺本性的要求，心之作用的状态是自然而然；有心有意为之，即突破自然之理，越出于性分之外的要求，其作用的状态是自觉人为。这是从第二种存有义到作用义。

《徐无鬼》注：

> 不知问祸之所由，由乎有心，而修心以救祸也。

君主不知祸乱天下的原因，是自己之有心有为而不能顺应事物的本性，反而修心、用心以救治祸乱，心愈用（愈荡出于性分之外），天下愈乱。因此，君主要无心（心的作用止于本性之内），而顺物、冥物。

综之，无心之第二种存有义，即心的作用止于性分之内；有心之第二种存有义，即心的作用荡出于性分之外。无心、有心之第二种存有义，是无心自然、有心自觉之作用义得以成立的基础之一，即心的作用止于性分之内，故心之发生作用的状态是自然而然的；心的作用荡出于性分之外，故心之发生作用的状态是有心自觉的。传统儒家并不从任性、失性讨论价值之自然、自觉的问题。无心、有心之第一种存有义，即圣人无心、众人有心，众人有心即有成心，是指合于性分的成心，与第二种存有义之有心（荡出于性分之外）不同。圣人无心而冥物之无心蕴含两种意义：一是从第一种存有义上说，圣人无心即心涵融万物万理以为一而空灵不昧；二是圣人无心即心之作用的状态是自然状态，这是圣人任性自得的结果。因此，圣人之无心的二种含义具有内在的联系。众人之有心而自得于一方蕴含三种意义：一是从第一种存有义上说，众人有心即有成心，这是基于性分的要求，成心与性分相通；二是从第二种存有义上说，众人有心即心的作用越出于性分之外，有心的两种存有义是相反的；三是从作用义上说，有心自觉即造作失真，对应于第二种存有义；无心自然，即任性自得，对应于第一种存有义。因此，有心的这三种意义有内在的矛盾。

四 无情、有情义

郭象的注文中，无心与无情相同，有心与有情相同。

《庄子注》中出现无情一词，有二十余次。情是心之表现，故情与心是一。《达生》注："飘落之瓦，虽复中人，人莫之怨者，由其无情。"无情，即无心，即根本没有心，这是无情的存有义。《齐物论》注："死灰槁木，取其寂寞无情耳。"《养生主》注："至人无情，与众号耳，故若斯可也。"《德充符》注："无情，故付之于物也""无情，故浩然无不任。无不任者，有情之所未能也，故无情而独成天也"。圣人无情无心，即圣人之心情涵融万物万理以为一而虚灵不昧，这是圣人无心无情的第一种存有义。无情而与物冥者，圣人也；有情而与物分者，众人也。

《大宗师》注：

> 夫高下相受，不可逆之流也；小大相群，不得已之势也；旷然无情，群知之府也。承百流之会，居师人之极者，奚为哉？任时世之知，委必然之事，付之天下而已。

圣人旷然无情，即涵融万物万理以为一而空灵不昧，是群知之府库，故能任世冥物。

《天运》注：

> 故有情有命者，莫不资焉。

有情有命者，即众人；无情无命者，即圣人；众人有赖于圣人而自得自成。

《至乐》注：

> 斯皆先示有情，然后寻至理以遣之。若云我本无情，故能无忧，则夫有情者，遂自绝于远旷之域，而迷困于忧乐之境矣。

众人有情有心，圣人无情无心。郭象之意是，庄子妻死时颇有情慨叹，后来明白至理，鼓盆而歌，这是庄子以自我从有情向无情的升进过程来教诲有情者，而让有情者通过修养的功夫而上达无情。这实与郭象之任性逍遥的思想相矛盾，因为在郭象看来，圣人有圣人之性，众人有众人之性，二者不可变易和逾越，即众人不可能升进到圣人，但他们皆能任性逍遥。

要之，圣人无情无心而冥物，众人有情有心而与物分，这是无情、有情的第一种存有义。

《德充符》最后一段叙述惠子与庄子辩论"无情"之事。庄子认为神人无情。惠子问曰："人而无情，何以谓之人？"人没有情，即绝情，如何能成为人呢？庄子曰："道与之貌，天与之形，恶得不谓之人？"神人体道，超绝人世，故能无情、绝情，而木然于天下万物与自身的变迁，以养心养神。庄子批评惠子有情而以好恶内伤其身，"今子外乎子之神，劳乎子之精，倚树而吟，据槁梧而瞑。天选子之形，子以坚白鸣"。要之，庄子之无情即无心即心斋，即心虚静虚空，从而对天下万物麻木不仁；这是超越之人的追求，而人间世的众人皆有情，不可能达至绝情。因此，庄子是讨论情之有无的问题。

郭象注曰：

> 人之生也，非情之所生也。生之所知，岂情之所知哉？故有情于为离旷而弗能也，然离旷以无情而聪明矣；有情于为贤圣而弗能也，然贤圣以无情而贤圣矣。岂直贤圣绝远而离旷难慕哉？虽下愚聋瞽及鸡鸣狗吠，岂有情于为之，亦终不能也。不问远之与近，虽去己一分，颜孔之际，终莫之得也。是以关之万物，反取诸身，耳目不能以易任成功，手足不能以代司致业。故婴儿之始生也，不以目求乳，不以耳向明，不以足操物，不以手求行。岂百骸无定司，形貌无素主，而专由情以制之哉！

郭象在注释中转换有情、无情的内涵。他不再讨论情之有无的问题，而讨论情是否止于本性的问题。有情，即超于本性之外的情意；无情，即安于本性之内的情意；这是无情（无心）、有情（有心）的第二种存有义。有情与无情，皆有情意，但以情意是否止于本性而分别两者。任何事物皆有独特的性分，性分有确定的分域和极限，不可逾越和改变。如果众人思慕性分之外的东西，即有心有情，不仅不能实现，也会陷入失性的困境。离旷有绝顶的聪明，这是性分；众人有情于离旷，即有心有意地追逐离旷的聪明，这是不可能的。因此，众人要安于性分的要求，无情无意；且安于性分的情意乃是出自天然本性的要求，其实现是自然而然、无心无意的；这是从第二种存有义到作用义的无心无情。但在现实世界中，众人往往不安于性分，有超出于性分之外的情意，其发生作用的状态是理性自觉的，这是从第二种存有义到作用义的有心有情。要之，无情与有情的第二存有义，是讨论情是否止于性分的问题，指向圣人或众人，圣人自然无情，但众人或无情或有情。

郭象注曰：

> 夫神不休于性分之内则外矣，精不止于自生之极则劳矣，故行则倚树而吟，坐则据梧而睡，言有情者之自困也。

言凡子所为，外神劳精，倚树据梧，且吟且睡，此世之所谓情也。而云"天选"，明夫情者非情之所生，而况他哉！故虽万物万形，云为趣舍，皆在无情中来，又何用情于其间哉！

庄子批评惠子之有情而不能无情。郭象认为，惠子的精神不能止于性分之内，而越于性分之外，是分外夸谈，非分的知为，故形体劳损，精神疲困。"天选"，即天授，即本性所规定的范围和极限，这不是人之有心有为所能突破的，故要安于性分的要求，无心无情，不必措心措情于其间。《大宗师》注曰："嫌其有情，所以趋出远理也。"有情，即荡出于性分之外，远于自然之理。①

综上所述，庄子之心斋、坐忘，即心中止思虑而虚静虚空，等于无心，而与天地万物互不相干，故能养心养形；因为心之空寂而无知无识，故不知自我，也不识天地万物，从而自我与天地万物混而为一。郭象之无心、有心的含义非常复杂，不得不辩。首先，圣人无心而冥物顺化，即圣人之心涵融天下万物万理以为一而空灵不昧，从而与任何事物及其变化融合，以游于无穷，这是无待之逍遥。众人有心，即有成心成见，故彼此不能相知相通，只能游于自得之场；如果置于其他情境，则相冲突而不能逍遥，这是有待之逍遥。圣人之无心、众人之有心皆出于本性的要求而任性逍遥。本性不可变易，众人之有心不能升进至圣人之无心。这是郭象哲学之无心、有心观念的基本意义，即第一种存有义。无心、有心还有第二种存有义，无心，即心的作用止于本性之内而任性逍遥；有心，即心的作用荡出于本性之外而失性穷困。圣人无心，即圣人任心性而动；众人本来无心而往往堕落为有心，即心之作用突出于性分之外，而有非分之想。因此，第一种存有义与第二种存有义的无心有内在的统一性，但第一种存有义

---

① 钟泰解说庄子之有情无情，即本于郭象之说："曰：好恶诚性情也，然以之内伤其身，则非性情之正，而情欲矣。情欲、性情，岂有二哉？用之过当与不过耳。'常因自然而不益生'，因其自然则不过。若益之，未有不过者也。'益生'之'生'，即'养生'之生。'生'犹性也，性上岂有可加者乎！"钟泰：《庄子发微》，上海古籍出版社2002年版，第126—127页。

与第二种存有义的有心是冲突的。无心、有心之作用义，即描述心之作用于物的状态。无心即无心无意、自然而然、不知不觉的状态，即心作用于物而不知，即忘知，心与物高度地融合，故能最大限度地尽己之性、尽物之性，且真实无妄。郭象之无心自然的状态是出于本性的要求，是率性而为，从而否定心之突破本性的能动作用。有心即心之作用于物有理性的自觉反省。有心造作，则心与物有间，心之自由受到限制，往往作伪失真，且突破本性的要求，不能尽己之性，也不能尽物之性。郭象之无心无情、有心有情的观念具有内在性的特征：一是圣人之无心而冥物可践行于现实世界中，且圣人之无心无情是成就众人之有心有情的前提；二是无心、有心的作用义可为圣人、众人所认知和践行；三是无心、有心之第二种存有义，也可为圣人、众人所认知和践行。

第十一章　从庄子到郭象的时间意识

魏晋玄学的兴盛自有时代的意义。对魏晋文人时间迁逝意识的哲学思考，是重要意义之一。魏晋文人置身于社会政治人事的剧烈变化中，深感过去、现在、将来是断裂的。他们的迁逝之悲在于：处于断裂的时变之流中，基于现在，追忆过去，展望将来，"向死而生"，而满怀畏惧和焦灼，其诗文表现出忧愤深广的迁逝之悲。魏晋玄学兴盛的重要原因，是庄子的思想触动了魏晋士人的心弦。庄子置身于战国中后期的诸侯混战中，其迁逝意识尤为强烈。向秀、郭象处于魏晋易代之际与西晋后期的剧烈动乱中，对于庄子的时间意识特为敏感，从而展开了创新性的理解和诠释。本章的主要内容有四：一是魏晋文人的时间意识，二是庄子的时间意识，三是郭象的时间意识，四是时间意识的诗意展现。

第一节　时间意识

什么是时间？这是一个哲学的问题。罗马时代的哲学家奥古斯丁说：什么是时间，你不问我，似乎还明白，你一问我，倒说不清楚。什么是时间的问题，实际上是在追问时间的本质，即追问时间存在的前提和根据。根据物理时间观，时间是在过去、现在、将来的方向上作单向、匀速、线性的流逝，具有客观性，不依赖自然和人事的变迁，也独立于人的主观心灵之外。这种物理时间观并没有揭示时间的本质。

哲学追寻本原，原始的东西具有至上的意义。时间的原始出处在于日出日落、春花秋月与年华逝水、人事沧桑等现象中。孔子在川上曰："逝者如斯夫！不舍昼夜。"（《论语·子罕》）这是由河水的流动引发了时间流逝的意识。李白诗曰："君不见黄河之水天上来，奔流到海不复回。君不见高堂明镜悲白发，朝如青丝暮成雪。"（《将进酒》）黄河之水的奔流、青丝成雪的物象感发了诗人岁月匆匆、青春不再的时间迁逝感。孟浩然诗曰："人事有代谢，往来成古今。"（《与诸子登岘山》）诗人正是从人事的代谢中，体悟出古今的时间经验。因此，正是自然界与人类社会的变更和流逝，本真地唤醒了我们的时间意识，自然和人事的变迁是时间存在的前提和根据。①

按照物理时间观，时间被理解为匀速、线性的运动过程。但从时间的本质上思考，时间的流逝不是匀速，而是变速。自然和人事的变化急剧，则时间流逝迅速；自然和人事的变化缓慢，则时间流逝缓慢。我们常说，具有不同发展速度的民族，同一日历时间（物理时间）在历史中的定位并不一样；同处 21 世纪，不同发展水平的国家其实并不处于同一历史时期，发达国家处于 21 世纪，而发展中国家还处于 20 世纪甚至 19 世纪，这是因为它们的发展速度不同而时间流逝也不同。古人云："山中方七日，世上已千年。"同样的一段日历时间（一百年），对于变化缓慢的山中来说，一百年的变化只相当七日的变化；而对于数代生死更替的人世而言，已发生了千年巨变。刘禹锡《酬乐天扬州初逢席上见赠》："巴山楚水凄凉地，二十三年弃置身。怀旧空吟闻笛赋，到乡翻似烂柯人。"诗人从放逐之地回到家乡，虽然只 23 年的日历时间，但他感到时间已流逝了百年，因为他所见到的人事已发生了重大变化。根据《述异记》载：晋人王质入山砍柴，见二童子下棋，他在旁观棋至终，发觉手中斧柄已烂，回到家里，才知过了百年，同辈人皆已死尽。

按照物理时间观，过去、现在、将来是一维空间，相互分割，相互外在。这不禁使我们陷入困惑中：过去已不在，将来还未在，而每

---

① 周建漳亦有此说，参见周建漳《历史及其理解和解释》，社会科学文献出版社 2005 年版，第 37—40 页。

一当下的现在又转瞬即逝,那么时间安在、何在呢?从时间的本质上加以思考,时间不属于过去、现在、将来的任何一个维度,而是包含和统摄三者为一体,即三者是统一到场:任何过去都是现在的过去且存在于现在的记忆之中,任何将来都是现在的将来且存在于现在的预期之中。过去、现在、将来的流逝根据自然和人事的变迁,三者的统一到场有两层含义。其一,自然和人事在过去、现在、将来的变迁中具有连续性,现在的自然和人事含有过去的因素,将来的自然和人事是从现在基础上的发展。其二,过去、现在、将来又有显明的分别,过去与现在的分别根植于自然和人事的变异,将来的到来源于自然和人事具有的异质因素。德国哲学家海德格尔说:"时间乃于由将来、曾在、当前的统一所构成的变异中源始地绽出。"[1] 时间在将来、曾在、当前的连续和变易之中绽出。"将来"是至关重要的维度,时间在将来中显现其可能性的意蕴,有优先性。海德格尔说:"将来在源始而本真的时间性的绽出的统一性中,拥有优先地位。"[2]

综之,按照物理时间观,时间是客观流逝的,不依赖自然和人事的变迁,也不以人的主观意志为转移。但从时间的本质上来思考,时间的流逝根据自然和人事的变迁,根据主体心灵的感受和体验,这是一种主客融合的时间观。时间的本质揭示了时间的流逝与自然和人事变化的紧密联系,并且把时间的流逝与主体的生活经验、生命体验相结合,从而成为文学、哲学、历史作品中永恒表现的主题。

第二节　魏晋文人的时间意识

时间意识的产生,源于自然和人事的迁变。如果我们身处其中的自然界与人类社会变化急剧,我们的人生遭遇动荡曲折,则我们的时间迁逝感非常强烈。一年的日历时间似乎一月就匆匆地过去了,本来

---

[1] [德]海德格尔:《存在与时间》,陈嘉映、王庆杰译,生活·读书·新知三联书店1987年版,第390页。
[2] [德]海德格尔:《存在与时间》,陈嘉映、王庆杰译,生活·读书·新知三联书店1987年版,第202页。

就很短促的人生变得更加短促。魏晋时期是历史上最为动乱的时期之一。汉末的军阀混战，黄巾农民大起义的风起云涌，魏、蜀、吴的三国鼎立，曹魏与司马氏的争权，西晋代魏的朝代转移，瘟疫大流行等，天灾加上人祸，使整个社会政治陷入长期而全面的剧烈动荡之中。这引发了魏晋时人强烈的时间迁逝意识。王瑶说："我们念魏晋人的诗，感到最普遍，最深刻，能激动人心的，便是那在诗中充满了时光飘忽和人生短促的思想与情感。"[①] 王锺陵说："在时人忧患百端的种种思想感情之中，迁逝感最为惊人心目。"[②] 魏晋文人深切地感受到时光飘忽、人生短促的迁逝之悲。

孔融《与曹公论盛孝章书》曰：

> 岁月不居，时节如流。五十之年，忽焉已至。公为始满，融又过二。海内知识，零落殆尽，惟会稽盛孝章尚存。其人困于孙氏，妻孥湮没，单孑独立，孤危愁苦。若使忧能伤人，此子不得复永年矣。……公诚能驰一介之使，加咫尺之书，则孝章可致，友道可弘矣。[③]

文章一开始即喟叹时间的匆匆流逝，"岁月不居，时节如流。五十之年，忽焉已至"；时间的流逝不仅是指日历时间，且是基于人事的沧桑变化，"海内知识，零落殆尽"。

曹丕《与吴质书》曰：

> 岁月易得，别来行复四年。三年不见，《东山》犹叹其远，况乃过之，思何可支？虽书疏往返，未足解其劳结。昔年疾疫，亲故多离其灾，徐、陈、应、刘，一时俱逝，痛可言邪？昔日游处，行则连舆，止则接席，何曾须臾相失？每至觞酌流行，丝竹

---

① 王瑶：《中古文学史论集》，上海古籍出版社1982年版，第4页。
② 王锺陵：《中国中古诗歌史》，人民出版社2005年版，第49页。
③ 俞绍初：《建安七子集》，中华书局2006年版，第22页。

并奏,酒酣耳热,仰而赋诗,当此之时,忽然不自知乐也!谓百年已分,可长共相保,何图数年之间,零落略尽,言之伤心。顷撰其遗文,都为一集,观其姓名,已为鬼录。追思昔游,犹在心目,而此诸子,化为粪壤,可复道哉?[1]

作者之"岁月易得"的感慨,主要根据于人事的迁变。昔年,作者与建安诸子朝夕游处,饮酒赋诗;而今日,诸子在数年之间零落略尽。今昔人事的重大变故,展示了时间生成变易的本质,表现出作者强烈的迁逝之痛。

曹植一生分为前后两期;前期,或随父征战,或留守邺城,生活动荡不宁。后期,受到曹丕、曹叡父子的压制和打击,被迫离开洛阳而辗转于僻远的封地,且封地一再改迁,《魏书》本传"十一年中而三徙都,常汲汲无欢,遂发疾薨,时年四十一"。时代的剧变,身世的动荡,使曹植的诗文流动着一股浓郁的时光飞逝、生命短促的悲情。

惊风飘白日,忽然归西山。圆景光未满,众星粲以繁。(《赠徐干》)[2]
白日西南驰,光景不可攀。(《名都篇》)
惊风飘白日,光景驰西流。盛时不可再,百年忽我遒。生存华屋处,零落归山丘。(《箜篌引》)

"惊风飘白日"的时间迁逝意象,触目惊心。诗人正是从生存华屋至零落山丘的人事巨变中,体悟时间的匆匆流逝。

曹魏后期,社会政治黑暗混乱。阮籍置身于曹魏政权与司马氏集团之间激烈的争权夺利中,颇有忧生之嗟。他的《咏怀诗》八十二

---

[1] 袁行霈:《中国文学作品选注》第2卷,中华书局2007年版,第26页。
[2] (三国魏)曹植著,赵幼文校注:《曹植集校注》,人民文学出版社1984年版,第42页。

首，是政治和人生感慨的记录。

> 嘉树下成蹊，东园桃与李。秋风吹飞藿，零落从此始。繁华有憔悴，堂上生荆杞。驱马舍之去，去上西山趾。一身不自保，何况恋妻子！凝霜被野草，岁暮亦云已。（其三）
>
> 朝阳不再盛，白日忽西幽。去此若俯仰，如何似九秋。人生若尘露，天道邈悠悠。齐景升丘山，涕泗纷交流。孔圣临长川，惜逝忽若浮。去者余不及，来者吾不留。愿登太华山，上与松子游。渔父知世患，乘流泛轻舟。（其三十二）
>
> 一日复一夕，一夕复一朝。颜色改平常，精神自损消。胸中怀汤火，变化故相招。万事无穷极，知谋苦不饶。但恐须臾间，魂气随风飘。终身履薄冰，谁知我心焦！（其三十三）①

诗人悲慨生存环境的艰难，强烈地表现出时光飞逝、繁华憔悴、生命无常、如履薄冰的苦闷、忧伤和焦灼的情绪。

陆机出身于东南望族，二十岁，吴亡，退居故里。晋武帝太康十年（289），他与弟弟陆云奉诏北上洛阳。他自江东入洛至死，在北方中原活动了十五年。前期，他加入贾谧"二十四友"的浮华集团；后期，卷入"八王之乱"的混战中。最后，他兵败又遭谗言而被杀，弟陆云一同遇害。他死时对陆云说："华亭鹤唳，岂可复闻乎？"因此，陆机的人生遭遇颇为动荡曲折。时代和人事的剧变，使他的时间迁逝意识非常强烈。《叹逝赋》曰：

> 悲夫，川阅水以成川，水滔滔而日度，世阅人而为世，人冉冉而行暮。人何世而弗新，世何人之能故？②

---

① （三国魏）阮籍撰，陈伯君校注：《阮籍集校注》，中华书局2014年版，第178—179页。

② （晋）陆机著，金涛声点校：《陆机集》，中华书局1982年版，第24页。

川之为川，因水的存在，水日日流逝；世之为世，因人的存在，人渐渐地衰老。每一世都是新的，因为每一世的人都是新的。每一世都是新的，但人生一世，何人能长久地留存呢？在人类代代绵延的长河中，个体的生命是很短暂的。

魏晋文人有浓烈迁逝之痛，其主要原因是什么呢？

自然和人事的迁变是时间存在的前提。如果自然和人事的变化较小，我们能从过去、现在、将来的缓慢变化中，体悟时间流逝的连续性、变异性。一是人事在过去、现在、将来的变迁中具有连续性，现在的人事含有过去的因素，将来的人事是在现在基础上的发展；二是人事在过去、现在、将来之流中又有显明的分别，在变异性中，我们发现自然和人事的异质因素，且对将来的可能性寄予新的希望。因此，过去、现在、将来构成绵延之流，时间的流逝是过去、现在、将来的统一到场；事物的流变是你中有我，我中有你，众多的新旧事物相互渗透而打成一片。若自然和人事的变化急剧，过去很快消亡，现在转瞬即逝，将来不可预知，则过去、现在、将来之间发生了断裂。在断裂的时间之流中，我们证成人事迁变的非理性和荒诞性，也丧失人生命运的主体性。

魏晋文人置身于政治人事的剧烈变化中，过去、现在、将来是断裂的。他们的迁逝之悲正在于：处于断裂的时变之流中，基于现在，而展开对过去的伤怀与对将来的筹划中。断裂中的今昔对比，亲人故友一一凋零，往日的繁华变成今日的憔悴，像梦一样的虚幻，令人感慨和悲伤。断裂中的展望将来，将来的到来有非理性、偶然性的特征，像梦一样的神秘，非自己所能预知和把握，令人恐惧和焦虑。

孔融在《与曹公论盛孝章书》中悲叹故友生命的凋零。同处于乱世，空间的迁徙使朋友之间音信阻隔，饱受别离的痛苦，且大多故友在乱离中非正命而死。孔融在过去的追忆中表现出对零落知识的悼念，且对生死无常的时世寄予悲愤。他在将来的筹划中展开某种可能性，请求曹操援救盛孝章，以改变其现在的困境，但将来的可能性并非自己所能预知和把握。曹操接到孔融的来信，虽施以援救，但孝章终为孙权所杀。曹丕《与吴质书》，在今昔的剧烈变故中，回忆往日饮酒赋诗的诗意生活，表现出对昔日故友一时俱逝的痛惜之情。阮籍的《咏怀诗》，在今昔的对比中，抒发对繁华变成憔悴变故的悲哀，"繁华有憔悴，堂上生荆杞"；又展开对将来的畏惧和忧患情绪。将来在诗人的心中是变化无常的，死亡随时可能降临，险恶的命运不可预知，"终身履薄冰，谁知我心焦"。

《庄子·德充符》谓"死生亦大矣"；郭象注释曰："人虽日变，然死生之变，变之大者也。"对死亡的关注和咏叹，本是人之常情，但在魏晋的诗文中表现得尤为突出。一是动乱时代中的死亡哀鸿遍野，惊心动魄；曹操《蒿里行》"白骨露于野，千里无鸡鸣"，王粲《七哀诗》"出门无所见，白骨蔽平原"，蔡琰《悲愤诗》"斩截无孑遗，尸骸相撑拒"。二是动乱时代中的人事变化急剧，时光匆匆，本来就短促的生命变得更加短促。时光飞逝与生命短促是相统一的，"所遇无故物，焉得不速老"（《回车驾言迈》）。魏晋文人形成了一种"向死而生"的时间观。"向死而生"，即死先行到生中，在生中，时时想到死亡的到来，从而产生一种畏惧和焦虑，或因珍惜生命而发愤努力，或因留恋生命而及时行乐，等等。置于生的情境，总是想到死亡的降临及其死后之事，这使我们颇不安生。在正常的时世中，正命而死及死后的荣辱之名，自己是可以大概预知和把握的，但念死尚不能安生。魏晋文人处于剧烈动荡的时变之中，人事的迁变是断裂的，死亡的到来是无常而非理性的；死后的荣辱之名也非自己所能作为，"眼前一杯酒，谁论身后名"（庾信《拟咏怀》）。因此，魏晋文人的"向死而生"，会产生更为深沉的死亡之悲和迁逝之痛。

曹丕在《与吴质书》中，不仅追怀往事，也展望未来，希望把故友们的诗文结成为一集，给予合理的评价和肯定，使其人、其文传于后世，从而使有限的人生在过去、现在、将来的绵延之流中获得不朽的意义，"盖文章经国之大业，不朽之盛事。年寿有时而尽，荣乐止乎其身，二者必至之常期，未若文章之无穷"（《典论·论文》）。

"惊风飘白日，忽然归西山"，这易于产生人生的虚无感，但曹植在"向死而生"中表现出积极进取的精神。《薤露行》：

> 天地无穷极，阴阳转相因。人居一世间，忽若风吹尘。愿得展功勤，输力于明君。怀此王佐才，慷慨独不群。鳞介尊神龙，走兽宗麒麟。虫兽犹知德，何况于士人。孔氏删诗书，王业粲已分。骋我径寸翰，流藻垂华芬。

"人居一世间，忽若风吹尘"，曹植颇为自信其才具，且志向远大，要在短促的人生中建立功业，立言立名，"骋我径寸翰，流藻垂华芬"。但他知道，自己能否施展才能，还有待于曹丕、曹叡父子的恩赐。他在《求自试表》中卑屈地请求明帝，"窃不自量，志在授命，庶立毛发之功，以报所受之恩。若使陛下出不世之诏，效臣锥刀之用"。终其短暂的一生（192—231），他在碌碌无为中郁愤而死。

阮籍慨叹时间之匆匆流逝，畏惧死亡之随时降临，"朝阳不再盛，白日忽西幽""但恐须臾间，魂气随风飘"，在无可奈何中向往成仙。其诗曰，"驱马舍之去，去上西山趾""愿登太华山，上与松子游"。王锺陵说："我们正是应该从迁逝之悲这一思想感情的背景上，来看待嗣宗的游仙诗。"①

总之，如果人事和时间之流构成绵延，过去、现在、将来统一到场，则置于绵延之流的人们可以追怀过去而预知将来；但魏晋文人身处断裂的人事和时间之流中，追忆过去，展望将来，"向死而生"，而满怀畏惧和焦灼，其诗文表现出忧愤深广的迁逝之痛。

第三节　庄子的时间意识

魏晋玄学兴盛的重要原因，是庄子的思想触动了魏晋士人的心弦。庄子生活的时代是战国中后期，时代的巨变、社会政治的急剧动荡、人生命运的变化无常等，引发他深重的迁逝之悲。

庄子是在自然和人事的变迁中感受时间的匆匆流逝。

《齐物论》有一段文字，展现出人生迁逝的悲感。

---

① 王锺陵：《中国中古诗歌史》，人民出版社2005年版，第219页。

> 一受其成形，不亡以待尽。与物相刃相靡，其行进如驰而莫之能止，不亦悲乎！终身役役而不见其成功，苶然疲役而不知其所归，可不哀邪！人谓之不死，奚益！其形化，其心与之然，可不谓大哀乎？人之生也，固若是芒乎？其我独芒，而人亦有不芒者乎？①

人一受其形体，即置于行进如驰的迁变中，不能止息，终生奔走忙碌而辛苦疲惫，不仅形体逐渐地衰老，心也逐渐地憔悴，这难道不是人生的大哀吗？

《大宗师》：

> 夫藏舟于壑，藏山（应为"汕"，捕鱼之网）于泽，谓之固矣！然而夜半有力者负之而走，昧者不知也。藏小大有宜，犹有所遁。若夫藏天下于天下而不得所遁，是恒物之大情也。特犯人之形而犹喜之。若人之形者，万化而未始有极也，其为乐可胜计邪？故圣人将游于物之所不得遁而皆存。善妖善老，善始善终，人犹效之，又况万物之所系而一化之所待乎！

人间世的万事万物皆置于无穷无尽的迁变之流中，无论如何躲藏，都藏不住，都逃脱不了变化。"若人之形者，万化而未始有极也"，即人只是万化之一遇。《齐物论》："虽然，请尝言之：有始也者，有未始有始也者，有未始有夫未始有始也者；有有也者，有无也者，有未始有无也者，有未始有夫未始有无也者。"庄子找不到事物的始点，宇宙和人类社会无始无终，处于永恒的变化之流中。《知北游》"无古无今，无始无终"；《山木》"无始而非卒也，人与天一也"。

《至乐》最后一章，叙述"种有几"，即事物的种数变化不可胜记，这是不同事物之间的嬗变，是质变，"万物皆出于机，皆入于机"。郭象注曰："此言一气万形，有变化而无死生也。"庄子认为，

---

① （晋）郭象注，（唐）成玄英疏：《庄子注疏》，中华书局2011年版，第31—32页。

事物迁变万形而不灭。

《山木》：

> "何谓无始而非卒？"仲尼曰："化其万物而不知其禅之者，焉知其所终？焉知其所始？正而待之而已耳！"

庄子借孔子阐发变化之理，万物万化，既不知变化的原因，又不知变化的结果，即变化的原因和结果，皆是神秘的、非理性的，非自己的人力所能知能为，故待之而已。

《田子方》是《大宗师》的姊妹篇：

> 吾一受其成形而不化以待尽，效物而动，日夜无隙，而不知其所终；薰然其成形，知命不能规乎其前，丘以是日徂。吾终身与汝交一臂而失之，可不哀与？汝殆著乎吾所以著也。彼已尽矣，而汝求之以为有，是求马于唐肆也。吾服，汝也甚忘；汝服，吾也亦甚忘。虽然，汝奚患焉！虽忘乎故吾，吾有不忘者存。

事物之变日新月异。变化不可执着而留，故虽执臂相守而不能令之停息。如果我们固守过去而不能顺应新变，则是刻舟求剑、求马于唐肆，不能得也。变化迅速，且过去与现在断裂，置身于其中不能不感慨变化的荒诞性。

《寓言》中有一则寓言。庄子谓惠子曰："孔子行年六十而六十化。始时所是，卒而非之。未知今之所谓是之非五十九非也。"人的一生有各种境遇的变化，情随境迁，其思想情感也发生种种变化，且变化是断裂性的，即是非之二元对立的变化。《寓言》中还有一则寓言，叙述颜成子游向东郭子綦陈述其修为的功夫和境界："一年而野，二年而从，三年而通，四年而物，五年而来，六年而鬼入，七年而天成，八年而不知死、不知生，九年而大妙。"人生的境界是年年在发生质变。

人的一生中有种种的变化，其最大的变化是生死之变，"死生亦大矣"。

《知北游》：

> 人生天地之间，若白驹之过隙，忽然而已！注然勃然，莫不出焉；油然漻然，莫不入焉。已化而生，又化而死，生物哀之，人类悲之。解其天韬，堕其天袠。纷乎宛乎，魂魄将往，乃身从之，乃大归乎！

方生方死，生死急剧转变。庄子从人生的短暂中感受到时间的匆匆流逝。生死之变不能不感发人之乐生恶死的情感，从而不能顺应生死之大变。《盗跖》曰："天与地无穷，人死者有时。操有时之具，而托于无穷之间，忽然无异骐骥之驰过隙也。"

众人认为，生与死截然不同，生乐死苦，从而抗拒死亡的到来，不能顺应生死之变。庄子要破除众人悦生恶死的观念。他认为，生不知死，故生者以死为乐也许是错误的，死也许是乐。生死同乐，即生死一齐。《齐物论》："予恶乎知悦生之非惑邪！予恶乎知恶死之非弱丧而不知归者邪！"

《大宗师》：

> 俄而子舆有病，子祀往问之。曰："伟哉，夫造物者将以予为此拘拘也。"曲偻发背，上有五管，颐隐于齐，肩高于顶，句赘指天，阴阳之气有沴，其心闲而无事，跰䟣而鉴于井，曰："嗟乎！夫造物者又将以予为此拘拘也。"子祀曰："汝恶之乎？"曰："亡，予何恶！浸假而化予之左臂以为鸡，予因以求时夜；浸假而化予之右臂以为弹，予因以求鸮炙；浸假而化予之尻以为轮，以神为马，予因以乘之，岂更驾哉！且夫得者，时也；失者，顺也。安时而处顺，哀乐不能入也，此古之所谓悬解也，而不能自解者，物有结之。且夫物不胜天久矣，吾又何恶焉！"

第十一章 从庄子到郭象的时间意识

道家人物子舆面对自己形体之奇形怪状的变化,以齐生死、命的观念顺应之,所谓"安时而处顺,哀乐不能入也"。《田子方》:"喜怒哀乐不入于胸次""且万化而未始有极也,夫孰足以患心!已为道者解乎此"。这是要求不悲不喜地顺应生死之变。

要之,庄子认为,万事万物之间的嬗变无穷无尽,一物由生到死有种种境遇、心境、形体等迁变,其变化的过程具有急剧性、断裂性,其变化的原因和结果神秘难知,其变化是不可抗拒的。时间的本质基于事物的变化,庄子的时间意识,一是表现于时间流逝的迅速和急剧,二是表现于过去、现在、将来的断裂。

魏晋文人置于断裂的迁变之流中,基于现在而展开对过去的伤怀与对将来的筹划中,从而表现出深重的迁逝之悲。学人一般认为,庄子主张不悲不喜地顺应各种变化,即置于时间之流中而任其迁变。徐复观说:"庄子便感到一切都在'变',无时无刻不在'变';这即他所说的'无动而不变,无时而不变'(《秋水》)。于是老子与'变'保持距离的办法,庄子觉得不彻底,或不可能;他乃主张纵身于万变之流,与变相冥合,以求得身心的大自由、大自在;他由此而提出了老子所未曾达到的人生的境界,如由'忘'、'物化'、'独化'等概念所表征的境界,以构成他'宏大而辟,深闳而肆'(《天下》)的思想构造。"[①] 杨国荣说,"'与时变化'则是根据具体情境的特点,选择与之相适应的'在'世或行为方式。行为的这种灵活性、变通性,同时体现了人与外物、人与境遇之间的内在统一"[②]。如果庄子的顺应变化即是承认与接受变化,从而与各种变化打成一片,则庄子的思想即沉沦于世俗中,不能表现其超越世俗的品格。

笔者认为,庄子之顺应时间的流逝及其各种变化,是自我通过修养的功夫,不断地遗忘时间及其变化,终而一切皆忘,所谓心斋、坐忘,从而无知无为地面对时间及其变化,即对于时间及其变化木然无动于衷,故任从或"顺应"时间及其变化。这是在精神上摆脱了时

[①] 徐复观:《中国人性论史》,上海三联书店2001年版,第323页。
[②] 杨国荣:《庄子的思想世界》,华东师范大学出版社2009年版,第219页。

间及其变化的束缚而获得自由,虽然自我之形体及周围的事物依然置于时间之流中。

《德充符》有一则寓言,借孔子之言表达庄子的思想:

> 仲尼曰:"死生亦大矣,而不得与之变;虽天地覆坠,亦将不与之遗;审乎无假而不与物迁,命物之化而守其宗也。"

死生之变乃是变化之大者,自我的形体不能逃脱生死之变,但自我的精神可通过修养的功夫而木然置之,即自我的精神不得与之变,即使天地覆坠也无动于衷。"守其宗也",即守住其虚无虚静虚空之心灵。要之,庄子特重视精神的作用。

自我的精神不是置身于变化之流中而与变化融为一体,而是越出于变化之流之外,即超出于时间之外而获得了永恒,"安排而去化,乃入于寥天一"(《齐物论》),即入于原初的混沌中而无时间。《大宗师》叙述女偊的体道之境即忘境,"见独而后能无古今;无古今而后能入于不死不生"。无古今、不生不死,即自我在时间之外而永恒。《逍遥游》中藐姑射之山的神人,"肌肤若冰雪,绰约若处子",而游乎四海之外、无何有之乡,这与道境的混沌性、无时间性是一致的。

综之,庄子的时间意识源于自然和人事的变迁;自然与人事在过去、现在、将来的时间之流中发生了断裂性的迁变,尤其强化了庄子的迁逝之感之痛。众人置于断裂的时间之流中不能逃脱各种实质性的变化,自我不成为自我,失去存在的规定性,且饱尝变化无常的痛苦。庄子主张通过精神修养的功夫而达至忘境、道境,从而木然于变化,即在精神上越出于变化之外,越出于时间之外,不生不死、不变不迁而走向永恒,这是主观心灵的时间观。

第四节 郭象的时间意识

魏晋玄学的兴盛自有时代的意义。对魏晋文人普遍的时间迁逝意识的哲学思考，是其重要意义之一。庄子的"物化""齐生死""坐忘"等观念，是玄学应对和解决现实人生问题的重要思想资源。玄学的集大成者——郭象的《庄子注》，在对庄子思想的解释中重新建构了新的时间观和生死观。

一 断裂的时间之流

郭象在《庄子》文本的注释中，深入地发挥庄子关于事物变化和时间流逝之无始无终的思想。他说："与日俱新，故无始也"（《在宥》注），"言世世无极""出入者，变化之谓也。言天下未有不变也"（《知北游》注），"于今为始者，于昨为卒，则所谓始者即是卒矣。言变化之无穷"（《山木》注）。宇宙社会不存在绝对的开始，而处于无始无终的永恒变化中。事物的变化有量变和质变两种阶段。量变是事物在数量上、程度上的变化，一方面使事物的本质得以延续，另一方面也使事物得以休憩。质变是事物根本性质的变化，是渐进过程中断的突变，是事物变化的断裂。庄子之谓事物的变化，可能包含量变和质变两个方面，而侧重于质变。但郭象在注释中明确认为，事物之变是新事物代替旧事物的质变。质变说明事物变化的显著和剧烈，割断了新旧事物之间的联系，也展示了时间迁逝的急剧性和断裂性，这正是对魏晋时代社会政治人生之剧变的哲学反映。

《养生主》：

> 指穷于为薪，火传也，不知其尽也。

郭象注曰：

> 夫时不再来，今不一停，故人之生也，一息一得耳。向息非今息，故纳养而命续；前火非后火，故为薪而火传，火传而命续，由夫养得其极也，世岂知其尽而更生哉！

事物的变化与时间的流逝永不停息，"时不再来，今不一停"。向昔和今昔、前火和后火是截然分别的，故其变化是断裂性的质变。

《大宗师》：

> 夫藏舟于壑，藏山（应为"汕"，捕鱼之网）于泽，谓之固矣！然而夜半有力者负之而走，昧者不知也。

郭象注曰：

> 夫无力之力，莫大于变化者也。故乃揭天地以趋新，负山岳以舍故。故不暂停，忽已涉新，则天地万物无时而不移也。世皆新矣，而自以为故；舟日易矣，而视之若旧；山日更矣，而视之若前。今交一臂而失之，皆在冥中去矣。故向者之我非复今我也，我与今俱往，岂常守故哉！而世莫之觉，遂谓今之所遇，可系而在，岂不昧哉！

变化无处不在，无时不在，没有大于变化的力量。时间的流逝一去不返，事物的变化日新月异，"故不暂停，忽已涉新，则天地万物无时而不移也"。向者与今者有显著的不同：向者已经消亡，今者转瞬即逝，皆无法留存；向者之我与今者之我截然不同。众人执着于所遇而不能与时变化，是愚昧的。

《田子方》有一则寓言，记叙孔子与颜回谈论万物的变化之事，"吾一受其成形而不化以待尽……吾终身与汝交一臂而失之，可不哀乎？……虽忘乎故吾，吾有不忘者存"。

郭象注曰：

> 夫有不得变而为无，故一受成形，则化尽无期也。
> 不系于前，与变俱往，故曰徂。
> 夫变化不可执而留也，故虽执臂相守而不能令停。若哀死者，则此亦可哀也。今人未尝以此为哀，奚独哀死邪？
> 唐肆，非停马处也。言求向者之有，不可复得也。人之生若

第十一章 从庄子到郭象的时间意识

> 马之过肆耳，恒无驻须臾，新故之相续，不舍昼夜也。著，见也。言汝殆见吾所以见者耳。吾所以见者，日新也，故已尽矣，汝安得有之！
>
> 不忘者存，谓继之以日新也。虽忘故吾，而新吾已至，未始非吾，吾何患焉！故能离俗绝尘，而与物无不冥也。

事物的变化是以旧代新的质变，"吾所以见者，日新也，故已尽矣，汝安得有之"，故旧者不可执守，"言求向者之有，不可复得也"；日新者匆匆而来，故必须与时变化。

要之，郭象认为，事物的变化和时间的流逝，不能构成绵延之流；事物的变化是新事物代替旧事物的质变，其变化是断裂性的；时间的流逝基于事物的变化，时间之流的过去、现在、将来也是断裂性的。处于断裂之变中，前后事物皆没有相通和理解的可能。

《齐物论》：

> 丽之姬，艾封人之子也。晋国之始得之也，涕泣沾襟，及其至于王所，与王同筐床，食刍豢，而后悔其泣也。予恶乎知夫死者不悔其始之蕲生乎？梦饮酒者，旦而哭泣；梦哭泣者，旦而田猎。

庄子认为，前不知后，生不知死，梦不知觉，这是否定前后、生死、梦觉之变的连续性。

郭象注曰：

> 一生之内，情变若此。当此之日则不知彼，况夫死生之变，恶能相知哉！

郭象从生死之变的不可知，进一步扩展到人生不同情境的不可知。人事之变是断裂性的，则人事之变的前后情境皆不能相通和理解。一般而言，死不可经验，死之不可知不容置疑。但人生的不同情境，总有相通的地方，总有可知的联系。郭象本于事物之变是质变，是断裂性的迁变，因而认为前后不相知。情境的迁变和生死之变如同人的梦觉，梦不知觉。

《齐物论》：

> 昔者庄周梦为蝴蝶，栩栩然蝴蝶也，自喻适志与！不知周也。俄然觉，则蘧蘧然周也。不知周之梦为蝴蝶与？蝴蝶之梦为周与？周与蝴蝶则必有分矣，此之谓物化。

庄子以梦觉譬喻生死的相异和不可知。郭象予以阐释：

> 夫时不暂停，而今不遂存。故昨日之梦，于今化矣。死生之变，岂异于此，而劳心于其间哉！方为此则不知彼，梦为蝴蝶是也；取之于人，则一生之中，今不知后，丽姬是也。而愚者窃窃然自以为知生之可乐、死之可苦，未闻物化之谓也。

"时不暂停，而今不遂存"，事物的前后变化急剧，彼此之间没有任何联系，不能以过去的事物了解现在的事物，也不能通过现在的事物预知将来的事物。人生的前后之境，如同生死梦觉，是"今不知前""今不知后"。庄周梦中变成蝴蝶，根本不知其前（未入梦）曾是庄周，也不知其后（觉醒）将是庄周。因此，梦前的情境、梦中的情境、梦醒的情境皆是断裂的，则基于事物变异的时间之流也是过去、现在、将来的断裂。

《天道》有一则寓言，叙述齐桓公与轮扁谈论圣人之言的事情。庄文的寓意是意不可言传，故读圣人之言不能把握圣人之意，圣人之言是糟粕。

郭象注曰：

> 当古之事，已灭于古矣。虽或传之，岂能使古在今哉！古不在今，今事已变，故绝学任性，与时变化，而后至焉。

郭象认为，圣人之言叙述古之事，不合于今，因今之事已变，故读圣人之言无用。这是否定古今之变的连续性与圣人之言的恒常性。《寓言》："寓言十九，重言十七，卮言日出，和以天倪。"郭象注曰："夫卮，满则倾，空则仰，非持故也。况之于言，因物随变，唯彼之从，故曰日出。日出，谓日新也。日新则尽其自然之分，自然之分尽则和也。"言说不要固执旧说，而随物变化，随时变化，日日而新，以合自然之理。

要之，相对于庄子，郭象更为突出时间之变与事物之变的断裂性，而否定过去、现在、将来的连续性，故向者之我非今者之我，生不知死，前不知后。

二 "忘先后之所接"

面对永恒的断裂之流，庄子主张回归内在的城堡，通过自我的修养功夫而遗忘一切，无知无识地木然于变化，在精神上从变化的时间之流中解脱出来而获得永恒。《大宗师》有一则寓言，描述女偊体道的修养功夫和境界。女偊年长而色若孺子，长生不老，是因为闻道。闻道的功夫修养，是忘的功夫，"外天下""外物""外生"，即忘天下，忘物，忘生，一切皆忘，内心虚静虚空而达至忘境，从而与天地万物混而为一。

郭象展开了新的诠释：

> 当所遇而安之，忘先后之所接，斯见独者也。

所遇而安，即遇到一境，而安于一境。"忘先后之所接"，置于某一情境，即完全沉浸于此一情境，而忘记前后的情境。忘记前境与后境，即斩断当下情境与前后情境在时间上的连接性。主体既不忆念前一情境，又不预想后一情境，因而不会有因情境的不同而产生的计较之心、得失之念、悲喜之情，从而与当下情境深相契合而安乐。当下情境得到完全孤立化和集中化的显现，所谓"见独"。郭象注曰"与独俱往"，即割断时间在前后上的绵延，没有过去与现在的分别观念，也没有现在与将来的分别观念，只有现在，现在即成为永恒。

郭象认为，事物的变化是以故代新的质变，人生的迁变是不同情境之间的迁移；不同事物和情境之间皆各自独立，不能相通和相互理解，即断裂的；基于自然和人事变化的时间之流也是断裂的，即时间并不能构成绵延之流。置于断裂的时间之流中，主体既不要追恋过去，也不要展望将来，而完全沉浸于当下的现在，即只有现在而没有过去和未来。

《人间世》注曰：

> 当顺时直前，尽乎会通之宜耳！
> 趣当尽临时之宜耳。
> 不瞻前顾后，而尽当今之会，冥然与时世为一，而后妙当可全，刑名可免。

《田子方》注曰：

> 不系于前，与变俱往，故日徂。……故能离俗绝尘，而与物无不冥也。

顺应时变，与当下的情境完全地相合而相宜，"尽乎会通之宜耳"。"不瞻前顾后""不系于前"，既不追忆过去，也不展望将来，而完全沉浸于现在，"而尽当今之会"，即与当下情境相冥合。

《德充符》注曰：

> 夫命行事变，不舍昼夜，推之不去，留之不停。故才全者，随所遇而任之。
> 夫始非知之所规，而故非情之所留。是以知命之必行，事之必变者，岂于终规始、在新恋故哉？虽有至知而弗能规也。逝者之往，吾奈之何哉！

顺应事变，随遇而安，即完全沉浸于现在的事变和情境中。事变的相对开始，已经逝去，非自己所能留存；事变的相对结束，尚未到来，也非自己所能预知和支配，故立足于当下，"岂于终规始、在新恋故哉"。

《齐物论》有一则寓言，叙述瞿鹊子与长梧子的对话。长梧子批评瞿鹊子"见卵而求时夜，见弹而求鸮炙"。郭象注曰：

> 夫物有自然，理有至极，循而直往，则冥然自合，非所言也。……今瞿鹊子方闻孟浪之言而便以为妙道之行，斯亦无异见卵而责司晨之功、见弹而求鸮炙之实也。夫不能安时处顺而探变求化，当生而虑死，执是以辩非，皆逆计之徒也。

瞿鹊子不能安于当下情境，而探求将来的变化，如见卵则思孵鸡而求之报晓，见弹弓思射鸮而求之炙烤；这是"逆计之徒"，不能循而直往，与变化相冥合。

郭象认为，当自我随着事物、情境的变化，而忘记一个个前境、后境，而安于一个个当下的情境，即与一个个当下的情境相融合，即是顺应各种事物、各种情境、各种变化。《齐物论》注曰："唯大圣无执，故茫然直往而与变化为一，一变化而常游于独者也。"游于独者，才能直往而与变化为一。《人间世》注曰："不冥矣而能合乎人间之变，应乎当世之节者，未之有也。"冥，即融合，即与当下之境完全地融合。所遇而安，即安于所遇，顺于所遇，乐于所遇，即与所遇的事物、情境完全地融合。《逍遥游》注："帝尧许由，各静其所遇，此乃天下之至实也。……故尧许之行虽异，其于逍遥一也。"《齐物论》注："夫死生之变，犹春秋冬夏四时行耳。故死生之状虽异，其于各安所遇，一也。"《大宗师》注："当所遇而安也。"《知北游》注："敖然自放，所遇而安，了无功名。"《达生》注："所遇而安，故无所变从也。"《至乐》注："各以所遇为乐。"所遇而安，即安于当下之遇，游于其中而安然自乐。

北宋文人苏轼在其诗词文中多阐发其思想，如《定风波》：

>莫听穿林打叶声，何妨吟啸且徐行。竹杖芒鞋轻胜马，谁怕？一蓑烟雨任平生。料峭春风吹酒醒，微冷，山头斜照却相迎。回首向来萧瑟处，归去，也无风雨也无晴。

苏轼在道路上遇雨，所遇而安，吟啸徐行，竹杖芒鞋，一蓑烟雨，而自得其乐。

庄子特重视"忘"的智慧。《大宗师》记述了颜回达到"坐忘"的人生境界。坐忘境界的实现是从外到内、从易到难，一步步地忘，"忘礼乐""忘仁义""离形去知"，最后"同于大通"。忘境即道境，即一切皆忘而无知无识，从而木然于事变之流与时间之流。郭象之忘，是忘记前境、后境，忘记性分之外的事情，从而专注于当下之境，安于性分之内。

郭象注曰：

>夫坐忘者，奚所不忘哉！既忘其迹，又忘其所以迹者。内不觉其一身，外不识有天地，然后旷然与变化为体而无不通也。

《德充符》注曰：

>都忘宜，故无不任也。都任之而不得者，未之有也。

郭象"奚所不忘哉""都忘宜"，并不是一切皆忘，而是忘记其他所有事情，从而与当下事物、情境相融合，故与变化为体，无不任也。这是庄子与郭象之忘的重要分别。

人生之变，莫大于生死之变。我们最不能忘怀的，是生命的短促与死亡的恐惧。《则阳》注曰："今所以有岁而存日者，为有死生故也。若无死无生，则岁日之计除。"岁日等计时名词的出现，主要是因为有生死之变。庄子提出"齐生死""忘生死"的观念，这成为郭象阐发其时间观和生死观的思想基础。

《至乐》注曰：

> 旧说云庄子乐生恶死，斯说谬矣！若然，何谓齐乎？所谓齐者，生时安生，死时安死，生死之情既齐，则无为当生而忧死耳！此庄子之旨也。

从髑髅与庄子的对话来看，庄子认为死比生更快乐，而乐死恶生。实际上，庄子认为生与死同样快乐，因要破除常人的悦生恶死，而不免矫枉过正。要之，庄子认为人们必须顺应生死之变，但如何能顺应生死之变，从齐生死走向忘生死。

郭象展开了自己的思考："所谓齐者，生时安生，死时安死，生死之情既齐，则无为当生而忧死耳！"生与死不同，这是不能齐的。所谓齐生死，即生与死有共同的存在价值，皆能任性逍遥。因此，生时安生，而忘死，完全沉浸于生之中，与生相融相合而为一。因忘死而不会忧虑死，且不计较生死的得失。因忘死，自然忘其对立面"生"，而忘死忘生。这样才能完全与生的情境契合，知觉完全集中在生的情境，即知觉的集中化和孤立化，才能安生而享受生。死时安死，而忘生，而完全沉浸于死之中，与死相融相合而为一。因忘生而不会追恋生，且不计较生死的得失。因忘生，自然忘其对立面"死"，而忘生忘死。《齐物论》注曰："由此观之，当死之时，亦不知其死而自适其志也。"这样才能完全与死的情境相契合，即知觉完全集中在死的情境，才能安死而享受死。因此，生时安生，死时安死，则能真正地顺应生死之变。

《齐物论》注曰：

> 故死生之状虽异，其于各安所遇，一也。
> 故生时乐生，则死时乐死。死生虽异，其于各得所愿，一也，则何系哉！

"各安所遇"，即生时安生、乐生，死时安死、乐死。生时安生、乐生，则足于生；死时安死、乐死，则足于死。足于生，则忘死；足于死，则忘生。《齐物论》注曰："当所遇，无不足也，何为方生而忧死哉!"

"众庶冯生"(贾谊《鵩鸟赋》),众人贪恋生,尽管生活贫困艰难;他们一般很少想到死,似乎死是遥不可及的事,自然也很少忧虑死,而活得有滋有味。"君子疾没世而名不称焉"(《论语·卫灵公》),君子自觉意识强烈,"向死而生",生时忧虑死的到来,感慨生命的短促,追求死后的不朽荣名,因而颇不安生,活在忧惧中。曹丕、曹植、阮籍等魏晋文人,不能做到生时安生,死时安死,从而产生深重的迁逝之悲。因不能生时安生,不仅生时痛苦忧惧,且生的时间历程也会缩短,死亡加速到来。例如曹植,在他后期,虽封地辗转迁移,但王侯的身份地位及富足的生活,是基本上得到保证的。但他不安于当下处境,而渴望回到朝廷,建功立业;结果是,不但没有得到功名,且死亡加速到来,他只活了四十岁。

要之,郭象认为,置于断裂的生死之变中,最好的处世方式是生时安生,死时安死。这进一步推扩到人生不同的情境中。置于某一情境,即完全沉浸于此一情境中,即与此一情境相融而安乐,而忘记前后的情境。因为人生的不同情境是断裂而不相通的,对前后情境的追忆和展望,会阻碍主体对当下情境的实现,即不能足于当下情境;不足于当下情境,则对前后情境会产生妄想。

综上所述,郭象时间观的基本内容如下。

一是,自然和人事的变化是急剧的,基于其上的时间流逝是急剧的。郭象正是从自然和人事的迁变中理解时间的流逝,这揭示了时间存在的本质。

二是,自然和人事的变化是无始无终,以新代故;其变化是质变,因而前后并不存在联系,不能相通和理解。过去的人事一去不返,现在的人事很快会成为过去,将来的人事不可预知和把握。因此,时间不能构成绵延之流,时间之流的过去、现在、将来是断裂的。

三是,置于时变的断裂之流中,主体"忘先后之所接",即主体忘记前境、后境,从而安于、乐于当下的事物或情境,即与当下的事物、情境相融合,即安于所遇,一方面主体与当下情境打成一片而游于其中,不免是有限的;另一方面主体又能通过忘,而穿越一个个有限之境而走向无限,即从有限的时间之流走向无限。

四是,顺应时间的流逝而把握当下、现在,即现在具有优先性,这与西方存在主义哲学以将来为优先性不同。

第五节 时间意识的诗意展现

在中国传统的农业社会中,春生夏长,秋收冬藏,一年四时,循环往复。这种简单的农业再生产,生产出一种简单循环式的时间观。四时及其景物周而复始,春天还会再来,桃花依旧要盛开。四时的农业生产和生活循环往复,上百年乃至上千年的农业生产和生活并没有什么改变。人似乎也是年年如此,今年和去年的形容与从事的工作依然一样,"年年岁岁花相似",但很少有"岁岁年年人不同"之感。这种以四时为周期的循环时间观使人无视时间的线性流逝,没有过去、现在、将来的明显分别,过去与现在是一样的,将来也没有什么新的内容。因此,人对将来没有什么新奇的期待,对过去也没有多少眷念和追忆。王维《春中田园作》曰:

> 屋上春鸠鸣,村边杏花白。持斧伐远扬,荷锄觇泉脉。归燕识故巢,旧人看新历。临觞忽不御,惆怅远行客。

屋上的春鸠又鸣叫了,村边的杏花依然雪白。燕子是去年的燕子,燕巢也是去年的旧巢,人也还是去年的人。虽然日历标明新的一年已经到来,但一切依旧,新的一年并没有什么实质性的变化,无非重复代代人延续的生产和生活。

自然界和人类社会的变迁澄明时间的存在,我们正是从自然和人事的变迁中领会时间的本质。如果自然和人事的变化不大,则时间的流逝缓慢,一年的日历时间似乎悠悠地过了数年。罗大经《鹤林玉露》:

> 唐子西诗云:"山静似太古,日长如小年。"余家深山之中,

每春夏之交，苍藓盈阶，落花满径，门无剥啄，松影参差，禽声上下。午睡初足，旋汲山泉，拾松枝，煮苦茗啜之。随意读《周易》、《国风》、《左氏传》、《离骚》、《太史公书》及陶杜诗、韩苏文数篇。从容步山径，抚松竹，与麛犊共偃息于长林丰草间。坐弄流泉，漱齿濯足。既归竹窗下，则山妻稚子，作笋蕨，供麦饭，欣然一饱。弄笔窗间，随大小作数十字，展所藏法帖、墨迹、画卷纵观之。兴到则吟小诗，或草《玉露》一两段。再烹苦茗一杯，出步溪边，邂逅园翁溪友，问桑麻，说粳稻，量晴校雨，探节数时，相与剧谈一饱。归而倚杖柴门之下，则夕阳在山，紫绿万状，变幻顷刻，恍可人目。牛背笛声，两两来归，而月印前溪矣。味子西此句，可谓绝妙。然此句妙矣，识其妙者盖少。彼牵黄臂苍，驰猎于声利之场者，但见滚滚马头尘，匆匆驹隙影耳，恶知此句之妙哉！①

山中生活宁静悠闲，没有什么变化。时间悠然地流逝，一天似过了一年。从山中的景色与生活来看，太古与现在没有差别，时间似乎停滞，太古即现在，现在即永恒。因此，人在山中生活，时间的迁逝感很弱。但那些驰骋于名利场中的人，其穷达祸福的瞬息万变，其人事扰攘的纷繁复杂，使他们深感时间的匆匆流逝，如"白驹过隙"。

要之，在中国传统的农业社会里，人形成了以四时为周期的循环式时间观；自然和人事的变化是缓慢的，基于其上的时间流逝也是缓慢的，我们的时间迁逝意识淡薄。这表现在文学上，描写农村田园生活的诗文，总有一种缓慢而悠长的时间感受，形成了静观、悠闲的审美情趣。一年四时之中，春和秋两个季节因景物和人事的变化较大，所以能引发我们较强的时间意识，从而产生出较多的伤春悲秋作品。但四时循环往复，春和秋循环往复，也削弱了四时及其景物的新奇感，因而时间的迁逝感仍是不强。

---

① （清）罗大经：《鹤林雨露》（丙编卷四），《全宋笔记》（第八编第三册），大象出版社2017年版，第385页。

第十一章　从庄子到郭象的时间意识

如果我们身处其中的自然界和人类社会的变化非常剧烈，如果我们的人生遭遇非常动荡曲折，则时间的流逝非常迅速，我们的时间迁逝感非常强烈，一年的日历时间一月就匆匆地过去了，本来就很短促的人生变得更加短促。屈原生活在战国晚期，诸侯争霸达到了空前剧烈的程度，秦国频繁地对楚国加以威胁、利诱、侵袭，楚国的内政外交陷入纷繁复杂的困境当中。屈原积极地参与其中，深切感受到楚国的动荡变化。屈原的人生遭遇坎坷曲折。他原为怀王左徒，官位显赫，"入则与王图议国事，以出号令；出则接遇宾客，应对诸侯。王甚任之"（《史记·屈原贾生列传》），但因小人的谗言，"信而见疑，忠而被谤"，一再遭受楚王和佞臣的打击，两次放逐，最终沦落为"颜色憔悴，形容枯槁"的江边谪客。自然和人事的剧烈变化，使屈原深感时间的匆匆流逝和人生的有限短促。

《离骚》：

> 汩余若将不及兮，恐年岁之不吾与。朝搴阰之木兰兮，夕揽洲之宿莽。日月忽其不淹兮，春与秋其代序。惟草木之零落兮，恐美人之迟暮。
>
> 老冉冉其将至兮，恐修名之不立。朝饮木兰之坠露兮，夕餐秋菊之落英。

汩，本义是水流迅速，指时间像水一样匆匆流逝，永不停歇，一去不回。朝、夕的对照，正表示时间的匆匆。日月飘忽，春秋代序，草木零落，美人迟暮；这是诗人慨叹时间迁逝而青春不再、芳意难成。

> 朝发轫于苍梧兮，夕余至乎县圃。欲少留此灵琐兮，日忽忽其将暮。吾令羲和弭节兮，望崦嵫而勿迫。路漫漫其修远兮，吾将上下而求索。

诗人忧恐太阳很快落山，而命令羲和慢一点赶车，让时光慢流，以便上下求索自己的人生之路。"日忽忽其将暮"，隐喻自己老之将至，期望岁月延伫，以实现自己的美政理想。

> 及年岁之未晏兮，时亦犹其未央。恐鹈鴂之先鸣兮，使夫百草为之不芳。

鹈鴂，即杜鹃，鸣叫于春末夏初，正是落花时节。诗人畏惧杜鹃鸣叫，春天就会过去，百花凋零，美人迟暮。

要之，屈原身处于政治人事的剧烈变化当中，所以《离骚》充满着岁月匆匆流逝、人生短促的慨叹，表现出强烈的时间迁逝意识。

自然和人事的变化较小，我们就能从过去、现在、将来的缓慢变化中，体悟时间流逝的连续性、当然性、变异性。在连续性中，我们把曾经拥有的东西，延续到现在和将来，以保持更长的时间而获得更久的意义。在当然性中，我们理解和把握自然和人事的理性发展。在变异性中，我们发现自然和人事的异质因素，且对将来的可能性变化寄予新的希望。如果自然和人事的变化急剧，过去很快消亡，现在转瞬即逝，将来不可预知，那么过去、现在、将来之间发生了断裂。过去与现在之间发生了巨大变化，具有断裂性和非理性的特征，使我们产生时光飞动的迁逝感。过去的事情一去不返，像梦一样虚幻。现在的处境没有任何过去的依据，其到来表现出偶然性和荒诞性，如梦一样神秘。置于现在的梦境中，则对将来不抱有任何理性发展的希望，将来难以预知，也不可把握，我们丧失了人生命运的主体性。"人生如梦"正是源于此。

李煜在亡国之后所抒写的词，"眼界始大，感慨遂深"（王国维《人间词话》），其所抒发的感情基调是伤感、萎靡、悲观。究其原因，他的词在过去、现在、将来的断裂中展现出强烈的时间迁逝感和人生幻灭感。李煜原是南唐后主，尽享荣华富贵、歌舞升平的生活；南唐被北宋攻灭后，他成为阶下囚，遭受着国破家亡的惨痛命运。

《破阵子》：

> 四十年来家国，三千里地山河。凤阁龙楼连霄汉，玉树琼枝

作烟萝。几曾识干戈？一旦归为臣虏，沈腰潘鬓消磨。最是仓皇辞庙日，教坊犹奏别离歌。垂泪对宫娥。①

山河家园曾经是"凤阁龙楼连霄汉，玉树琼枝作烟萝"，但很快在干戈中消亡，自己也归为臣虏。李煜人生的前后变化正如他感叹说："流水落花春去也，天上人间！"（《浪淘沙》）家事国事之"天上人间"的巨变，使李煜深感时间的匆匆流逝。

《乌夜啼》：

> 林花谢了春红，太匆匆！无奈朝来寒雨晚来风。胭脂泪，留人醉，几时重？自是人生长恨水长东。

林花匆匆凋谢，正是过去的富贵繁华生活匆匆逝去的写照。

《虞美人》：

> 春花秋月何时了？往事知多少！小楼昨夜又东风，故国不堪回首月明中。雕栏玉砌应犹在，只是朱颜改。问君能有几多愁？恰似一江春水向东流。

春花、秋月、东风、明月是标示时间流逝的自然物象，它们循环往复；而家事国事的变迁是单向线性流逝，是"一江春水向东流""自是人生长恨水长东"。自然物象的循环往复与人事的线性流逝形成鲜明对照，从而引发词人对过去美好生活一去不返的感伤。《虞美人》："风回小院庭芜绿，柳眼春相续。凭阑半日独无言，依旧竹声新月似当年。笙歌未散樽前在，池面冰初解。烛明香暗画堂深，满鬓清霜残雪思难任。"竹声新月依旧，人事白云苍狗，自己穷愁衰老，令人悲痛，"满鬓清霜残雪思难任"。

家事国事的沧桑巨变，使李煜的过去与现在是断裂的，他一方面

---

① （南唐）李煜：《李煜词集》，上海古籍出版社2016年版，第51页。

感到往日的生活在现实中踪迹全无，像梦一般的虚幻；另一方面觉得今昔的变化是非理性和荒诞性的，也是梦。因此，李煜的词里充斥着梦的意象。《望江南》："多少恨，昨夜梦魂中。还似旧时游上苑，车如流水马如龙。花月正春风。"他只有在梦里重温往日"车如流水马如龙。花月正春风"的美好生活。

《菩萨蛮》：

> 人生愁恨何能免，销魂独我情何限。故国梦重归，觉来双泪垂。高楼谁与上，长记秋晴望。往事已成空，还如一梦中。

往事成空，如梦一般的虚幻。李煜在过去与现在的云泥之隔中，深切追怀往日玉砌雕阑、歌舞升平的生活，伤痛今日卑下屈辱、以泪洗面的境遇。

《乌夜啼》：

> 昨夜风兼雨，帘帏飒飒秋声。烛残漏断频倚枕，起坐不能平。世事漫随流水，算来梦里浮生。醉乡路稳宜频到，此外不堪行。

浮生如梦，虚幻而荒诞，没有什么意义，因而不值得执着，词人的情感是悲观消沉的。

李煜在过去、现在、将来的时间之流中，完全沉浸于过去美好生活的追忆中，他不愿意展望将来。将来具有优先性，蕴含着多种可能性，从现在到将来的流变中，意味着新的异质因素的出现。但李煜不再展望将来，即彻底放弃了改变现实困境的可能性，这是李煜完全绝望的表现。

《浪淘沙》：

> 往事只堪哀，对景难排。秋风庭院藓侵阶。一任珠帘闲不卷，终日谁来！金剑已沉埋，壮气蒿莱。晚凉天净月华开。想得

玉楼瑶殿影，空照秦淮。

词人完全沉浸在"往事只堪哀"中，是"金剑已沉埋，壮气蒿莱"，早已没有展望将来的雄心和壮气了。他心灰意冷，以为一生已经注定，不可改变，不再有将来的希望了。李煜只有过去，没有将来了。一个没有将来的人，是多么绝望的人。

那些太执着于过去且把过去作为梦而言说的人，即所谓"痴人说梦"：一是他们曾拥有美好繁华的过去；二是他们经历了人生的巨变，从美好的过去跌落到现实的困境中；三是他们已经绝望，看不到改变现实困境的未来希望。因此，他们对现在和将来是完全排拒的，只有沉浸在过去的回忆中，才能消解人生的失落和苦痛。

晚明著名的小品文作家张岱所写的《陶庵梦忆》《西湖梦寻》等著作，皆是以"梦"为名。张岱显然是把自己过去的生活看成一场梦，也暗示现实的人生也是梦。他为什么会这样呢？从他的人生遭遇中我们可以明白，他的一生经历了由繁华到衰落的巨大变化，表现在国事上是由明入清，表现在家事上是由富贵到穷困。

他在《自为墓志铭》中说：

> 少为纨绔子弟，极爱繁华。好精舍，好美婢，好娈童，好鲜衣，好美食，好骏马，好华灯，好烟火，好梨园，好鼓吹，好古董，好花鸟；兼以茶淫橘虐，书蠹诗魔，劳碌半生，皆成梦幻。年至五十，国破家亡，避迹山居。所存者，破床碎几，折鼎病琴，与残书数帙，缺砚一方而已。布衣蔬食，常至断炊。回首二十年前，真如隔世。

张岱前后生活的天上人间之隔，一方面展示了时间的急剧流逝；另一方面把过去与现在割裂开来，过去的一切像梦般虚幻，今昔巨变的非理性和荒诞也是梦。

《陶庵梦忆·自序》：

鸡鸣枕上，夜气方回，因想余生平，繁华靡丽，过眼皆空，五十年来，总成一梦。今当黍熟黄粱，车旅蚁穴，当作如何消受？遥思往事，忆即书之，持向佛前，一一忏悔。不次岁月，异年谱也；不分门类，别志林也。偶拈一则，如游旧径，如见故人，城郭人民，翻用自喜，真所谓痴人前不得说梦矣。

昔有西陵脚夫，为人担酒，失足破其瓮，念无所偿，痴坐伫想，曰："得是梦便好。"一寒士乡试中式，方赴鹿鸣宴，恍然犹意非真，自啮其臂曰："莫是梦否？"一梦耳，惟恐其非梦，又惟恐其是梦，其为痴人则一也。余今大梦将寤，犹事雕虫，又是一番梦呓。①

作者感慨五十年来的人生像梦一样过眼皆空。他认为现在是黄粱梦醒，不禁深切忆念过去，因为梦虽是虚幻不实，但交织着自己的悲欢；且现在的境况是令人失望的，也没有展望将来的信心和勇气；只有沉浸在梦中，"又是一番梦呓"，才能消解内心的苦痛。西陵脚夫希望现在是梦，中举的寒士担心现在是梦，文人张岱以为现在是大梦将寤；实际上，他们皆处于梦中。庄子曰："方其梦也，不知其梦也。梦之中又占其梦焉，觉而后知其梦也。且有大觉而后知其大梦也，而愚者自以为觉，窃窃然知之。"（《庄子·齐物论》）人生的本质是梦，是虚无，是荒诞，但愚人常常自以为觉。

《红楼梦》也是以"梦"名篇的，且看小说的开篇说：

此开卷第一回也。作者自云：因曾历过一番梦幻之后，故将真事隐去，而借"通灵"之说，撰此《石头记》一书也。故曰"甄士隐"云云。但书中所记何事何人？自又云："今风尘碌碌，一事无成，忽念及当日所有之女子，一一细考较去，觉其行止见识，皆出于我之上。何我堂堂须眉，诚不若彼裙钗哉？实愧则有

---

① （明）张岱著，夏咸淳等校注：《陶庵梦忆 西湖寻梦》，上海古籍出版社2001年版，第3页。

第十一章 从庄子到郭象的时间意识

余,悔又无益之大无可如何之日也!当此,则自欲将已往所赖天恩祖德,锦衣纨绔之时,饫甘餍肥之日,背父兄教育之恩,负师友规训之德,以至今日一技无成,半生潦倒之罪,编述一集,以告天下人:我之罪固不免,然闺阁中本自历历有人,万不可因我之不肖,自护己短,一并使其泯灭也。虽今日之茅椽蓬牖,瓦灶绳床,其晨夕风露,阶柳庭花,亦未有妨我之襟怀笔墨者。虽我未学,下笔无文,又何妨用假语村言,敷演出一段故事来,亦可使闺阁昭传,复可悦世之目,破人愁闷,不亦宜乎?"故曰"贾雨村云云"。

此回中凡用"梦"用"幻"等字,是提醒阅者眼目,亦是此书立意本旨。[①]

红楼一梦,正是作者曹雪芹在经历人生的巨大变化后,而展开对过去生活的追忆。昔日的作者生活于富贵繁华之家,"所赖天恩祖德,锦衣纨绔之时,饫甘餍肥之日";今日的作者跌落到贫贱中,"茅椽蓬牖,瓦灶绳床"。这种前后生活的天上人间之隔,一是证成时间的匆匆流逝;二是把过去与现在割裂开来,过去的生活一去不返,像梦一样的虚幻。作者在今昔的巨变中一方面体悟人生的荒谬性,另一方面也没有勇气和能力以改变现实的困境。他拒斥现在和将来,即不接受和理解现在的困境,也不愿意展望将来。因此,作者只有沉浸在过去的回忆和感伤之中,而痴人说梦。

《红楼梦》结篇说:

说到辛酸处,荒唐愈可悲。由来同一梦,休笑世人痴!

人生如同梦一样的虚幻、短暂和非理性,这样的人生是没有意义的,不值得执着。但世人不能勘破,往往交织着自己的悲欢而痴说自己如梦的往事。

[①] (清)曹雪芹:《红楼梦》(上),人民文学出版社2008年版,第1—2页。

综上所述，自然与人事在过去、现在、将来之流中发生了断裂的迁变，尤其强化了庄子的迁逝之感之痛。庄子主张通过修养的功夫而达至忘境、道境，从而越出于变化之外，越出于时间之外，不生不死、不变不迁而走向永恒，这是主观心灵的时间观。郭象认为，人事之变是以新代故的质变，基于人事之变的时间之流不能构成绵延，过去、现在、将来是断裂的，故人生的前后情境不能相通。在断裂的事变之流中，主体要"忘先后之所接"，即忘记前境、后境，而完全沉浸于当下情境中，即在时间上割断当下情境与前后情境之间的联系，以保持知觉对当下情境孤立化和集中化的反映。主体与当下情境深相契合而安乐，才能真正地顺应人生各种情境的变化。

第十二章　从庄子到郭象的知与言

知与言是人类文明的基本表征。知的思想，是关于知识的内容和作用、认识的方法、知识人、求知的活动等方面的一般看法。言是对知的言说。庄子之知与言的思想相当复杂。余英时说："他（庄子）以'堕肢体，黜聪明，离形去知'为'坐忘'，这显是反智性的。他又说：'庸讵知吾所谓知之非不知邪？庸讵知吾所谓不知之非知邪？'这便陷入一种相对主义的不可知论中去了。但是他在'不知'之外又说'知'，则仍未全弃'知'，不过要超越'知'罢了。所以庄子的基本立场可以说是一种'超越的反智论'（transcendental anti-intellectualism）。"[①] 在余先生看来，庄子否定世俗之知而崇尚超越之知，故不是绝对的反智。郭象《庄子注》是以文本注释的形式，对庄子的思想展开创造性诠释，学人或谓"庄子注郭象""六经注我"。因此，从庄子到郭象之知与言思想的发展和转变，成为我们讨论的基本问题。本章分为三部分，一是学人对庄子之知的讨论，二是庄子的知与言思想，三是郭象的知与言思想。

第一节　学人对庄子之知的讨论

《大宗师》云"且有真人而后有真知"；与真人及真知相对的是世人（众人）及世知（俗知），《胠箧》所谓"世俗之所谓知者，有不为大盗所积者乎"。俗知包括事实之知与价值之知。事实之知是对

[①] 余英时：《中国思想传统及其现代变迁》，广西师范大学出版社2004年版，第283页。

事物性质和功用的认知,追求真实性、确定性;价值之知是对事物符合主体的目的性之判断,包括善恶、美丑、是非等,追求普遍性、确定性。

学人对庄子之知的思想有较为充分而复杂的讨论。崔大华认为,"庄子认识论给人最鲜明、最深刻的印象是它对具体事物认识的相对性的充分揭示"①。"尽管庄子认识论所表现出的相对主义色彩是那样的强烈鲜明,但对事物内在的本质规定性和共同的规律性的承认也是确切无疑的。"②"在《庄子》中,通向或达到作为世界总体或根源的'道'的途径方法没有明确的概念表述,而是通过寓言故事的叙述具体地显示出来的,从理论角度看,实际上是直觉和体验。"③ 这从三个层面考察庄子的认识论,第一层面是感性认识,其知识有相对不定性,庄子予以质疑甚至否定;第二层面是理性认识,其知识有确定性,庄子予以肯定;第三层面是通过直觉或体证而把握世界总体或本原的大道,庄子予以肯定。刘笑敢说,"庄子及其后学认为,坚持不知是深刻而透彻的,自以为知则是浅薄而疏陋的,他们彻底否定了一般的知识和通常的认识方法,并以怀疑主义的思想路线自我标榜"④。"庄子所谓真知即体道之知,即对道的直观体认,但体道必须摒除一般的知觉思虑,所以真知对于常识来说实为无所知,用庄子的话来说就是'不知'。因此,庄子的认识论包括两个方面:一方面是怀疑主义;另一方面是直觉主义。"⑤ 庄子不仅否定感性认知的方法及其知识,也否定理性认知的方法及其知识,这是彻底地否定世人之知;但庄子肯定真人真知,真知即体道之知。怀疑主义即怀疑进而否定世知;直觉主义即摒弃世人的知觉思虑,而直观体认大道。杨国荣说,世知即经验之知,是众人对于具体事物的感性和理性认知,所谓"极物之知",而有相对不定性,"惟有与'道'为一,才构成真正意

---

① 崔大华:《庄学研究》,人民出版社1992年版,第269页。
② 崔大华:《庄学研究》,人民出版社1992年版,第285页。
③ 崔大华:《庄学研究》,人民出版社1992年版,第295页。
④ 刘笑敢:《庄子哲学及其演变》,中国人民大学出版社2010年版,第162页。
⑤ 刘笑敢:《庄子哲学及其演变》,中国人民大学出版社2010年版,第162页。

的'知'（所谓'真知'）"①。"对庄子而言，停留于经验层面的'小知'，将遮蔽以'道'为对象和内容的'大知'；惟有消除'小知'，才能彰显'大知'。"② 极物之知与体道之知对立，惟有弃却世知才能把握真知。韩林合说："通常的心智无法知道，但是这并非说道在任何意义上均不可知。知道的唯一方式是体道——即与道同体或与道为一。体道的人是真人。真人对于道的体悟是真知（至知）。因而，有了真人以后才会有真知。获得这样的真知的前提是不思谋（停止思维活动）——心斋。"③ "心斋"的修养功夫即抛弃世人的求知方法及其知识，而最终获得体道之真知。

要之，学人多认为，庄子否定世人的求知方法及其知识（感性和理性），而标举真人的真知，真知即体道之知；世人及其俗知与真人及其真知，相互隔绝，惟有弃却俗知才能把握真知。

学人如何理解体道之知呢？崔大华认为，体道的方法是"一种在理性认识基础之上的以实践体验为本质内容的理性直觉"④。"这不是分析的、逻辑的认识方法，而是整体直观的认识方法。"⑤ 刘笑敢说，真人抛弃感官之知、心之思虑之知（感性和理性）而坐忘，然后通过神秘的直觉而体道，"至此境界，即与绝对之道合一，与绝对合一，亦即与天地万物融为一体"⑥。"庄子追求的是与天地万物融为一体的精神境界，其基本倾向是强调世界万物的共性和同一性。"⑦ 体道的方法是神秘的直觉，体道的境界是自我与天地万物相融合为一。杨国荣认为，"从认识论上看，经验之知或极物之知可以视为知识，体道之知则近于形上的智慧。"⑧ "以世界的内在关联为内涵，存在之序从形而上的层面具体展现了'道通为一'。对庄子而言，道不仅表现为

---

① 杨国荣：《庄子的思想世界》，华东师范大学出版社2009年版，第109页。
② 杨国荣：《庄子的思想世界》，华东师范大学出版社2009年版，第109页。
③ 韩林合：《虚己以游世：〈庄子〉哲学研究》，商务印书馆2014年版，第359页。
④ 崔大华：《庄学研究》，人民出版社1992年版，第292页。
⑤ 崔大华：《庄学研究》，人民出版社1992年版，第295页。
⑥ 刘笑敢：《庄子哲学及其演变》，中国人民大学出版社2010年版，第153页。
⑦ 刘笑敢：《庄子哲学及其演变》，中国人民大学出版社2010年版，第140页。
⑧ 杨国荣：《庄子的思想世界》，华东师范大学出版社2009年版，第116页。

存在的原理，而且关乎形上的智慧。"① 体道之知是形上智慧，是一种"道通为一"的精神境界。韩林合说："庄子认为，在一个人通过心斋、齐物、安命的途径而最终与道同而为一之后，也即在其将自己由世界之内的一个对象而升格为与世界整体同一的至人之后，他此前所面临的所有终极的人生问题便可以一劳永逸地获得最终的解决或消解。"② 道是作为世界的整体；体道之知即自我与世界整体的同一和融合，"至人的意志同于作为整体的世界的意志，因而世界中发生的任何事情均必然与他的意志相符合，这样在他的意志与世界中的事情之间便具有了一种必然的联系，也可以说他控制了世界中的事情。所以他是绝对独立或自由的"③。

要之，学人多认为，庄子的体道方法是直觉体证，是形上智慧，是实践理性，这是否定世人感性和理性的认识方法、摒弃世人从认识到实践的通路；体道之知是主客融合的人生境界，这是自我与天地万物融合为一的境界，即自我回归到世界的整体中而成为世界整体之有机的一部分，即自我与天地万物有内在的统一性、整体性。体道之境不可言说，或道是超越的、超验的，不可名；或主体言说即置于主客分离的状态，不能再证悟主客融合之意，陶渊明谓"此中有真意，欲辩已忘言"（《饮酒》）。

学人所谓的体道之知与直觉体道的方法皆颇为神秘，"'同于大通'既是一种直觉的认识，也是一种个人与最高存在合为一体的神秘体验，所以庄子哲学不仅是直觉主义，而且是神秘主义的"④。学人所谓真人的体道之知，与儒家之仁者以天地万物为一体的思想颇为相同：仁者以宇宙的胸怀包容万物，承载万物，而与天地万物的命运息息相通，有内在的统一性、整体性；这如何突显儒道的不同呢？韩林合所谓真人的独立和自由表现在人间世所发生的一切皆符合他自己的意志，这是随俗浮沉，同于郭象之圣人冥物的思想，而异于庄子之神

---

① 杨国荣：《庄子的思想世界》，华东师范大学出版社2009年版，第108页。
② 韩林合：《虚己以游世：〈庄子〉哲学研究》，商务印书馆2014年版，第239页。
③ 韩林合：《虚己以游世：〈庄子〉哲学研究》，商务印书馆2014年版，第240—241页。
④ 刘笑敢：《庄子哲学及其演变》，中国人民大学出版社2010年版，第168—169页。

人绝物、无待的思想。学人所谓真人的体道之知,也与老子"天地不仁,以万物为刍狗;圣人不仁,以百姓为刍狗"(《老子》第五章)不同。不仁,不是残忍,而是麻木不仁。老子之意是,圣人无知无为而与天地万物互不交通,故放任万物自生自灭。[①] 因此,庄子之真人的体道之知,有待于进一步的理解和解释。

第二节　庄子的知与言

众人认为,知识是可贵的,有各种益处,带来了人类社会的文明和进步;知识能不断地丰富和深化,事实之知揭示事物的真实性、实在性,价值之知明辨是非、善恶、美丑而获得普遍性、确定性的知识;人的认知能力有无限性,能追求到各种知识;拥有知识的人是士人君子,受到尊重,不仅自我幸福地生活,也能治国平天下。庄子展开了反思和批评。

一　俗知的有限性、有害性

《逍遥游》开篇即有"鲲之大,不知其几千里也""鹏之背,不知其几千里也";这两个"不知"标明人类认知的有限性。蜩与学鸠不能知大鹏之高飞,朝菌不知晦朔,蟪蛄不知春秋;这是"小知不及大知,小年不及大年"。官员和君主、宋荣子、列子、神人是生命境界愈来愈大的几种人,小不知大。"岂唯形骸有聋盲哉,夫知亦有之",知有聋盲,即小知不及大知。《逍遥游》最后有两则寓言,叙述庄子与惠子关于"有用无用"问题的论辩。庄子批评惠子"犹有蓬之心也夫",说明小知不及大知。因此,"不知""小不知大"是《逍遥游》的主旨之一,这突出了事物认知的有限性。

《秋水》是《逍遥游》的姊妹篇,开篇即描写河伯欣然自喜,以天下之美为尽在己;来到大海时,眺望大海的茫茫无边,才自省自我

[①] 某肢体之麻木不仁,即不能与有机的整体血脉贯通,即某肢体不属于有机整体的一部分。

之知的有限性,"今我睹子之难穷也,吾非至于子之门则殆矣,吾长见笑于大方之家"。北海若曰:"井蛙不可以语于海者,拘于墟也;夏虫不可以语于冰者,笃于时也;曲士不可以语于道者,束于教也。"事物之知受到其存在之境的制约而皆是有限的。"计人之所知,不若其所不知;其生之时,不若未生之时;以其至小,求穷其至大之域,是故迷乱而不能自得也。"人之认知是有限的,且小不知大,如果突破自我的有限而追求无限,则迷乱而失其本来面目。从认知对象来看,庄子夸大事物运动的绝对性,而否定事物运动的相对静止,故对象不仅难以把握,且从中获得的知识也是暂时的、变易不定的。《齐物论》:"虽然,方生方死,方死方生;方可方不可,方不可方可;因是因非,因非因是。"生与死、可与不可、是与非迅速地转化,因而失其确定的规定性。《田子方》曰:"吾一受其成形而不化以待尽,效物而动,日夜无隙,而不知其所终;薰然其成形,知命不能规乎其前,丘以是日徂。吾终身与汝交一臂而失之,可不哀与?""日徂",日新,事物每天发生变化,且变化表现出断裂性的特征,故无法从事物的现在预知其将来。《寓言》:"庄子谓惠子曰:'孔子行年六十而六十化。始时所是,卒而非之。未知今之所谓是之非五十九非也。'"一个人的思想也是不断变化,且变化是断裂性的,故难以认知一个人确定的思想。因此,庄子从认知主体、认知对象两个方面指出,认知的有限性、知识的不确定性。

《养生主》开篇概叹:

> 吾生也有涯,而知也无涯。以有涯随无涯,殆已!已而为知者,殆而已矣!为善无近名,为恶无近刑。缘督以为经,可以保身,可以全生,可以养亲,可以尽年。①

世人以有涯之生,追求无涯之知,终生疲困。世人拥有知识,愈加危殆,例如善恶之知,为善者无不近乎名誉,为恶者无不邻乎刑戮,皆

---

① (晋)郭象注,(唐)成玄英疏:《庄子注疏》,中华书局2011年版,第63—64页。

足以疲役心灵，损伤形体，非养生之主。督，中脉也，空也，即忘善恶之知，可以保身尽年。

《胠箧》是庄子后学的作品，激烈地抨击世人好知所带来的种种弊端：

> 夫弓弩毕弋机变之知多，则鸟乱于上矣；钩饵罔罟罾笱之知多，则鱼乱于水矣；削格罗落罝罘之知多，则兽乱于泽矣；知诈渐毒、颉滑坚白、解垢同异之变多，则俗惑于辩矣。故天下每每大乱，罪在于好知。

世人好知而设置各种机关、网罟等，故鸟、鱼、兽愈加混乱；好知而有各种奇谈怪论，相互辩难，愈辩愈惑，"故天下每每大乱，罪在于好知"。圣知是世人所尊崇的，庄子后学突出圣知为大盗所利用，不但偷盗更为巧妙，且缘饰其偷盗的合理性。《胠箧》："世俗之所谓知者，有不为大盗积者乎？所谓圣者，有不为大盗守者乎？"结论是"绝圣弃知，大盗乃止"。《庚桑楚》所谓"任知则民相盗""不知乎？人谓我朱愚，知乎反愁我躯"，指出了知的有害性。《天地》："有机械者必有机事，有机事者必有机心。机心存于胸中，则纯白不备。纯白不备，则神生不定。神生不定者，道之所不载也。"因为有知，故有机械机事，而有机心，心杂乱不定而不能虚静，不仅伤神劳形，也损害质朴的天性。

综之，庄子及其后学突出俗知的有限性、有害性。

二 俗知俗言的虚假性、相对性

《大宗师》开篇即讨论知的问题：

> 知天之所为，知人之所为者，至矣！知天之所为者，天而生也；知人之所为者，以其知之所知以养其知之所不知，终其天年而不中道夭者，是知之盛也。虽然，有患：夫知有所待而后当，其所待者特未定也。庸讵知吾所谓天之非人乎？所谓人之非天

乎？且有真人而后有真知。

知天之所为与人之所为，是知之至。知是分辨事物，即知天人之分。从已知推向未知，是知的丰富与扩展，即知之盛。这是众人对知的看法。但庄子认为，知是相对不定的，因为知之所待即认知对象变易不定而界限模糊，故认知主体难以明辨天人之所为。"庸讵知"两个问句表明，俗知难以获得真实性、确定性的知识，只有真人而后有真知；这是把众人及其俗知与真人及其真知对立起来。

俗知分为事实之知与价值之知。就事实之知而言，庄子质疑俗知的真实性、实在性。这一方面是由于认知主体的有限性，另一方面是由于认知对象的模糊性、变易性。

《齐物论》：

> 予恶乎知悦生之非惑邪？予恶乎知恶死之非弱丧而不知归者邪？丽之姬，艾封人之子也。晋国之始得之也，涕泣沾襟。及其至于王所，与王同匡床，食刍豢，而后悔其泣也。予恶乎知夫死者不悔其始之蕲生乎？梦饮酒者，旦而哭泣；梦哭泣者，旦而田猎。方其梦也，不知其梦也。梦之中又占其梦焉，觉而后知其梦也。且有大觉而后知此其大梦也，而愚者自以为觉，窃窃然知之。"君乎！牧乎！"固哉！丘也与汝皆梦也，予谓汝梦亦梦也。是其言也，其名为吊诡。万世之后而一遇大圣知其解者，是旦暮遇之也。

庄文开始用两个疑问句，质疑世人之悦生恶死的合理性。接着以艾封人之女的事情说明，前不知后，生不知死，世人以为生乐死苦，未必是真实的，同样也用了疑问句。继而庄文以梦觉譬喻生死，梦不知觉，犹如生不知死，且梦觉不易分别。死的真相是什么呢？未必是痛苦，也许是至乐。因此，死的真相不可知，但世人以为得到死的真相，这是茫昧虚妄的，且是有害的。就如同众人处于梦中而自以为得到觉的真相，这难道不是荒唐吗？死的真相、梦的真相只有大圣才能获知，而大圣是万世之一遇，故死的真相在人间世不可知。庄子之意是，既然死的真相不可知，那么世人关于死的知识就不是真实的，且世人追求死之真相的认知活动也是徒劳的，其结论一是否定世知，二是停止求知活动。

就价值之知而言，庄子认为，是非、善恶、美丑观念有相对不定性，且众人的价值判断是主观的、一偏的。价值标准的确立，是因为众人能相知相通而达成普遍的共识。庄子主要从价值主体之间的差异性、独特性，来说明不能形成标准、准则。

《齐物论》：

> 啮缺问乎王倪曰："子知物之所同是乎？"曰："吾恶乎知之！""子知子之所不知邪？"曰："吾恶乎知之！""然则物无知邪？"曰："吾恶乎知之！虽然，尝试言之：庸讵知吾所谓知之非不知邪？庸讵知吾所谓不知之非知邪？且吾尝试问乎汝：民湿寝则腰疾偏死，鳅然乎哉？木处则惴慄恂惧，猨猴然乎哉？三者孰知正处？民食刍豢，麋鹿食荐，蝍蛆甘带，鸱鸦嗜鼠，四者孰知正味？猨猵狙以为雌，麋与鹿交，鳅与鱼游。毛嫱丽姬，人之所美也，鱼见之深入，鸟见之高飞，麋鹿见之决骤，四者孰知天下之正色哉？自我观之，仁义之端，是非之途，樊然淆乱，吾恶能知其辩！"

啮缺问于王倪，三问三不知。一是不知"同是"，即人间世没有共同的标准，故不知。二是不能分辨知与不知的界限，即否定知。三是不知物，即不能认知事物的真相。"庸讵知"两个疑问句，即对于自我与众人所知之真实性、实在性的质疑。"且吾尝试问乎汝"，即以犹疑的语气和言辞而知而言。庄文具体地讨论"正处""正味""正色"的价值问题。世人与物类站在各自的立场上对"正处""正味""正色"有截然不同的判断，是一曲之见而不能形成普遍性的共识，故具有相对不定性。

《徐无鬼》有一段寓言，叙述庄子与惠子的辩论：

庄子曰："射者非前期而中谓之善射，天下皆羿也，可乎？"惠子曰："可。"庄子曰："天下非有公是也，而各是其所是，天下皆尧也，可乎？"惠子曰："可。"庄子曰："然则儒墨杨秉四，与夫子为五，果孰是邪？"

射者没有标靶，则人人皆像羿一样善射；天下没有共同的是非标准，则众人各是其所是，皆像尧一样正确；既然如此，你们五家为何要争论是非呢？郭象注曰："若皆尧也，则五子何为复相非乎？"庄子认为，天下没有共是共非，故惠子等五家各以己为是，而以他为非，相互争论是非不已，不仅不能断定孰是孰非，也足以疲惫心灵。

战国时代，诸子百家相互辩论，以判定孰是孰非。庄子认为，百家之辩有胜负之分，但没有是非之别。《齐物论》云"既使我与若辩矣，若胜我，我不若胜，若果是也？我果非也邪"。你我之辩论虽有胜负而无是非。因为你我无从断定谁是谁非；待他人评判，也无从断定谁是谁非；"我与若不能相知也""然则我与若与人俱不能相知也"，即你我他皆不知是非的标准，故无从断定谁是谁非。因此，你我他辩论不休是徒劳的，无法获得真是真非。

仁义之知，是价值之知的基本内容。庄子及其后学认为，正是仁义之知的相对性、虚伪性，而造成了仁义、是非之途的"樊然淆乱"。《胠箧》："（圣人）为之仁义以矫之，则并与仁义而窃之。何以知其然邪？彼窃钩者诛，窃国者为诸侯，诸侯之门而仁义存焉，则是非窃仁义圣知邪？"窃钩者本是小罪，但触犯了统治者的私利，故加以诛杀；窃国的统治者，也把仁义窃去，则其窃国是仁义的。"诸侯之门而仁义存焉"振聋发聩，一方面深刻地揭示仁义之知在运用过程中的相对性、虚伪性、工具性；另一方面也指出仁义之知的有害性，即统治者利用仁义之知而满足自己的私欲，剥夺民众的正当利益。

要之，庄子突出地揭示价值之知的相对不定性，一是善恶、美丑、是非等二元对立观念具有相通相转性，难以明辨而获得确定性的知识；二是众人的善恶、美丑、是非之论是主观性的一偏之见，难以形成普遍的共识；庄子之目的是彻底地否定价值之知。

物有分，则有知；有知，则有言。知与言是对事物分别的认知和言说。

《齐物论》：

> 夫言非吹也，言者有言。其所言者，特未定也。果有言邪？其未尝有言邪？其以为异于鷇音，亦有辩乎？其无辩乎？道恶乎隐而有真伪？言恶乎隐而有是非？道恶乎往而不存？言恶乎存而不可？道隐于小成，言隐于荣华。

言之、申说之、解释之、辩论之等，即"言者有言"，纷繁复杂。成玄英疏曰："夫名言之与风吹，皆是声法，而言者必有诠辩，故曰有言。"言是对知的言说，一方面，知不定而言也不定，故不能明辨事物，而"樊然淆乱"；另一方面，言说的浮华、片面又遮蔽知，进而遮蔽物，又增加一层是非、真伪的迷乱。"鷇音"，即初生鸟儿的叫声，纯然而没有分别。人之言说与之不同。庄文多用疑问句，以质疑言说。

《齐物论》：

> 天地与我并生，而万物与我为一。既已为一矣，且得有言乎？既已谓之一矣，且得无言乎？一与言为二，二与一为三，自此以往，巧历不能得，而况其凡乎？

大道混而为一，是无知无言的；但世人认为万物有分，而有知有言以明辨之，愈分愈细，愈分愈多，言之成二，二之成三，三之成万亿而不可胜计，则背离大道愈来愈远。

《齐物论》有一则寓言：

> 劳神明为一而不知其同也，谓之"朝三"。何谓"朝三"？狙公赋芧，曰："朝三而暮四。"众狙皆怒。曰："然则朝四而暮三。"众狙皆悦。名实未亏而喜怒为用，亦因是也。

万物本来齐同，但世人以名言予以分别。名言迷惑有害，"朝四暮三""朝三暮四"皆是七个小栗，但因名言的差异而造成众猴的喜怒不同。

《齐物论》有"大知闲闲，小知间间。大言炎炎，小言詹詹"一段文字，描述了众人之知与言的纷争和混乱。《天下》叙述了战国时期天下大乱、百家争鸣的状况，百家"多得一察焉以自好，譬如耳目口鼻，皆有所用，不能相通"，坚持自己的一偏之见，运用名言，相互论辩、夸示，愈辩愈繁，愈示愈乱，"悲夫！百家往而不反，必不合矣！后世之学者，不幸不见天地之纯、古人之大体。道术将为天下裂"。百家以知与言相互辩示，不能明白大道是混而为一；不仅形体憔悴，精神也枯槁。

《齐物论》：

> 昭文之鼓琴也，师旷之枝策也，惠子之据梧也，三子之知，几乎皆其盛者也，故载之末年。唯其好之也以异于彼，其好之也欲以明之。彼非所明而明之，故以坚白之昧终。而其子又以文之纶终，终身无成。

昭文、师旷、惠子是古人中好知、好言的典范。他们所知不同，较于众人之知为卓异。他们运用言辞不断向世人展示自己的见解。结果是，他们不仅陷入自己所知所言的迷乱中，也使众人暗昧不明，因为他们所知所言皆是虚假的、一曲的，不具有真实性、普遍性。

要之，庄子认为，在人间世中，众人的知与言不能认知、言说事物的真相；言又增加一层蒙蔽，即言说的荣华、片面而遮蔽知；因此，俗知俗言予以否定和抛弃。

三 真知真言即无知无言

庄子否定众人之俗知，而标举真人之真知。真知是什么呢？是否是真实性、普遍性、确定性的知识，而与虚假不实、相对不定的俗知相反呢？

《大宗师》有数段文字叙述真人及真知：

> 何谓真人？古之真人，不逆寡，不雄成，不谟士。若然者，过而弗悔，当而不自得也。若然者，登高不栗，入水不濡，入火不热。是知之能登假于道者也若此。

庄文一连串"不"的运用即表示真人与众人、真知与俗知对立。众人悦生恶死，不能顺应生死之变；真人齐生死，忘生死，而顺应生死之变，"古之真人，不知悦生，不知恶死。其出不欣，其入不拒。翛然而往，翛然而来而已矣"。众人辩说物、论的分别；真人齐物、齐论，"故其好之也一，其弗好之也一。其一也一，其不一也一。其一与天为徒，其不一与人为徒，天与人不相胜也，是之谓真人"。真人寝不梦，觉无忧，众人多梦多忧。真人虚静无情，众人多欲有情，等等。

真人之知，不是求得真实性、普遍性的知识。例如死的真相是什么呢？《齐物论》"万世之后而一遇大圣知其解者，是旦暮遇之也"，死的真相不可知，真知不是得到死的真相。人间世的价值之知相对不定，故真知不是得到普遍性的价值之知。例如《齐物论》曰："故有儒墨之是非，以是其所非而非其所是。欲是其所非而非其所是，则莫若以明。"儒墨各以成心论是非，是非截然对立，相互辩论，无休无止，终不能断定孰是孰非。"莫若以明"，即明觉儒墨的是非之论是相对不定的，既是是又是非，既不是是又不是非，从而齐是非，忘是非，《齐物论》"圣人和之以是非而休乎天均""彼是莫得其偶""是之谓两行"（是亦行，非亦行，是非不定）。庄子否定是非之知，止息是非之论。要之，真人的真知不是真实性、普遍性、确定性的知识。

真人之真知，是否是破除众人俗思俗知的玄思玄知呢？庄子之玄知的核心内容是齐，即齐物、齐论。俗知的产生基于分别，包括万物之分，物我之分，善恶、是非等分别。齐物、齐论的观念是泯除万物的分别，泯除物我的分别，泯除是非等物论的分别，这是不同于俗知的玄知。齐之玄知的获得，一是运用各种理论而齐，例如夸大事物的共同性而遮蔽事物的相异性、夸大事物的绝对运动而否定事物的相对静止等；二是基于自我与现实世界的二分而齐。因此，齐之玄思玄知也是基于分别，是有意自觉而齐，故不仅自我与万物有分，且自我与齐的观念也有间，所谓欲为虚而不能虚也。玄知与俗知相反，众人与坚守玄知的道家人物相反，这不能达到"天地与我并生，而万物与我为一""道通为一"（《齐物论》）的理想之境。因此，真人之真知不是齐之玄知。

真人之真知，是否是体道之知呢？

庄子之道是什么呢？《大宗师》云"夫道有情有信，无为无形；可传而不可受，可得而不可见；自本自根，未有天地，自古以固存；神鬼神帝，生天生地……伏羲氏得之，以袭气母"，《知北游》云"夫昭昭生于冥冥，有伦生于无形，精神生于道……天不得不高，地不得不广，日月不得不行，万物不得不昌，此其道与"。道是创生天地万物的本原，又存在于万物之中而成为其存在和发展的根据；得道之人颇为神通广大。《齐物论》曰"夫道未始有封"，道又是指世界最初的存在形态，即天地万物混而为一的原初状态。刘笑敢说："但是《大宗师》中所说的'生天生地'之道同《齐物论》中所说的'以为未始有物'之道的区别还是相当明显、相当重要的，二者的区别还是不应忽略的。"① 他认为，《齐物论》之道是最高认识之道，《大宗师》之道是本原之道，二者根本不同，不能混为一谈。② 这把认识之道与存在之道割裂开来。③ 一般而言，认识之道是对存在之道

---

① 刘笑敢：《庄子哲学及其演变》，中国人民大学出版社 2010 年版，第 122 页。
② 刘笑敢：《庄子哲学及其演变》，中国人民大学出版社 2010 年版，第 124 页。
③ 刘笑敢说，道有两种意义，一是世界的本原（道创生天地万物；道是天地万物存在和发展的根据），一是最高的认识，《齐物论》"有以为未始有物者"，"最高的认识是不知有物，说明道是脱离一切具体认识的抽象，是绝对无差别的认识境界，因而，任何常人的认识，任何是非的分辨，任何爱憎的感情，都是对道的破坏"。道的无差别性来源于毫无内容的抽象，即脱离一切具体事物的绝对抽象。道具有高深莫测的神秘性，"大道不称，大辩不言"。道没有任何现实的内容，自然有超越的内容。实现最高认识的关键即"道枢"，即消除万物、物我、彼此与是非、善恶等对立，从而达到最高的精神境界。刘笑敢：《庄子哲学及其演变》，中国人民大学出版社 2010 年版，第 118—119 页。

的认知，二者基本上一致。学人对庄子之道的解释往往有两种观点，而陷于矛盾困惑之中：第一，道是本原；第二，道是世界的整体，即原初的存在形态。杨国荣突出"道通为一"、韩林合主张道是世界的整体，体道即自我回到世界的整体中，即自我与天地万物有内在的统一性。笔者认为，老子之道突出本原之道的内涵，庄子之道突出原初的存在形态；两者可这样解释，即本原之道创生天地万物之后，天地万物有了最初的存在形态，这是庄子所突出的内容。庄子不关心本原的问题，而是关心现实世界与原初的理想世界相对立的问题。

《齐物论》：

> 夫道未始有封，言未始有常，为是而有畛也。请言其畛：有左有右，有伦有义，有分有辩，有竞有争，此之谓八德。

封，界限，界域。道，指最初的存在形态，即万物混而不分的理想状态。混而不分，一是《人间世》所谓"浑沌"，即纯一；二是混沌分化为天地万物，天地万物皆质朴无知，各按其本然（德、性）存在和发展，彼此不发生任何的联系。《马蹄》曰："夫至德之世，同与禽兽居，族与万物并。恶乎知君子小人哉！同乎无知，其德不离；同乎无欲，是谓素朴。"至德之世，是庄子的理想世界，也是最初的存在形态，万物质朴无知，没有君子与小人之分，也没有彼此之别，互不相干，各按其本然存在和发展，老子所谓"小国寡民……民至老死不相往来"。笔者认为，庄子之道即天地万物无知无为而任其本然的存在状态；天地万物混而为一，彼此无干，而非相互交通，即非学人所谓天地万物有内在的统一性而相融相通为一。混而为一的原初状态不断地分裂下去，即众人有知有为，彼此分别而又相互干涉，从而不能任其本然。

众人有分有为的根本原因，是众人从质朴无知到有知。因此，真人之修养的功夫，是心斋、坐忘，即通过不断地遗忘，不仅忘记一切知识，也忘记认知的思维方式，心至虚至无，无知无识，不识自我，也不识天地万物。众人沉沦于现实世界中，有知有分，不能回归到原初的存在形态中，即"往而不返"；真人无知，不知，在精神上回归到原初的存在形态中。

《齐物论》：

> 古之人，其知有所至矣。恶乎至？有以为未始有物者，至矣，尽矣，不可以加矣！其次以为有物矣，而未始有封也。其次以为有封焉，而未始有是非也。是非之彰也，道之所以亏也。

这是叙述古人之知的不同层次，是认知之境与存在之境的统一。古人的至知是"有以为未始有物者"，即心至虚至无，忘知，无知，不识自我，不识万物。其次之知是"有物矣"，这是有知，自我与万物相分别；"未始有封"，即有齐物、齐是非等物论之玄思玄知。再次之知自我与万物有事实上的分别；最下之知是自我与万物彰显是非等价值之知的分别，从而大道彻底地崩裂下去。

《逍遥游》之神人，"之人也，之德也，将磅礴万物以为一"，即神人虚静无知，从而与天地万物混而为一。《应帝王》云"有虞氏不及泰氏"，泰氏"其卧徐徐，其觉于于。一以己为马，一以己为牛"。泰氏的时代是古老的时代，泰氏质朴无知，不辨牛马。《应帝王》云"至人之用心若镜，不将不迎，应而不藏，故能胜物而不伤"，至人之心像镜子一样，对天地万物无知无情，心全而不伤。《应帝王》最后有一则寓言，以混沌之帝的无知、不知，指最初的存在形态；以南海之帝、北海之帝的南北有分，且有七窍，喻指世人的有知有分有为。混沌之帝因凿七窍而死，表明最初的存在形态崩坏。《刻意》："故素也者，谓其无所与杂也；纯也者，谓其不亏其神也。能体纯素，谓之真人。"真人纯素，即纯一素朴而精神不亏。

《在宥》：

> 目无所见，耳无所闻，心无所知，汝神将守形，形乃长生。
> 汝徒处无为，而物自化。堕尔形体，吐尔聪明，伦与物忘，大同乎涬溟。解心释神，莫然无魂。万物云云，各复其根，各复

其根而不知。浑浑沌沌，终身不离。若彼知之，乃是离之。无问其名，无窥其情，物故自生。

真人目无见，耳无闻，不知，无知，故养心养形，长生不老。"解心释神"即不知，无知，即忘境，从而对天地万物无知无为以混而为一，万物自生自成自亡。

《庄子》"外篇""杂篇"的一些作品昌言问道、得道之事。
《知北游》：

> 知北游于玄水之上，登隐弅之丘，而适遭无为谓焉。知谓无为谓曰："予欲有问乎若：何思何虑则知道？何处何服则安道？何从何道则得道？"三问而无为谓不答也，非不答，不知答也。知不得问，反于白水之南，登狐阕之上而睹狂屈焉。知以之言也问乎狂屈。狂屈曰："唉！予知之，将语若。"中欲言而忘其所欲言。知不得问，反于帝宫，见黄帝而问焉。黄帝曰："无思无虑始知道，无处无服始安道，无从无道始得道。"知问黄帝曰："我与若知之，彼与彼不知也，其孰是耶？"黄帝曰："彼无为谓真是也，狂屈似之，我与汝终不近也。夫知者不言，言者不知，故圣人行不言之教……圣人故贵一。"知谓黄帝曰："吾问无为谓，无为谓不应我，非不我应，不知应我也；吾问狂屈，狂屈中欲告我而不我告，非不我告，中欲告而忘之也；今予问乎若，若知之，奚故不近？"黄帝曰："彼其真是也，以其不知也；此其似之也，以其忘之也；予与若终不近也，以其知之也。"狂屈闻之，以黄帝为知言。

知问无为谓如何能知道、安道、得道，无为谓不能答。知又问狂屈，狂屈知之而忘言。知又问黄帝，黄帝知之言之。知迷惑而不知三人谁真正得道。黄帝回答说，无为谓不知不言即真正得道，狂屈知而忘言即近于得道，自己能知能言、你有问有言即未得道。成玄英疏曰：

"真者，不知也；似者，中忘也；不近者，以其知之也。"①

《知北游》还有一则寓言，泰清问无穷曰："子知道乎？"无穷曰："吾不知。"泰清又问无为，无为曰："吾知道。"无为说了一番道之数。泰清又问无始二者孰是孰非。无始曰："不知深矣，知之浅矣；弗知内矣，知之外矣。"无始又曰："道不可闻，闻而非也；道不可见，见而非也；道不可言，言而非也。知形形之不形乎！道不当名。"无始再曰："有问道而应之者，不知道也；虽问道者，亦未闻道。道无问，问无应。"

"道无问，问无应"，庄子及其后学之论道似乎颇为神秘，这略有三解：一是把道看成本原之道，则不可命名和言说；二是把道看成本原之道，体道即与本原之道相融合，则言说即基于主客分离的状态而不能再体证；三是把道看成原初的存在形态，自我无知、不知，才能入于其中。学人多认为，庄子之意是前两解，即体道之知。但笔者认为，庄子之意是第三解，因而并不神秘。要之，庄子之真知不是体道之知，而是无知、不知，以回归到原初的存在形态中。

综之，庄子之道即指原初的存在形态，即天地万物无知无分无为而各按其本然存在和发展的混沌形态。体道之境，即自我通过修养的功夫，而忘知、无知，从而不识自我，不识天地万物以混而为一。真人之真知，是从齐之玄知走向忘知、无知。齐之玄知是知，真知是忘知、无知。因此，齐生死走向忘生死，齐是非走向忘是非；一切皆忘的忘境即道境。学人所谓真人的真知，是真人心斋之后而与超越的大道（形上的本体）相冥合。笔者认为，真人根本上不知、无知，从而与天地万物混而为一。庄子彻底否定知识，不论是超越之知、玄思玄知，还是世俗之知。庄文中，"不知"一词共出现一百六十余次，出现的频率非常高，不知，即根本不知。② "无知"一词出现约八次。还有"一问三不知""一问四不知""大道不称""大辩不言"等。

---

① （晋）郭象注，（唐）成玄英疏：《庄子注疏》，中华书局2011年版，第390页。
② 郭象之"不知"的含义略有两种，一是根本不知；一是自然而然地知，即知存于心中而忘，与困而知之、自觉知之相对。

要之，真知即无知、忘知。因为真知之无知，是通过修养的功夫而成就的人生境界，与草木之无心无知无言根本不同，因而具有重要的人文意义。

真知是不知、无知，真言亦是不言、无言。

《齐物论》：

> 故知止其所不知，至矣！孰知不言之辩，不道之道？若有能知，此之谓天府。注焉而不满，酌焉而不竭，而不知其所由来，此之谓葆光。

知的止境，是不知、无知；"不言之辩，不道之道"，即无言、不言。劳思光说："万说纷纭，皆由有'言'而起，'言'又不能接触真相，在其本身限制下，徒增烦扰。道家之理想，则为息言说以养虚灵之自觉，即所谓'葆光'是也。"[①]《齐物论》"夫大道不称，大辩不言"。大道、大辩是无知无言。"圣人怀之"，即圣人以不辩为怀，圣人之心虚静虚无而不知不言；"众人辩之，以相示也"，即众人言说以示现自己的一偏之道。

《知北游》："至言去言，至为去为。"但我们总是要知与言的，庄子本人也不例外。因此，庄子往往用"虽然，尝试言之""予尝为汝妄言之"等犹疑的语句来知与言。这一方面表明他的所知所言未必能得到真实性、普遍性、确定性的知识，另一方面他让众人明白无知无言才是真知真言。庄子的真知真言思想，阻断了世人的求真求善之路。他对人间世是非常悲观的，以完全不近人情的无知无言来彻底地否定人间世的一切知识与言论。他不是以玄知玄言、体道之知与言来破除众人的俗知俗言；否则，二者是对立冲突的，皆不能自由。真人无知无言，是根本上否定一切的知与言，从而获得了绝对的自由。学人或认为，庄文以不知、不言为贵，是因为体道的真知真言难以获得，故不轻易许之；这一方面对真知真言充满敬畏而无自欺之蔽，另

[①] 参见陈鼓应《庄子今注今译》（上），中华书局2009年版，第87页。

一方面也勉励世人不断地追求真知真言；再一方面也批评世人所谓真知真言的虚假不实。笔者认为，真人之真知真言，即忘知忘言、无知无言、不知不言，从而置身于事物及其变化之外（精神上），养心养神而获得永恒。

第三节 郭象的知与言

郭象《庄子注》对庄子之知与言的思想加以继承、发展、转化和创造。郭象一方面照着庄文讲，即遗知忘言；另一方面又接着庄文讲，即抛弃独知独言而涵融众人的知与言。

一 性分之知

庄子在论世知的相对不定时，往往立足于认知主体及其存在之境的分别性、差异性、独特性。例如《齐物论》中人、鳅、猨猴对"正处"之不同的知，《秋水》中河伯与北海若、井蛙与东海之鳖的小大之知。由此，郭象基于事物的本性讨论世知。本性是郭象哲学思想的核心观念，事物的性质、功用、存在之境、命运历程等皆归结为本性。不同的事物具有不同的本性，所谓"性分"，一是指本性的分别性、独特性，二是指本性的分域性（范围性）和极限性，三是指本性的部分性（与整体性相对）。本性是事物存在和发展的规定、法则。事物的本性各不相同，且有确定的分域和极限而不能突破；一方面，事物之知具有独特性、一偏性，另一方面事物之知具有分别性而不能相知相通以形成共识。

《齐物论》注：

> 鱼游于水，水物所同，咸谓之知。然自鸟观之，则向所谓知者，复为不知矣。
> 所谓不知者，直是不同耳，亦自一家之知。

鱼鸟之知，皆基于其性分，性分不同，则各有一家之知。它们不能相通,鸟不知鱼,鱼不知鸟,因为鸟或鱼皆不能知其性分之外的事情。

《秋水》有一则寓言,叙述惠子与庄子游于濠梁之上而谈论鱼之乐的事情。庄子自谓知鱼之乐,惠子反问曰"子非鱼,安知鱼之乐"。徐复观认为,庄子之知是审美之知,是物我融合之意;而惠子之知是理性认知,是物我分离之知。[①] 郭象注曰:

> 夫物之所生而安者,天地不能易其处,阴阳不能回其业。故以陆生之所安,知水生之所乐,未足称妙耳。

郭象认为,物各有性,其自得之场各不相同,鸟逍遥于山林,鱼自得于江湖。它们之知基于性分,彼此不能相通,陆生不知水生之快,水生不知陆生之乐。因此,人不能知鱼之乐。郭象是基于性分的分别而论证人与鱼不能相知相通。

是非之知,是知的重要内容。众人认为,是非截然对立,有确定性。庄子认为,是非有相通性,是非不定;众人的是非之论基于成心成见,以己为是,以彼为非,彼此对立而相对不定。郭象基于性分而讨论众人的是非之知。《齐物论》注:"我以为是,而彼以为非;彼之所是,我又非之:故未定也。未定也者,由彼我之情偏。"郭象也承认众人的是非之知相对不定,而归结为"彼我之情偏"的性分,即彼我的性分各偏向一端,基于认知主体之性分的是非之知各是一偏之论。实际上,是非之论涉及认知的主体与认知的对象,众人作为认知主体有一定的相通性;但庄子与郭象往往只从认知主体来讨论,且夸大认知主体的差异性。《齐物论》注:"夫物之偏也,皆不见彼之所见,而独自知其所知。自知其所知,则自以为是。自以为是,则以彼为非矣。故曰'彼出于是,是亦因彼'。彼是相因而生者也。"《齐物论》注:"此亦自是而非彼,彼亦自是而非此,此与彼各有一是一非于体中也。"彼此对立,其是非之论截然相反。

郭象认为,世知的相对不定、是非之知的冲突矛盾、彼此之知的

[①] 徐复观:《中国艺术精神》,华东师范大学出版社2001年版,第59页。

阻隔不通，是出自性分的要求；根据万物任性逍遥的思想，这一切皆有存在的必然性、合理性。

《齐物论》注：

> 群品云云，逆顺相交，各信其偏见而恣其所行，莫能自反。此比众人之所悲者，亦可悲矣。而众人未尝以此为悲者，性然故也。物各性然，又何物足悲哉！

群品逆顺相交，相互对立，各信其偏见，恣其偏行，不能相通，彼此冲突矛盾；但是，群品的知与为基于其性分，"性然故也"，故自然而然，并不以此为悲。《齐物论》"然则我与若与人俱不能相知也，而待彼也邪"注曰："各自正耳，待彼不足以正此。则天下莫能相正也，故付之自正而至矣。"众人皆有自己的是非之知，不能相通而形成普遍的共识，所以彼此不能相正；但任性逍遥，任之自正，《齐物论》注"任天下之是非"。

综之，郭象立足于性分谈论世知的一偏性、相对不定性，且认为这是任性逍遥，而承认其存在的必然性、合理性。这是对庄子之知思想的发展和转化：一是把庄子立足于认知主体及其存在之境发展为立足于认知主体的本性而谈论知，这更有概括性和理论性；二是从庄子彻底否定世知而转化为承认基于本性之知，这更有真理性。

二 "知止其分""言止其分"

郭象认为，众人合于性分之内的知，是任性逍遥，但突破性分的要求而驰骋其知，不仅造成知的伪诈不实，也使众人失其本性而陷入困境。因此，郭象标举"知止其分"（《达生》注），即知止于性分之内。

《养生主》注：

> 故知之为名，生于失当而灭于冥极。冥极者，任其至分而无毫铢之加。

> 以有限之性，寻无极之知，安得而不困哉！

一物有一物的性分，性分之内的内容是个体所能知的，性分之外的内容是不能知的。个体企慕性分之外的知，而有好知之名，则失当；个体安于性分之内的知，则无好知之名，即"灭于冥极"。"冥极"，即冥合于性的分域和极限。所谓"知之无涯"，即无限地追求性分之外的知，这将失其本性而陷入困境，损伤形体和精神，非养生之主也。因此，郭象认为，任何事物皆要安于性分之内的知。《齐物论》注："所不知者，皆性分之外也，故止于所知之内而至也。"性分之外的知，不能为个体所认知，故不知；至知，即止于性分之内的知。

郭象认为，众人之"任知"是造成社会、政治和人生之失真作伪的主要原因。

《胠箧》注：

> 攻之愈密，避之愈巧，则虽禽兽犹不可图之以知，而况于人哉！故治天下者，唯不任知，任知则无妙也。

所谓"任知"，即驰骋、放纵性分之外的知，这必将带来巧诈不实。[①]《天地》注："若与之天下，彼且遂使后世任知而失真。"人君治国，任知则使国家处于诈伪和混乱之中。《秋水》注："恣人任知，则流荡失素也。"素，即天性；任知则失其本性。《则阳》注："言己不若夷节之好富贵，能交结，意尽形名，任知以干上也。""任知而行，则忧患相继。"任知而行，将带来忧患。《胠箧》注："不求所知而求所不知，此舍己效人而不止其分也。"舍弃自己的性分之知，而效法他人的性分之知，即"舍己效人"，不止其分。《胠箧》注："知之不足恃也如此。"《外物》注："神知之不足恃也如是。夫唯静然居其所

---

① 《庚桑楚》"举贤则民相轧，任知则民相盗"，即统治者标举知，则民逐之而相盗。"任知"一词只见庄文一次。郭注有六次出现"任知"一词，即放纵知，即追逐性分之外的知。

能而不营于外者为全耳。"无论是众人之知还是神龟之知，如果"营于外者"，越出于性分之外，则不能逃脱损伤、刳肠之祸患。因此，郭象主要从众人之任知、好知来谈论知的弊病，不同于庄子及其后学一概贬斥世知。

郭象认为，止其性分的知，即真知。真知，不是庄子所谓的真人之知，而是众人之安于性分之内而获得的知。《马蹄》注："御其真知，乘其自陆，则万里之路可致，而群马之性不失。"顺应群马真知（性分之知），则不失其本性。《缮性》注："任其真知而已。"《徐无鬼》注："率其真知而知各有所长则均。"《应帝王》注："任其自知，故情信。"成玄英疏曰："率其真知，情无虚矫，故实信也。"

郭象认为，众人之追逐性分之外的知，是不能实现的。

《人间世》注：

> 言物无贵贱，未有不由心知耳目以自通者也。故世之所谓知者，岂欲知而知哉？所谓见者，岂为见而见哉？若夫知见可以欲为而得者，则欲贤可以得贤，为圣可以得圣乎？固不可矣！而世不知知之自知，因欲为知以知之；不见见之自见，因欲为见以见之；不知生之自生，又将为生以生之。故见目而求离朱之明，见耳而责师旷之聪，故心神奔驰于内，耳目竭丧于外，处身不适而与物不冥矣。

物无论贵贱，皆有自通之知。世之所谓知，皆性分之内的知，即自知，自然而然地知，非有心求知。有心求知，而越出于性分之外，不仅得不到，且心神奔驰疲惫、形体追逐衰败。例如众人之目力有分，却偏追离朱之明；众人之能力有限，却偏求圣贤之才，这皆是非分之知与为。《齐物论》注："凡得真性，用其自为者，虽复皂隶，犹不顾毁誉而自安其业。故知与不知，皆自若也。若乃开希幸之路，以下冒上，物丧其真，人忘其本，则毁誉之间，俯仰失措也。"知与不知，皆安于性分；否则，物丧其真，人失其性。《秋水》注："此天然之知，自行而不出乎分者也。故虽行于外而常本乎天而位乎得也。"天然之知，即本性之内的知，其实现是畅通无阻的。

儒家之重视知，表现在两个方面，一是承认众人之认知的主观能动性，即众人能不断地突破自我；二是肯定众人向外（知识对象）学习以不断地丰富和深化知识的重要性。例如荀子特有《劝学》一篇，开头即云"君子曰：学不可以已"。郭象主张知止其分，而反对众人突破性分之外的知，无疑削弱了众人之认知的能动性及其向外学习的重要意义。《天道》注："此言物各有性，教学之无益也。"《知北游》注："夫由知而后得者，假学者耳，故浅也。"假借、依靠学习而获得性分之外的知识，是浅知。因此，郭象也有绝学之说，如《知北游》注"此皆绝学之意也""绝学去教，而归于自然之意也"，《天道》注"此绝学去尚之意也"；其意是绝去性分之外的知，而有异于庄子之绝去一切之知。但我们是否认为郭象完全地否认世人之求知的能动性及学习的必要性呢？郭象所谓事物之性分，有一定的范围和极限，基于性分的知也有一定的范围和极限，这给予众人之发挥主观能动性及向外学习的一定空间；换言之，郭象部分地肯定众人之学习求知的作用，从而不断地扩充知识以达至性分的极限。《天运》注："由外入者，假学以成性者也。虽性可学成，然要当内有其质；若无主于中，则无以藏圣道也。"《列御寇》注："然则学习之功成性而已，岂为之哉！"假学以成性、足性。

郭象认为，本性是事物之存在和发展的基本规定，故本性是认知的基本内容。以本性为主的知展开于自我的生命历程中，敞开于自我的社会生活实践中。因此，郭象以本性作为认知的基本对象，而忽视《书》《礼》等书本知识的学习和教化。《诗》《礼》等典籍，记载着先王治国的言论。先王的治国方略以冥合万物之性为依据，但人性有古今之变，故先王之言论已不合今人之性。若今人还以先王之礼乐治国，一是礼乐伪而不真，二是民众失其本性而陷入困境。在人性的古今之变上，郭象特突出其断裂性的一面，则先王及其典籍的知与言不合今人之性而予以贬斥，故圣王治国要以今人之性为依据。《天运》"夫六经，先王之陈迹也，岂其所以迹哉"注曰："所以迹者，真性也。夫任物之真性者，其迹则六经也。"六经是先王的外在之迹，是暂时的，任物之真性是内在的"所以迹"，是永恒的。

《天运》注：

> 夫先王典礼，所以适时用也。时过而不弃，即为民妖，所以兴矫效之端也。
>
> 时移世易，礼亦宜变。故因物而无所系焉，斯不劳而有功也。
>
> 夫仁义者，人之性也。人性有变，古今不同也。故游寄而过去则冥，若滞而系于一方则见。见则伪生，伪生而责多矣。

仁义礼乐是先王标举的价值观念，郭象否定其超越性、永恒性而认为，先王之仁义礼乐是适合当时的人性与时代；古今有变，人性有变，时代有变，则先王之仁义礼乐已不符合现代的人性、时代，故要与时俱变；否则，伪生。

因此，郭象之知的主要内容，是今人的性分，不在于先王之言及其典籍；知今人的性分而顺应之，则任性自由。

知而言之。《徐无鬼》注："言止其分，非至如何！"众人之言止于性分之内，而不越出于性分之外，即至言，这与郭象"知止其分"的思想是一致的。

《则阳》注：

> 物表无所复有，故言知不过极物也。
>
> 物有自然，非为之所能也。由斯而观，季真之言当也。
>
> 物理无穷，故知言无穷然后与物同理也。

言、知不要超过物之性分的极限，基于物之性分的言论是适当的。性，即命，即理，言要合于性、命、理。物之性、命、理变化无穷，则言也变化无穷。

《寓言》注：

> 夫唯言随物制而任其天然之分者，能无夭落。
> 谢变化之自尔，非知力之所为，故随时任物而不造言也。

言，基于天然之性分，即自然之言，则能久长。"造言"，即言说超出本性之外，即有意言说。造言，故不能随时任物。

综之，郭象肯定性分之内的知与言，反对性分之外的知与言；性分之内的知与言，不仅容易得到，且任性逍遥；性分之外的知与言，不仅不能得到，且形神疲殆，陷入困境。郭象较为轻视众人之向外学习的能动作用，但也肯定"假学以成性"；知的主要对象是性命展开的人生历程，而不是先王的言论及其典籍。

郭象认为，如果个体之知基于性分，则知的存在状态是自然而然、无心无意的，故个体之知与对象相适合、融合，一方面知是确当的，另一方面知的实现是通畅自由的。超出于本性之外的知，即有心有意，心自觉地发生作用，个体之知与对象相分别，一方面知是真假难分，另一方面知的实现受到阻碍而不自由。基于性分之知，即自然之知，即生而知之，高于自觉之知，即学而知之。

《大宗师》首段讨论知的问题，郭象写下两段注文，以阐明其知的思想：

> 天者，自然之谓也。夫为为者不能为，而为自为耳；为知者不能知，而知自知耳。自知耳，不知也。不知也，则知出于不知矣。自为耳，不为也。不为也，则为出于不为矣。为出于不为，故以不为为主。知出于不知，故以不知为宗。是故真人遗知而知，不为而为，自然而生，坐忘而得。故知称绝而为名去也。

知而为之，即知而行之。为为者，即有意作为，超出于性分之外的作为，故不能实现。自为者，基于性分之内的为，自然而然地为，不知所以然而然地为，即不为。为知者，即有意求知，超出于性分之外的知，故不能实现。自知者，基于性分之内的知，自然而然地知，不知所以然而然地知，即不知。因此，以不为为主，以不知为宗。

《大宗师》注：

> 人之生也，形虽七尺，而五常必具。故虽区区之身，乃举天地以奉之。故天地万物，凡所有者，不可一日而相无也。一物不具，则生者无由得生；一理不至，则天年无缘得终。然身之所有者，知或不知也；理之所存者，为或不为也。故知之所知者寡而身之所有者众，为之所为者少而理之所存者博，在上者莫能器之而求其备焉。人之所知不必同而所为不敢异，异则伪成矣。伪成而真不丧者，未之有也。或好知不倦，以困其百体，所好不过一枝，而举根俱弊，斯以其所知而害所不知也。若夫知之盛也，知人之所为者有分，故任而不强也；知人之所知者有极，故用而不荡也。故所知不以无崖自困，则一体之中，知与不知，暗相与会而俱全矣，斯以其所知养所不知也。

人之生也，即与周围的各种事物形成相维相济的复杂关系。对此，个体或知或不知，或为或不为。但知的少，不知的多；为的少，不为的多；因此，在上者不能求全责备。各人的本性不同，基于本性的知也不同。有的人好知不倦，即有意求知，超出于性分之外，不仅使自己穷困疲乏，也使他物陷入困境，"斯以其所知而害所不知也"。知之盛，即知自己所知的限度，须合于自己的性分，而不越出于性外，"故所知不以无崖自困"。一体之中，依据其本性或知或不知，皆顺之逍遥，"斯以其所知养所不知也"。

以上两段注文中，"不知"有两义：一是根本不知，个体不能知性分之外的内容，即性分之外的知是不知；二是自然而然地知，即自然之知；性分之内的知，是自然而然地知，是不知所以然而然的知，与有心有意求知即自觉求知相对立。"不为"有两义：一是不为性分之外的事；二是自然而然地为性分之内的事。《逍遥游》注："至于各安其性，天机自张，受而不知，则吾所不能殊也。"本性之知，是自然而然地知，不知所以然而然地知，即不知。《齐物论》注："凡此上事，皆不知所以然而然，故曰芒也。今夫知者皆不知所以知而自知矣，生者皆不知所以生而自生矣。万物虽异，至于生不由知，则未有不同者也，故天下莫不芒也。"不知所以然而然，即不知，即自然而然地知，即基于本性的知。"天下莫不芒"，天下众人顺其本性的知，是自知，不知。

三　圣人的全知大言

庄子所谓真人之真知，即真人之心虚空无知，从而对天地万物无知无为以混而为一。郭象认为，圣人遗知，无知。《齐物论》注："夫唯无其知而任天下之自为，故驰万物而不穷也。"《大宗师》注："是故真人遗知而知，不为而为，自然而生，坐忘而得。故知称绝而为名去也。"《缮性》注："夫无以知为而任其自知，则虽知周万物而恬然自得也。"二者有何异同呢？

郭象认为，圣人与众人有分，众人有知，其知止于性分之内；圣人无知，而顺应众人之有知。众人之有知得以实现，即任性逍遥。那么，郭象之圣人无知，是否根本无知呢？若回答是肯定的，则圣人无知无识，而木然于天下万物之自为，这与庄子之真人无知是相同的。但是，郭象之圣人是驰骋于天下万物之中而无穷，是冥合、顺应天下万物之自知、自为，故不是虚空无知，而是全知。所谓全知，即圣人没有自己的独知，故不与众人之知相对立，而涵融（统摄）众人的一切之知以为全知，从而能与众人之知相适合、融合而顺应众人之知。全知是纯一，不是万物之知的集合（杂乱而不虚静）；纯一是虚静空灵，感物而动，遇到一物一理，即能化为一物一理而与之相融合。《齐物论》注："芒然无知而直往之貌。"芒然，淳朴的样子，不是愚昧无知，而是涵融一切之知以为全知，故无往而不前。《齐物论》注："若自知其所不知即为有知，有知则不能任群才之自当。"如果圣人有知，即有独立的主张，而与众人之知对立，则不能顺应众人之知。如果圣人一无所知，则木然无动于众人之知，而互不相干。如果圣人集合众人之知，则心混杂而不能虚静。因此，圣人之无知是涵融众人之知而为全知；全知是纯一，即一以贯之于众人之知。

郭象注《知北游》"夫知者不言，言者不知，故圣人行不言之教"曰：

> 任其自行，斯不言之教也。

圣人无知无言，即圣人没有自己的独立知言，而涵融众人的知言以为一，故以众人的知言为知言，所谓不言之教，这不是圣人对天下万物不管不问的无知无言。

郭象注《寓言》"言与齐不齐也"：

> 付之于物而就用其言，则彼此是非，居然自齐。若不能因彼而立言以齐之，则我与万物复不齐耳。

圣人无言，而顺物之言，则与物相融合（齐）；"我"若有言，而不用物之言，则与物相对立（不齐）。《知北游》注："不用其知而用众谋。"圣人无知，涵融众人的知谋以为一。《知北游》注："断弃知慧而付之自然也。"圣人不用自己的知慧，而涵融、顺应众人的知慧。《知北游》注："使各保其正分而已，故无用知慧为也。"圣人涵融、顺应众人之知慧，而无自己之独立的知慧。《则阳》注："我所不知，物有知之者矣。故用物之知，则无所不知；独任我知，知甚寡矣！今不恃物以知，而自尊其知，则物不告我，非大疑如何！"圣人无知，万物各有所知；圣人顺万物之知，用万物之知，故无所不知。反之，圣人独任其知，一方面知之甚少，另一方面也干涉万物之知，则大疑。

要之，庄子之真人的真知真言，是无知无言，不识自我，不识万物，而与天地万物混而为一，即对天地万物无知无言而麻木不仁。郭象之圣人遗知忘言，即没有独知独言，而涵融、顺应众人之基于性分的知与言，而成为全知大言。圣人之全知大言，一方面虚静无言而养心养神，另一方面助成万物之任性逍遥，以治国平天下。

郭象之基于性分而论众人在知与言上的差异性、独特性，且不能相知相通，揭示了世态人情的实质，也回应了魏晋时人之自觉所带来的困惑问题。魏晋是文学自觉的时代，文学自觉的前提之一是人的自觉,"惟自觉云者,区别人己之谓也,人己之对立愈显,则自觉之意识亦愈强"①。人的自觉首要是个体的自觉,即自觉为一独立精神的个体,而不与其他个体相同,而处处表现一己独特之所在。这利于个体的任性自由,也易于造成众人之间的阻隔。曹丕在《典论·论文》中指出"文人相轻",其重要原因是各人因性分不同而知言相异,只知自己,而不知他人,不能相知相通。刘勰在《文心雕龙·知音》中开篇无限感慨:"知音其难哉!音实难知,知实难逢。逢其知音,千载其一乎!"② 文章的知音,千古难逢;人生的知音,百年难求。钟嵘《诗品序》:"观王公缙绅之士,每博论之余,何尝不以诗为口实,随其嗜欲,商榷不同。淄渑并泛,朱紫相夺,喧议竞起,准的无依。"③ 世人之论诗,任其好恶而是非纷纭,没有共同的标准。要之,郭象从性分的差异和分域上,论证众人不能相知相通的命定性,从而要求众人的知与言安于性分,任性自由,而不必企慕他人的理解。

综上所述,从庄子到郭象之知与言的思想有重要的发展和转变。其一,庄子认为,众人的俗知是虚假的、一偏的、相对不确定的,只有真人才有真知;真知不是在人间世获得真实性、普遍性、确定性的知识,而是通过修养的功夫达至虚静无知。这是彻底地否定知。郭象基于众人的性分(分别性、分域性、部分性)讨论俗知俗言的相对不定性,一方面说明众人在知与言上不能相通,而造成彼此的阻隔与矛盾;另一方面肯定众人合于性分的知与言,"知止其分""言止其分",任之逍遥自由,而反对越出于性分之外的知与言,即"任知""造言"而失性作伪。其二,庄子之真人的心境虚空,忘知忘言,从而与天地万物混而为一。郭象之圣人的心境遗知忘知,即没有独知独言而涵融众人之知与言以为一而虚灵不昧,从而成为全知大言,以冥合、顺应万物之基于性分之内的知与言,助成万物之任性逍遥。

---

① 余英时:《士与中国文化》,上海人民出版社2013年版,第251页。
② 郭绍虞等:《中国历代文论选》(一),上海古籍出版社2001年版,第299页。
③ 郭绍虞等:《中国历代文论选》(一),上海古籍出版社2001年版,第309页。

第十三章 从庄子"超越性"到 郭象"内在性"

学人多认为，郭象《庄子注》是通过对《庄子》的诠释，以建构他自己的哲学体系。王叔岷说："郭象之注《庄子》，乃郭象之《庄子》，非庄子之《庄子》也。大凡注解古书，虽欲会其本旨，难免杂糅己见，更难免受时代之影响。陆德明称郭《注》特会庄生之旨，非惟不解郭《注》并不解《庄子》矣。"①《庄子注》不同于汉代的古文经学注释以揭示经典的本义为事业。刘笑敢说："综上所述，从庄子之生天生地之道，到郭象的了无所有之道……从庄子之超越的逍遥游，到郭象之安于现实的逍遥游；从庄子认真修养而实现的突破世俗束缚的精神自由的追求，到郭象人人安于性分即可满足的逍遥……因此，郭象的《庄子注》可谓逆向诠释的典型代表作。"② 所谓"逆向诠释"，即诠释的方向与文本的意义基本上相反。王中江说："与庄子相反，郭象在《庄子注》中，把庄子'重估一切价值'的方向，完全逆转为'认同一切价值'的方面。如果说，庄子的逻辑是'一切现实的都是非合理的'话，那么，郭象的逻辑则是'一切现实的都是合理的'。……这是极为惊人的反差，然而却是事实。"③ 庄子主张超越的逍遥游，追求超越的价值；郭象主张安于现实的逍遥游，认同世俗的一切价值。质言之，庄子的哲学是超越的，

---

① 王叔岷：《郭象庄子注校记·自序》，上海商务印书馆1950年版，第1页。
② 刘笑敢：《诠释与定向——中国哲学研究方法之探究》，商务印书馆2009年版，第170页。
③ 王中江：《道家学说的观念史研究》，中华书局2015年版，第338页。

郭象的哲学是世俗的,这基本否定了郭象对现实世界的批判和改造精神。但余敦康认为,"郭象并没有把十字架都说成是蔷薇,并没有片面地去证明'凡是现实的东西都是合乎理性的'""郭象的玄学究竟是致力于为现实的存在作辩护还是致力于用理想来纠正现实呢?看来郭象是一个有理想的人,'神器独化于玄冥之境'就是他的理想"[1]。这承认郭象哲学的理想性及对现实的批判和改造精神。要之,学人关于郭象哲学思想的"理想性""世俗性"存有争论,而有待于我们进一步厘清。

第一节 超越性与内在性

学人在论述庄子与郭象的哲学思想时,多用"超越性""理想性""世俗性"等观念。从严格的学术意义上来说,世俗性与理想性相对。理想是对世俗世界的改造、突破,这包括两方面内容,一是在世俗世界的基础上提升和突破,二是彻底地抛弃世俗世界而创建新的世界;前一种理想性是内在的,后一种理想性是超越的。超越性与内在性相对。超越性是指价值世界脱离现实世界而与之相隔绝;内在性是指价值世界内在于现实世界,两个世界不即不离,相互影响,价值世界是从现实世界中发展而来的。因此,学人所谓"内在超越性"的说法是讲不通的。美国著名学者安乐哲说:"孔子思想的基本预设假定是'内在性',而非'超越性'。把'超越性'应用于诠释孔子思想,其结果难免'圆凿方枘',格格不入。"[2] 要之,超越性、内在性、理想性、世俗性等观念纠缠在一起而要求辨析:超越性不等于理想性,超越性是理想性的第二种意义;内在性不等于世俗性,内在性是理想性的第一种意义。我们往往把超越性与理想性不分,也以第一种理想性作为超越性;把内在性与世俗性不分,以为内在性就没有理想性。

---

[1] 余敦康:《魏晋玄学史》,北京大学出版社2004年版,第373、378页。
[2] 参见李明辉《当代儒学的自我转化》,中国社会科学出版社2001年版,第126页。

牟宗三在中国哲学界首先提出"内在超越性"的观念：

> 天道高高在上，有超越的意义。天道贯注于人身之时，又内在于人而为人的性，这时天道又是内在的（immanent）。因此，我们可以康德喜用的字眼，说天道一方面是超越的（transcendent），另一方面又是内在的。天道既超越又内在，此时可谓兼具宗教与道德的意味，宗教重超越义，而道德重内在义。①

"天道高高在上，有超越的意义"，即天道与人道有高远的距离，具有超越性。"又内在于人而为人的性"，即天道与人性相即相离。这显然是矛盾的，故牟宗三并不是依照西方哲学严格的"超越性"与"内在性"来理解"内在超越性"。在中国哲学的语境中，超越性和内在性有特定的内涵。超越性主要是指天道、天命作为道德价值的源头，是尽善的，与人之心性的仁义礼智四端、现实世界的人伦之道有很大的一段距离，而有赖于人之永恒的追寻，故超越性是指天道的无限性、纯一性。李明辉说："然而，当新儒家学者将'天'或'道'视为超越的原则和实体时，其'超越性'概念尚包含'超现实性'或'理想性'之意涵。"② 天道的理想性与人伦之道的现实性相对，但天道与人道并不隔绝，即二者虽有层级高低之别，但共同的本质是善；个体可通过内省自得与社会道德实践等途径，而上达天道。超越性也有宗教性的一面，即天具有宗教人格神的意义，神圣性和神秘性之天对人的命运产生重要作用，人对天产生一种宗教信仰的情感，但神与人之间能相互感通。郑家栋在《"超越"与"内在超越"》一文中说："'超越'乃是人的自我超越，是人在道德实践方面一种精神性的努力与追求，是一种精神境界上的自我提升。"③ "超越"是指道德境界的理想性、无限性，即道德境界的不断自我升华。因此，"内

---

① 牟宗三：《中国哲学的特质》，台湾学生书局1974年版，第26页。
② 李明辉：《当代儒学的自我转化》，中国社会科学出版社2001年版，第130页。
③ 郑家栋：《断裂中的传统》，中国社会科学出版社2001年版，第226页。

在超越性"的超越，乃指第一种理想性，即无限性；儒家思想的内在超越性置于西方的哲学语境中实是内在性。

余英时在《从价值系统看中国文化的现代意义》一文中认为，中西文化可用外在超越与内在超越而见其大概。① 他主要讨论价值世界（超越世界）与现实世界的关系、个体进入价值世界的途径等问题。儒家文化是"内在超越性"，仁义的价值世界与现实世界不即不离，价值世界从现实世界中发展而来。个体上达天道、天命的基本途径有三：一是个体通过心之反省进入价值世界，追求价值之源的努力不是等待上帝的启示，不是遵从外在的法则，而重点放在自我的"深造自得"；二是从人伦日用的现实世界中进入超越世界；三是内在超越是每一个人自己的事，孔子所谓"为仁由己"，因为儒家没有组织性的教会可依。余先生之说若从"内在性"来理解，则颇为确当；但以"内在超越性"释之，造成了"内在性"与"超越性"之哲学意义的紧张。后来，他在《中国知识人之史的考察》一文中说：

> 中国古代"哲学突破"以后，超越性的"道"已收入人的内心。因此先秦知识人无论是"为道"或"为学"，都强调"反求诸己"、强调"自得"。这是"内向超越"的确切含义。②

余先生把"内在超越"修改为"内向超越"，且特为注释："我在《从价值系统看中国文化的现代意义》中，曾误用流行的'内在超越'一词，这是西方神学的观念，与我的本意不合。今特改正为'内向超越'。"③ 他意识到，由牟宗三提出而流行的"内在超越"在西方哲学的语境中是说不通的。"内向超越"，即个体是通过向内的自反自省，"反求诸身""自得"，而不是向外、向上追求，以到达超越世界；这是指个体进入超越世界的途径。但超越性是理想性的第一

---

① 余英时：《儒家伦理与商人精神》，广西师范大学出版社2004年版，第1—40页。
② 余英时：《中国知识人之史的考察》，广西师范大学出版社2004年版，第20页。
③ 余英时：《中国知识人之史的考察》，广西师范大学出版社2004年版，第24页。

种意义，而非西方哲学语境中的超越性。

本章将以"内在性""超越性"的观念，辩示庄、郭哲学的基本特征。

第二节 理想世界与现实世界

郭象之注释或诠释《庄子》，有根本的转向，即把"超越性"的庄子哲学，转化为"内在性"的"庄子之意"（郭象所阐释的庄子之意，即郭象哲学，与庄子哲学有分）。这首先要求讨论理想世界与现实世界的关系问题。

一 庄子理想世界的超越性

我们讨论庄子之理想世界与现实世界的关系问题。

道，是老子哲学的最高概念。学人一般认为，道是形而上的本原，永恒不变，创生天地万物；道生万物，且把道之一体寓于万物中而为德（即性），从而成为万物存在和发展的根据；因此，道既是生成论的本原又是本体论的本原。如此理解，则老子之道与天地万物具有内在的关系，这并不符合老子否定现实世界的基本理念。《老子》三十八章："故失道而后德，失德而后仁，失仁而后义，失义而后礼。夫礼者，忠信之薄而乱之首。"[①] 仁义礼是现实世界的基本价值，是大道崩坏的产物，道与仁义礼截然对立。

老子之道的意义有很大的模糊性、暗示性。老子之道或有两种含义。一是作为本原而创生天地万物，《老子》第四章"道……渊兮似万物之宗"，第四十二章"道生一……三生万物"，第六十二章"道者万物之奥"。但是，圣人体道，"生而不有，为而不恃，功成而弗居"（第二章），万物自备智慧，自为功用；[②] 第五章"天地不仁，以

[①]（魏）王弼注，楼宇烈校释：《老子道德经注校释》，中华书局2008年版，第93页。以下引文，只注章名。

[②] 王弼注曰："智慧自备，为则伪也。因物而用，功自彼成，故不居也。"《老子道德经注校释》，第6—7页。

第十三章 从庄子"超越性"到郭象"内在性" 507

万物为刍狗"①。道对万物不发生作用,这并不合理(因为本原是万物存在的根据,必然对万物发生作用)。二是指世界原初的存在形态——浑然未分。浑然未分,即老子所谓"有物混成""无状之状,无物之象""窈兮冥兮""寂兮寥兮"等。② 这是《应帝王》的中央之帝混沌,即绝对的同一。王中江说:"(道)'无名'和'朴',意在说明'道'是未分化的、未分散的统一体。"③ 浑然未分,进而分化为天地万物混而为一的世界,即天地万物无知无为而按其本来面目存在和发展的状态,终而崩裂为万物有知有为的现实世界,即《老子》第十八章"大道废,有仁义"。前两个世界是理想世界,第三个世界是现实世界;理想世界与现实世界截然对立。笔者更倾向于老子之道的第二种意义。

　　庄子之道是什么呢?《大宗师》"夫道有情有信,无为无形……自本自根……生天生地……"一段文字,是直接阐述《老子》之道的宇宙生成论意义;且《大宗师》出现"造物者"、《齐物论》有"真宰"等,似乎说明庄子之道是生成论的本原。但道的这种意义较为淡薄,"造物者"乃是虚说,"真宰"是怀疑之说,"而不知其所为使。若有真宰,而特不得其眹"。王中江说:"从整体上看,庄子并不认为,在万物的变化背后,有一个像亚里士多德所说的最终的根本性的'原因'或'第一推动者'。我们知道,庄子的'道'具有突出的自然无为的特性,这种特性,使'道'只具有创生万物的功能,而万物一旦产生,其他的一切,它就袖手旁观了。"④ 道生万物,但道与万物并没有内在的联系,这是虚说。在笔者看来,庄子之道主要是指浑然未分或混而为一的状态,《齐物论》云"道通为一""道未始有封""天地与我并生,而万物与我为一"等。《齐物论》:"古之

---

　　① 王弼注曰:"天地任自然,无为无造,万物自相治理,故不仁也。仁者必造立施化,有恩有为。造立施化,则物失其真。有恩有为,则物不具存。"《老子道德经注校释》,第13页。
　　② 参见本书的第六章《郭象的自生、独化说》。
　　③ 王中江:《道家学说的观念史研究》,中华书局2015年版,第85页。
　　④ 王中江:《道家学说的观念史研究》,中华书局2015年版,第192页。

人,其知有所至矣。恶乎至?有以为未始有物者,至矣,尽矣,不可以加矣!其次以为有物矣,而未始有封也。其次以为有封焉,而未始有是非也。是非之彰也,道之所以亏也。"认知之境与存在之境是统一的。最高的存在之境是浑然未分,故最高的认知之境是无物;其次的存在之境是万物混而为一,故其次的认知之境是有物而齐之;再次的存在之境是万物有知有分,故其认知之境是有物的事实分别;最下的存在之境是有物有分有是非,故其认知之境是有物的是非等价值的分别。因此,大道从原初的浑然不分逐渐崩坏为分化和对立愈演愈烈的现实世界。《齐物论》描述了原初世界崩裂为现实世界种种的弊端和罪恶:"一受其成形,不亡以待尽。与物相刃相靡,其行进如驰而莫之能止,不亦悲乎!终身役役而不见其成功,苶然疲役而不知其所归,可不哀邪!人谓之不死,奚益!其形化,其心与之然,可不谓大哀乎?"庄子思想的主旨,一方面是突出原初的理想世界与现实世界的对立矛盾,另一方面是要求众人抛弃现实世界而向原初大道即理想世界回归。

要之,庄子之道是指原初的混沌未分或万物混而为一的形态,这是理想的存在形态,即理想世界或价值世界;现实世界是万物有分的世界,包括物的分别、是非等论的分别;这两个世界是根本对立而相互隔绝的。理想世界不是对于现实世界的突破和提升,而是彻底地抛弃现实世界,以建构一个完全不同的价值世界。这表明庄子的理想世界具有超越性。

二 郭象理想世界的内在性

郭象取消宇宙生成论的问题。天生万物,是传统的观点,是讨论造物者的问题。造物者之造物,不管是否有意志和目的,都与万物建立了一种联系。

《逍遥游》"若夫乘天地之正"注:

>天地者,万物之总名也。天地以万物为体,而万物必以自然为正。

《齐物论》"天籁"注：

> 此天籁也。夫天籁者，岂复别有一物哉！即众窍比竹之属，接乎有生之类，会而共成一天耳。……故天者，万物之总名也。莫适为天，谁主役物乎？故物各自生而无所出焉，此天道也。

《齐物论》"咸其自取，怒者其谁邪"注：

> 物皆自得之耳，谁主怒之使然哉！此重明天籁也。

一般所理解的天，即高高在上的苍天，兼指天地，而与万物相对应。但郭象认为天地即万物，并非别有一物。因此，天地不能生物而支配物。物各自生，即气之结聚依据自然之理而生成某物，既无因（主）又无意识和目的。郭象消解了天之造物主的意义，也否定了天是价值之源的意义。

老庄之无生有、道生万物的观点，也遭到郭象的否定。

《齐物论》注：

> 无既无矣，则不能生有。有之未生，又不能为生。然则生生者谁哉？块然而自生耳。自生耳，非我生也。我既不能生物，物亦不能生我，则我自然矣。
>
> 请问夫造物者有邪？无邪？无也则胡能造物哉！有也则不足以物众形。故明乎众形之自物，而后始可与言造物耳！是以涉有物之域，虽复罔两，未有不独化于玄冥者也。故造物者无主，而物各自造。物各自造而无所待焉，此天地之正也。

老庄之无，即无形无名，而非空无；但郭象解释为一无所有，所以无不能生有。《知北游》注："吾以至道为先之矣，而至道者乃至无也。既已无矣，又奚为先？"至道，即至无，即空无。造物者是不是有呢？

若是有，则置于变化之流中，不能成为本原，有不能生有。郭象否定老庄之无生有的观点，而主张万物自生、独化的思想。

要之，郭象的哲学否定造物主，否定本原（生成论本原、本体论本原）。造物主、本原是现实世界的存在根据，也是人间价值的根源；否定造物主、本原，则现实世界及其价值丧失了形上的根据，这突出地表现郭象哲学"内在性"的特征。王中江说："按照郭象的'独化论'和'自生论'，他不能寻求外在的超越性原因和根据，因为他排除了'超越性'的力量。"[1] 但肯定本原（生成论本原、本体论本原），只表明具有无限性、纯一性（理想性的第一种），而并不表示具有超越性（理想性的第二种）。儒家的天道是人间秩序和价值的根源，故天道有内在性；若以老庄之道为本体论的本原，则也否定其超越性；郭象否定道生万物、天生万物，则是典型的内在性，其内在性中理想性（第一种）受到严重的削弱。

郭象如何理解老庄之道的混沌未分或混而为一的原初形态呢？

首先，郭象认为，世界并不存在从无到有的过程，世界一开始即有构成的，包括无形之气、有形之物等。因此，天地万物所构成的世界，是从来如此、永远如此的。

《知北游》注：

> 言天地常存，乃无未有之时。
>
> 非唯无不得化而为有也，有亦不得化而为无矣。是以夫有之为物，虽千变万化，而不得一为无也。不得一为无，故自古无未有之时而常存也。
>
> 言世世无极。

世界没有绝对的开始和结束；但一物有生死变化的过程，其生死只是一物变成另一物，再变成他一物，无穷无尽地迁变下去，这不是消亡，不是从有到无。康中乾说："郭象宇宙论的逻辑起点与裴颜一样，

---

[1] 王中江：《道家学说的观念史研究》，中华书局2015年版，第385页。

都从现实事物出发，即以'有'为起点。"①

其次，庄子之道的分裂有等级的序列，最上是混沌不分，即无物；其次是有物无分；再次是有物有分；最下是有物有分有是非。郭象之理想的世界，是第三等级，即有物有分而无是非。郭象认为，万物各有性分，彼此分别而不能相知相通，但皆能得性逍遥而具有平等的价值，即无胜负之分，故安于、足于性分，自生独化。《逍遥游》题注："夫小大虽殊，而放于自得之场，则物任其性，事称其能，各得其分，逍遥一也，岂容胜负于其间哉！"这是肯定万物事实上的分别而价值上的平等。因此，万物皆有存在的意义和功用。

再次，万物各自得性逍遥，又相济相维，而构成一个和谐有序的整体，所谓"整体的和谐"，郭象谓之"玄冥之境"，这是郭象的理想世界。

《大宗师》注：

> 夫体天地冥变化者，虽手足异任，五藏殊官，未尝相与而百节同和，斯相与于无相与也；未尝相为而表里俱济，斯相为于无相为也。若乃役其心志以恤手足，运其股肱以营五藏，则相营愈笃而外内愈困矣。故以天下为一体者，无爱为于其间也。

手足异任，五藏殊官，即各有性分和功用，但能相与相为，而百节同和、表里俱济，即构成一个和谐的生命有机体。事物之间的相与相为，是出于自然而然，而非有心有为。

《秋水》注：

> 天下莫不相与为彼我，而彼我皆欲自为，斯东西之相反也。然彼我相与为唇齿，唇齿者未尝相为，而唇亡则齿寒。故彼之自为，济我之功弘矣，斯相反而不可以相无者也。故因其自为而无

---

① 康中乾：《从庄子到郭象——〈庄子〉与〈庄子注〉比较研究》，人民出版社2013年版，第222页。

其功，则天下之功莫不皆无矣；因其不可相无而有其功，则天下之功莫不皆有矣。若乃忘其自为之功而思夫相为之惠，为之愈勤而伪薄滋甚，天下失业而情性澜漫矣，故其功分无时可定也。

玄冥之境中，个体以自为、独化为主，也对他物发生一定的作用，这是彼此协作的关系，而非因果的关系。这种复杂有序的关系是自发、无意识的，而非有意为之。

余敦康认为，郭象构建一个"原始的和谐"之理想世界；原始的和谐即整体的和谐，是以个体的和谐为前提的，"即由个体的和谐达到整体的和谐"[①]。"玄冥之境"，即郭象之谓理想世界。境，即场域、境域。玄冥略有两义：一是暗自冥合，二是幽暗难知。玄冥之境即气、人、物之万有所构成的丰富而复杂的关系；这种关系谐和有序，相互冥合，形成了有机的统一体，这种冥合关系是无因无主的，也无意识和目的，且不能为人的理性所认知，故玄之又玄。万物皆自生、独化于玄冥之境。

最后，郭象的现实世界，是有物有分有是非。有是非，即认为万物不平等而有胜负小大的价值之分。例如社会普遍地崇大抑小，小羡慕大而嘲笑更小，大自夸其大而羡慕更大，《秋水》注云"是以上下夸跂，俯仰自失""转以小大相倾，则相倾者无穷矣。若夫睹大而不安其小，视少而自以为多，将奔驰于胜负之境而助天民之矜夸"。因此，小大之物相逐相倾相胜，皆失性而陷入困境，而造成了现实世界的混乱无序；个体不和谐，则群体也不和谐。《逍遥游》注："故理有至分，物有定极。各足称事，其济一也。若乃失乎忘生之生，而营生于至当之外，事不任力，动不称情，则虽垂天之翼不能无穷，决起之飞不能无困矣！"

综之，郭象的理想世界即玄冥之境，是原初形态裂变的第三等级，与混沌未分或混而为一的大道相隔绝；玄冥之境是从现实世界中发展而来，即从有物有分有是非的存在形态，提升到有物有分无是非

[①] 余敦康：《魏晋玄学史》，北京大学出版社2004年版，第383页。

的存在形态,这具有突破现实世界的理想性,故玄冥之境与现实世界相即相离,而表现出内在性的特征;但内在性并等于现实性或世俗性,内在性也有理想性。玄冥之境是面向未来世界开放的,郭象的基本观念是舍故逐新,这与儒家以三代为理想社会的复古与老庄之回到小国寡民的最初形态不同。

第三节 修养的功夫和境界

无论是超越性还是内在性的思想,皆有理想世界;其超越性与内在性的分别,也表现在个体进入理想之境的方式不同。

一 庄子之忘的功夫和境界

庄子的理想世界是指原初的存在形态,即混沌未分或混而为一的形态,个体之体道,即达至理想之境。

庄子认为,个体要通过修养的功夫上达理想之境。这种修养的功夫主要表现为个体的自觉内省,即回归自我的内在城堡,开始以齐、命的观念看待现实世界的事物及其变化,进而不断地忘之,终而一切皆忘,心虚静虚空,不识自我,也不识天地万物,无知无为而与天地万物混而为一,即体道,即达至理想之境。

《大宗师》叙述了道家人物子祀、子舆、子犁、子来四人与子桑户、孟子反、子琴张三人,对待生死之变的事情。他们的思想和行为与孔子、子贡等儒家人物不同。他们以齐生死、安命的观念来不悲不喜地顺应生死之变。道家之齐生死,与儒家及其众人的乐生恶死不同;道家之安命即木然于命的变化,而与儒家沉沦于命不同。但齐生死,究竟是理性的思辨,是有知有为,往往欲为虚而不能虚也,故最终要走向忘生死。忘生死分为有知而忘与无知而忘。有知而忘,即生死存于心中而不知,这毕竟还是有知。无知而忘,即心中止思虑而虚空,无知无识,这是彻底地忘却。个体一切皆忘,从而与天地万物混而为一,即回归原初混沌未分的世界,乃入于"寥天一"(《大宗师》)。

庄子重视个体进入理想之境的修养功夫、历程。有的文字是完整地叙述，有的文字只是片断地叙述。《大宗师》完整地叙述了道家人物女偊体道的功夫和境界，这是一个渐进的过程，其方式是告而守之，即以内省为主，即以精神的修养为主。道家人物女偊"三日而后能外天下""七日而后能外物""九日而后能外生"。外，即忘。终而一切皆忘，朝彻而能见独，心虚静明，从而与天地万物混而为一，无生死、无古今，即精神上置于时间之外、变化之外，混沌不分而宁静。《大宗师》叙述了颜回体道的功夫是层层上进，"回益矣"："回忘礼乐矣""回忘仁义矣""离形去知""堕肢体，黜聪明"，最终"坐忘"，心境无知无物，达至浑然一体的道境。"同则无好也，化则无常也"，浑然一体是精神的绝对同一，即浑然未分，而不是分别基础上的辩证统一。同而无分则没有好恶。化，即变化，有物有分有化，则不是常道。《人间世》叙述颜回"心斋"的功夫和境界。《齐物论》描述南郭子綦的体道之境，"嗒焉似丧其耦""形固可使如槁木，而心固可使如死灰乎""今者吾丧我"等。

要之，个体达至理想之境即忘境，主要是自我的内省功夫，即齐的功夫、忘的功夫，这是不断地遗忘和摆脱现实世界的一切观念和事务的过程；这种修养的功夫和境界，表现出超越性的基本特征。

庄子的理想人格有两类人：一类是许由、子桑户、孟子反等道家人物；一类是神人、真人、至人等，是最高的理想人格；这同于儒家的理想人格有君子、圣人。前一类人置于人间世中，而回归自我，通过齐、忘的功夫，不断地缩小自己的疆域，不断地疏远、淡漠现实世界的人与事，而有待于彻底地忘却，以归于无知之境。后一类人完全地隔绝现实世界，而游于山林、江湖之中，《逍遥游》所谓"无何有之乡，广漠之野"，彻底地抛弃现实世界的一切观念及其事务；"肌肤若冰雪，绰约若处子"，长生不老；"不食五谷，吸风饮露。乘云气，御飞龙，而游乎四海之外"，不食人间的烟火，其生存的时空广大无垠；"之人也，之德也，将磅礴万物以为一"，其德是与天地万物混而为一。

要之，庄子之理想人格进入超越之境的途径有两种，理想的途径是个体离开人间世而来到人迹罕至的山林江湖，通过忘的功夫而逐渐忘却现实世界的一切，从而无知无为地与天地万物混而为一。《山木》："君其涉于江而浮于海，望之而不见其崖，愈往而不知其所穷。送君者，皆自崖而返。君自此远矣！"这深情地描绘了君之乘船远离现实世界而游于江湖的形象，这正是庄子所追慕的理想人格。其次的途径是个体置于人间世中一隅，与众人相隔，而回归自我内在的精神城堡，通过忘的功夫不断地遗忘现实世界的一切，虚静无知，而与天地万物混而为一。这种修养途径不免与人间世有联系而受其影响，故修养的历程艰难；其形体及其行为与周围的世界发生一定的联系，但精神上是超脱的。

《大宗师》有数段文字描绘真人的形象。真人，即神人，即庄子的理想人格。"何谓真人？"庄文具体地叙述真人的思想和行为，与世人截然不同。例如世人"其嗜欲深者，其天机浅"，而真人反之。世人悦生恶死，不能顺应生死之变；真人"不知悦生，不知恶死。其出不欣，其入不拒。翛然而往，翛然而来而已矣"。世人分辨事物、物论，而造成各种矛盾和纷争；真人齐物、齐物论。因此，真人真知与世人俗知截然分别，相互隔绝：一是现实世界中的众人不可能变成真人；二是众人的俗知不可能到达真知，《大宗师》谓"且有真人而后有真知"。要之，庄子之理想人格及其追求与现实世界的芸芸众生相互隔绝，有天上人间之别，而表现出超越性的特征。

二 郭象之足性的功夫和境界

郭象的理想世界是玄冥之境，玄冥之境中的个体皆足性逍遥，故足性、得性、适性是个体追求的修养境界。学人或认为，本性是事物存在和发展的内在力量，故只要根据自发、无意识的本性作用，即能逍遥自由，而无须个体的修养功夫。王晓毅说，"那么事物'独化'的根本动力从何而来呢？只能来自自己内在的本能即本性。……所谓本性，是生来俱有的本能，后天的混沌。它不受自身意志控制，具有自发性"[1]。这消解了人为的作用，否定了足性逍遥的理想性。对于

---

[1] 王晓毅：《郭象评传》（下），南京大学出版社2011年版，第249页。

动物说，把其存在和发展的力量归结为本性或本能，尚能说得过去（动物有一定意识）；而对于万物之灵的人类说，把其存在和发展的力量归结为本性或本能，则未免荒唐。笔者认为，只有重视心的作用，才能谈得上修养的功夫和境界；郭象以本性作为基本的观念，也重视心的作用。

本性的欲望往往是贪得无厌。荀子说："今人之性，生而有好利焉，顺是，故争夺生而辞让亡焉；生而有疾恶焉，顺是，故残贼生而忠信亡焉；生而有耳目之欲，有好声色焉，顺是，故淫乱生而礼义文理亡焉。然则从人之性，顺人之情，必出于争夺，合于犯分乱理而归于暴。"（《荀子·性恶》）《世说新语》刘孝标注引支遁《逍遥论》："若夫有欲当其所足；足于所足，快然有似天真。犹饥者一饱，渴者一盈，岂忘烝尝于糗粮，绝觞爵于醪醴哉？苟非至足，岂所以逍遥乎？"（《世说新语·文学》）郭象明白本性的欲望难以满足。《齐物论》注："夫物情无极，知足者鲜。故得此不止，复逐于彼。皆疲役终身，未厌其志，死而后已。故其成功者，无时可见也。"众人、万物的欲望没有止境，得此逐彼，得陇望蜀，驰骋其欲望而不能满足其志，死而后已，故疲役终身。《齐物论》注："凡物各以所好役其形骸，至于疲困茶然，不知所以好此之归趣云何也！"万物放纵本性欲望，而役其形体，劳其精神，终生无成。物皆以小慕大，以大嘲笑小而羡慕更大，从而上下夸跂，俯仰自失。

郭象之任性、足性逍遥，不是放纵欲望的逍遥。他认为，众人各有性分，性分有一定的范围和极限，安于性分之内的要求即得性逍遥；心对本能欲望会发生重要作用，或强化贪欲或节制欲望。《齐物论》注："夫心之足以制一身之用者，谓之成心。人自师其成心，则人各自有师矣。"心有制约一身的主宰作用。众人各有成心，心之功夫修养主要表现在两个方面。一是以心治性，即心节制欲望的要求，而让个体安于、顺于性分，不要有非分之想、非分之为，即超出于性分之外的要求。但心的作用必须止于性分之内，而不能越出于性分之外——或节制欲望而寡欲甚至绝欲，或助推欲望而逐欲不止。二是以心足性、尽性，即充分地扩展和提升性分的要求。性分有一定的分域和极限,有一定的潜能、可能性,这要求心的扩充作用;性分的要求有质量的高下,有待于心的提升作用。人生百年,有的人早死,有的人活到一百岁,有的人活得质量高,有的人活得质量低,这取决于个体的自我修为。要之,这两种个体修养的功夫,皆要求心的作用,但心的作用是基于性分的自然要求而予以节制、扩充、提升,且易于上达足性逍遥的理想之境,故表现出内在性的特征。但由于个体安性、尽性,主要是依据天然性分的要求,往往不学而知,不学而能,心的作用止于性分之内,这贬损了个体修为的反省精神与主观能动作用,故有较强的自然性和较弱的人文性。

《德充符》注:

> 人之生也,非情之所生也。生之所知,岂情之所知哉?故有情于为离旷而弗能也,然离旷以无情而聪明矣;有情于为贤圣而弗能也,然贤圣以无情而贤圣矣。岂直贤圣绝远而离旷难慕哉?虽下愚聋瞽及鸡鸣狗吠,岂有情于为之,亦终不能也?不问远之与近,虽去己一分,颜孔之际,终莫之得也。是以关之万物,反取诸身,耳目不能以易任成功,手足不能以代司致业。故婴儿之始生也,不以目求乳,不以耳向明,不以足操物,不以手求行。岂百骸无定司,形貌无素主,而专由情以制之哉!

有情,即有心。有情,即超出于性分之外的心知;无情,即安于性分之内的心知。因此,有情、无情,皆有心知,但以心知是否合于性分而区分两者。事物皆有性分的要求,如果思慕性外之外的东西,即有心有意,不仅不能实现,也陷入失性的困境。离旷绝顶聪明,这是性分;众人有心有意地追逐离旷的聪明,是不可能的。因此,众人要安于性分的要求。但在现实世界中,众人往往不安于性分,有超出于性分之外的心知,故郭象标举无情无心的修养功夫,即心知止于性分之内,即以心合性。郭象批评惠施有情有心而越出于性分之外,而劳形伤神。《德充符》注:"夫神不休于性分之内则外矣,精不止于自生之极则劳矣,故行则倚树而吟,坐则据梧而睡,言有情者之自困也。"

儒家思想具有内在性，但其理想性是层层上达而有赖于自我永恒的追寻，故自我的修养功夫受到特别的重视。孔子曰"下学而上达"（《宪问》）。《大学》曰："自天子以至于庶人，壹是皆以修身为本。"但是，郭象的修养之境是个体任性逍遥，当下自足，其理想性不高；其修养的功夫是基于本性的自然要求而予以一定的节制和提升，故修养的功夫较浅。例如修养的功夫之一是学习，把学与思相结合。郭象轻视个体的学习作用。

> 此绝学去尚之意也。（《天道》注）
> 此言物各有性，教学之无益也。当古之事，已灭于古矣。虽或传之，岂能使古在今哉！古不在今，今事已变，故绝学任性，与时变化，而后至焉。（《天道》注）
> 此皆寄孔老以明绝学之义也。（《天运》注）
> 绝学去教，而归于自然之意也。（《知北游》注）
> 此皆绝学之意也。于道绝之，则夫学者乃在根本中来矣。故学之善者，其唯不学乎！（《知北游》注）

人之学，是学习不知的东西，而体现出人之积极能动性的作用。庄子之绝学是根本上否定知识，具有超越性。郭象之绝学，是指不学习性分以外的东西，要任性而知，任性而为，即学止于性分之内；学的作用有助于成性、尽性，性有范围和极限，是潜能、可能性，顺着性分的学习，能充分地实现自己的本性。《天运》注："由外入者，假学以成性者也。虽性可学成，然要当内有其质；若无主于中，则无以藏圣道也。"但是，郭象之绝学，无疑削弱了学习的主动作用，也削弱人之有为的作用。

要之，个体的修养之境是任性、得性逍遥，当下自足，其理想性不高；心的作用止于性分之内，则心之化性起伪的修养作用受到较大的削弱。刘笑敢说："以'各足于性'为逍遥的标准，则万物都可以逍遥，即皆可获得精神自由，无须庄子式的'心斋'、'坐忘'、'外物'等修炼过程。"① 这种说法未免绝对，郭象实是承认个体一定的修为功夫和作用。

郭象的理想人格是圣人，圣人是无待者，能游于无方。与圣人相对的是众人，众人是有待者，只能游于一方，即众人各有其性分，在其自得之场中才能任性逍遥。因此，圣人与众人是有分的，但决非相互隔绝：一是圣人与众人在本性上是性全与性分的关系，即整体与部分的关系；二是圣人与众人虽有有待逍遥与无待逍遥之分，但皆是任性逍遥；三是圣人无心而冥物，圣人的无待逍遥是众人有待逍遥的必要前提，二者具有确定的联系。《逍遥游》注曰："夫唯与物冥而循大变者，为能无待而常通，岂独自通而已哉！又顺有待者，使不失其所待，所待不失，则同于大通矣。"无待者"与物冥"，即与万物（有待者）融合，不仅自我能常通（自通），万物也能自由，这是无待者、有待者皆逍遥自由的"大通"。要之，郭象哲学中理想人格与众人是相即相离的关系，而表现出内在性的特征；而庄子思想中神人与众人是相互隔绝的关系，而表现出超越性的特征。

《逍遥游》叙述"尧让天下于许由"之事，尧让天下，许由不受。许由无功无名，抛弃世俗的价值观念，是一位山林之士。庄文贬尧为方内之君主，而褒许由为方外之隐士；且把方内与方外相对立，而尊崇方外。《大宗师》中孔子说，"彼游方之外者也，而丘游方之内者也。外内不相及"。郭象所阐释的"庄子之意"是，尧为理想人格，不仅是世俗明君而游于方内，也是山林主人而游于方外，因而凿通方内与方外，《逍遥游》注"而尝游心于绝冥之境，虽寄坐万物之上，而未始不逍遥也"。因此，郭象把方外与方内相融通，即"游外以冥内""外内相冥"，而表现出内在性的特征。

郭象把庄子的理想人格即神人，转化为圣人。首先，庄子之神人隔绝世俗世界，而游于山林江湖中；郭象之圣人既能游于山林又能游于人间世，"夫神人即今所谓圣人也。夫圣人虽在庙堂之上，然其心

---

① 刘笑敢：《诠释与定向——中国哲学研究方法之探究》，商务印书馆2009年版，第187页。

无异于山林之中，世岂识之哉"（《逍遥游》注）。其次，庄子之神人彻底地抛弃现实世界的各种价值和事务而虚静无知；郭象之圣人游于人间世中，"无心而顺有"（《大宗师》注），即以山林之心实行人间之事、践行人间的基本价值；这表现出圣人的理想性，但其理想性是从人间秩序和价值上提升的。要之，郭象把庄子之超越性的理想人格即神人转化为内在性的理想人格即圣人。

第四节 从核心观念辩示超越性与内在性

无为、逍遥、齐物，是庄子思想的核心观念。郭象在名义上使用这些观念，但在内涵上作出了实质性的转变。

"无为"是老庄思想的重要观念。庄子之无为即不为世俗之事。郭象对庄子之无为的含义进行了转化和改造。《逍遥游》注曰：

> 若谓拱默乎山林之中而后得称无为者，此庄老之谈所以见弃于当涂，当涂者自必于有为之域而不反者，斯由之也。

郭象认为，庄子之无为，不是拱默于山林中而什么事都不做，而是各任其本性而为，《在宥》注"无为者，非拱默之谓也，直各任其自为，则性命安矣"。

庄子之无为，是山林之士脱离现实世界而无所作为，与众人置于现实世界中必然有为相对立，而具有超越性。郭象之无为是有作为，而其作为是顺应本性的要求，这是对于世人之有为的提升和突破，因为众人之有为是越出于性分之外的乱为、妄为。郭象认为，圣人可以无为，众人也可以无为。圣人之无为，即圣人任性而为；圣人之性是全，涵融万物之性，故能顺应和助成万物之自为，而没有独断专为。众人之无为，即顺其性分的要求而为，众人各有性分，而各有自为、独为。因此，无为观念，为圣人与众人所共同认知和践行；圣人与众人之无为虽有分别，但本质上是任性而为，且圣人之无为助成众人之无为的实现；故郭象之无为的观念具有内在性。
《天道》注：

> 夫无为之体大矣，天下何所不为哉！故主上不为冢宰之所任，则伊吕静而司尹矣；冢宰不为百官之所执，则百官静而御事矣；百官不为万民之所务，则万民静而安其业矣；万民不易彼我之所能，则天下之彼我静而自得矣。故自天子以下至于庶人，下及昆虫，孰能有为而成哉？是故弥无为而弥尊也。

无为不是不为，而是为；为是各司其业，各任其职，各尽其能，即各安其性，即顺应自己的性分而作为，而不是突出于性分之外的妄为、乱为、有为。天子以至于庶人，皆可以无为。《天道》注曰："各当其能，则天理自然，非有为也。若乃主代臣事，则非主矣；臣秉主用，则非臣矣。故各司其任，则上下咸得，而无为之理至矣！"主与臣皆可以无为，即各任其事。《天道》注曰："无为之言，不可不察也。夫用天下者，亦有用之为耳。然自得此为，率性而动，故谓之无为也。……然各用其性，而天机玄发，则古今上下无为，谁有为也！"无为的观念有普遍的意义，古今上下皆可无为，彻底地消解了庄子之无为的超越性。

要之，庄子之无为具有超越性，而郭象之无为具有内在性。

老庄之无是空无，是绝对的无，是超越的无；郭象之无，是无与有、虚与实的结合，这把超越性的无转化为内在性的无。

《应帝王》：

> 无为名尸，无为谋府，无为事任，无为知主。体尽无穷，而游无朕。尽其所受乎天，而无见得，亦虚而已！至人之用心若镜，不将不逆，应而不藏，故能胜物而不伤。

庄文从无为，扩展到无名、无谋、无事、无知、无朕等。无，即虚无虚空，即根本没有，心同镜子一样，是无心（根本没有心或有心而中止不动），从而形神不为万物所伤。

郭象注曰：

> 因物，则物各自当其名也。使物各自谋也。付物使各自任。无心，则物各自主其知也。因天下之自为，故驰万物而无穷也。任物，故无迹。不虚，则不能任群实。物来乃鉴，鉴不以心，故虽天下之广，而无劳神之累。

郭象认为，圣人之无，是没有自我之独（虚），而涵融天下万物（实），故顺应天下；圣人无名、无谋、无知、无迹，则顺应天下万物之有名、有谋、有知、有迹；即圣人以天下万物之名、谋、知、迹，为自我的名、谋、知、迹，故没有劳神之累。

要之，庄子之无具有超越性，而郭象之无具有内在性。

齐物、齐论，是庄子的重要观念。齐物，即泯除物的分别。齐论，即泯除是非、善恶等物论的分别。韩非子的矛盾之说突出了二元观念的势不两立。因此，齐之观念与现实世界之不齐，是完全对立的；齐之观念对于众人来说，是超越的价值追求。

郭象要把庄子之超越性的齐转化为内在性的齐，这是他阐释"庄子之意"的根本转向。

就齐物而言，郭象首先承认万物的分别；其次认为万物的分别根据于本性的差异，任何事物皆有本性即性分，性分有确定的分域和极限，彼此不能相及；再次认为，万物虽本性不同，但皆能得性逍遥，而有平等的价值，无胜负之分。

其一，郭象之齐物的观念可于人间世中实现。现实世界中，物物相分，事事有别，且分别的根本原因是事物本性的不同。虽然众人往往可从小大相分、小不知大中，推出崇大抑小的观念，但也可推出小大事物之价值平等的观念；这是应然的价值追求，是从现实世界的观念中发展而来的。

其二，众人可齐物，从而安于自己的性分，足于自己的性分，既不舍己逐人，又不迫人从己。圣人之齐，即一视同仁地涵融万物，顺应万物的本性，万物皆能得性逍遥，圣人也能得性逍遥。因此，齐物观念为圣人与众人所共同认知和践行；圣人与众人之齐物虽有全与分之差别，但皆是任性逍遥；且圣人之齐物是众人之齐物的必要条件。

其三，郭象之齐物有突破现实、提升自我的理想性。现实世界中万物有分有是非，不仅有事实上的小大分别，也有价值上的胜负不平等，故众人相互奔竞追逐而失性作伪。郭象之齐，是把事物从事实上的分别提升到价值上的平等，即承认事物的分别但皆能得性逍遥而有平等的价值，故万物安于本性，足于本性，自得于一方。这是对现实世界的提升和突破而有理想性，但庄子是从事实和价值之分跨越到万物无分之境，这是超现实的梦想。

要之，郭象之齐物的思想具有内在性，但内在性并非世俗性，内在性也有突破现实世界和自我的理想性。

我们再讨论齐论。论，有两种内容：一指是非、善恶、美丑、大小等二元对立的纯粹观念；二指主体对于客体的看法或见解，包括事实认知和价值判断。庄子之齐是非等论，即泯除是非、美丑等观念及其而来的辩论。这显然是超越的观念。

郭象对庄子之齐论的含义进行转化和改造：一是认为众人各有自己的是非之论，这是出自性分的不同；二是认为众人安于性分的是非之论，是得性逍遥，有存在的必然性、合理性；三是认为众人的是非之论虽是一偏之见，但有平等的价值。

郭象之齐是非，分为圣人与众人之齐是非。众人的是非之论往往超出于本性之外，从而失其性分以陷入困境，也造成了众人之间的尔虞我诈。众人通过修养的功夫，安于性分之内的是非之论，不仅自我得性逍遥，也利于形成一个既分又合的有序整体，故众人之齐是非并不是"存在的即是合理的"。圣人之齐是非，即无是非而涵融天下之是非，天下皆任性逍遥，圣人亦任性逍遥。因此，圣人与众人之齐是非虽有分，但皆是任性逍遥，且圣人之齐是非是众人之齐是非的必要条件，故圣人之齐是非有内在性。这与庄子之神人不同，神人无是非、忘是非，彻底地否定天下之是非。

学人多批评，郭象把庄子之齐是非的超越性观念，转变为完全世俗性的追求，尤其是圣人"任天下之是非"，即认为，天下之嚷嚷不休的是非之论是合理的，而顺应之，这根本没有改变现实的理想性追求。笔者认为，这种观点是不当的，因为齐是非的内在性，并不否认其理想性。众人各有是非之论，这是不可能消除的。郭象所谓的众人之齐是非，即众人安于性分之内的是非之知，即是非之知止于性分，则知不是妄知；但众人多不能安分，总有非分之知，有心有意地追求性分之外的是非之知，故其是非之论是妄论、不实之论。因此，郭象所谓的众人之齐是非，是要求众人从超出于性分之外的是非妄论，回归安于性分之内的是非之论。"任天下之是非"，是任天下之合于性分的是非之知，而反对众人超出于性分之外的是非之知，这无疑是对众人的是非之知予以提升，而有一定的理想性。

逍遥是庄子与郭象哲学的核心观念。学人或认为，庄子是超越现实的逍遥游，而郭象是安于现实的逍遥游，"庄子的逍遥是要超越现实，是与道为一的精神体验；郭象取消了超越之道的存在，其逍遥只是安于现实的精神满足"①，二者的不同是相当显著的。这种说法并不允当，我们从"超越性""内在性"予以讨论。

庄子之逍遥，是摆脱现实世界各种观念及事务的自由。众人生活于人间世中无时无处不在枷锁中。他们通过修养的功夫，而逐渐地摆脱现实世界的束缚以获得自由；一方面其自由是有限的，另一方面其自由是超越的。庄子之神人是无待之逍遥，即无所凭借、无所限制而获得绝对的自由；其自由是无限的，也是超越的。众人不能达至神人之绝对的自由，但可以在不同程度上获得有限的自由。庄子特标举神人的无待自由，其超越性高不可及，阻断了众人在现实世界中追求无待逍遥的路途。

郭象之逍遥，是游于现实世界中。其逍遥分为有待之逍遥与无待之逍遥。众人与万物皆可获得有待之逍遥，圣人可获得无待之逍遥。有待者之游，即游于特定的存在之境，所谓自得之场，即其性分得到自由而充分实现的场域，故任性逍遥。鸟的自得之场是山林，鱼的自

---

① 刘笑敢：《诠释与定向——中国哲学研究方法之探究》，商务印书馆2016年版，第191页。

得之场是江湖。鸟待山林,即鸟与山林相融合而游于其中,任性逍遥;鱼待江湖,即鱼与江湖相融合而游于其中,任性逍遥。待是凭借而融合,不同于庄子之待是凭借而限制。但若把鸟置于江湖中或把鱼置于山林中,则鸟或鱼皆陷入生存的困境而不能任性自由,故它们的自得之场是确定的、有限的。圣人是无待者,即能与任何存在之境相融合而游于其中,因为圣人之性全(整体无分,有异于众人之性分),故任性逍遥。郭象之无待,是无所不乘,无所不凭借,无所不融合,与庄子之无待有根本的分别。《逍遥游》注:"非风则不得行,斯必有待也。唯无所不乘者,无待耳。"无所不乘,即无所不待。根本上来说,无所不待即顺应任何事物的本性,顺应任何变化,从而与任何事物的本性融合,与任何变化融合,而游于无穷。《逍遥游》注:"故乘天地之正者,即是顺万物之性也;御六气之辩者,即是游变化之途也。如斯以往,则何往而有穷哉!所遇斯乘,又将恶乎待哉!此乃至德之人玄同彼我者之逍遥也。"至德之人,即无待者,能获得无待之逍遥。圣人之无待逍遥与众人之有待逍遥虽有整体与部分的差别,但本质上是任性逍遥。要之,郭象之逍遥具有内在性。

郭象标举任性逍遥。本性生而即有,不可改易,其内容包括食色之性、道德之性、社会角色和地位等属性;则个体之安性、任性之逍遥,似是安于既定社会境遇的逍遥,从而否定其逍遥之突破现实的理想性。笔者认为,郭象之得性逍遥,具有一定的突破现实和自我的理想性。首先,现实世界中,众人失其性分而陷入困境,也造成社会政治秩序的混乱。郭象出于不满现实而改造现实的要求,提出任性逍遥的思想。万物安于本性,从而构成一个有序谐和的整体。其次,任性逍遥之本性有范围和极限,是可能性、潜能;本性能否得到充分的实现,即尽性、足性,还有待于个体的努力作为,有待于个体在本性范围内的不断扩充。最后,本性及其构成的存在之境,是在现实世界中不断展现的;个体的命运(生命历程)是其本性及其存在之境不断变化、发展的历程。因此,个体要处理变化多端的情境,这肯定了个体在提升本性及其存在之境中的主动作用,但其理想性是弱的。

综之,庄子之逍遥思想具有"超越性";而郭象之任性逍遥的思想具有"内在性":一是圣人、众人皆可在现实世界中任性逍遥;二是圣人之无待逍遥与众人之有待逍遥,相即相离;三是任性逍遥是对于现实世界和自我的部分突破,具有一定的理想性。

仁义礼乐,是现实世界的核心价值观念,特为儒家所崇尚。老庄认为,仁义礼乐是大道崩坏后的产物。老子所谓"大道废,有仁义"(《老子》第十八章),即在大道流行的理想世界中,根本没有仁义礼乐。仁义礼乐是对质朴、虚静人性的戕害,《大宗师》"夫尧既已黥汝以仁义,而劓汝以是非矣"。仁义礼乐产生于乱世,有救治的作用,但仁义礼乐在现实世界的运行中往往具有虚伪性、工具性。《胠箧》"彼窃钩者诛,窃国者为诸侯,诸侯之门而仁义存焉",即仁义价值为统治者所盗取,而与自己的私利结合起来,从而剥夺民众的利益。《外物》"儒以《诗》《礼》发冢"即表明仁义的工具性、虚伪性。因此,庄子主张抛弃仁义礼乐等价值观念,而有超越性。

郭象的仁义观如何呢?王中江说,"如果说,庄子彻底审查和否定了儒家的价值观念的话,那么,郭象则是全面为儒家的价值观念进行辩护,并要求重新恢复其有效性"[①]。笔者认为,郭象的仁义观与儒家的仁义观有一定分别。

其一,郭象认为,仁义是本性的内容之一,行仁义符合本性的要求,是任性逍遥。这肯定了仁义礼乐存在于现实世界的正当性、合理性。

其二,郭象认为,本性中的仁义有一定的分域和极限,且人人不同;个体之行仁义不能越出于性分之外;任性、得性,即自然而然地行仁义,非有心有为地行仁义。郭象批评现实世界中的众人因儒者之标举仁义,而有心有为地追逐,以至超出于自己的性分之外,从而失其本性而陷入困境,也造成了行仁义之诈伪、矫饰的弊端。因此,郭象的仁义观具有批评现实和改造现实的精神。

其三,郭象的仁义观有显著的自然性特征,人性中的仁义生而即有,不可变易和突破;这削弱了人之行仁义的主观能动作用。儒家之

[①] 王中江:《道家学说的观念史研究》,中华书局2015年版,第338页。

仁义是人文性的，有天道的神圣根据，人性中有仁义之端有待于个体不断扩充，而层层上达。因此，郭象与儒家的仁义观皆具有内在性，但其理想性是弱的。

其四，郭象认为，众人之性有仁义，而圣人之性无仁义。众人之性是分，彼此分别，有远近亲疏的关系，故有仁义与不仁不义。圣人之性是全，即整体无分，故无仁义而涵融天下之万有，顺应天下之万有，助成天下之万有任性逍遥，《齐物论》注"浩然都任之也"，这是大仁大义。因此，圣人之不仁不义，不是残忍，也非老子"圣人不仁，以百姓为刍狗"（《老子》第五章）的麻木不仁，而是一视同仁地对天下万有承担责任，这是对庄子之大仁不仁的改造。庄子认为，神人不行仁义，即对天下万有木然无动于衷，任其自生自灭而完全不负责任；这是彻底地抛弃现实世界的超越性行为。

综上所述，郭象之诠释《庄子》，有根本的转向，即把"超越性"的庄子思想转化为"内在性"的"庄子之意"（即郭象思想）。庄子之道是指混沌未分或混而为一的存在形态，其基本特征是同一性，这是超越世界；道分裂而产生天地万物，有分有知有是非，其基本特征是分别性、对立性，这是现实世界；理想世界与现实世界相隔绝。个体之体道，即自我通过修养的功夫而逐渐忘却或抛弃现实世界的各种观念及事务，最终一切皆忘，心虚无虚空，不识自我，不识天地万物，从而无知无为地与天地万物混而为一，即体道。郭象的理想世界是万物得性逍遥所构成和谐统一的"玄冥之境"，是有物有分而无是非的世界，与有物有分有是非的现实世界相即相离，即玄冥之境从现实世界发展而来，有突破现实世界的理想性。个体之进入理想之境，是通过自我修养的功夫，一是以心治性，即心节制本性欲望的放纵和追逐，二是以心尽性、足性，即充分扩充性分，尽其所能，从而得性、足性逍遥。从理想人格看，庄子之神人与众人截然相反，郭象之圣人与众人相隔一间，皆能任性逍遥。从核心价值观念看，庄子之无为、逍遥、齐物等观念具有超越性。郭象之无为、逍遥、齐物等观念是从现实世界中发展而来，具有内在性。内在性不等于世俗性，而有突破现实和自我的理想性，但郭象哲学的理想性是弱的。

参考文献

（汉）司马迁：《史记》，中华书局1982年版。
（汉）班固：《汉书》，中华书局1962年版。
（魏）王弼注，楼宇烈校释：《老子道德经注校释》，中华书局2008年版。
（魏）王弼撰，楼宇烈校释：《周易注》，中华书局2011年版。
（晋）郭象注，（唐）成玄英疏：《南华真经注疏》，中华书局1998年版。
（晋）郭象注，（唐）成玄英疏：《庄子注疏》，中华书局2011年版。
（南朝宋）范晔：《后汉书》，中华书局1965年版。
（梁）皇侃：《论语义疏》，中华书局2013年版。
（唐）房玄龄等：《晋书》，中华书局1974年版。
（宋）朱熹：《四书章句集注》，中华书局2011年版。
（清）郭庆藩：《庄子集释》，中华书局2013年版。
（清）王先谦：《庄子集解》，中华书局1987年版。
（清）王夫之：《老子衍 庄子通 庄子解》，中华书局2009年版。
（清）苏舆：《春秋繁露义证》，中华书局2015年版。
暴庆刚：《反思与重建——郭象〈庄子注〉研究》，南京大学出版社2013年版。
陈伯君：《阮籍集校注》，中华书局2014年版。
陈鼓应：《老庄新论》，商务印书馆2008年版。
陈鼓应：《老子译注及评介》，中华书局1984年版。
陈鼓应：《庄子今注今译》，中华书局2009年版。

陈嘉映：《海德格尔哲学概论》，生活·读书·新知三联书店 1995 年版。

陈少明：《〈齐物论〉及其影响》，北京大学出版社 2004 年版。

陈少明：《经典世界中的人、事、物》，上海三联书店 2008 年版。

成中英：《本体与诠释》，生活·读书·新知三联书店 2000 年版。

崔大华：《庄学研究》，人民出版社 1992 年版。

崔大华：《庄子歧解》，中华书局 2012 年版。

戴明扬：《嵇康集校注》，中华书局 2015 年版。

方勇：《庄子学史》，人民出版社 2018 年版。

冯友兰：《中国哲学史新编》，人民出版社 1998 年版。

韩林合：《虚己以游世——〈庄子〉哲学研究》，商务印书馆 2014 年版。

韩林合：《游外以冥内——郭象哲学研究》，商务印书馆 2016 年版。

何宁：《淮南子集释》，中华书局 1998 年版。

洪汉鼎：《诠释学——它的历史和当代发展》，人民出版社 2001 年版。

黄俊杰：《中国孟学诠释史论》，社会科学文献出版社 2004 年版。

黄俊杰等：《儒家经典诠释方法》，华东师范大学出版社 2008 年版。

黄圣平：《郭象玄学研究——沿着本性论的理路》，华龄出版社 2007 年版。

康中乾：《从庄子到郭象——〈庄子〉与〈庄子注〉比较研究》，人民出版社 2013 年版。

李幼蒸：《仁学解释学》，中国人民大学出版社 2004 年版。

刘文典：《庄子补正》，中华书局 2015 年版。

刘笑敢：《诠释与定向——中国哲学研究方法之探究》，商务印书馆 2009 年版。

刘笑敢：《庄子哲学及其演变》，中国人民大学出版社 2010 年版。

逯钦立：《先秦汉魏晋南北朝诗》，中华书局 1995 年版。

牟宗三：《才性与玄理》，吉林出版集团有限责任公司 2010 年版。

牟宗三：《心体与性体》，吉林出版集团有限责任公司 2013 年版。

钱穆：《老庄通辨》，生活·读书·新知三联书店 2002 年版。

汤一介：《郭象与魏晋玄学》，北京大学出版社 2009 年版。
汤用彤：《魏晋玄学论稿》，上海人民出版社 2015 年版。
王葆玹：《今古文经学新论》，中国社会科学出版社 1997 年版。
王葆玹：《正始玄学》，齐鲁书社 1987 年版。
王博：《庄子哲学》，北京大学出版社 2004 年版。
王利器：《盐铁论校注》，中华书局 1992 年版。
王庆节：《解释学、海德格尔与儒道今释》，中国人民大学出版社 2004 年版。
王叔岷：《庄学管窥》，中华书局 2007 年版。
王晓毅：《郭象评传》，南京大学出版社 2011 年版。
王中江：《道家学说的观念史研究》，中华书局 2015 年版。
吴国盛：《时间的观念》，北京大学出版社 2006 年版。
萧统：《文选》，中华书局 1977 年版。
熊铁基：《中国庄学史》，人民出版社 2013 年版。
徐复观：《中国人性论史》，上海三联书店 2001 年版。
徐复观：《中国艺术精神》，华东师范大学出版社 2001 年版。
许抗生：《道家思想与现代文明》，中华书局 2015 年版。
许抗生等：《魏晋玄学史》，陕西师范大学出版社 1989 年版。
许维遹：《吕氏春秋集释》，中华书局 2016 年版。
严可均：《全上古三代秦汉三国六朝文》，中华书局 1985 年版。
杨伯峻：《列子集释》，中华书局 2013 年版。
杨国荣：《庄子的思想世界》，华东师范大学出版社 2009 年版。
杨立华：《郭象〈庄子注〉研究》，北京大学出版社 2010 年版。
余敦康：《魏晋玄学史》，北京大学出版社 2016 年版。
余嘉锡：《世说新语笺疏》，中华书局 1983 年版。
余英时：《士与中国文化》，上海人民出版社 2013 版。
余英时：《中国思想传统及其现代变迁》，广西师范大学出版社 2004 年版。
袁保新：《庄子哲学之诠释与重建》，台湾文津出版社 1991 年版。
张松辉：《庄子研究》，人民出版社 2009 年版。

张宗祥:《论衡校注》,上海古籍出版社2013年版。

章启群:《论魏晋自然观》,北京大学出版社2008年版。

郑家栋:《断裂中的传统》,中国社会科学出版社2001年版。

郑开:《道家形而上学研究》,中国人民大学2018年版。

钟泰:《庄子发微》,上海古籍出版社2002年版。

周裕楷:《中国古代阐释学研究》,上海人民出版社2003年版。

庄耀郎:《郭象玄学》,台湾里仁书局1999年版。

[德] 伽达默尔:《真理与方法——哲学诠释学的基本特征》,洪汉鼎译,上海译文出版社2004年版。

[美] 郝大维、安乐哲:《通过孔子而思》,北京大学出版社2005年版。

[意] 艾柯等:《诠释与过度诠释》,生活·读书·新知三联书店2005年版。

[英] 以赛亚伯林:《自由论》,胡传胜译,凤凰出版传媒集团、译林出版社2011年版。